Pura Pulaki Pura Batucau Pura Beji Pura Dalem Jagaraga Pura Bias Tugel Pura Tegen Koripan Pura Ulun Danu Batur Tirta Empl Pura Besakih Pura Kehen Pura Goa Lawah Gunung Kawi Pura Penataran Sasih Pura Kebo Edan Pura Gaduh Yeh Pulu Goa Gajah Pura Ulu Watu Pura Gunung Lebah Pura Tanah Lot Pura Taman Ayun Pura Bukit Sari Pura Rambut Siwi Pura Silayukti Sea Temple Pura Segara Pura Dalem Pura Penataran Topeng Pura Hyang Tiba Pura Krobokan Pura Telaga Waja Pura Blanjong Pura Sakenan Pura Batu Madan Pura Batu Kuring Pura Blanjong Pura Buruan Pura Dalam Semawang Pura Samuh Pura Lamun Pura Sakenan Pura Batu Pageh Pura Masuka Pura Kulatu Pura Campuhan Pura Gunung Sari Pura Arjuna Metapa Pura Samuan Tiga Pura Balanyan Pura Pusering Jagat Pura Yeh Gangga Pura Candi Dasa Pura Petitenget Pura Desa&Pura Mertasari Pura Ulunsiwi Pura Lempuyang Candi Kuning Pura Jaganatha Pura Ulun Danu Bratan

自由行
乐游全球…… 19

巴厘岛

佳美兰优美乐律
环绕的度假胜地
在诸神之岛上
度过一个悠闲的假期

实业之日本社海外版编辑部◎编著
张亚林◎译

北京·旅游教育出版社

自由行 乐游全球 ⑲ 巴厘岛 Bali

目录 CONTENTS

MAP 巴厘岛全图 ········ 6
印度尼西亚旅行基本信息 ····· 8
印度尼西亚的历史 ········ 10
巴厘岛旅行新信息 ········ 11

玩转巴厘岛

4天3晚游览计划 ········ 12
1日精品游完整线路计划 ····· 14
入住奢华套房&别墅 ······· 16
精选最具个性、最完美的度假村 ·· 22
美食大搜索 ··········· 28
度假村里享受
幻梦下午茶&晚茶 ········ 32
造访巴厘岛世界遗产 ······· 34
享受丰富多彩的
海上运动&文化体验! ······ 36
抵不住诱惑的当地特产 ······ 38
瑜伽度假村内
全身心感受灵性之美 ······· 42
体验极致养生的SPA&美容 ···· 44
返程日的最后享受 ········ 60

巴厘岛
度假村&酒店 ········ 61

巴厘岛资深人士推荐的度假村 ··· 62
乌布 ·············· 68
金巴兰 ············· 85
努沙杜瓦&伯诺阿 ········ 92
水明漾&克罗伯坎 ········ 97
消费低廉的平价旅店 ······· 108
库塔&雷吉安 ·········· 112
沙努尔 ············· 118
登巴萨 ············· 122
展地达萨 ············ 123
吉利马努克 ··········· 126
罗威那海滩 ··········· 129
其他地区 ············ 130

MAP 巴厘岛主要地区 ····· 132

乌布 ············· 133

MAP 乌布 ·········· 134
MAP 乌布中央地区 ····· 136
乌布艺术村 ··········· 138
　地区概况 ··········· 138
　旅游景点 ··········· 139
乌布周边 ············ 140
　旅游景点 ··········· 140
美术馆&画廊 ·········· 142
餐厅 ·············· 146
购物 ·············· 153
探访"手工艺品之路" ······ 160
在巴厘岛过新年 ········· 162

库塔&雷吉安 ······· 163

MAP 库塔 ·········· 164
MAP 雷吉安 ········· 165
地区概况 ············ 166
旅游景点 ············ 167
餐厅 ·············· 169
人气夜店里尽情享乐 ······· 176
购物 ·············· 177
在超市&市场中找寻巴厘岛特产 ·· 182
超实用的最新购物中心 ······ 184

水明漾&克罗伯坎 ···· 185

地区概况 ············ 186
旅游景点 ············ 186
MAP 水明漾&克罗伯坎 ··· 187
餐厅 ·············· 188
购物 ·············· 191

金巴兰 ··········· 195

地区概况 ············ 196
旅游景点 ············ 197
MAP 金巴兰 ········· 197
餐厅 ·············· 198
购物 ·············· 200

努沙杜瓦&伯诺阿 ···· 201

地区概况 ············ 202

逛街便携版
超大剪切地图
库塔&雷吉安（正面）
乌布&巴厘岛全图（背面）

餐厅·················· 213
购物·················· 216

巴厘岛其他地区······ 219
参观巴厘岛的各个地区······ 220
四种不同的旅游类型······ 222
旅游注意事项&建议······ 224
巴厘岛中部············ 225
　MAP　巴厘岛中部······ 226
　登巴萨··············· 227
　山中湖··············· 231
　海神庙··············· 233
　孟格威··············· 234
　塔巴南··············· 235
巴厘岛东部············ 237
　MAP　巴厘岛东部······ 238
　瑟马拉普拉··········· 239
　瑟马拉普拉郊区······· 241
　展地达萨············· 242
　百沙基母庙··········· 244
　阿贡山··············· 245
　巴图尔山&京打马尼···· 246
　登安南··············· 248
　巴厘阿加人与圣布····· 249
　图兰奔··············· 250
　　布兰巴度··········· 251
　　邦利··············· 252
　　坦帕克西林········· 253
　　塞巴图············· 253
巴厘岛西北部·········· 254
　新加拉惹············· 255
　MAP　巴厘岛西北部··· 256
　新加拉惹郊区········· 257
　罗威那海滩··········· 258
　吉利马努克··········· 260
　内加拉&巴厘岛西部··· 262

巴厘岛艺术············ 263
探寻巴厘岛艺术之美······ 264
舞蹈·················· 266
音乐·················· 272
绘画·················· 274
工艺品················ 276

旅游景点·············· 203
　MAP　努沙杜瓦&伯诺阿··· 203
餐厅·················· 204
购物·················· 208

沙努尔············· 209
地区概况·············· 210
　MAP　沙努尔·········· 211
旅游景点·············· 212

巴厘岛历史&文化 ····· 279

　历史 ···················· 280
　宗教 ···················· 282
　寺院 ···················· 283
　　MAP 巴厘岛寺院分布图·· 284
　宗教仪式 ················ 286
　人生仪式 ················ 287
　日常生活 ················ 288
　历法 ···················· 290

旅行信息
中国篇 ············· 291

　确定出发日程 ············ 292
　制订巴厘岛旅游方案 ······ 294
　选择巴厘岛旅行方式 ······ 296
　考察巴厘岛跟团游 ········ 298
　了解巴厘岛当地半跟团游 ·· 300
　购买机票 ················ 301
　预订酒店 ················ 302
　办理护照和签证 ·········· 304
　准备旅行费用 ············ 306
　根据气候准备随身物品 ···· 308
　携带手机 ················ 310
　收集旅行信息 ············ 311
　机场指南 ················ 312

旅行信息
巴厘岛篇 ············ 317

　入境指南 ················ 318
　回国指南 ················ 322
　伍拉·赖国际机场指南 ···· 324
　货币兑换 ················ 326
　巴厘岛交通 ·············· 327
　电话/邮政/网络 ·········· 332
　风俗习惯 ················ 334
　旅行安全管理 ············ 336
　旅行健康管理 ············ 338
　旅行会话 ················ 340

　索引 ···················· 346

街角一览

孩子们白天刻苦练习、
　晚上进行绚丽的舞蹈表演 ···· 139
学当地人在河水或小溪中洗个澡 141
可购物、取现,非常方便
　快捷的Circle K便利店 ······ 167
祈愿和平象征的
　巴厘岛爆炸纪念碑 ·········· 168
在乌鲁瓦图寺院
　欣赏巴厘岛的传统舞蹈 ······ 196
沐浴着湿润的海风,
　骑着自行车在海边游逛 ······ 211
当地人最常用的
　交通工具——马车 ·········· 227
在超市购买当地特产 ·········· 229
位于郊区的大型超市 ·········· 230
到帕聪欣赏壮观的梯田美景 ···· 232
马加国家公墓 ················ 236
参观白沙基母庙千万要注意 ···· 244

重要信息

人气商铺集中的
　乌布大型购物中心 ·········· 159
库塔新地标——海滩大道
　购物商厦 ·················· 179
巧妙地利用
　水明漾当地旅行社 ·········· 187
聆听苏阿鲁·阿贡乐团的
　竹琴演奏 ·················· 262

温情提示

巴厘岛第一条海上
　高速公路建成开通·········203
巴厘岛的野鸟护卫队·········261

Check!

沙努尔海边的运动项目丰富多彩 210
克隆孔（瑟马拉普拉）王朝····240
登顶阿贡山··············245
正义的化身——克宝依哇······251

本书的使用方法

●货币符号

Rp.卢比，又称印尼盾。Rp.1万约折合5.2元人民币。印尼也通用美元货币，$1约折合7元人民币。（以2017年3月汇率为准）

●地图符号

- H 酒店
- R 餐厅
- S 商店
- N 夜店
- 〒 邮局
- P 停车场
- ♀ 巴士站
- ⊠ 学校
- ✈ 机场
- ✚ 医院
- ⛪ 基督教堂
- 卍 佛教寺院
- ☪ 伊斯兰教堂
- ▲ 印度教堂
- ⓘ 旅游咨询处
- ⛳ 高尔夫球场
- ▲ 山
- ──── 火车

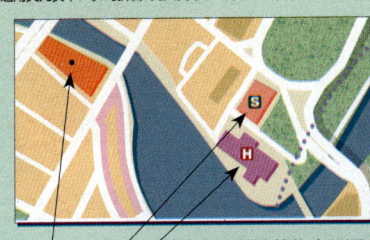

● 这类颜色的建筑物表示酒店
● 这类颜色的建筑表示购物中心
● 这类颜色的建筑表示主要观光景点

卷首剪切地图的使用方法
正面：红色边框 = 反面：蓝色边框

剪切地图的正面为红色边框、反面为蓝色边框。地图上标有各个旅游景点和商店的信息。
例：

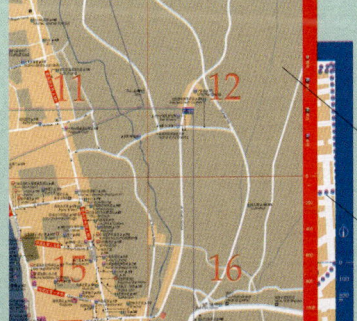

● **剪切地图**-15、P.29-A
表示地点位于剪切地图正面、标号为15的区域内。
此外，在内文第29页地图的A区也可以找到该地点。

● **剪切地图**-30、p.153-A
表示地点位于剪切地图反面、标号为30的区域内。
此外，在内文第153页地图的A区也可以找到该地点。

◎从机场可乘坐出租车、巴士等交通工具前往旅游目的地。如去往偏远地区的城镇或景点，可乘坐往返巴士、长途汽车以及出租车。

◎本书的"巴厘岛度假村&酒店"对巴厘岛的住宿情况做了相关介绍。其中，别墅指的是拥有独立客房的酒店，度假村是同时拥有别墅型酒店和公寓式酒店的大型休闲中心，而山间小屋是比较便宜的旅店，非常简易，也不一定是独栋的。以上住宿场所的类型并非有着严格的界定，仅作为大致划分和参考。酒店类型不同，叫法也不一样。住宿费按照客房种类有高低之分。如果没有特别说明，酒店内价格牌上会写明各个房间住宿一晚的价格。住宿费中包含了税费和服务费，大约占总金额的21%。通常酒店房费会用美元符号$来表示，有时也会用卢比Rp.表示。

◎有的景点持相机入内需额外支付一部分费用，景点的门票中并不包含这部分费用。部分景点会要求游客布施，拿香火钱。用餐时，可参考餐厅指南中所给出的大致费用。

◎费用、营业时间、休息日、电话号码、交通工具等各项数据均以当时信息采集时为准，随着时间推移，某些信息难免会有所变动，尤其是各酒店、餐厅以及景点的费用也会与实际情况多少有些出入，还请使用本书的读者最好事前进行核实，一切以当地当时的信息为准。巴厘岛的传统节日——涅琵日（每年会变动）这一天，全岛仅有少数酒店正常营业，这点尤其要注意。另外，印度尼西亚的汇率、物价以及各种费用波动较大，烦请出行之前务必要再次加以确认。

印度尼西亚旅行基本信息

印度尼西亚的国名来源于希腊语"indos"和"nesos"两个单词，是"东印度诸岛"的意思。印度尼西亚正如其名字所包含的意思一样，是全世界最大的岛屿国家，它包含了爪哇岛、加里曼丹岛、苏门答腊岛、苏拉威西岛、新几内亚岛这五大岛屿以及周边大大小小1.7万多座小岛。其中的9 000多座岛屿上有人居住，总共有约490个民族，总人口达2亿5000多万人，有着丰富多样的文化。印度尼西亚虽是全世界面积最大的多民族国家，却保持着"多样性中的统一"，在历史、文化、生活方式、自然等方面拥有着瑰丽的遗产，毫无保留地展现在世人面前。

印度尼西亚的国旗

红色和白色是印度尼西亚最传统的颜色。红色代表了勇气，白色象征着纯洁。红色在白色的上面，意味着纯洁孕育了勇气。

正式国名
印度尼西亚共和国
The Republic of Indonesia

首都
雅加达

面积
约1 904 569平方公里

位置
北纬6°至南纬10°，东经95°至141°。

人口
约2亿5000多万人（2014年政府统计）

政体/元首
共和制/佐科·维多多

语言
印度尼西亚语是官方语言，但各地仍在使用方言。印度尼西亚总共有583种语言。

宗教
伊斯兰教教徒占总人口数的86.1%，基督教教徒占总人口数的8.7%，佛教教徒占总人口数的3.4%，印度教教徒仅占不到总人口数的1.8%。印度尼西亚秉承建国纲领五原则（潘查希拉），宪法规定人民拥有信仰自由。

印度尼西亚的气候
印度尼西亚属于热带气候，平均气温在25℃以上，分为干季和雨季。每年的4~9月是干季，10月至次年3月是雨季。7~8份气候适宜，湿度不高，是最佳旅游时期。

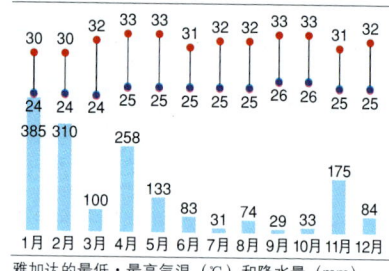

雅加达的最低·最高气温（℃）和降水量（mm）

巴厘岛的小知识

■面积
约5 561平方公里

■人口
约422万人（印度尼西亚共和国旅游局统计）

■气候
10月至次年3月是雨季，4~9月是干季。平均气温20~33℃。

■历史
巴厘岛上很久之前就有人类居住。4世纪时期，受爪哇岛的影响较深，在16世纪成为爪哇岛的附属国。19、20世纪处于荷兰的殖民统治之下。第二次世界大战期间曾被日本占领，战后走向独立。

■以巴厘岛为背景的影视剧
①中国与印尼合拍电影《寻找巴厘岛》
②韩剧《巴厘岛的故事》
③日剧《神在巴厘岛》
④电影《美食、祈祷、恋爱》

印度尼西亚的主要岛屿

■ 爪哇岛

爪哇岛环绕着印度尼西亚的首都雅加达。世界遗产婆罗浮屠和日惹周边的遗迹、爪哇岛中部的迪谷尔高原等文化历史遗迹、景点与自然完美地融合在了一起,非常值得一看。

人口: 约1.28亿人
面积: 约132 186平方公里
位置: 印度尼西亚的中西部
民族: 马来系爪哇人(半数人口)、巽他人(爪哇岛西部)和马都拉人(马都拉岛)

■ 苏门答腊岛

苏门答腊岛位于印度尼西亚的西部。岛上拥有茂密的热带雨林和各种珍稀动植物。此外,还有许多民族传统文化、美丽的白色沙滩和巍峨耸立的火山,丰富多彩的自然风景和人文景观让人流连忘返。

人口: 约4 600万人
面积: 约474 000平方公里
位置: 印度尼西亚西部
民族: 马来人(东部和南部)、米南卡保人(西苏门答腊)、亚齐人(北部)、巴塔克人(多巴湖中心一带)

■ 巴厘岛

本书主要介绍的旅游胜地、印度尼西亚最大的观光地。岛上的人民信奉巴厘岛印度教,有着独特的世界观和生活习惯。这片土地上的异样绚丽文化吸引着来自全世界的游客。

人口: 约330万人
面积: 约5 561平方公里
位置: 爪哇岛的东面
民族: 巴厘岛人、爪哇人、华人、日本人

■ 加里曼丹岛

加里曼丹岛也叫作婆罗洲。岛屿南部大约54平方公里的土地属于印度尼西亚,其余的土地是马来西亚和婆罗洲的领地。加里曼丹是"钻石河"的意思,岛上生活着达雅克的原住民。

人口: 约1 100万人
面积: 约54万平方公里
位置: 爪哇岛以北、赤道附近
民族: 马来裔爪哇岛人(岛屿沿岸城市一带)、华人(西部海岸)、布吉人(东部海岸)、原住民达雅克人(岛屿内陆地区)

■ 苏拉威西岛

苏拉威西岛位于加里曼丹岛和摩鹿加群岛中间。整个岛屿是大陆架之间碰撞形成的,形状犹如一朵兰花。岛上生活着许多亚洲和澳洲动植物。

人口: 约1 570万人
面积: 约19万平方公里
位置: 印度尼西亚中央
民族: 望加锡人、布吉人、托112查人(南苏拉威西)、米纳哈萨人、戈龙库塔人、万鸦老人(北苏拉威西)

■ 西努沙登加拉岛

整座岛屿东西长1 300千米,总共由550个大大小小的岛屿组成。岛屿的西面是巴厘岛和龙目岛,华莱士线经由这两座岛屿之间,是生物地理学中非常重要的分界线。

人口: 约372万人
位置: 印度尼西亚中南部。包括西部的龙目岛和松巴哇岛
民族: 爪哇岛东部地区以美拉尼西亚人为主。另外,还有不少从中国南部地区、越南北部地区、缅甸海岸地区南下至此的人口

■ 东努沙登加拉岛

在努沙加拉岛的东面。其弗洛勒斯岛拥有"花岛"的美名,自然风光秀丽。科摩多岛上生活、栖息着世界上最大的蜥蜴——科摩多巨蜥。松巴岛上生长着密密麻麻的白檀,也被称为白檀岛。

※以上为东、西努沙登加拉岛的整体信息

■ 巴布亚岛

巴布亚岛占据了新几内亚岛的西半部分。新几内亚岛是世界第二大岛屿。岛上是大片未开发的原始森林,这里生活着原始部落达尼族,他们有着独特的生活习惯、文化和语言。

人口: 约230万人
面积: 42万平方公里
位置: 印度尼西亚东部
民族: 达尼人、拉尼人等黑皮肤的巴布亚人、居住在原始森林深处的土著

■ 马鲁古群岛

马鲁古群岛共有1 000多座岛屿。岛上生长着大片的肉豆蔻和丁香,因此也被叫作香料岛。这些香料通常被运往印度、中国、阿拉伯、欧洲等地。

人口: 约130万人
面积: 约42 800平方公里
位置: 印度尼西亚东部的班达海
民族: 马基安人、托贝洛人、阿富人等

信息来源: 印度尼西亚共和国文化旅游局

印度尼西亚的历史

◆ **100万年前~50万年前**

1890年,荷兰解剖学博士尤金·杜巴斯在爪哇岛上发现了人类的化石,这是爪哇岛上最早的居住者爪哇人(原名直立猿人,现在叫作原人)的化石。这些化石是在中爪哇梭罗河边的特里尼尔附近发现的。据科学考究,这些化石距今已有50多万年的历史。在此之后,又陆陆续续发现了其他的一些化石。

◆ **公元前3000~500年**

蒙古族的马来人从中国和越南边境来到印度尼西亚并定居下来,他们将新石器时代、青铜器时代、铁器时代等新时代的文化和南岛(太平洋中南部诸岛)语系带到了这片土地。公元前1世纪,印度的商人们来到印度尼西亚,他们也将印度教和佛教文化传到了这里。

◆ **7世纪**

7世纪时期,印度王国和佛教王国正处于鼎盛时期,并修建了雄伟壮丽的寺庙等建筑物。爪哇岛的世界遗产婆罗浮屠至今仍保留完好。这一时期,苏门答腊岛的室利佛逝王国的势力日渐强大,在此后的600年间,一直是东南亚最强大的王国。

◆ **13世纪**

这一时期,位于爪哇岛东部的印度教国家麻喏巴歇帝国开始发展壮大,在此后的200年间逐渐统一了印度尼西亚全境和马来半岛的部分领土。这时,伊斯兰势力慢慢渗入,蒙古军队率先对印度尼西亚发起了攻击。13世纪后半期,北苏门答腊诞生了一些小伊斯兰国家,它们与苏门答腊岛、爪哇岛以及马鲁古群岛进行贸易往来,伊斯兰教势力不断扩张。随后,印度教、佛教的影响力日渐衰退。1292年,马可·波罗成为第一个登上爪哇岛的欧洲人。

◆ **16世纪**

欧洲势力在这一时期入侵印度尼西亚。1511年,葡萄牙第二任总督阿凡索·德阿尔布克攻占马六甲,并入侵爪哇岛,一举攻克了当时的伊斯兰王国。

◆ **17世纪**

不久之后,荷兰军队入侵印度尼西亚,取代了葡萄牙人,成为了这片土地的新统治者。1602年,荷兰成立了荷兰东印度联合公司,并独占香料和咖啡的输出权。1619年,荷兰在爪哇岛设立了总督制,印度尼西亚正式成为荷兰的殖民地。随后,第二次世界大战爆发,荷兰被日本打败。在此之前,印度尼西亚一直是荷兰的殖民地。

◆ **19世纪**

在荷兰统治期间,这里统称为东印度(苏门答腊岛、爪哇岛、苏拉威西岛、加里曼丹岛、马鲁古群岛、新几内亚岛)。1811~1816年,这里又成为英国的领地。当时的爪哇岛副总督托马斯·斯坦福·福莱士对爪哇岛的历史有着浓厚的兴趣,在他的鼓励下,爪哇岛得到了相对自由的发展空间。

◆ **20世纪~**

步入20世纪之后,印度尼西亚又重新回到荷兰的统治之下。当时,印度尼西亚的独立运动愈演愈烈,各地相继爆发了武装反抗,但随即被镇压,统治阶层和人民群众的矛盾已达白热化程度。这种状况一直持续到第二次世界大战之后,荷兰被日本所打败,印度尼西亚的独立运动愈演愈烈,革命者为独立解放作着不懈的努力。1945年8月15日,日本宣布无条件投降。同年8月17日,印度尼西亚宣布独立。1949年12月27日,荷兰承认印度尼西亚的独立主权,印度尼西亚共和国成立。

出处:印度尼西亚大使馆官网

巴厘岛旅行新信息

NEWS ①

巴厘岛万众瞩目的梦幻度假村陆续开业！

巴厘岛近年来发展迅速，2014年以来，许多崭新的度假村陆续开业。2014年秋天，位于乌布的威斯汀美容度假村正式开业，成为乌布地区第一家大型酒店。2015年，日本的星野度假村正式落成。该度假村毗邻农业灌溉互助组织，四周是田园风景，带给人无限遐想。位于努沙杜瓦附近Sawagan地区的丽思卡尔顿也于近日开业。相信在此之后，巴厘岛陆续会有更多的新型度假村问世。

美丽的度假村

NEWS ②

巴厘岛的最新品牌 Garuda Orient Holidays诞生！

Garuda Orient Holidays是鹰航集团旗下的度假品牌，专注于印度尼西亚、巴厘岛旅游的服务。该店内设有包房，专业过硬的旅游咨询师会为您量身打造旅游方案。店内还摆放有亚洲特色的家具、巴厘岛百货、小物件等，充满了度假气息！在高级旅游顾问的帮助下，选择合适的机票、度假村，并且可以自由搭配，纯个性化的商务舱+高级套房一条龙服务，满足顾客的所有要求。

巴厘岛特设的女性杂志阅读室

玩转巴厘岛 4天3晚 游览计划

	Day 1	Day 2
库塔&雷吉安 Kuta&Regian	傍晚~深夜抵达，直接前往酒店办理入住手续。库塔&雷吉安的夜间娱乐场所、夜店较多，如果体力允许的话，可以到酒店周边的酒吧、俱乐部逛一逛。	吃过早饭后，为开始参观做准备。参观完圣母庙（p.244）、德格拉朗梯田（p.161）之后，前往乌布（p.133）逛一逛美术馆、集市，购买一些当地旅游纪念品等。傍晚在海滩边用餐边欣赏美丽的海景。
水明漾海滩&克罗伯坎 Seminyak&Kerobokan	傍晚~深夜抵达，直接前往酒店办理入住手续。有的酒店不提供夜间加餐服务，深夜到达时，需要自行解决用餐问题。建议提前致电酒店方，要求准备好晚餐。	吃过早饭后，为观光做准备。这里新开了许多家法国餐厅、意大利料理餐厅和香槟酒吧，深受欧美游客的青睐，建议在这些气氛优雅的西餐厅中度过一个难忘的夜晚。
努沙杜瓦 Nusa Dua	傍晚~深夜抵达，直接前往酒店办理入住手续。这里有许多大型高档酒店，这些酒店大多提供24小时自助餐服务，内部还设有酒吧，一直营业至深夜。	吃过早饭后，为参观做准备。在岛上参观完毕之后可到库塔、水明漾海滩购物。购物之后，到海神庙参观，然后在海边餐厅享用海味佳肴。
乌布 Ubud	傍晚~深夜抵达机场之后，前往乌布。从机场乘车去往乌布约1小时到达。可以在中途下车解决晚餐，也可以抵达酒店之后，在酒店内吃晚饭。	吃过早饭后，为观光做准备。先到京打马尼（p.246）逛一逛，然后参观圣母庙。如果时间充裕的话，还可以到展地达萨（p.242）、圣泉寺（p.252）参观。晚上可以享用乌布美食、欣赏巴厘岛特色舞蹈。

主题之旅

历史·文化游

参观巴厘岛印度教三大寺院

圣母庙是巴厘岛印度教的第一大寺院，岛上的大部分居民是其虔诚的信徒。登巴萨，著名的旅游胜地，集浓郁的宗教氛围与现代风情于一体。而作为巴厘岛六大圣庙之一的乌鲁瓦图圣庙绝对是一处壮观的必游之一。

圣母庙（p.244）★以阿贡山为背景的巴厘岛名刹
🚗 约1小时
登巴萨（p.227）★逛市场、集市，感受当地生活
🚗 约50分钟
乌鲁瓦图寺院（p.197）★修建在悬崖峭壁上的寺院
🚗 约1小时
海神庙（p.233）★夕阳下美丽的海洋寺庙

购物之旅

造访工艺品村落，购买艺术品

巴厘岛堪称购物天堂，这里可以买到蜡染制品、银饰品、工艺美术品以及各种漂亮的小物件。如果滞留时间超过3天以上，可以定做一套漂亮的"库巴亚"民族服装。

登安南村（p.248）★化妆品、美容品的大本营
🚗 约1小时
乌布（p.133）★巴厘岛绘画作品、杂货
🚗 约15分钟
苏鲁村（p.160）★银制品
🚗 约20分钟
登巴萨（p.227）★纱笼、定做"库巴亚"民族服装

紧锣密鼓地参观景点也好，信步由缰闲逛也好，在巴厘岛总能找到最舒服的休闲方式。
巴厘岛是传统文化和度假休闲的完美融合之地，总是带给人们欢乐的海洋。
让我们结合地点、目的地、个人喜好来规划自己的旅游行程吧！

Day 3

吃完午餐后，在库塔海滩体验冲浪。也可以在当地报团，前往努沙杜瓦或沙努尔体验水上运动。晚上享受舞蹈和美食相结合的华美盛宴。

吃完早餐之后，前往拉雅·水明漾大街和水明漾广场购物。前者坐落着许多时尚店铺，而后者是刚开业的大型购物中心。购物完毕之后，去美容院或酒店体验足底按摩、巴厘岛式按摩，放松身心。

吃完午餐后，前往拥有平静海面的努沙杜瓦和沙努尔海滩。也可以在当地报团前往海滩体验水上帆船、水上摩托车等运动。晚上享受舞蹈和美食相结合的华美盛宴。

散步前往Sari Organic咖啡厅（p.148）吃早餐。用过早餐之后，前往美容院做SPA，推荐半日美容套餐。傍晚，报团前往海神庙参观，然后欣赏舞蹈、享用晚餐。

Day 4

中午12:00之前，在酒店休息。退房之后，将行李存放在酒店，前往美容院做SPA。然后，前往水明漾沙滩&克罗伯坎主题餐厅享用晚餐。晚餐过后，到酒店拿行李前往机场。

吃完早餐之后，在酒店休息。中午退房后，将行李存放在酒店，打车前往库塔&雷吉安的超市、免税店购物。购物之后，可以到美容院做美容、按摩。前往酒店取行李，然后去往南库塔海滩感受大海气息，享用晚餐之后，赶往机场。

吃完午餐后，前往努沙杜瓦购物中心Bali Collection购物。回到酒店用过午餐之后，办理退房手续。带着行李前往美容院做美容、按摩。可以选择半日美容套餐，并带有简单小吃。做完SPA，前往机场。

在酒店休息。中午退房后，退房之后，将行李存放在酒店，前往乌布的购物中心和美容院。下午，从乌布出发，前往水明漾沙滩&克罗伯坎、库塔&雷吉安玩乐，然后在海滩餐厅吃晚餐，随后赶往机场。

5天4晚 附加旅游计划！

◆ 婆罗浮屠
婆罗浮屠是印度尼西亚最著名的佛教遗迹，早已被列为世界遗产。婆罗浮屠位于爪哇岛，可以在当地报团爪哇岛一日游，坐飞机前去参观。如果想要在早上参观婆罗浮屠，建议提前一天去往爪哇岛住下。

◆ 龙目岛
巴厘岛旁边的朴素小岛。从印度尼西亚乘机仅需30分钟就能到达，可以在当地报团前往龙目岛一日游。行程比较赶，短短一天的时间要逛完古村、海滩等地。

◆ 罗威那海滩（p.258）
罗威那海滩位于巴厘岛北部，现在还没有被完全开发。罗威那海滩拥有美丽的海岸线，适合进行海上运动。在这里还有机会看到可爱的海豚。在海滩旁边的海鲜餐厅可以品尝到好吃的海味佳肴。

◆ 蓝梦岛
蓝梦岛是非常有名的水上运动胜地，可在当地报名参加前往蓝梦岛的一日游旅游团。岛上有几所温馨的度假村，在这里可以体验渔民们的质朴生活。这里的渔民平日里靠打鱼、捕捞海藻为生。

玩转巴厘岛
13
4天3晚游览计划

浪漫之旅
在美容院中度过甜美的时光

美容院是巴厘岛最具有浪漫气息、最适合休闲放松的场所。伴随着精致的香槟早餐，美好的一天开始了。美容院还提供适合情侣的浪漫爱情SPA服务。晚上可以体验浪漫的烛光晚餐。

巴厘岛瑞吉度假村酒店（p.67） ★精致早餐
　↓ 🚗 约30分钟
巴厘岛海水浴温泉中心（p.49） ★情侣SPA体验
　↓ 🚶 步行（阿雅娜度假村内）
巴厘岛阿雅娜美容度假村（p.86） ★海景午餐
　↓ 🚗 约20分钟
海滨大道（p.179） ★品牌购物
　↓ 🚗 约20分钟
美迪斯（p.188） ★品尝法国菜

体验之旅
前往"艺术之城"乌布感受艺术气息

在巴厘岛游玩，最重要的是乐于体验。在这里，可以体验烹饪大师的现场表演、各种艺术秀等。可以请求这些艺术大人们亲身授教。

班布餐厅（p.207） ★烹调课程
　↓ 🚗 约1小时30分钟
阿贡拉伊美术馆（p.275） ★巴厘岛美术作品
　↓ 🚗 约5分钟
德瓦纽曼伊拉万（p.37） ★舞蹈&佳美兰课程

卖烤玉米咯～

10:00

首先参观极具震撼力的景点！

京打马尼高原 ➡ p.246

START!
Let's go!

8:00 从酒店出发

站在京打马尼高原上，欣赏明媚的高原景色，并可以远眺海拔1 412米的巴都鲁山。这里的景色足以带给人极大的震撼。这里的气温比较低，建议带一件薄外套。

巴都鲁山脚下是火山喷发和石灰石堆积形成的巴都鲁湖，非常壮观

玩转巴厘岛 1日精品游

11:30

巴厘岛最神圣的地方

圣母庙 ➡ p.244

巴厘岛印度教的大本营——圣母庙。圣母庙位于阿贡山的山腰处，是巴厘岛人民最虔诚的朝拜圣地。游客有机会参观教徒们的参拜仪式。

在当地报团旅游固然不错，但是，自己安排行程，租车旅游会有意想不到的收获和惊喜。

下面为大家介绍一下巴厘岛自由行一日游的主要景点和完整路线。

如果恰逢教徒们正在朝拜，一定要保持安静，不要打扰他们

好美的梯田～

到寺院参观，一定要穿正式服装，并严格遵守戒律（参照p.286）

12:30

在人气景点游逛、购物

乌布 ➡ p.133

带我一起走吧？

乌布拥有大片绿色植被，可到这里来购物、吃午餐。如果时间充裕的话，可以到猴子森林（p.139）参观。

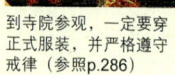

（上图）在当地的特色餐厅吃午餐。（右图）在咖啡厅休憩，到商店购买旅游纪念品

全新租车自驾游服务
鹰航假期

汉语导游服务周到

为印度尼西亚鹰航集团旗下的品牌,对巴厘岛自驾游大有帮助。为中国游客提供汉语导游和转车服务。按小时收费。

[费用] 4小时 ▶ 1~3名US$62、4~6名US$84
6小时 ▶ 1~3名US$82、4~6名US$114
8小时 ▶ 1~3名US$102、4~6名US$144
10小时 ▶ 1~3名US$122、4~6名US$174

[费用包含项目]
酒店接送服务、汉语导游、专车服务（带司机）

完整线路计划
租车旅游会有意外 **惊喜哦！**

大快朵颐美味的海鲜。有龙虾、巨鳌虾、鱼、螃蟹等

19:30 享受来自大海深处的美味馈赠
金巴兰度假村 ➡ p.197

在傍晚时分，来到海滩边，品尝美味的海鲜烧烤。在度假村的餐厅里一边吹着海风，一边品尝着美味的海鲜料理。

好好休息吧！

GOAL! 21:00 回到酒店

（左）矗立在悬崖峭壁上的人气观光景点——乌鲁瓦图寺院
（下）夕阳下的海面美得令人窒息

17:00 欣赏海滩落日美景
乌鲁瓦图 ➡ p.197

从乌布一直南下，前往乌鲁瓦图寺院。在这里可以欣赏到美丽的海滩落日美景。

男人们跳起克恰舞的场面。嘴里一边喊着"恰恰！"一边挥舞着双手

18:00 感受撼人心灵的传统民俗舞蹈表演
克恰舞

在乌鲁瓦图寺院前的广场上会举行巴厘岛传统民俗舞表演——克恰舞秀。这是巴厘岛最具代表性的传统民俗表演。

※旅游时间安排、路线规划仅作为参考。近年来，巴厘岛的游客日益增多，许多酒店、餐厅、娱乐场所需要提前预订，建议早做准备。

玩转巴厘岛 / 1日精品游完整线路计划

玩转
巴厘岛

入住奢华套房&别墅
感受浪漫的巴厘岛之旅

和最重要的他（她）在巴厘岛度过一段难忘的时光。巴厘岛的豪华套房、别墅有着最精致的环境和最优质的服务。将最难忘的奢华享受铭刻在心底。

努沙杜瓦

拉古纳假日温泉酒店
The Laguna Resort&Spa

秘密花园仅为客人开放
巴厘岛大名鼎鼎的
顶级别墅套房

泳池别墅的卧室，尽显奢华氛围

（左）度假村游泳池坐拥美丽的海滩！度假村提供专车接送服务
（右）全部别墅栋内带有私人游泳池，免受外界一切打扰

拉古纳假日温泉酒店位于努沙杜瓦，坐落于美丽的湖泊旁边。许多情侣们喜欢到这里来度蜜月，仅有的10间别墅需要提前预订。度假村内设有私密的休闲室，仅允许入住房客进入。客房内部装饰精致而豪华，尽显奢华品质。度假村的别墅后还有一座秘密花园，里面生长着大片热带绿植，是客人们放松身心的好去处。度假村内还有餐厅、美容院、游泳池等设施，让客人足不出户就能体验各种服务和享受。这里既能够满足房客们对于私密性的要求，又为其提供高级度假村应有尽有的所有设施，有着无可比拟的人气和魅力。

玩转巴厘岛

17

入住奢华套房&别墅

（左）别墅栋内的起居室。双卧泳池别墅栋适合家庭入住
（右）秘密花园内的吊床

MAP p.203-C

- 地址：Kawasan Pariwisata Nusa Dua Lot N2
- 电话：0361-771-327
- 费用：热带雨林别墅栋 US$950、拉古泳池别墅栋 US$1010~
- 交通：从机场乘车约45分钟到达
- 网址：www.thelagunabali.com
- 支持刷卡：VISA、Master、AMEX、Diner's、JCB
- 主要设施：游泳池、餐厅、咖啡厅、美容院、商店等
- 客房设施：Wi-Fi（免费）、客房管家、游泳池、私人花园、吹风机、迷你酒吧、保险箱等

沙努尔是欧美游客非常喜欢的海滩度假区，这里的度假村历史悠久，著名的巴厘岛丽景度假村就位于沙努尔。全部客房均为豪华套房，客房内的每一个精致摆件和工艺品均由主人亲自精心布置，彰显丽丽的感觉。面积最小的客房也有90平方米。半露天式的起居室空间宽敞，非常舒适。尼雅拉海滩烧烤俱乐部位于游泳池旁边，这里有入住房客最想体验的美食盛宴。由蔬菜、海鲜等巴厘岛优质食材烹饪的菜肴勾人味蕾。度假村位于海滩，辽阔的大海铺展在眼前，环境秀美。这里的大海风平浪静，一望无垠，可在海洋里尽情畅游。

沙努尔

巴厘岛丽晶酒店
Regent Bali

2013年正式开业、坐落在美丽海滩上的全室套房豪华度假村

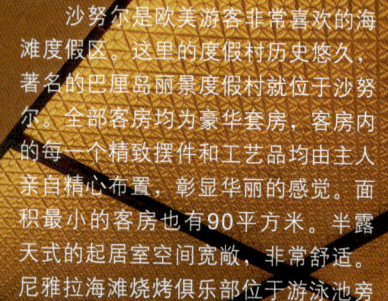

豪华套间内部。起居室和卧室之间有滑动静音门相通。卧室内有空调

（左上）尼雅拉烧烤俱乐部内的菜肴。鲜美的鲑鱼肉让人垂涎欲滴。味道好极了

（右上）豪华套间的起居室内的窗户没有玻璃，能够真切地感受热带的空气

（右下）度假村主游泳池长达50米。旁边是潜水游泳池，可供孩子们玩耍

MAP p.211-C
- 地址：Jalan Kusuma Sari No. 8 Sanur Beach
- 电话：0361-301-1888
- 费用：豪华套间 US$325～、海景豪华套间US$356～
- 交通：从机场乘车约45分钟到达
- 网址：www.regenthotels.com
- 支持刷卡：VISA、Master、JCB
- 主要设施：游泳池、美容院、餐厅、图书馆
- 客房设施：Wi-Fi（免费）、客房管家、迷你酒吧（非酒精饮料免费）、起居室、i-pod、浴室等

入住奢华套房&别墅

（左）美容院内提供咖啡、Lulur（米粉）等精致饮品和餐点

（右）美容院内提供足疗服务。足疗技师细心地按摩足部

海景蜜月套房，床上的帽子是精心为客人准备的礼物

塞玛布度假酒店
Samabe

努沙杜瓦

**私密性极强
感受绝妙的海滩美景**

客房内最大的亮点是开放感十足、仿佛与窗户外面的碧海蓝天融为一体的浴室。巴厘岛塞玛布度假酒店建成于2013年，这里的海景蜜月套房是情侣们度蜜月的首选。即便是在度假村如云的努沙杜瓦，像这样精致豪华的蜜月套房也是不多见的。安静的别墅栋客房适合家庭入住。

在海景蜜月套房内可以看到外面的印度洋

（左）欣赏美丽的夕阳
（右）完美的海滩游泳池

MAP p.132-F

- 地址：Jl. Pura Barong-Barong Sawangan, Nusa Dua
- 电话：0361-846-8633
- 费用：海景蜜月套房US$1 150~、塞玛布海景套房US$1 350~、单卧海景泳池别墅US$1 820~
- 交通：从机场乘车约20分钟到达
- 网址：www.samabe.com
- 支持刷卡：VISA、Master、JCB
- 主要设施：游泳池、餐厅、美容院等
- 客房设施：Wi-Fi（免费）、吹风机、迷你酒吧、保险箱等

穆丽雅酒店
The Mulia

坐拥3座小型度假村 庞大的规模令人赞叹

在The Mulia、Mulia Resort、Mulia Villas这3处度假村中，The Mulia是豪华的一座，全部客房均为豪华套间。套间有着至高无上的品格，装饰豪华。宽大的阳台上也设有气泡浴缸。客人专用休息室内有管家提供24小时服务，为房客们提供无微不至的照料。

（上）在度假村内的游泳池可以眺望到努沙杜瓦的美丽海滩
（下2）咖啡馆（The cafe）内有诸多国际口味的咖啡，来尝尝吧

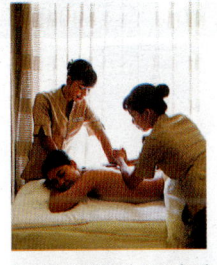

美容院内的设施和服务质量均属上乘

MAP p.132-F

- 地址：Jl. Raya Nusa Dua Selatan, Kawasan Sawangan Nusa Dua
- 电话：0361-302-7777
- 费用：巴龙套间US$750~、阿尔套间US$850~、玛吉斯套间US$3 000
- 交通：从机场乘车约20分钟到达
- 网址：www.themulia.com
- 支持刷卡：VISA、Master、AMEX、Diner's、JCB
- 主要设施：游泳池、餐厅、专用休息室、美容院、儿童俱乐部、商店等
- 客房设施：Wi-Fi（免费）、吹风机、迷你酒吧、保险箱、浴室等

The Mulia内的巴龙套间。里面的浴室空间很大

400平方米的帝国套间。蜡染装饰品非常精美

【长谷】
纯蓝别墅度假村
AMETIS VILLA
冲浪爱好者的首选
完善的高档度假村

长谷是巴厘岛著名的冲浪基地，这里有着美丽的海滩。从纯蓝别墅步行前往海滩仅需15分钟。传统装饰风格的别墅内带有厨房，适合长期居住。度假村的旁边有一些国际料理餐厅和美容院，适合欧美游客前来体验。度假村内各种设施完善，为客人提供一流服务。

MAP p.226-E
- 地址：Jl.Pantai Batu Bolong Canggu, Kuta
- 电话：0361-844-5567
- 费用：首相别墅US$650、帝国别墅US$700、豪华别墅US$1 025~
- 交通：从机场乘车约45分钟到达
- 网址：www.ametisvilla.com
- 支持刷卡：VISA、Master、AMEX、Diner's、JCB
- 主要设施：餐厅、美容院等
- 客房设施：Wi-Fi（免费）、客房管家、游泳池、厨房、吹风机、迷你酒吧、保险箱等

（上）红宝石美容院内提供芳香理疗和紫水晶理疗服务项目
（左下）帝国别墅内的私人游泳池
（右下）别墅内有厨房。迷你酒吧免费使用

【精选】最 具 个 性、

> 乌布

乌布阿拉雅酒店
ALAYA UBUD

带给人宾至如归的温馨感觉
女性青睐的自然系度假村

从乌布著名的猴子森林大街步行约7分钟,到达乌布阿拉雅酒店。从度假村可以眺望到美丽的田园风光。酒店内仅有豪华套间和阿拉雅客房两种房型可供选择,前者没有浴室,后者带有浴室。酒店的最里面是绿植环绕的游泳池和美容院。这里的餐厅非常不错,菜肴味道正宗且美味,咖啡也很好喝。

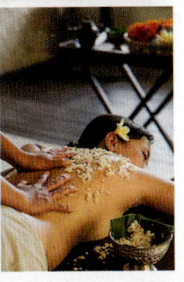

(上)客房内的布置具有乌布农村的气息
(下)阿拉雅客房位于2楼和3楼,带有浴室

MAP p.137-H

● 地址:Jl.Hanoman, Ubud
● 电话:0361-972-200
● 费用:豪华套间US$300、阿拉雅客房US$350
● 交通:从机场乘车约1小时可以到达
● 网址:www.alayaubud.com
● 支持刷卡:VISA、Master、AMEX、Diner's、JCB
● 主要设施:游泳池、餐厅、咖啡厅等
● 客房设施:Wi-Fi(免费)、客房管家、迷你酒吧、保险箱等

(上)在部分客房内可以看到外面的辽阔梯田和圣峰阿贡山
(下)达拉美容院提供各种服务项目(参照p.45)

精选最具个性、最完美的度假村

可以说,巴厘岛的度假村代表了整个亚洲,并且每年都会有新的度假村拔地而起。下面为大家介绍一下其中最具个性的度假村!

最完美的度假村

玛卡美容别墅度假村
MACA VILLAS & SPA

水明漾

欧美游客最爱的浪漫晚餐
超酷的全新别墅

克罗伯坎汇集了诸多时尚度假别墅群。其中，最酷、最时尚、豪华的个性度假别墅当数玛卡美容别墅度假村。湛蓝色的户外游泳池给人以清新的感觉。度假村内的玛塞美食酒吧大受好评，就餐环境、口味、合适的价格吸引了大批欧美人蜂拥而至，葡萄酒种类齐全。

（上）单卧豪华泳池别墅内的游泳池
（下）单卧豪华泳池别墅约170平方米

（上）餐厅大厨的拿手菜是鸡肉卷。价格为Rp.7万
（左下）玛塞美食酒吧内各色葡萄酒罗列
（右下）别墅之间有小路连接。道路两旁种满了热带植物

MAP p.132-C
- 地址：Jl.Lebak Sari No.7, Petitenget, Seminyak
- 电话：0361-739-090
- 费用：单卧泳池别墅US$475、双卧豪华泳池别墅US$525、双卧泳池别墅US$700
- 交通：从机场乘车约20分钟到达
- 网址：www.macavillas.com
- 支持刷卡：VISA、Master、AMEX、Diner's、JCB
- 主要设施：游泳池、餐厅、美容院等
- 客房设施：Wi-Fi（免费）、客房管家、吹风机、迷你酒吧、保险箱等

> 金巴兰

巴厘岛金巴兰森林度假村
RIMBA JIMBARAN, BALI

阿雅娜度假村的姊妹度假村
时尚新颖的全新度假胜地

度假村以森林为主题，用废弃的木材和原木做装饰，内部环境充满自然艺术感。设计新颖的开放式游泳池和客房大楼依次罗列，让人玩心大起。度假村内的美食酒吧内提供中国菜，在这里可以欣赏到美丽的日出和日落。

（左）泳池边有许多娱乐设施，供客人们免费使用
（右）大大的游泳池。泳池中央是为孩子们准备的水球中心

MAP p.197-A
- 地址：Jl.Karang MasSejahtera, Jimbaran
- 电话：0361-846-8468
- 费用：山景客房US$375、金巴兰湾景客房US$450、泳池客房US$500、金巴兰湾景套房US$600
- 交通：从机场乘车约20分钟到达
- 网址：www.rimbajimbaran.com/jp/home
- 支持刷卡：VISA、Master、AMEX、Diner`s、JCB
- 主要设施：游泳池、餐厅、美容院、小礼拜堂等
- 客房设施：Wi-Fi（免费）、吹风机、迷你酒吧、保险箱、拖鞋等

（左）来自于中国香港的海鲜餐厅，也是巴厘岛第一家中国海鲜餐厅。饮茶是其招牌特色
（右）晚上摇身一变，成为灯红酒绿的酒吧

玩转巴厘岛

金巴兰湾景套房非常适合情侣
度蜜月
内部装饰风格迥异

在顶层的海景天空别墅套间欣赏度假村全景

【金巴兰】

巴厘岛金巴兰艾美酒店
LE MERIDIEN BALI JIMBARAN

**有别于传统的高档度假村
充满艺术气息的新感觉派豪华酒店**

为世界知名酒店连锁品牌艾美酒店在巴厘岛的分馆，用流行、艺术、豪华这三个词语形容艾美酒店再恰当不过。红、蓝、绿等鲜艳的颜色交相点缀，非常讨喜。有豪华客房、泳池客房、别墅套间等多种房型。屋顶酒吧别具一格，小礼拜堂非常精致。

（上）海景天空别墅适合情侣入住

（下）酒店大厅极具现代艺术感

小礼拜堂具有蓝色海洋气息

MAP p.197-A

- 地址：Jl.Bukit Permai, Jimbaran
- 电话：0361-846-6888
- 费用：标准间US$266~、湖景客房US$303~、蓝色泳池客房US$666~、海景天空别墅US$666~
- 交通：从机场乘车约30分钟到达
- 网址：www.lemeridienbalijimbaran.com
- 支持刷卡：VISA、Master、AMEX、Diner's、JCB
- 主要设施：游泳池、餐厅、咖啡厅、酒吧、商店等
- 客房设施：Wi-Fi（免费）、吹风机、迷你酒吧、保险箱等

[乌布]

卡简尼莫酒店
KAJANE MUA

**位于猴子森林大街对面
在乌布旅游的最佳落脚点**

酒店的大门看似平淡无奇，但是步入其内，会发现别有洞天。酒店利用自然地形巧妙地设计出居住和休闲的空间，并且非常温馨。客房叫作特拉贾公寓，有不同风格的别墅可供选择。度假村内还有一片田地，客人们可以体验农耕和种植的乐趣。并且，酒店还为客人提供免费自行车，这是在乌布地区游逛的最佳出行工具。

巴厘岛传统风格的别墅内有着大大的睡床。睡床上面是美丽的华盖

MAP p.136-D

- 地址：Monkey Forest, Ubud
- 电话：0361-972-877
- 费用：特拉贾公寓US$175~、托亚别墅US$285~、贝吉别墅US$295~、洛吉公寓US$270~
- 交通：从机场乘车约60分钟到达
- 网址：www.kajane.com/mua
- 支持刷卡：VISA、Master、AMEX、Diner's、JCB
- 主要设施：游泳池、餐厅、美容院等
- 客房设施：Wi-Fi（免费）、吹风机、迷你酒吧、保险箱、拖鞋等

（左）酒店入口被水池和热带林木所包围
（右）在泳池边享用浪漫晚餐

托亚别墅内带有私人泳池，适合情侣入住

玩转巴厘岛 美食大搜索

什锦炒饭、生菜沙拉、烤乳猪……巴厘岛的美食足以让你流连忘返。了解了巴厘岛美食之后，到任意一家店点菜都并非难事。让我们尝尽巴厘岛的美食吧！

NASI CAMPUR
巴厘岛式拼盘饭

主打推荐！

"NASI"是"饭"的意思，"CAMPUR"是"拼盘"的意思。盘子中央是饭，周围围着几种蔬菜、荤菜等。这些蔬菜和荤菜可以由顾客按照自己的喜好来添加，也有固定的搭配。这是巴厘岛最常见、也是最有代表性的食物。

甜酪：大豆发酵后风干制成的豆干。甜辣口味

米饭：白米饭配上姜黄根

炸薄煎饼：非常脆，口感微辣

酱料：通常是辣酱。也有酱油、辣椒、花生酱等酱料

鸡蛋：通常是将煮熟的鸡蛋切成两半放在盘中

炖菜：口感清淡。通常会放入四季豆

椰奶猪肉：椰奶煮过的猪肉块。没有辣味

辣椒炖鸡块：辣椒炖鸡块，口感微辣

NASI GORENG
什锦炒饭

主打推荐！

"Goreng"是炒、炸的意思，在这里是炒饭的意思。通常会加入大蒜、辣椒、酱料等一起炒制而成，最后在炒饭上面盖上一个煎好的鸡蛋。日本游客大都比较喜欢这道菜肴。

巴厘岛 & 印度尼西亚料理

来到美食圣地巴厘岛，一定要尝尝这里的特色美食，才不枉此行。巴厘岛的料理符合印度尼西亚料理的特色和口味，荤菜以猪肉为主，主食是米饭，和配菜一起盛在盘子里，在当地很有人气！蔬菜、肉、酱料搭配在一起烹饪而成的特色炒饭让你垂涎欲滴！

霹雳餐厅
Warung Pili Pili

上等巴厘岛拼盘饭

住在克罗伯坎的欧美游客非常喜欢这里的味道。在食材柜内挑选好想吃的食材，然后下单即可。餐厅内非常干净。除了巴厘岛拼盘饭，还有许多国外料理。

MAP p.226-F
- 地址：Jl. Merthanadi No.63, Kerobokan
- 电话：0361-9604214
- 营业：11:00～20:00
- 休息日：无
- 不支持刷卡

巴厘岛椰林天堂之家 I
Warung Jaya Sempurna I

美味的海鲜料理

该餐厅离鱼市很近，能买到最新鲜的海鲜食材。什锦炒饭中也会加入时令海鲜。煎鸡蛋配什锦炒饭价格为Rp.1.6万。

MAP p.197-B
- 地址：Jl. Uluwatu 33, Jimbaran
- 电话：0361-9993420
- 营业：9:00～24:00
- 休息日：无
- 不支持刷卡

BABI GULING
烤乳猪

"BABI GULING"是烤乳猪的意思。在巴厘岛,这是一道老少皆宜的美味。这也是在祭祀庆典活动中常见的菜肴之一,在巴厘岛有好几家烤乳猪店。将幼猪的肉烤至焦黄,猪皮酥脆。将烤好的猪内脏放在炒饭上面搭配着吃。 C

MIE GORENG
炒面

"MIE"是面的意思。巴厘岛的面大多是荞麦面。宽宽的鸡蛋荞麦面和青菜、鸡肉一起翻炒做成了这道美味,非常符合日本人的口味。有的店还会推出蒜味炒面、酱油炒面等口味各异的炒面。装盘后的炒面通常会再配上煎鸡蛋、沙爹等。 D

用餐场所

大众餐馆
费用 💰💰💰💰💰 卫生 ✦✦✦

巴厘岛的平民餐厅。也有巴厘岛拼盘饭和烤乳猪的专卖店。外国游客经常光顾的餐厅有会说英语和汉语的工作人员。

市区餐厅
费用 💰💰💰💰💰 卫生 ✦✦✦✦

这些餐厅多面向游客开放。巴厘岛传统菜肴、海鲜料理、牛排、地方菜等菜品种类丰富。这些餐厅多位于闹市区或观光景点附近,也不用担心语言不通的问题。

大排档
费用 💰💰💰💰💰 卫生 ✦✦✦✦

接纳来自全世界各地的游客。巴厘岛海鲜、牛排、甜点等美味丰盛。在旅游景点处扎堆,无须担心语言问题。

度假村餐厅
费用 💰💰💰💰💰 卫生 ✦✦✦

即便不在度假村住宿,也可以到里面的高档餐厅就餐。这里的餐厅无论是服务水平还是菜品质量都是一流的。海滨度假村的餐厅最为高级,这里的消费水平也最高。

SATTE
沙爹

烤串。将鸡肉、牛肉、猪肉、海鲜、名贵食材串在一起烤制而成。比日本的烤肉串要小一些,烤好后蘸着花生酱吃。将鸡肉捏成肉丸,烤好后非常美味。 E

AYAM BETUTU
辣鸡饭

这是一道来自于巴厘岛北部城镇吉利马努克的地方料理。将鸡肉配着酱料和调味料一起蒸煮而成。口感非常辣。通常会配有炸花生等配菜。有时也会用鸭代替鸡做成辣鸭饭(Bebek)。 F

巴厘岛居民 · 当地人平时怎么吃饭？？

印度教是巴厘岛的主流宗教。印度教教徒认为左手是不干净的,他们在吃饭时只使用右手。

用手直接抓起蔬菜和荤菜,放入到米饭中搅拌好,送入嘴中咽下……

嗯~

玩转巴厘岛 / 美食大搜索

神奇烤猪2
Ibu Oka 2 C

烤乳猪2号分店

当地的人气餐厅,热腾腾的烤乳猪经常被一抢而空。不少外国游客也慕名而来。烤乳猪套餐价格为Rp.3万。

MAP p.226-F
- 地址：Jl.Raya Tegas, Peliatan,Ubud
- 电话：0361-976345
- 营业：11:00~售罄
- 休息日：无
- 不支持刷卡

克莱嘉
Kolega D

欧美游客非常喜欢的美食餐厅

共有50余种菜品可供选择。也可以在食材柜挑选想吃的菜品。菜品分量、内容不同,价格也不一样,通常价格在Rp.2万左右。

MAP 剪切地图2-2、p.187-A
- 地址：Jl.Petitenget 98A Kerobokan,Kuta
- 电话：0361-4732480
- 营业：9:00~售罄
- 休息日：无
- 不支持刷卡

瓦卡迪尤美
Wapa di Ume E

享受田园风光和美味

在瓦卡迪尤美度假村中一边欣赏美丽的田园风光,一边享用美食。在这里可以品尝到正宗的巴厘岛美食,沙爹按菜品内容收费。

MAP p.134-B
- 地址：Jl. Suweta,Br. Sambahan,Ubud
- 电话：0361-973178
- 营业：7:00~22:00
- 休息日：无
- 支持刷卡：VISA、Msater、Amex

吉利马努克辣鸡饭餐厅
Ayam Betutu Khas Gilimanuk F

独特的招牌吸人眼球

该餐厅在巴厘岛总共开设有4家分店。辣鸡饭套餐分为1/4、1/2、整鸡套餐,价格Rp.2.1万。

MAP p.132-E
- 地址：Jl. Bypass Ngurah Rai 89,Nusa Dua
- 电话：0812-3863232
- 营业：10:00~21:00
- 休息日：无
- 不支持刷卡

SEA FOOD
海鲜料理

巴厘岛四面环海，龙虾、螃蟹等海鲜是当地餐厅餐桌上常见的菜肴。这里的海产品多种多样，烹饪方法丰富，可以在港口城市金巴兰的海滩上体验露天海鲜烧烤、在度假村品尝海鲜美食盛宴、在中国海鲜餐馆大快朵颐。**G**

JAPANESE FOOD
日本料理

国际料理

巴厘岛是世界上首屈一指的度假胜地，许多欧美国家的游客喜欢到这里来度假。岛上有不少国际料理餐厅。有的餐厅使用巴厘岛和印度尼西亚的食材做出了精致的新创菜品和海鲜菜肴，就连早餐都让人回味无穷！

FUSION
新创菜肴

法国、意大利等国家的烹饪方法结合巴厘岛、印度尼西亚的传统食材做出的新创菜肴，通常在高档餐厅和度假村内的餐厅可以品尝到。**I**

当下的巴厘岛流行吃日本料理。不光是日本游客非常喜欢，其他国家的游客也赞不绝口。在这里可以品尝到日本拉面、便当、日式快餐小吃、会席料理、回转寿司等日本特色美食。**H**

BREAK FAST
早餐

巴厘岛的早餐远近闻名。既有欧式风格的烤面包配煎蛋，也有巴厘岛传统的拼盘饭。饭后来一杯醇厚的巴厘岛咖啡，心情大好。**J**

| 索莱尔
Soleil　**G** | 大石邸
Oishi tei　**H** | 雷吉安餐厅
The Legian　**I** | 拉·鲁奇奥拉餐厅
La Lucciola　**J** |

当地美味海鱼

位于穆丽雅度假村内的地中海海鲜餐厅。图片上是意大利托斯卡纳风味海鲜，价格为Rp.39.8万。

MAP p.132-F
- 地址：Jl. Raya Nusa Dua Selatan, Kawasan, Sawangan Nusa Dua
- 电话：0361-3017777
- 营业：7:00～23:00
- 休息日：无
- 支持刷卡：VISA, Msater, Amex, Diner's

品尝新鲜美味的寿司

金巴兰酒店内的寿司店。新鲜海鲜寿司套餐售价Rp.9万。

MAP p.197-A
- 地址：Jl.Bukit Permai, Banjar Pesalakan,Jimbaran
- 电话：0361-703342
- 营业：10:00～23:00
- 休息日：无
- 支持刷卡：VISA, Msater

海滩边的美食盛宴

雷根酒店内的美食餐厅。巴厘岛风味海鱼大餐售价Rp.28万。

MAP●剪切地图-1、p.187-A
- 地址：Jl. Kayu Aya, Seminyak Beach,Seminyak
- 电话：0361-730622
- 营业：7:00～23:00
- 休息日：无
- 支持刷卡：VISA, Msater, Amex

在海边享用早餐

在当地很有年头的海滨餐厅。早、午餐的时间一直持续到中午12点。椰果吐司面包价格为Rp.2.6万。

MAP●剪切地图-1、p.187-A
- 地址：Jl. Oberoi, Kayu Aya Beach, Seminyak
- 电话：0361-730838
- 营业：9:00～24:00
- 休息日：无
- 支持刷卡：VISA, Msater, Amex

BALI SWEETS
巴厘岛甜品

椰果、加入黑糖的巴厘岛式法式薄饼、炸香蕉、黑糯米汤等都是巴厘岛常见的甜品。**K**

Salak 蛇皮，又叫作蛇皮果。味道酸甜，像是乳酸饮料一样，口感非常棒。

巴厘岛水果

山竹 山竹又被叫作"水果中的女王。"新鲜娇嫩的山竹让人流口水，味道甜甜，雨季是盛产期。

红毛丹 果皮上带有既长又弯曲的红刺，果实甘甜可口。

桂圆 俗称龙眼，果实像荔枝一样，甜味较淡。

西番莲子 西番莲子非常酸，果肉和黑色的种子一起入口，嘎吱作响，非常可口。

甜品

巴厘岛的甜品种类丰富，既有英国传统的下午茶，也有各种口味的巧克力，堪称甜品的天堂！让我们挨个品尝巴厘岛的各色甜品吧！

CAKE
蛋糕

巴厘岛的大部分甜品非常甜腻，甚至甜的有些过分。最近，一些欧美甜品店、咖啡厅陆续开业，这里的味道比较正宗。在旅游途中可以买一些甜品果腹。**L**

CHOCORATE
巧克力

巴厘岛巧克力工厂和专卖店的诞生使得巧克力在巴厘岛风靡一时。咖啡厅、度假村休闲餐厅内通常会有"马卡龙""多利是"等品牌的巧克力。**M**

巴厘岛饮料

啤酒 巴厘岛上的啤酒多产自于印度尼西亚当地，就着炸鸡，喝着啤酒再惬意不过了。

非常棒的下酒菜！Good！

红茶饮料 巴厘岛当地居民最喜欢喝的饮料之一，巴厘岛的红茶饮料比较甜，适合吃辣鸡饭时喝。

橙汁 新鲜果汁一般用餐时会来一杯，蜜橘味的果汁非常好喝。

西瓜汁 巴厘岛最好喝的果汁之一，将甘甜的西瓜果肉榨成果汁，甘甜无比。

巴厘岛葡萄酒 巴厘岛产的葡萄酒使用澳大利亚的葡萄酿制而成，酒精度较低。价格便宜，可以当作葡萄味美汁来喝。

玩转巴厘岛

31

美食大搜索

The Cafe
The Cafe **K**

巴厘岛水果丰盛
位于穆丽雅度假村内的超人气咖啡厅。热带水果丰盛，菜肴美味可口。餐费大约为Rp.19.9万。

MAP p.132-F
■ 地址: Jl. Raya Nusa Dua Selatan, Kawasan, Sawangan Nusa Dua
■ 电话: 0361-3017777
■ 营业: 12:00~15:00、18:00~23:00
■ 休息日: 无
■ 支持刷卡: VISA、Msater、Amex、Diner's

瑞吉度假村餐厅
St.Regis Bali Resort **L**

自制甜品勾人味蕾
该餐厅的巧克力均为自制，可以当作礼物带回国送亲朋好友。也可以在店内品尝。

MAP p.132-F
■ 地址: Kawasan Pariwisata, Nusa Dua
■ 电话: 0361-8478111
■ 营业: 10:00~22:00
■ 休息日: 无
■ 支持刷卡: VISA、Master、Amex

巧克力咖啡厅
Chocolate Café **M**

品尝高品质的巧克力
位于Jimbaran Corner内的甜品咖啡厅。店内总共有20余种甜点，价格在Rp.2万左右。

MAP p.197-A
■ 地址: Jl. Bukit Permai, Banjar Pesalakan, Jimbaran
■ 电话: 0361-704663
■ 营业: 7:00~23:00
■ 休息日: 无
■ 支持刷卡: VISA、Master

玩转巴厘岛
度假村里享受梦幻下午茶 & 晚茶

近年来,越来越多的人喜欢在巴厘岛喝下午茶。
下午茶源自于英国。在巴厘岛,既能够感受英式风格的下午茶,也能体验到巴厘岛的特色下午茶。除此之外,在亚洲逐渐流行开来的晚茶也被巴厘岛的居民所接纳。

体验正宗的英式下午茶

下午茶来源于英国,在巴厘岛上,自然少不了可以体验正宗英式下午茶的机会。挑选高品质的红茶和香草茶泡成茶水,配上传统的烤饼、马卡龙、水果沙拉、三明治以及迷你汉堡等食品。在顶级度假村内可以品尝到最豪华、最好吃的下午茶。女孩子通常会点一份美味可口的巧克力喷泉。

King Coal Bar内的服务员正在沏茶

巴厘岛瑞吉度假村
The St Regis Bali Resort

(上)英式双层托盘。西番莲果冰红茶是最受人们追捧的饮料,建议提前预订。

(上)人们非常喜欢的马卡龙
(左上)从"巧克力喷泉"挖起一块挂满糖稀的巧克力,配着(左)奶油果馅饼吃也非常美味

MAP p.132-F

■ 地址:Kawasan Pariwisata Nusa Dua Lot S6, Nusa Dua
■ 电话:0361-8478111
■ 费用:下午茶每人Rp.35万、Rp.10万(9~12岁)、9岁以下免费
■ 营业:每天15:00~17:30
■ 网址:www.stregisbali.com
■ 支持刷卡:VISA、Msater、Amex、Diner's、JCB
■ 提供英语服务

巴厘岛空中别墅精品度假村&水疗中心
Villa Air Bali Boutique Resort & Spa

水疗体验和晚茶最具人气

巴厘岛空中别墅精品度假村和水疗中心的水疗+晚茶娱乐项目体验一经推出，即受到消费者的极度欢迎。巴厘岛式特色按摩（120分钟）+传统面部护理（60分钟）+发质护理（60分钟）总计240分钟，之后品尝美味的晚茶，带给人舒服到极点的完美体验！最少组团人数：2人。

晚茶可以替代晚餐。小三明治等餐品丰富

MAP ●剪切地图-2
- 地址：Jl. Lebak Sari, Br Taman, Petitenget, Kerobokan
- 电话：0361-737378
  ※在巴厘岛神鹰假日旅行社内可预约水疗+晚茶娱乐项目
  0361-766832（可以用英语交流）
- 费用：水疗+晚茶娱乐项目每人US$150
- 时间：根据预约时间有所变动
- 网址：www.villaairbali.com
- 支持刷卡：VISA、Msater、Amex、Diner's、JCB
- 提供英语服务

（上）足足达240分钟的按摩护理之后，在草丛尽头的餐厅（左上）内享用美味可口的晚茶（左）

对客人免费的下午茶服务！

在巴厘岛，许多度假村为入住房客提供免费的下午茶。点心、甜饼干等巴厘岛甜点以及饮料都是免费的，客人们可以尽情吃个够。
下面为大家介绍一下提供免费下午茶的酒店和度假村

乌布阿拉雅度假村

巴厘岛叶子别墅酒店

- ●乌布阿拉雅酒店⋯⋯⋯⋯⋯⋯⋯⋯⋯⋯p.23
- ●"巴厘岛叶子别墅酒店"⋯⋯⋯⋯⋯⋯⋯p.63
- ●巴厘岛金巴兰蝴蝶度假酒店⋯⋯⋯⋯⋯p.65
- ●阿曼达利度假村⋯⋯⋯⋯⋯⋯⋯⋯⋯⋯p.71
- ●纯蓝别墅⋯⋯⋯⋯⋯⋯⋯⋯⋯⋯⋯⋯⋯p.22
- ●水明漾圣洵沙酒店⋯⋯⋯⋯⋯⋯⋯⋯⋯p.64
- ●巴厘岛空中别墅精品度假美容酒店⋯⋯p.101
  （与上述晚茶内容不同）

巴厘岛金巴兰蝴蝶度假酒店

阿曼达利度假村

※免费下午茶的项目和内容根据入住计划以及实际入住情况会有所变动

玩转巴厘岛
造访巴厘岛世界遗产
一天逛完5处最佳景点

首次造访巴厘岛!
编辑部
T先生
亲自体验

巴厘岛有着诸神的传说和自然之灵气。神与自然所恩赐予人民的梯田美景 正是巴厘岛最早的世界文化遗产。

START!

1 塔曼阿尤寺

🕘 9:00

▲整齐排列的寺塔（多层塔）

长长的水道围绕着整个寺院。沿着步行道跨过水渠，到达寺院的入口。选择最佳地点和角度，以更好地欣赏整个寺院。在花园里面散步也不错。

 90分

2 巴图卡乌保护区
斯巴克水稻互助组织

山下是一眼望不到边的梯田。巴厘岛的梯田和中国的梯田差不多光景，四周种植着椰子树。

🕚 11:00

▲美丽的梯田
▶在附近的咖啡馆欣赏梯田景色

Lunch Time

斯巴克是什么?

斯巴克组织是巴厘岛农民们自发成立的共同组织，担负着看护稻田、管理水源灌溉的重任。它反映了巴厘岛印度教中"神、人、自然相互协调"的教义。该组织源自于9世纪，是巴厘岛农业生产中不可缺少的重要一环。

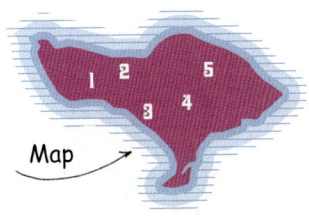
Map

GOAL!

5 帕克里桑河流域

🕐 17:00

一天之内如何逛完5处景点？

虽然时间有点赶，但是在一天内逛完上述5处景点还是完全有可能的。建议租一辆汽车，聘请一位司机同行，路上遇到喜欢的景色，可以随时下车欣赏。可以多人合租平摊车费（p.15）。有的租车公司也会为游客提供导游服务。

▲ 在浴场中邂逅巴厘岛人

帕克里桑河是巴厘岛的圣河，这里环境安逸，空气清新。帕克里桑河的圣水引流至圣泉寺（p.252），在这里沐浴大有好处。

60分 🚗

🕐 15:00

4 巴图尔水神庙

水神守护着巴图尔湖，司掌巴厘岛的水利，被供奉在巴图尔水神庙内。入寺参观时务必要穿戴好围裙。围裙可以租（Rp.2万），但最好自己提前准备一条。

▲ 模仿火焰形状修建的大门，造型非常漂亮

▲ 生活和信仰密不可分

10分 🚗

🕐 14:30

🚗
90分

3 巴图尔湖

巴图尔山是一座活火山，由喷发出来的火山岩堆积形成了巴图尔湖。巴图尔湖的湖水用于农业灌溉，造福着巴厘岛的人民。巴图尔湖由两座大湖交织而成，景色非常壮观。

▲ 巴厘岛有名的壮观景色

玩转巴厘岛

造访巴厘岛世界遗产

刺激的水上漂流！
激流勇进！

乘坐橡皮艇在湍急的河水中激流勇进，在狭长的溪谷和绿色浓郁的热带雨林中穿梭，这是巴厘岛最刺激的运动。阿勇河的河水水流比较平缓，适合初学者；而喜欢体验刺激的勇士们可以到水流湍急的Telaga Waja河。皮划艇上有经验丰富的教练同行，并提供一切安全装备和措施。在漂流过程中感受热带气息和风景。

右上：中级漂流爱好者可到Telaga Waja河体验
中：有专门工作人员拍照并出售
左下：阿勇河水道经过多处小型瀑布，最后的终点是一座大瀑布。喊着口号一起奋勇向前

Sobek
- 电话：0361-729016
- 网址：www.balisobek.com
- 费用：阿勇河激流勇进（1小时）US$52、阿勇河经典河道（2小时）US$79、Telaga Waja河（1小时）US$79

玩转巴厘岛

享受丰富多彩的海

在印度洋湛蓝的海水中畅游！

用一天的时间在印度洋湛蓝的海水中畅游，进行各种海上运动。推荐参加Beach Club Cruise，在龙目岛的海滩上放飞心情。也可以在浮岛上体验孤岛旅游。这里阳光明媚，海水清澈，可以穿戴好潜水装备浮潜、下海观察海洋生物、冲浪等。在旅程结束的傍晚时分，可以欣赏浪漫的夕阳海景。

上：潜水设备免费租赁
中：参加Beach Club Cruise，在龙目岛海滩俱乐部尽享各种乐趣
下：浮岛。洗手间、浴室、衣柜等设施齐全

Bali Hai Cruise
- 电话：0361-720331
- 网址：www.balihaicruises.com/ja/cruises
- 费用：浮岛游US$98、Beach Club CruiseUS$100

Dewa Nyoman Irawan是乌布地区著名的舞蹈艺术家，6岁时开始学习舞蹈，曾在国内外举办过多场舞蹈秀，收获了广泛好评。如果有兴趣的话，可以报名参加Dewa的舞蹈培训班，在其精心指导下，舞技一定会大大提升。可以单独授课，需要提前打电话预约。Dewa的哥哥也一起开设了佳美兰音乐培训班，如果有兴趣，可以一并前来体验（1小时Rp.15万）。

跟随妩媚的舞师学习 巴厘岛舞蹈！

左上：乌布最有名的舞蹈教室
中：每周四在乌布王宫举行公演。Nyoman来自于舞蹈世家
左下：耐心教授舞蹈的Nyoman先生

Dewa Nyoman Irawan
- 电话：081-7553828（手机）
- 网址：www.dewa-nyoman-irawan.com
- 费用：1小时Rp.15万，每天15点之后开课

玩转巴厘岛

37

上运动&文化体验！

这里有着美丽的海滩、湛蓝的海水、葱绿的溪谷，在奇妙的大自然中蕴含着巴厘岛的传统文化。报名参加人气活动，加深对巴厘岛的了解。

巴厘岛著名餐厅大厨亲身授教 烹饪课

绿竹餐厅是巴厘岛非常有名的传统餐厅，由该餐厅的大厨开设的烹饪课有口皆碑。早晨参观完金巴兰的早市和鱼市之后，前往绿竹餐厅。吃完早点，正式开始上课。真正的巴厘岛料理非常注重食材的自然味道。老师一边用英语讲解，一边现场示范。美食爱好者可以在这里学到不少有用的烹饪知识，也可以交到来自全世界各国志同道合的朋友。最后，大家一起制作午餐，然后愉快地享用。

上：大家一起学习烹饪。烹饪过程中不适用刀具，非常安全
右下：烹饪好的10多道菜肴，香气扑鼻，让人食欲大增

Bumbu Bali
- 电话：0361-771256
- 网址：www.balifoods.com
- 费用：US$90（包含到菜市场挑选食材）、US$80（不去菜市场）
- 时间：每周一、周三、周五开课

玩转巴厘岛
BALI STYLE

抵不住诱惑的当地特产

传统的巴厘岛手工艺品、现代精致的摆件、雕刻品都是巴厘岛的宝物。巴厘岛是魅力十足的购物天堂。这里的特色商品价格适中,夺人眼球!

▼ 适合海边穿着的碎花裙。售价Rp.11万 **4**

◀ 大红色的中国风手绢。售价Rp.9万 **1**

▲ 9只小鸟的刺绣,非常可爱。售价Rp.7万 **1**

◀ 用天然玉石做成的脖链,很有异域风情。Rp.31万 **9**

▲ 可爱的美女人偶钥匙环。售价Rp.17.5万 **9**

▼ 不同大小的蜡染图案纸袋。最小号售价Rp.3.3万~ **4**

▼ 竹纤维枕套每对售价Rp.37.6万 **13**

▼Burat Wangi品牌的香皂售价Rp.3.85万 **4**

▲做工精细的莲花银吊坠。售价Rp.30万 **7**

◀包装精致的巴厘岛咖啡。售价Rp.3.5万 **4**

◀不同蜡染图案的三角形手巾。售价Rp.12万 **10**

▼栩栩如生的木制摆件。售价Rp.21.5万 **2**

◀精致的耳环。纤细的银环上穿有天然珍珠。售价Rp.20万 **5**

▼适合在海滩度假村穿着的蓝色连衣裙。售价Rp.35万~ **11**

▼热销时尚吧台灯。售价Rp.79.5万 **2**

▲漂亮的银手镯。售价Rp.28万 **5**

▼颜色鲜艳、好像糖果一样的手链。售价Rp.11万 **13**

玩转巴厘岛

▼粉色、蓝色的丝绸围巾 售价Rp.9.8万 **14**

▲ 茶树、柠檬草、雪松等不同味道的香皂。售价Rp.4.5万 **12**

▶ 不同品牌的天然芳香精油。售价Rp.9.5万 **12**

▶ 上等蜡染手提包。有大小号之分。售价Rp.11.8万（大）**3**

▲ 可以收缩的蜡染手提包。方便携带。售价Rp.18.8万 **3**

购买巴厘岛特产 Shop 14

1 Chiku-Chiku
DATA p.154

乌布人气商店。这里的商品非常可爱，具有巴厘岛特色，种类很多，价格也不贵。

2 HOBO
DATA p.193

主要出售水明漾传统家具、装饰品、摆件等。

3 Koko
DATA p.156

位于乌布地区，老板来自日本。主要出售蜡染箱包、休闲装等。

4 阿伦阿伦
DATA p.208

位于努沙杜瓦的Bali Collection内。店内汇集了印度尼西亚的大量优质商品。

5 卡帕尔·劳乌
DATA p.193

这里的银饰非常时尚，看上去很酷。但是价格却非常亲民。

6 金加拉凯拉米克
DATA p.200

巴厘岛特产商店。热带风格的陶器很多，在当地也很有人气。

▲上：容量较大的棉质蜡染包包。售价Rp.19.8万
中：辣妈首选。售价Rp.16.5万
下：时尚漂亮的坐垫套。全部售价均为Rp.9.9万 **14**

▲巴厘岛特色调味盒。售价Rp.14万 **6**

▲莲花状的小碟。售价Rp.10万 **6**

▼适合成年女性佩戴的钻石腰带。售价Rp.12万 **9**

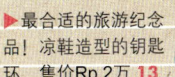

▲工匠亲手制作的佳美兰乐器。售价Rp.30~ **8**

▲最合适的旅游纪念品！凉鞋造型的钥匙环。售价Rp.2万 **13**

41

抵不住诱惑的当地特产

7 佩拉克工作室
DATA p.156
乌布地区的人气银饰店。这里的银饰非常时尚，且具有巴厘岛特色。

8 哈约米银饰
DATA p.218
佳美兰乐器据说有驱赶恶魔的神奇魔力。这里的银器做工精致，非常棒。

9 姗姗精品店
DATA p.200
位于金巴兰巴里克咖啡厅内的精品店。这里的商品比较高档。

10 皮特坎·特洛普斯
DATA p.153
蜡染服装、围裙、杂货等商品种类繁多。男士用品、儿童用品也比较齐全。

11 普斯皮塔
DATA p.194
女士裙装专卖店。在水明漾、乌布有分店。

12 蓝色石头
DATA p.156
护肤品、香皂专卖店。该店的产品均取自天然素材，品质上佳。

13 梦水疗
DATA p.191
女孩子喜欢的饰品、日用百货、特产商品种类较多。

14 露丝蜡染
DATA p.193
店内充斥着各种风格的蜡染产品，种类多到让人挑花了眼。

玩转巴厘岛

瑜伽度假村内全身心感受灵性之美

瑜伽来源于印度,旨在追求心灵与身体的平衡,使自身与大自然融为一体。现代人越来越追求健康的生活,瑜伽也逐渐被人们所青睐。瑜伽是巴厘岛最流行的健身运动,许多瑜伽度假村应运而生,不但可以在此练瑜伽,还可以住宿。在国际上享有极高知名度的GURU(瑜伽导师)和YOGI(瑜伽修行者)也将巴厘岛作为活动中心,幸运的话,可以得到他们的亲身指导。除了瑜伽之外,还可以在巴厘岛体验按摩、美容护肤、有机膳食等一系列的养生项目。在巴厘岛休养生息,邂逅不一样的自己!

巴厘岛做瑜伽注意事项

1 入住瑜伽度假村,听导师讲解瑜伽
许多度假村内都开设了瑜伽课,通常在早晨进行。起个大早,在课堂中认真听从瑜伽导师的讲解。

2 做SPA有助于瑜伽的修炼
大部分瑜伽度假村内都设有美容院。做完瑜伽之后,到美容院做按摩、理疗,能够帮助身体得到迅速的恢复。

3 吃有机膳食有助于排毒
用度假村内的绿色蔬菜做成有机膳食,能够有效帮助人体排毒,并同时兼具减肥的功效。

巴格斯·加提度假村
Bagus Jati

MAP ●剪切地图-35、p.226-B

体验健康生活
净化身体与心灵

从乌布乘车一路向北,大约30分钟后到达巴格斯·加提度假村。该度假村隐于大山深处,与世隔绝。生命吠陀医学理疗是该度假村的特色服务,入住房客还可以免费体验瑜伽课。瑜伽教室设在竹林深处,人们在这里可以感受到森林的自然灵气,真真切切地感受大自然的"气"。巴厘岛的瑜伽导师非常热心,初学者也会很快领悟。度假村的自留菜地里种植着高原蔬菜和热带水果,用它们做成的有机膳食不但美味,对人的身体也有很大的益处。

- 地址:Banjar Jati.Desa Sebatu,Kecamatan Tegallalang P.O.BOX4,Ubud
- 电话:0361-901888
- 传真:0361-901999
- 费用:高级别墅US$224~、美容排毒别墅US$295~
- 套餐:瑜伽&阿育吠陀套餐(3~5晚)US$871~2 168、治愈理疗(3~7晚)US$844~3 354
- 交通:从机场开车约1小时30分钟到达
- 网址:www.bagusjati.com
- 支持刷卡:VISA、Master、Amex、JCB
- 提供英语服务

被竹林包围的瑜伽教室

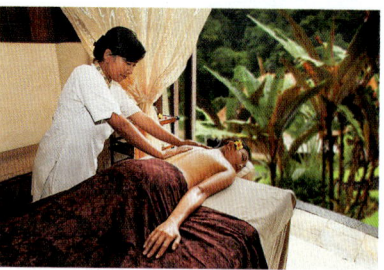
在美容排毒别墅内可以体验室内SPA服务

别墅内的布置

有机蔬菜膳食

在90平方米的瑜伽练功房内可以欣赏田园风光

度假村内的健康膳食　　富有经验的导师亲自指导

德萨森尼度假村

Desa Seni　　　　　　　MAP p.226-E

在舒缓的氛围中
感受瑜伽的真谛

德萨森尼度假村拥有将近100年的历史,从印度尼西亚周边的爪哇岛移建到这里来。度假村的主人是3位澳大利亚人,经过他们的精心打造,这座度假村已经成为远近闻名的瑜伽文化圣地。度假村身处大好田园之中,让人心情爽朗。瑜伽课程的讲师全部是欧美国家的金牌导师和来自于各国的知名导师。零基础者和初级学者每天需要上1~2次课程,也可以要求单独授课。许多在巴厘岛度假的欧美人和追求健康养身的人士都非常喜欢这里。

(上) 中央是宽阔的游泳池
(下) 客房内空调、电话等现代化设备齐全

■ 地址:Jl.Kayu Putih No.13 Pantai Berawa Canggu
■ 电话:0361-8446392
■ 传真:0361-8446394
■ 费用:村庄别墅US$165~、美容排毒别墅US$235~、村庄别墅套间US$320~、村庄疗养院US$385~
■ 交通:从机场乘车约30分钟到达
■ 网址:www.desaseni.com
■ 支持刷卡:VISA、Master
■ 提供英语服务

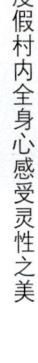

玩转巴厘岛 体验极致养生的SPA&美容

到巴厘岛旅游，一定要体验SPA。空气中洋溢着热带花木的芳香、充满异国情调的气息，使用自然素材进行美容服务，这些都让人着迷。在安静祥和的空间内，放松自己的身心……

SPA & ESTHE Q&A

Q. 有必要提前预约吗？
A. 尽量提前预约。最好提前确认一下入住度假村是否拥有优先体验的权利。

Q. 需要带什么东西？
A. 基本上不需要带任何东西。度假村内会准备好睡衣、毛巾、泳衣等所有必需品。

Q. 男性也能入内吗？
A. 可以。但是不要走错房间。也有情侣套间。

巴厘岛美容沙龙 主要的服务项目和内容

按摩

巴厘岛的按摩种类多种多样，既有芳香式按摩，也有巴厘岛传统按摩。巴厘岛的传统按摩方式叫作Boreh，将肉桂、米粉等刺激且辛辣的香料混合在一起涂抹全身。爪哇岛的传统按摩方式叫作Lulur。

海洋疗法

是深受欧美人欢迎的海洋疗法。使用海水、富含矿物质的藻泥、海盐进行全身理疗。配合使用最新按摩仪器放射水流仪可以起到瘦身、放松身心的效果。

排毒养颜

是起源于古印度、拥有数千年历史的排毒养颜手法，可以有效改善人的体质。将精油缓缓地在额头上进行按摩，然后使用精油进行全身按摩。正宗的排毒养颜美容馆内有专门的美容医生常驻。

达拉SPA　　Dala Spa

在新鲜的天然素材和鲜花中享受SPA时间

乌布

MAP ●剪切地图-44、p.137-H

■ 地址：Jl. Hanoman, Ubud（阿拉雅度假村内）
■ 电话：0361-972200
■ 营业：9:00~21:00
■ 支持刷卡：VISA、Master、Amex、JCB
■ 费用：Manis Crepon 2小时US$85（1人）、US$156（2人）
皇家婚礼理疗服务2小时30分钟US$95（1人）、US$175（2人）
巴厘岛传统按摩60分钟US$45、DALA芳香按摩75分钟US$50、足踩按摩90分钟US$55、温石按摩90分钟US$55~

该美容院位于乌布的阿拉雅度假村内（参照p.23），曾多次获得美容大奖，以高超的美容技术和浪漫的环境征服了顾客。DALA在梵文中是"绿芽"的意思，象征着生命的循环。

推荐体验这里的Manis Crepon理疗。理疗过程中使用巴厘岛的椰果和棕榈糖来洁身，并用热带树叶做面膜。还在撒满7种花瓣的浴缸内体验花瓣浴，然后进行巴厘岛传统按摩。另外，还有使用法国护肤品牌以及茶叶进行理疗的服务项目。

Manis Crepon理疗过程中使用坚果净身

浪漫的Manis Crepon，深受情侣欢迎

（上）其中不同的花瓣
（下）亲身体验香草叶果酱的制作

圣淘沙美容院 — Spa at Sentosa

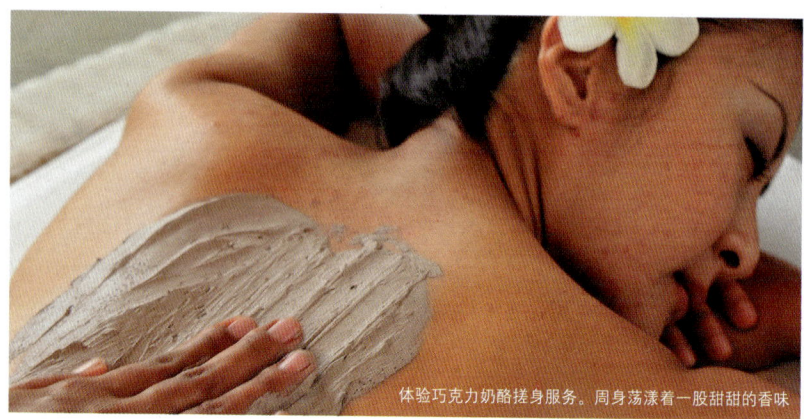

体验巧克力奶酪搓身服务。周身荡漾着一股甜甜的香味

在豪华的别墅内享受巧克力奶酪理疗

　　是水明漾的人气别墅圣淘沙私人别墅美容度假村（p.64）内的美容院。美容院时尚且新颖，内部空间宽敞，拥有先进的美容设施。

　　推荐体验一下这里独有的巧克力奶酪理疗服务。将巧克力和奶酪按照一定配比调好，可以用来当作擦身液、面膜、沐浴乳等。巧克力中的可可成分会刺激大脑产生内啡肽，从而起到减肥的效果。理疗的最后，将热巧克力浓浆和巧克力净身液涂满全身。经过理疗过后的肌肤更显滋润光洁。除此之外，还有面部护理、养颜排毒等各项服务，并可以购买许多护肤产品。

美容院的大厅是暖色调装饰　　　　　　　　在情侣套间体验理疗服务

水明漾

MAP●剪切地图-2、p.187-A

- ■地址：Jl.Pura Telaga waja, Petitenget,Seminyak（水明漾圣淘沙度假村内）
- ■电话：0361-733-398
- ■营业：9:00～21:00
- ■支持刷卡：VISA、Master、Amex、Diner's、JCB
- ■费用：巧克力奶酪理疗服务总共约2小时15分钟，Rp.75万。巴厘岛传统按摩60分钟Rp.34万、90分钟Rp.42万（90分钟服务包含泡浴项目）

（上）在泡满花瓣的木盆中泡脚
（右）用美容院专门调制的巧克力浓浆搓身

竹林欧舒丹美容院

Bamboo Spa by L'Occitan

品类齐全的护肤品
需提前预约的人气美容院

2011年4月正式开业的巴厘岛金巴兰蝴蝶度假村内的人气美容院。欧舒丹是法国知名护肤品牌,在这里可以体验到国内绝无仅有的美妙理疗服务。Bamboo是竹子的意思,整座美容院身处竹林之中,美容室也多以竹子为主题。

该美容院最有名的特色服务是瓦贝纳绿竹理疗。欧舒丹的标志性香气加上巴厘岛绿竹的清香,让人心旷神怡。共有足疗(足部按摩)、全身护理等4个服务项目套餐可选。使用永生花进行面部护理的服务项目深受好评。

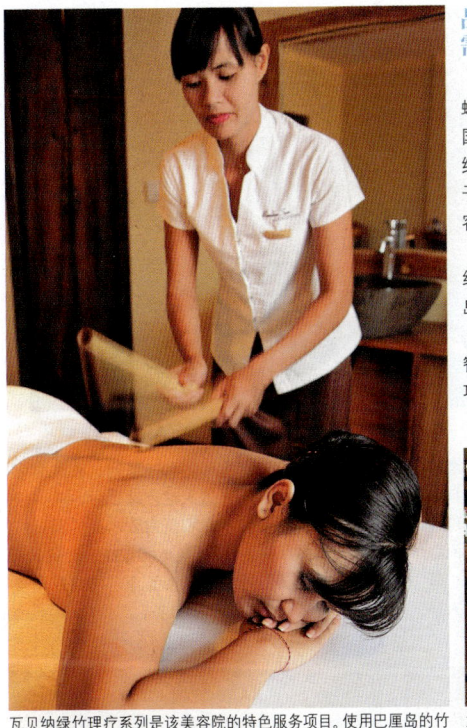
瓦贝纳绿竹理疗系列是该美容院的特色服务项目。使用巴厘岛的竹子进行按摩和理疗服务。竹子轻轻捶打身体有助于淋巴系统的循环

大厅以竹子和金色为主题

总共有14间美容理疗室。需要提前预约

欧舒丹专卖店内的护肤产品

金巴兰

MAP p.197-A

- 地址:Jl.Bukit Permai,Banjar Pesalakan,Jimbaran(巴厘岛绿竹度假村内)
- 电话:0361-703342
- 营业:10:00~22:00
- 支持刷卡:VISA、Master、Amex
- 费用:瓦贝纳绿竹理疗60分钟US$81;瓦贝纳绿竹理疗套餐60分钟US$145;瓦贝纳绿竹放松理疗2小时US$183;瓦贝纳绿竹豪华美容套餐3小时US$175;永生花理疗套餐75分钟US$99

玩转巴厘岛 体验极致养生的SPA&美容

Away Spa

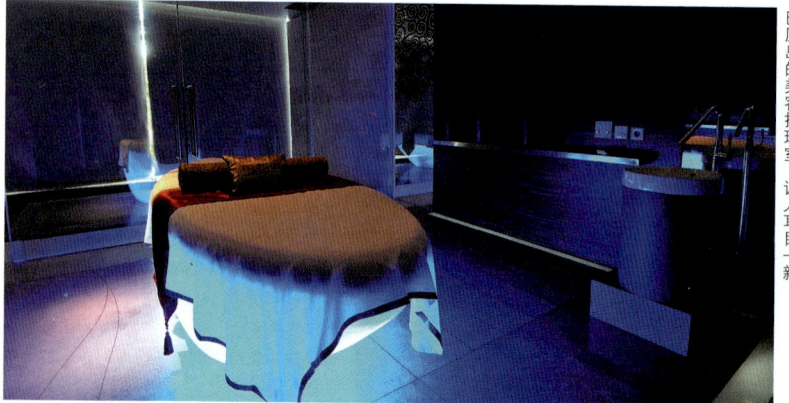

巴厘岛的美容护理室,让人耳目一新

24小时营业的后现代美容院

位于巴厘岛后现代酒店的代表——W酒店（参照p.66）内。这里的理疗服务、美容技术与后现代主义设计风格的外观同样闻名。理疗室内采用LED照明系统，营造出奇幻的空间，既像是宇宙飞船，又像是置身于海底深处。最初给人的印象比较冰冷，但是却能迅速让人静下心来。

休息室内有冷水浴池和按摩间，在这里可以得到很好的放松。进入理疗室之后，先体验一下巴厘岛的传统按摩和使用紫水晶的温石按摩。温石按摩的名字叫作Amethyst Heaven。该美容院全天24小时不间断营业，傍晚或深夜前来都可以享受到优质的服务。

美容院干净整洁的大厅

专门做足疗的房间

水明漾

MAP●剪切地图-1

- ■ 地址：Jl.Petitengat,Seminyak,Kerobokan（W酒店内）
- ■ 电话：0361-4738106
- ■ 营业：24小时
- ■ 支持刷卡：VISA、Master、Amex、Diner's、JCB
- ■ 费用：女神按摩3小时Rp.260万；Amethyst Heaven2小时Rp.200万；冷水按摩75分钟Rp.100万；Away 面部护理60分钟Rp.130万

将自己的愿望写下来投入到许愿池中

巴厘岛海水浴温泉中心

Thermes Marins Bali

海水治愈系
体验真正的海洋疗法

位于阿雅娜美容度假村(参照p.86)内的美容院,倾情为顾客提供正宗的海洋疗法。理疗过程中使用温热的海水和海草泡浴,然后进行传统按摩,可以有效平衡人体内矿物质,并促进新陈代谢。另外,还可以在温泉内体验印度洋海水喷射疗法,可以快速消除疲劳,使人精神焕发。这里的美容室均为独栋别墅,有专门适合情侣的情侣套餐。推荐体验一下这里的深度恢复理疗服务项目,非常不错。

金巴兰

MAP ● 剪切地图-46、p.197-A

- 地址:Jl.Karang Mas Sejahtera,Jimbaran(阿雅娜美容度假村内)
- 电话:0361-702222(人工)
- 营业:9:00~22:00(海水游泳池9:00~21:00)
- 支持刷卡:VISA、Master、Amex、JCB、Diner's
- 费用:情侣套餐2小时30分钟Rp.310万(1人)、Rp.545万(2人)
  深度恢复按摩约75分钟Rp.121.5万
  传统绿竹按摩约80分钟159万
  海水泳池Rp.53万

深度恢复按摩服务中使用的油膏

(上)露天海洋游泳池
(下)做完美容后,在这里放松一下

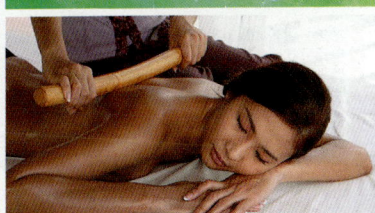

(上)在山岩上体验理疗服务
(下)传统的绿竹按摩

玩转巴厘岛 体验极致养生的SPA&美容

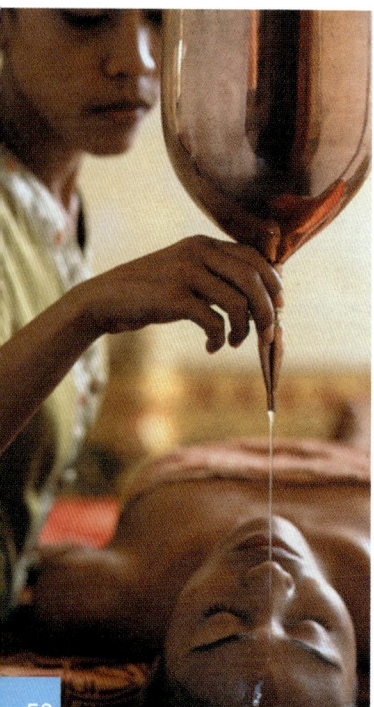
精油放松按摩

巴厘岛普拉纳美容院

在南国风情中感受奇妙的美容世界

位于水明漾的别墅度假村The Villas（参照p.105）内的大型美容设施。

美容院沿袭了印度北部拉贾斯坦城堡的样貌和风格，使用不同的鲜艳颜色作为装饰，内部环境具有度假村的感觉，空气中荡漾着异域南国气息。

该美容院的特色服务项目是印度阿育吠陀医学理疗。整个理疗过程历时约4个小时，由医学泰斗坐诊亲自为每一位顾客量身打造理疗方案。理疗内容包括：根据个人身体状况进行足疗、香草粉和大米粉湿布治疗、温热精油按摩以及阿育吠陀代表性的放松疗法。除此之外还有各种理疗项目和方案。

美容院的中央是男女共浴的泡泡浴浴缸。周围铺着席子和放置座椅供客人休息

充满异域风情的美容室

（上）时尚、鲜艳的外观引人驻足欣赏
（左）梦幻的主题客房

水明漾

MAP●剪切地图-7、p.187-B

- 地址：Jl.Kunti 118X,Seminyak（The Villas内）
- 电话：0361-730840
- 营业：9:00～22:00
- 支持刷卡：VISA、Master、Amex、JCB
- 费用：阿育吠陀医学理疗4小时Rp.245万（单人）苏摩按摩约90分钟Rp.150万、普拉纳放松理疗约60分钟Rp.70万、恢复理疗约2小时Rp.80万、Signature按摩约1小时Rp.45万

阿丽拉美容院 —— Spa Alila

洋溢大自然气息
乌布阿丽拉的至尊美容院

阿丽拉别墅（参照p.76）位于乌布，是隐藏在闹市中的一片绿洲。阿丽拉美容方式和技巧源自于闻名全球的曼陀罗美容，但又对其内容和美容产品作出了一定程度的改变和更新。巴厘岛按摩均采用自然产品和素材，面部护理和理疗服务项目丰富。美容室空间宽敞，环境舒适，给人以深刻印象。

沐浴乳的种类多种多样

（上）可在室内和室外修炼瑜伽
（左）有多种不同护理服务项目可供选择

乌布

MAP p.226-C

- 地址：Desa Melinggih Kelod, Payangan, Gianyar（乌布阿丽拉别墅内）
- 电话：0361-975963
- 营业：9:00~21:00
- 支持刷卡：VISA、Master、Amex、JCB、Diner's
- 费用：巴厘岛传统按摩60分钟Rp.52万、足疗60分钟Rp.47万、温石按摩1小时Rp.65万

伦巴美容院 —— The Lembah Spa

突出的部分供客人观景

（上）美容室均为3间套房
（左）使用优质美容护肤产品

坐拥绝世美景
体验优质SPA

伦巴美容院是巴厘岛所有的美容院当中最具有浪漫气息的一座。乌布郊外的热带雨林在眼前绵延开来，来到这里的顾客无一不为其优美的景色所感动。美容院共有两层，拥有4间SPA体验室，其中有两间是情侣套间。做完美容理疗服务项目之后，可以在房间内体验不同主题的泡浴和喷射理疗浴。泡上一杯健康茶，舒适地度过一天。

乌布

MAP p.135-C

- 地址：Jl.Lanyahan, Br.Nagi-Ds.Petulu, Ubud（巴厘岛总督别墅度假村内）
- 电话：0361-971777
- 营业：10:00~22:00
- 支持刷卡：VISA、Master、Amex、JCB、Diner's
- 费用：热带放松理疗2小时30分钟US$250、巴厘岛传统按摩60分钟US$94

科莫香巴拉美容院　　Como Shambhala

理疗过程中使用的酸奶、米粉、姜黄等材料

解放躯体和心灵的健康理疗

科莫度假村以时尚、新颖的设计而闻名，该美容院隶属于其名下。美容别墅装饰精致，略显豪华，内部拥有各种先进的SPA设施，在这里可以尽情体验瑜伽课程、水疗等服务项目。美容院还提供低热量的有机健康美食，据说对人体有排毒的功效。除此之外，美容院还为客人提供冥想室、山地自行车等有助于人体健康的各项服务设施。

具有各种对人体有益的服务项目

乌布

MAP p.226-D

- 地址：P.O.Box 54,Ubud,Gianyar（科莫香巴拉度假村内）
- 电话：0361-978888
- 营业：9:00~21:00
- 支持刷卡：VISA、Master、Amex、JCB、Diner's
- 费用：科莫按摩75分钟US$95、90分钟US$120、印地安头部按摩75分钟US$95 全身护理全套2小时US$190

阿勇SPA　　Ayung Spa

溪谷中的美丽环境

（左）体验花瓣浴和森林浴
（上）鲜艳的色彩让人心情愉悦

乘缆车前往溪谷下面的舒适空间

该美容院位于阿勇溪谷倾斜面的谷底，是一所闲适的、拥有私密空间的美容院。美容院的墙壁和内部空间多为橙色、粉丝装饰，非常可爱。

巴厘岛传统SPA 服务使用柠檬草、姜黄、大米、绿茶等纯天然材料，也是该美容院的热门服务项目。客人通过体验排毒、面部按摩，可以感受来自于大自然的治愈功能，达到身心的痊愈。

乌布

MAP p.226-D

- 地址：Desa Buahan,Payangan,Gianyar（乌布空中花园酒店内）
- 电话：0361-982700
- 营业：10:00~20:00
- 支持刷卡：VISA、Master、Amex、JCB、Diner's
- 费用：巴厘岛传统按摩60分钟Rp.67万；天使抚慰按摩（针对儿童）45分钟Rp.63.7万；浪漫护理理疗2小时Rp.140万；全身护理3小时Rp.210万

旅游健康理疗

Safari Wellness Spa

边欣赏大象表演，边体验SPA

位于Elephant Safari Park公园酒店内。该美容院的特点是：在美容体验室做按摩、在浴室泡澡时，可以透过透明玻璃窗看到外面走动的大象。这是在巴厘岛独一无二的特殊体验！并且，作为度假村美容院，这里的收费并不算高。面部护理使用自然美容产品，得到顾客的一致好评。

适合情侣的情侣体验套间

（左）从外面看不到内部

（下）可以做奶油浴

库塔

MAP● 剪切地图-34、p.226-B

- 地址：Elephant Safari Park公园酒店内
- 电话：0361-8988888
- 营业：8:00~20:00
- 支持刷卡：VISA、Master、Amex、Diner's、JCB
- 费用：Signature 按摩90分钟US$40
  热石理疗90分钟US$40
  巴厘岛传统香草按摩理疗2小时US$50

丹戎莎莉嘉姆传统美容院

Jamu Traditional Spa at Tandjung Sari

感受来自于古印度尼西亚的Jamu理疗

位于沙努尔的著名度假村——丹戎莎莉度假村内。Jamu理疗是一种印度尼西亚的古老理疗方法，将取自于花瓣、树叶的香精和风干的植物根部、巴厘岛的香料、蜂蜜以及海盐等有机自然材料调和制成独特的药包，用于对人体的按摩和理疗过程中。巴厘岛当地的男性非常喜欢该疗法。美容院内有关于Jamu理疗的详细介绍，并配有中文说明，方便人们理解。

可以提前预约美容专家

专门做头部护理的房间

沙努尔

MAP p.211-B

- 地址：Jl.Danau Tamblingan 41, Sanur（丹戎莎莉度假村内）
- 电话：0361-286595
- 营业：10:00~19:00
- 支持刷卡：VISA、Master、Amex、JCB
- 费用：传统按摩1小时Rp.55万
  巴厘岛按摩1小时Rp.55万
  香草净身2小时Rp.99万

彼特曼哈SPA

Pita Maha Spa

拥有独一无二的情侣体验套间 SPA套餐大受欢迎

位于乌布的彼特曼哈度假村内,非常适合情侣来体验。拥有如此高人气的秘密在于SPA套餐。包含巴厘岛式传统按摩、面部护理、足疗等服务项目在内的套餐非常适合情侣一起来体验,2小时套餐收费$150。在美容院的游泳池内可以眺望到溪谷的美丽景色。除此之外,气泡浴缸、桑拿室、主题客房等设施一应俱全。在优美的自然风景中感受完美的浪漫时刻。

浪漫的环境　　可爱的装饰

在按摩室可以眺望到溪谷

乌布

MAP p.134-B

- 地址:Jl.Sanggingan, Ubud(彼特曼哈度假村内)
- 电话:0361-974330
- 营业:9:00~20:00
- 支持刷卡:VISA、Master、Amex、JCB
- 费用:巴厘岛传统按摩60分钟US$55
  彼特曼哈SPA套餐60分钟US$55
  巴厘岛传统理疗服务90分钟US$70

瓦卡迪尤美SPA

Wapa di Ume Spa

游泳池边的美容室

花瓣浴

阳光穿过绿叶,感受心的宁静

瓦卡迪尤美度假村是巴厘岛上著名的度假村,位于乌布北面,有着大片的梯田。该美容院就位于其中。该美容院置身于美丽的景色之中,与大自然融为一体,在当地有口皆碑。该美容院独创的自然系SPA产品在当地很受欢迎,用起来非常舒服。最受欢迎的服务项目是巴厘岛传统按摩和护理套餐。除此之外,在这里还可以修炼瑜伽、在冥想室体验冥想。许多欧美游客非常喜欢这里。

乌布

MAP p.134-B

- 地址:Jl.Suweta,Br.Sambahan,Ubud(瓦卡迪尤美度假村内)
- 电话:0361-973178
- 营业:9:00~21:00
- 支持刷卡:VISA、Master、Amex、JCB、Diner's
- 费用:首陀罗按摩约90分钟US$85、巴厘岛传统按摩约1小时US$45、特色全身理疗约2小时US$85、面糊芳香护理约1小时US$50、各项巴厘岛传统理疗服务约45分钟US$40

The Spa

以大海为主题的理疗服务是其最大特色

巴厘岛上有两座四季假村，该美容院位于金巴兰地区的其中一座之内。因地处海边，该美容院的服务项目也多以大海为主题，Papaya Passionfruit Body Mask（2小时30分钟Rp.275）和Refine Body Toner（2小时30分钟Rp.275万）是这里最具特色的理疗服务项目，来体验一下吧。

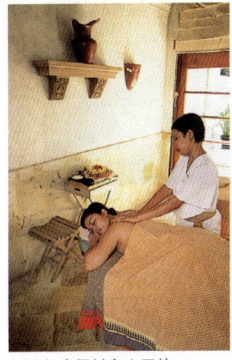

仅面向度假村客人开放

金巴兰 ——— MAP p.197-A

- 地址：Jimbaran, Denpasar（巴厘岛金巴兰四季度假村内）
- 电话：0361-701010
- 营业：9:00~21:00
- 支持刷卡：VISA、Master、Amex、JCB、Diner's
- 费用：金巴兰Lulur理疗2小时Rp.165万
  巴厘岛传统按摩75分钟Rp.100万
  还有其他各种服务项目

杰拉米SPA — Jerami Spa

美容套餐价格亲民

先来做做足疗吧

规模虽小，却以丰富的服务项目而闻名

有巴厘岛传统按摩、芳香按摩、全身按摩等项目可选。除此之外，还有Lulur、Lap、Reflexology等其他服务项目。特色Signature理疗可以舒缓人体肌肤的紧张感、清洁皮肤角质。

水明漾 ——— MAP 前切地图-7，p.187-B

- 地址：Jl.Bali Deli No.01,Seminyak（杰拉米别墅内）
- 电话：0361-8475970
- 营业：9:00~22:00
- 支持刷卡：VISA、Master
- 费用：巴厘岛咖啡净身90分钟US$50
  Avocado And Aloe Body Lap60分钟US$55
  鲜草莓净身2小时US$60

吉瓦SPA — Jiwa Spa

豪华的美容套间

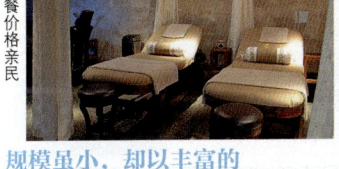

努沙杜瓦 ——— MAP p.203-B

- 地址：Jl.Pratama 168,Tanjung Benoa（巴厘岛康拉德度假村内）
- 电话：0361-778788
- 营业：8:00~22:00
- 支持刷卡：VISA、Master、Amex、JCB、Diner's
- 费用：Ocean Flow60分钟Rp.95万~
  Inner Radius60分钟Rp.95万~
  Aquatic Element2小时Rp.215万
  Smoothing Lane Body Polish1小时Rp.100万
  Perfect Duo3小时Rp.285万

适合情侣一起体验的浪漫服务

巴厘岛Conrad度假村内的美容院。这里拥有高档典雅的内部环境以及完善的美容设施，堪称一流。最受人们欢迎的服务项目是Ocean Flow，利用流动的海水拍打人的身体，配合按摩手法，使肌肤和身心得到最大程度的放松。也可以配合花瓣浴同时进行。除此之外，还拥有各种SPA服务套餐可供选择。

SPA&ESTHE

伽玛哈私人别墅美容院  Jamahal Private Resort & Spa

（上）美容室内播放优美的佳美兰音乐
（右）浴缸内的精心布置

低调的美容院内别有洞天

伽玛哈私人别墅度假村位于金巴兰，该美容院即坐落于其中，仅有9个美容室。有身体排毒、热石理疗·按摩、指压按摩等服务项目可选，技师技艺精湛，服务到位。在这里可以一边吹着潮湿的海风，一边感受无微不至的身体护理。

金巴兰　　　　　　　　　　　　MAP p.197-B

- 地址：Jl. Uluwatu, 1, Jimbaran（伽玛哈私人别墅度假村内）
- 电话：0361-704394
- 营业：10:00~19:00
- 支持刷卡：VISA、Master、Amex
- 费用：面部按摩85分钟Rp.76.5万
  身体排毒护理85分钟Rp.76.5万

艾丽希SPA  The Elysian Spa

在舒适的空间内放松身心

时尚酒店内的精品SPA

位于巴厘岛最具代表性的时尚酒店——艾丽希大酒店内。浴室内淋浴、气泡浴缸等设施完善，并可以体验花瓣浴。该美容院秉承让人体肌肤放松、调节体内平衡等原则，有多种服务项目可选。并且，这里独创的自然系护肤产品也非常好用。

水明漾　　　　　　　MAP●剪切地图-6、p.187-A

- 地址：Jl.Sari Dewi 18,Seminyak,Kuta（The Elysian酒店内）
- 电话：0361-730999
- 营业：9:00~21:00
- 支持刷卡：VISA、Master、Amex、JCB
- 费用：身体芳香理疗·按摩60分钟Rp.38万
  巴厘岛身体恢复理疗1小时Rp.40万

阿曼达利 Amandari

（左）简朴的室内环境
（下）不同的芳香精油具有不一样的疗效

拥有5种不同效果的精油

位于乌布地区的阿曼达利度假村（参照p.71）内。使用柠檬草、香草等自然植物制成的芳香精油进行按摩。虽然只有两间美容室，但如果客人想在这儿留宿的话，也同样可以享受到高档别墅的待遇。

乌布　　　　　　　　　　　　MAP p.134-A

- 地址：Kedewatan, Ubud（阿曼达利酒店内）
- 电话：0361-975333
- 营业：9:00~21:00
- 支持刷卡：VISA、Master、Amex、JCB、Diner's
- 费用：巴厘岛传统按摩60分钟Rp.80万
  Lulur理疗2小时Rp.130万

巴厘岛山妍四季酒店美容院 Four Seasons Resort Bali at Sayan

仅有入住房客才能体验SPA服务

感受来自于肥沃土地的恩惠

位于巴厘岛山妍四季酒店度假村（参照p.70）内。美容院的技师使用香草、香料、大米等天然素材调制成特殊药膏，对客人进行各种理疗服务。除了主体美容大楼之外，在阿勇河的河畔也有并排的3座美容别墅栋。这里比较安静。

乌布　　　　　　　　　　　　MAP p.134-E

- 地址：Sayan, Ubud（巴厘岛山妍四季酒店）
- 电话：0361-977577
- 营业：9:00~22:00
- 支持刷卡：VISA、Master、Amex、JCB、Diner's
- 费用：Lulur Sayan2小时Rp.170万
  巴厘岛传统按摩75分钟Rp.108.5万

自然SPA Natura Spa

自然SPA位于自然度假村（参照p.83）内

走下石阶到达这所隐蔽的休闲会所

　　该美容院位于贝塔努河沿岸，外观肃穆、大气且充满安详的氛围，对于巴厘岛人民来说，这里是神圣的美容场所。巴厘岛传统按摩、爪哇岛传统按摩、芳香精油按摩、巴厘岛沐浴等服务项目多种多样，顾客可以根据个人喜好选择适合自己的服务。

乌布　　　　　　　　　　　　　　MAP p.135-C

- 地址：Jl.Gnung Sari Banjar Laplapan, Ubud（自然美容度假村内）
- 电话：0361-978666
- 营业：9:00~17:00
- 支持刷卡：VISA、Master、Amex、JCB
- 费用：巴厘岛传统按摩60分钟US$40
  芳香精油理疗50分钟US$35

巴厘岛肉桂SPA Kayumanis Spa

和肉桂度假村一样受欢迎，需要提前预约

美容别墅给人以高级感

　　装饰精致的美容别墅内设有宽阔的泳池、娱乐休闲室等消遣场所，令顾客在享受美容的同时放松身心。当地工作人员会说一些简单的汉语，所以完全不用担心交流的问题。

金巴兰　　　　　　　　　　　　　MAP p.197-A

- 地址：Jl.Yoga Perkanti,Jimbaran（巴厘岛金巴兰肉桂私人别墅度假村内）
- 电话：0361-705777
- 营业：9:00~21:00
- 支持刷卡：VISA、Master、Amex、JCB
- 费用：恢复理疗2小时US$120
  肉桂美容之旅3小时US$170

Bvilla+SPA Bvilla + Spa

整座别墅全部都是美容院所属。设有情侣套间

可爱又时尚的美容院

　　位于水明漾的时尚度假村内，处于最里面的位置，比较安静。这里有时下最流行的芳香精油按摩、面部护理等项目。如果在这里住宿的话，可以享受打折的美容服务。建议提前预约。

水明漾　　　　　MAP●剪切地图-2、p.187-B

- 地址：Jl.Braban No.63,Seminyak
- 电话：0361-736623
- 营业：9:00~21:00
- 支持刷卡：VISA、Master、Amex
- 费用：Holistic Massage90分钟Rp.58万
  Refresh2小时Rp.73万
  各种面部护理套餐60分钟Rp.44万

巴厘岛塔曼莎莉皇家喜来登SPA Taman Sari Royal Heritage Spa Bali

努沙杜瓦地区的顾客可享受免费接送服务

传承爪哇岛王室的传统技能

　　该美容院融合了爪哇岛皇室传统理疗和现代按摩技法，前者曾被爪哇岛皇室所采用，为保持皇室成员的美丽和健康起到了非常重要的作用。在这里能够体验到巴厘岛上独一无二的服务。美容院的护肤产品全部是产自于印度尼西亚的自主品牌——穆斯提卡·拉图。环球小姐每年都会到这里来做美容。

努沙杜瓦　　　　MAP●剪切地图-46、p.132-E

- 地址：Jl.Taman Sari 15-17, Taman Mumbul, Nusa Dua
- 电话：0361-771720
- 营业：9:00~22:00
- 支持刷卡：VISA、Master、JCB
- 费用：巴厘岛全身传统按摩60分钟US$46
  爪哇岛皇家面部护理90分钟US$58
  The Splendor Healing of the Heart5小时US$188

Zen

店铺位于巴士总站附近

充满艺术感的空间引人遐想

精致可爱的装修风格特别吸引女性顾客。美容室内干净整洁，在这里可以舒舒服服地体验各种服务项目。巴厘岛传统按摩是该美容院的人气体验项目，顾客可以根据自己的喜好选择不同香味的精油来做按摩。其他各种服务项目也以巴厘岛传统方式为主流。在这里度过一个美好的时刻吧。

乌布　　　　MAP 剪切地图-43, p.137-H

- 地址：Jl. Hanoman, Ubud
- 电话：0361-970976
- 营业：9:00~20:00
- 支持刷卡：VISA、Master
- 费用：巴厘岛传统按摩60分钟Rp.10万
  Mandi Lulur花瓣浴105分钟Rp.15万

身体服务中心 Bodyworks Centre

乌布地区的老牌美容院。院内开满了鲜艳的花朵。

最受欢迎的理疗按摩中心

这里有巴厘岛传统按摩、Lulur理疗等各种服务项目。最近，又推出了Therapy Massage理疗服务，可以有效缓解人的精神疲惫和肌肉紧张。专业理疗师卡利斯玛赫拉・库图・阿尔萨纳的双手被称为"奇迹之手"。要想得到他的亲手治疗，需要等上2~3个月。

乌布　　　　MAP 剪切地图-43, p.137-E

- 地址：Jl. Hanoman No.25, Ubud
- 电话：0361-975720
- 营业：8:00~20:00
- 支持刷卡：VISA、Master、JCB
- 费用：佛陀按摩理疗30分钟US$50
  巴厘岛传统精油按摩60分钟Rp.14万起

努尔美丽沙龙 Nur Beauty Salon

店内洋溢着植物的清香

乌布的金牌美容院

这里的传统按摩方式包含海藻净身按摩、酸奶沐浴按摩等。按摩之后的肌肤焕发水嫩光泽，吹弹可破。除此之外，还有Deep Healing Massage（深治疗按摩）服务。

乌布　　MAP 剪切地图-44, p.137-E

- 地址：Jl.Hanoman No.28, Ubud
- 电话：0361-975352
- 营业：9:00~21:00
- 支持刷卡：不支持刷卡
- 费用：巴厘岛传统按摩（海草按摩）90分钟Rp.22万

Kenko

足疗前可先喝一杯热姜茶暖身

以足为天的足疗店

位于猴子森林大街一侧的足底按摩店（足疗店）。足疗时间为1小时。在这短短的1小时之内，技师不仅对足底进行按摩，还会对腿部、肩部、腰部进行按摩。做足疗时无须换衣服，比较方便。

乌布　　MAP 剪切地图-43, p.136-D

- 地址：Jl. Monkey Forest Padang Tegal, Ubud
- 电话：0361-975293
- 营业：10:00~22:00
- 支持刷卡：不支持刷卡
- 费用：60分钟Rp.9万

乌布莎莉健康度假村 Ubud Sari Health Resort

可在森林中体验SPA

体验独一无二的服务项目

美容院位于森林深处，旁边有小河流经，风景秀美。在这里可以体验泥浴和牛奶浴。全身挂满湿漉漉的泥浆，这种感觉相信没有体验过的人不会了解。Mandi Suds在服务过程中使用酸奶，是最受欢迎的服务项目。

乌布　　　　　　MAP p.134-F

- 地址：Jl. Kajeng No.35, Ubud
- 电话：0361-974393
- 营业：9:00~20:00
- 支持刷卡：VISA、Master、Amex、JCB
- 费用：Mandi Lulur 2小时US$30
  足底按摩1小时US$15

奇利　Chill

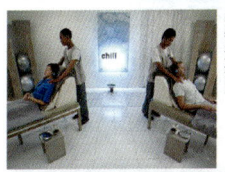

大家都喜欢不拘小节的舒适氛围

普拉纳SPA的姊妹店铺

奇利是一家足疗店，该店的老板同时也是人气店铺普拉纳美容院（p.50）的经营者。在旅游途中可以随时前往该店享受足部的放松。足部、头部、肩部按摩套餐The Classic最受欢迎。

水明漾　MAP●剪切地图-7, p.187-B
- 地址：Jl.Kunti,Seminyak
- 电话：0361-734701
- 营业：10:00~22:00
- 支持刷卡：VISA、Master、Amex、JCB
- 费用：The Classic60分钟Rp.18.2万、The Ultimate Chill90分钟Rp.21.8万

舞动的手指　Jari Menari

两位按摩技师同时上阵

优雅而又有力的按摩

世界级按摩师苏珊女士经营的人气沙龙。她拥有来自美国加利福尼亚的"Long stroke"的独特按摩手法，感觉非常不错。美容院的内部设有小小的池塘。水疗师全部为男性，这也是该店的一大特点。

水明漾　MAP●剪切地图-3, p.187-B
- 地址：Jl.Raya Basangkasa No.47, Seminyak
- 电话：0361-736740
- 营业：9:00~22:00
- 支持刷卡：VISA、Master、Amex、JCB
- 费用：The Basic Session75分钟Rp.35万

The SPA　The Spa

使用翡翠按摩

使用翡翠进行按摩

该店的理疗手法和按摩方式融合了亚洲传统的药草疗效和西方的健康哲学理念，对人体非常有益。Body Treatment（身体护理）使用翡翠（玉石）进行按摩，能够有效促进人的体能恢复，平衡体内各种元素，建议体验一下。

水明漾　MAP●剪切地图-7, p.187-B
- 地址：Jl.Kunti 108, Seminyak（阿玛拉度假村内）
- 电话：0361-738866
- 营业：10:00~22:00
- 支持刷卡：VISA、Master、Amex、JCB
- 费用：翡翠按摩60分钟US$60

罗塔斯俱乐部　Lotus Club

该店提供免费接送服务

深受广大男女消费者青睐的足疗店

中式的足底穴位按摩手法和日式肩部、腰部按摩深受广大消费者的青睐。按摩过程中不使用任何精油，许多男性也喜欢到这里来体验一番。该店的服务项目价格相对实惠。

金巴兰　MAP p.197-B
- 地址：Pertokoan Citra Bali Block 30 Jl. By Pass Ngurah Rai, Tuban
- 电话：0361-702798
- 营业：10:00~23:00
- 支持刷卡：不可
- 费用：足部美容&足底按摩60分钟US$20、全身护理按摩2小时US$30

美学m&k　Esthetic Villa m & k

位于机场附近

提供美食的住宿型美容院

南欧风格的别墅既包含了美容院，也一并设有住宿设施。有1晚2日住宿+按摩套餐和半日按摩套餐（带午餐或晚餐）可供选择。客人可自由选择套餐列表内所提供的服务项目。女性专用。

金巴兰　MAP p.197-B
- 地址：Puri Gerenceng Tuban
- 电话：0361-9351969
- 营业：9:00~24:00
- 支持刷卡：VISA、Master、JCB
- 费用：1晚2日住宿+按摩套餐US$150、半日按摩套餐A（带午餐）US$100、半日按摩套餐B（带晚餐）US$100

阿优达SPA　Ayodia Spa

豪华的美容室

曼陀罗美容院运营的SPA中心

曼陀罗美容院的老板同时经营着这家店铺。最受欢迎的服务项目是曼陀罗双人技师按摩。4只技艺精湛的手同时进行服务，能够促进人体血液循环。

努沙杜瓦　MAP p.203-C
- 地址：Jl.Pantai Mengiat, Nusa Dua（努沙杜瓦）
- 电话：0361-774004
- 营业：10:00~21:00
- 支持刷卡：VISA、Master、Amex、JCB
- 费用：曼陀罗按摩50分钟US$77、巴厘岛传统按摩50分钟US$46

\ 玩转巴厘岛 /

返程日的最后享受

巴厘岛的返程飞机多为夜间航班。
退房手续办理完毕之后，该去哪儿好呢？
不用再绞尽脑汁！下面是最好的计划。

最长8小时的SPA体验！结束之后直接赶往机场

（上）精湛技艺和巴厘岛传统素材的完美结合
（左）享受理疗服务，治愈身体和心灵

All You Can Spa Luxury　U$ 180~288
（5、6、8**小时套餐可供选择**）

巴厘岛迪斯尼
豪华别墅酒店
Disini Luxury Spa & Villas

　　在返程日，可以到这里来做SPA，有5~8小时的All You Can Spa Luxury服务套餐可选。如果不喜欢套餐，还可以根据个人喜好选择单项服务。享受完服务之后，可以在别墅内休息，然后乘坐免费巴士前往机场。

柠檬草、姜片泡浴

传统净身服务项目

MAP●剪切地图-2、p.187-A
■ 地址：Jl.Mertasari Seminyak
■ 电话：0361-737537
■ 营业：10:00~23:00
■ 网址：disinispa.com
■ 支持刷卡：VISA、Master、Amex、Diner's、JCB

位于水明漾

漂亮的大厅

预约中心　**雄鹰假日中心**　www.garudaholidays.com

印度尼西亚鹰航集团下属的旅行社，在巴厘岛设有分社。可以在当地直接预约！人气SPA项目比较难预约，建议出发前在国内查好日期提前预约。

p.62	巴厘岛资深人士推荐的度假村
p.68	乌布
p.85	金巴兰
p.92	努沙杜瓦&伯诺阿
p.97	水明漾&克罗伯坎
p.108	消费低廉的平价旅店
p.112	库塔&雷吉安
p.118	沙努尔
p.122	登巴萨
p.123	展地达萨
p.126	吉利马努克
p.129	罗威那海滩
p.130	其他地区

治愈系的假日乐园

Resort & Hotel in Bali

巴厘岛度假村 & 酒店

巴厘岛资深人士推荐的度假村

巴厘岛上新开了不少度假村,许多游客不知该如何选择。本书编者和巴厘岛旅行社的资深人士共同为广大游客推荐以下度假村!

本书编者·T
有着20多年的巴厘岛实地取材经验。致力于新事物的发现和信息搜集。

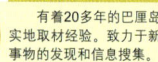
巴厘岛旅行社资深人士
经常往来于巴厘岛。能够敏锐地捕捉到游客的需求和喜好。

位于国家公园内、拥有豪华海滩别墅的自然度假村

曼加冈酒店
The Menjangan

曼加冈酒店位于巴厘岛唯一的国家公园内,是一座景色非常美丽的自然度假村。这里的豪华客房和新型海滩别墅位于热带树丛中,可以尽情感受大海和森林的美妙气息。除了有与野鹿、野猴等各种珍稀动物近距离接触的机会,还可以到丛林中散步、骑马、在浅湾浮潜、进行海上运动。美容院位于红树林之中,可一边做SPA,一边欣赏美丽的红树林景色。

本书编者·T
巴厘岛上的豪华酒店,拥有极具浪漫气息的自然景致。除此之外,还有各种美食、SPA服务项目等待客人的造访。

A 海滩别墅栋正前面就是宁静的海滩
B 餐厅被热带丛林所包围
C 拥有9栋时尚海滩别墅栋。适合情侣入住
D 在叫作"巴厘岛之塔"的木制高塔上可以欣赏到美丽的景色。除此之外,"巴厘岛之塔"还可以用作休闲室和晚餐厅
E 菜品的质量相当高
F 野鹿经常出没于别墅内

MAP p.256-A　　　　　　　　**曼加冈／别墅**

■ 地址:Jl.Raya Gilimanuk,Singaraja Km.17 Desa Pajarakan, Buleleng
■ 电话:0362-94700　■ 传真:0362-94708
■ 费用:豪华客房US$225、豪华套间US$300、海滩别墅US$350、高档公寓US$700
■ 交通:从机场乘车约3小时到达
■ 网址:www.themenjangan.com/rates.php
■ 支持刷卡:VISA、Master
■ 提供英语服务
■ 主要设施／服务:SPA、游泳池、餐厅、健身房、水疗中心
■ 客房设施:空调、迷你酒吧、保险箱、无线网络(免费)、浴缸、免费Wi-Fi等

忘却库塔的喧嚣
沉醉于度假村的幸福时光

巴厘岛叶子别墅酒店
Villa de Daun

巴厘岛旅行社资深人士·M：为满足客人的一切需求而孜孜不倦，这是客人们爱上这里的最大理由。推荐女性顾客体验一下这里的SPA服务。

巴厘岛叶子别墅酒店位于库塔的中心地段，但却拥有难能可贵的静谧。别墅栋内带有游泳池和宽敞的晚餐厅。度假村内还有一所豪华的美容院，在这里可以享受SPA服务，并欣赏各种演出。这里的工作人员服务热情周到，给人以无微不至的关怀。

MAP●剪切地图-15，p.164-B　　库塔／别墅

- 地址：Jl.Raya Legian,Kuta
- 电话：0361-756276
- 传真：0361-750643
- 费用：单人别墅栋（带泳池）US$400~、单人豪华别墅栋（带泳池）US$450~、双人豪华别墅栋（带泳池）US$650~
- 交通：从机场乘车约20分钟到达
- 网址：www.villadedaun.com
- 支持刷卡：VISA、Master、Amex、JCB
- 提供英语服务
- 主要设施·服务：SPA、餐厅、客房管家、私人厨师等
- 客房设施：游泳池、厨房、空调、迷你酒吧、保险箱、无线网络、浴缸等

A 单人别墅栋（带泳池）的室内布置。最里面是开放式晚餐厅
B 美容室和演出厅
C 别墅栋内的游泳池
D 在小型餐厅内可以喝下午茶。度假村附近有许多餐厅，不用担心吃饭的问题
E 有日式早餐。工作人员会将早餐送到房间内

巴厘岛度假村＆酒店

巴厘岛资深人士推荐的度假村

占地数万公顷的超震撼别墅群！
适合家庭入住的完美度假村

水明漾圣淘沙别墅酒店

Sentosa Seminyak

64

水明漾圣淘沙别墅酒店位于别墅群集中的水明漾地区，一经问世即风头无二。单人入住时，可以选择住在三人别墅套间中的一间内。别墅内拥有游泳池、晚餐厅，其豪华程度令人震撼。美食爱好者可以到澳大利亚星级大厨掌勺的索尔特·塔帕斯餐吧品尝其亲手烹饪的美味佳肴。

巴厘岛旅行社资深人士·M
豪华无比的度假村。
适合情侣、家庭共同入住。
晚上在酒吧度过一个难忘的夜晚。

B

C

D

MAP●剪切地图-2， p.187-A　　水明漾／别墅

■ 地址：Jl.Pura Telaga waja, Petitenget,Seminyak
■ 电话：0361-737676　传真：0361-7371111
■ 费用：单人别墅栋（带泳池）US$432～、双人别墅栋（带泳池）US$590～、三人皇家别墅栋（带泳池）US$691～
■ 交通：从机场乘车约20分钟到达
■ 网址：www.balisentosa.com
■ 支持刷卡：VISA、Master、Amex、Diner's、JCB
■ 提供英语服务
■ 主要设施・服务：SPA、健身房、餐厅、酒吧、客房服务等
■ 客房设施：游泳池、厨房、空调、迷你酒吧、保险箱、免费Wi-Fi、浴缸等

A 有居家感觉的晚餐厅
B 卧室的床上有华盖。各别墅有着不同的设计者，别墅栋内的布置、设备也不一样
C 在星级厨师餐厅内品尝美食
D 3人套间的主卧室直接通向游泳池

金巴兰无人不知、无人不晓的特色酒店
适合情侣入住的浪漫空间
巴厘岛金巴兰蝴蝶度假酒店
Kupu Kupu Jimbaran Suites

A

巴厘岛金巴兰蝴蝶度假酒店集购物中心、餐厅以及休闲娱乐中心于一体，浓厚的浪漫气息非常适合新人们度蜜月。Muaya Suite的一楼是起居室和浴室，二楼是卧室，建议住在这里。度假村内的美容院是欧舒丹直营，在当地有着不错的口碑。

本书编者·T
客房内有浴缸、欧舒丹美容护肤产品和SPA设施，非常适合情侣入住。海滩俱乐部是非常不错的消遣场所。

MAP p.197-A　　　　🏠 金巴兰／度假村

■ 地址：Jl.Bukit Permai,Banjar Pesalakan,Jimbaran
■ 电话：0361-703342　传真：0361-704449
■ 费用：乌鲁瓦图套房US$260~、玛雅套房（双层建筑）US$340~
■ 交通：从机场乘车约20分钟到达
■ 网址：www.kupujimbaran
■ 支持刷卡：VISA、Master、Amex、Diner's
■ 提供英语服务
■ 主要设施·服务：游泳池、SPA、餐厅、酒吧、购物中心、海滩俱乐部等
■ 客房设施：空调、迷你酒吧、保险箱、免费Wi-Fi、浴缸等

A 玛雅套房二楼的卧室
B 度假村的院子
C 比利时大厨掌勺的餐厅
D 乌鲁瓦图套房拥有宽敞的客厅和阳台
E 游泳海滩俱乐部。对入住房客免费。提供免费接送服务。

巴厘岛度假村&酒店

65

巴厘岛资深人士推荐的度假村

超时尚、超尖端的度假村登场！

巴厘岛水明漾
W度假村&SPA

W Retreat & Spa Bali - Seminyak

本书编者・T

W酒店没有辜负众人的期待。喜欢新鲜事物、追求潮流和时尚感的年轻人一定会爱上这里。

乌布时尚酒店的代表——W酒店，内部环境装饰新潮时尚，工作人员的制服也非常具有现代潮流感。晚上时，酒店变身成为灯红酒绿的俱乐部，让人心潮澎湃。在奇妙园海景房可以欣赏到深邃的大海，许多游客醉心于这里的环境和景色。SPA、晚餐厅的服务水平都是超赞的。

- A 奇妙园观景房的室内环境
- B 酒店前面就是水明漾海滩。晚上这里灯火通明
- C 奇妙园观景房内的游泳池
- D 在露天餐厅一边享用美食，一边欣赏美丽的大海风景
- E 时尚的大厅

MAP 剪切地图-1，p.132-C　　水明漾／度假村

- 地址：Jl.Petitengat, Seminyak, Kerobokan
- 电话：0361-4738106　传真：0361-4738106
- 费用：奇妙园套房US$650、奇妙园观景房US$750、奇妙园海景房US$800
- www.wretreatbali.com
- 支持刷卡：VISA、Master、Amex、Diner's、JCB
- 提供英语服务
- 主要设施・服务：游泳池、SPA、健身房、餐厅、酒吧等
- 客房设施：空调、迷你酒吧、保险箱、免费Wi-Fi、iPod、浴缸等

满怀高雅气质
折服于顶级度假村的奢华
巴厘岛瑞吉度假村酒店
The St.Regis Bali Resort

巴厘岛瑞吉度假村酒店正式开业之后,立即有大批顾客蜂拥而至。该度假村酒店是巴厘岛上顶级的度假村之一,其豪华程度无与伦比,所有的客房都配有男管家,当地资深人士曾多次强烈推荐。全部客房都是套间,餐厅曾在美食大赛中获奖。除此之外,SPA、休闲设施齐全。

巴厘岛旅行社资深人士·M
设备、服务均属巴厘岛顶尖行列。SPA、餐厅的品位也相当高。

A 高档亚麻纺织品、工艺品装饰的瑞吉度假酒店客房内部
B 美容室内奢华的环境
C 别墅栋可以直接通往海滩
D 典雅的大厅拥有巴厘岛度假村中独一无二的美

MAP p.132-F　　　　　　　　　努沙杜瓦／度假村
■ 地址：Kawasan Pariwisata Nusa Dua Lot S6, Nusa Dua
■ 电话：0361-8478111　传真：0361-8478099
■ 费用：瑞吉酒店套间US$1150~、海滨别墅US$1 820~、豪华别墅US$2 900~
■ 交通：从机场乘车约20分钟到达　■ 网址：www.stregisbali.com
■ 支持刷卡：VISA、Master、Amex、Diner's、JCB
■ 提供英语服务
■ 主要设施·服务：客房管家、游泳池、SPA、餐厅、酒吧、阅览室、商店等
■ 客房设施：空调、迷你酒吧、保险箱、免费Wi-Fi、浴缸等

本书编者·T
该度假村消费较高,但宽敞豪华的别墅绝对物有所值。到这里蜜月是个不错的选择。

断崖美景尽收眼底!
巴厘岛乌干沙悦榕庄度假村
Banyan Tree Ungasan

乌干沙悦榕庄度假村是巴厘岛最早的度假村,同样属于亚洲顶级度假村之列。度假村位于断崖绝壁之上。豪华别墅内各种设施齐全。SPA、美食的质量都非常不错。

MAP ● 剪切地图-46, p.132-E　　　乌干／别墅
■ 地址：Jl.Melasti, Banjar Kelod, Ungasan
■ 电话：0361-3007000　传真：0361-3007777
■ 费用：泳池别墅US$695~、圣所别墅US$1 175~、总统别墅套间US$4 970~
■ 交通：从机场乘车约40分钟到达
■ 网址：www.banyantree.com
■ 支持刷卡：VISA、Master、Amex、Diner's、JCB
■ 提供英语服务
■ 主要设施·服务：游泳池、SPA、餐厅、酒吧、门卫、商务中心、旅游服务中心、商店等
■ 客房设施：空调、电视、迷你酒吧、保险箱、免费Wi-Fi、浴缸、浴衣、浴池等

A 在泳池可以看到海平线
B 泳池别墅的卧室
C 在别墅内的餐厅可以欣赏到美丽的景色。菜肴种类齐全,味道好极了

巴厘岛度假村&酒店

巴厘岛资深人士推荐的度假村

乌布

UBUD

乌布是人气度假村集中地区,这里既有注重自然风景的度假村,也有极具时尚感的现代度假村。最近,一些建在郊区、隐蔽性极强的度假村正慢慢博得人们的青睐。

湛蓝的泳池尽头,是一片片碧绿的梯田。巴厘岛的农作物一年三熟,不同的季节有着不一样的风貌

肯南加客房内私密性十足

印象派的浴室

从乌布中心驱车5分钟到达。步入酒店门口，会看到宽大的游泳池和辽阔的梯田。酒店内有几间露天餐厅，总共有15间小型度假别墅。置身于田野之间，人的心情也会不由得快乐起来。酒店的客房有两种类型：一种是客房大楼内部的双层肯南加房型；另一种是位于泳池旁边的平房小屋。想要与大自然亲近的选择后者，想要纵览田园美景的选择前者。

露天餐厅

MAP p.134-A

Kenanga Boutique Hotel

肯南加　精品酒店　　69

乌布

感动于壮观的梯田景色

★ 真情小提示！

美丽的景色

可以在田园之中的小屋内享用晚餐，但是每晚仅能接纳一对客人。套餐售价Rp.35万（每人）。推荐情侣套餐。需要提前预约

肯南加客房

- 地址：Jl.Lunsiakan, Ubud
- 电话：0361-8989700
- 传真：0361-8989569
- 费用：肯南加客房US$220、肯南加平房小屋US$250
- 交通：从机场乘车约1小时到达
- 网址：kenangaubud.com
- 支持刷卡：VISA、Master、JCB
- 提供英语服务
- 主要设施・服务：美容院、游泳池、餐厅、前往乌布的免费接送巴士
- 客房设备：空调、迷你酒吧、保险箱、浴缸、拖鞋、免费Wi-Fi等

小型美容院

UBUD

在私人别墅中度过完美的假期

单卧别墅内带有私人泳池

巴厘岛山妍四季度假村酒店自1998年开业以来，就成为乌布地区的标志性度假场所，受到广大消费者的偏爱。穿过吊桥方可到达酒店的大厅，圆形的天花板拱顶设计以及时髦的建筑风格让人耳目一新。

人气最高的客房是单卧别墅，共有两层。大门位于二楼，一楼是起居室和卧室。游泳池和露天阳台位于户外。超一流的度假村内还设有SPA、商店以及各种不同口味的餐厅和酒吧等。

Four Seasons Resort Bali at Sayan

MAP p.134-E

| 70 | 度假村 | 巴厘岛山妍四季度假村酒店 |

崭新的设计之美、浪漫的内部环境让人沉醉

✳ **真情**小提示!

度假村的设计出自于英国著名建筑家之手

池子的中央坐落着一座花园，犹如空中庭院一般美丽。可以在这里享用浪漫的晚餐、举行婚礼等。

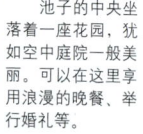

在别墅内的浴室可以看到外面的景色

公共游泳池位于阿勇河河畔，风景独好

- 地址：Sayan, Ubud, Gianyar
- 电话：0361-977577
- 传真：0361-977588
- 费用：套间US$460~、单卧别墅US$680~、山妍别墅US$850~
- 交通：从机场驱车60分钟到达
- 网址：www.fourseasons.com/sayan
- 支持刷卡：VISA、Master、Amex、Diner's
- 提供英语服务
- 主要设施・服务：游泳池、SPA、餐厅&酒吧（3所）、商店、24小时客房服务、机场接送服务（收费）等
- 客房设施：空调、电视、免费Wi-Fi、迷你酒吧、保险箱、无线网络、浴缸、浴室等

Room31——阿曼达利豪华套间内

阿曼达利度假村属于世界级高档度假村连锁品牌Aman Resorts旗下。目前，Aman Resorts度假村品牌在巴厘岛共有3座度假村。阿曼达利度假村建在阿勇河的河畔溪谷附近，全部客房均为独栋别墅。许多名人经常到这里来度假。

客房内多装饰有巴厘岛艺术风情的饰品。别墅是两层建筑，带有游泳池，分为1、2、3卧室类型。在度假村的酒店内可以品尝到顶级厨师亲手烹饪的印度尼西亚名菜和各国特色料理。

与山间溪谷自成一派的游泳池让人难忘

Amandari

MAP p.134-A

别墅　阿曼达利

71

乌布

在全世界拥有众多VIP客户
体验一下
高档度假村的入住感受吧

❋ 真情小提示!

可以借阅书籍、CD

布置精致、安静的阅览室让人忘却一切烦恼。下雨天，在这里细细品读，小憩一会，也是难得的小幸福。

- 地址：Kedewatan, Ubud
- 电话：0361-975333
- 传真：0361-975335
- 费用：乡下套房US$950~、峡谷套房US$1 200~、泳池套房US$1 500~、阿勇套房US$2 000~、阿曼达利套房US$2 400~4 500
- 交通：从机场乘车约60分钟到达
- 网址：www.amanresorts.com
- 支持刷卡：VISA、Master、Amex、Diner's、JCB
- 提供英语服务
- 主要设施·服务：游泳池、SPA、网球场、健身房、餐厅&酒吧、商店、博物馆、24小时客房服务、按摩室、机场接送服务等
- 客房设施：迷你酒吧、免费Wi-Fi等

非度假村入住房客也能到餐厅用餐

时间静静地流逝

UBUD

崭新的豪华私密房

新别墅的起居室位于室外

乌布私密度假村的代表——乌布肉桂度假村。在金巴兰、努沙杜瓦和沙努尔都有同名度假村，但乌布的这家是最大的。舒服闲适的环境和工作人员细致入微的服务带来了一大批老主顾。度假村内总共有23间客房，均为别墅栋，使用巴厘岛天然木材和石材搭建，与自然融为一体。全部别墅内均有游泳池，最小规模的别墅也有300平方米。度假村还新建了肉桂套房，占地面积达580平方米，极为奢华，适合情侣一起入住。

Kayumanis Ubud Private Villas & Spa

MAP p.134-E

| 别墅　乌布肉桂私人别墅酒店

自然派系的舒适别墅

✱ **真情**小提示！

香喷喷的泰国料理

度假村内的泰国餐厅是巴厘岛为数不多的正宗泰国餐厅之一，在这里可以吃到各种泰国美食和海鲜料理。

乌布肉桂度假村的美容院有着优质的服务

■ 地址　Desa Sayan, Ubud
■ 电话　0361-972777
■ 传真　0361-972660
■ 费用　私人别墅US$688、豪华私人别墅US$738、乌布肉桂私人别墅套间US$1 200~
■ 交通　从机场乘车约1小时30分钟到达
■ 网址　www.kayumanis.com
■ 支持刷卡：VISA、Master、Amex、Diner's、JCB
■ 提供英语服务
■ 主要设施·服务：游泳池、SPA、餐厅、免费饮料、30分钟免费按摩体验、免费接送巴士、开往乌布地区的免费巴士、机场接送服务（收费）等
■ 客房设施：私人泳池、厨房、空调、电视、迷你酒吧、保险箱、免费Wi-Fi等
※16周岁以下不可入住

在晚餐厅可以看到美丽的阿勇河溪谷

别墅内部挂着弘扬巴厘岛文化的绘画作品

虽然巴厘岛的时尚度假村越来越多,但传统风格的度假村依然以优雅的姿态矗立于建筑群中。该度假村最早是由乌布皇室苏卡瓦堤家族经营。一走入度假村的大门,阿勇河畔美丽的溪谷景色就在眼前铺展开来。所有的别墅栋内都带有游泳池,客房、浴室空间宽敞,装饰精致。在泳池内游泳、练瑜伽都是不错的选择。度假村内还设有餐厅,餐厅的掌勺大厨有着在国外一流餐厅工作过的丰富经验,使用有机栽培的蔬菜烹饪出一道道具有巴厘岛特色的美食,让人垂涎欲滴。这里的饮食非常注重健康。

摆盘精致的健康膳食

The Royal Pita Maha
巴厘岛 皇家彼特曼哈度假村

MAP p.226-D

巴厘岛度假村&酒店

乌布

✻ 真情小提示!

冥想谷(Meditation Valley)

在丛林中听着阿勇河水的淙淙水声做瑜伽。在神圣且绵长的水边,达到灵与肉的统一。

气宇不凡的皇室度假村位于乌布地区的新型治愈系度假胜地

溪谷下游的潺潺河水汇成一条条溪流,流入活水泳池

- 地址:Desa Kedewatan, P.O.Box 198, Ubud
- 电话:0361-980022
- 传真:0361-980011
- 费用:泳池别墅US$475、阿勇愈合别墅US$625、皇家套房US$2 500
- 交通:从机场乘车约1小时30分钟到达
- 网址:www.royalpitama-bali.com
- 支持刷卡:VISA、Master、Amex、Diner's、JCB
- 提供英语服务
- 主要设施·服务:游泳池、SPA、活水泳池、餐厅&酒吧、开往乌布地区的免费巴士、冥想间等
- 客房设施:专用泳池、空调、迷你酒吧、保险箱、无线网络、浴缸、免费矿泉水、浴室、吹风机等

UBUD

别墅内的客房。不同别墅内客房的色调、面积、装饰风格各不相同

位于溪谷旁边的餐厅

梯田别墅内的休息室

Viceroy Bali
巴厘岛总督别墅度假村

✱ 真情小提示!

伦巴美容院（参照p.51）位于度假村地势最高处，在这里可以欣赏到山下的美好风光。建议提前预约。

做完SPA之后到这里来欣赏风景

工作人员将早餐送到房间内　　公共泳池

MAP p.135-C

| 别墅

巴厘岛度假村&酒店

75

乌布

Viceroy Regal I 的浴室

新颖浪漫的设计风格和体贴入微的周到服务值得称赞　乌布郊区的高档度假村

　　巴厘岛总督别墅度假村位于贝塔努河沿岸。该度假村的主人来自于澳大利亚，在他的精心布置下，度假村犹如世外桃源一般漂亮，的确配得上"总督"二字。

　　带私人泳池和露天凉亭（阳台）的别墅很受欢迎。可以在凉亭里吹着海风，享用早餐和晚餐，正对面就是茂密的椰子林和美丽的溪谷。Cascade餐厅为顾客提供精致美味的各种膳食。

- 地址：Jl.Lanyahan, Br.Nagi-Ds.Petulu, Ubud
- 电话：0361-971777
- 传真：0361-970777
- 费用：花园别墅US$850、露台别墅US$950、豪华别墅US$1 050、总督别墅US$1 200
- 交通：从机场乘车约1小时30分钟到达
- 网址：www.viceroybali.com
- 支持刷卡：VISA、Master、Amex、Diner's、JCB 提供英语服务
- 主要设施·服务：游泳池、SPA、餐厅&酒吧、商店、24小时乌布地区免费接送巴士等
- 客房设施：私人泳池、空调、迷你酒吧、免费Wi-Fi等

UBUD

靠近溪谷的Ayung River Villa

阿丽拉度假村有着优雅的气质和优美的环境，在当地有许多老顾客。最近，阿丽拉度假村又新开设了瑜伽课堂和瑜伽养生大讲堂，吸引越来越多的人前来享受。

度假村的客房分为高级套房、豪华套房和别墅3种类型。无论哪种类型的房间内，都装饰得非常温馨舒适，给人以亲切感。在别墅内还可以将溪谷景色尽收眼底。床的上面都安置有美丽的华盖，浴缸是水的流线造型，透露着优雅与高级。另外，度假村美容院的服务也相当令人称道。

傍晚时分，在双人餐桌边用餐。

Alila Ubud

MAP p.226-C

度假村　乌布阿丽拉度假村

集优雅与可爱于一身，深受女性顾客的垂青

❋ **真情**小提示！

时尚、与自然融为一体的设计风格

该度假村最具有特色的是：突出于溪谷的游泳池。中午的阳光最好，适合拍照。最好的拍照位置是在餐厅旁边的阳台上。

品尝印度尼西亚的传统菜肴

极具浪漫气息的浴池

- 📍 地址：Desa Melinggih Kelod, Payangan, Gianyar
- 📞 电话：0361-975963
- 📠 传真：0361-975968
- 💰 费用：高级套房US$265~、豪华套房US$325~、别墅US$550~
- 🚗 交通：从机场乘车约60分钟到达
- 🌐 网址：www.alilahotels.com/ubud
- 💳 支持刷卡：VISA、Master、Amex、Diner's、JCB
- 提供英语服务
- 主要设施·服务：游泳池、SPA、餐厅&酒吧、商店、24小时客房服务、乌布地区免费接送巴士等
- 客房设施：空调、保险柜、迷你酒吧、吹风机、护肤产品、浴室等

瓦卡迪尤美
Wapa di Ume

别墅　MAP p.134-B

朴素、怀旧气息让人流连忘返

度假村连锁品牌Waka Experience以自然系的设计风格而闻名，瓦卡迪尤美度假村是其旗下最出色的一所。"Di ume"在巴厘岛语中是"田野间"的意思。如同其名字所蕴含的意义一样，瓦卡迪尤美度假村的确有着田野间的气息，随着季节的变幻，时而被绿色葱郁所围绕，时而闪耀金黄色的光芒，让多愁善感的人不禁多了一份遐想。

度假村总共有18间客房，分为别墅栋和两层套间，各个房间的大小和装饰风格都不尽相同。带有梦幻色彩的游泳池、瑜伽教室等设施也各具特色。

充满大自然气息的客房

静谧的游泳池

在餐厅可以欣赏田间风光

- 地址：Jl.Suweta, Br.Sambahan, Ubud
- 电话：0361-973178
- 传真：0361-973179
- 费用：普通客房US$202、带阳台的别墅US$295~、带泳池的别墅US$340~、Family Pool VillaUS$470~
- 交通：从机场乘车约90分钟到达
- 网址：www.wapadiume.com
- 支持刷卡：VISA、Master、Amex、Diner's、JCB
- 提供英语服务

巴厘岛巴龙蝴蝶度假村
Kupu Kupu Barong Villas & Tree Spa

别墅　MAP p.226-D

坐拥溪谷美景的金牌度假村

为乌布最具代表性的老牌度假村，经过一段时间的歇业整顿之后，以崭新的面貌重新出现在人们的视野中。该度假村位于阿勇河沿岸的溪谷中，在客房、大厅以及餐厅内都可以眺望到美丽的热带雨林风貌。双层别墅栋Duplex Villa模仿巴厘岛的传统米仓结构建造，位于溪谷下的Ayung River Pool Villa是平房结构。另外，度假村中的Tree SPA非常有趣，它建在高大的树上，顾客在木头搭成的美容室内体验服务。这里的美容服务项目多种多样。

拥有超赞美景的餐厅

Ayung River Pool Villa

开放式的露天游泳池

- 地址：Jl.Kedewatan, Ubud
- 电话：0361-975478
- 传真：0361-975079
- 费用：联式泳池别墅US$285~、阿勇河泳池别墅US$450~、家庭套房别墅US$520~
- 交通：从机场乘车约60分钟到达
- 网址：www.kupubarong.com
- 支持刷卡：VISA、Master、Amex、Diner's、JCB
- 提供英语服务

UBUD

巴厘岛乌布切蒂度假村
The Chedi Club Tanah Gajah Ubud

别墅　　MAP p.135-K

在开放感十足的空间内感受田园风光

该度假村位于乌布郊区，距离象窟（参照p.140）非常近，周围是一片大好田园风光。度假村的经营者从当地著名的艺术家手中租下了这块土地，建起了度假村，以注重"气"的理念而闻名。高档别墅、全天候客房管家服务、治愈身心的美容理疗深深地吸引着顾客的目光。餐厅的新锐派大厨有着在欧美顶级餐厅掌勺的多年经验，牢牢地抓住了食客们的胃。不同于雷吉安酒店的餐厅，度假村餐厅和大自然融为一体，并且充满了高级感。

单卧泳池别墅的客房

- 地址：Jl.Goa Gajah, Tengkulak Kaja, Gianyar, Ubud
- 电话：0361-975685
- 传真：0361-975686
- 费用：1Bedroom SuiteUS$370~、1Bedroom Spa VillaUS$680~
- 交通：从机场乘车约1小时30分钟到达
- 网址：www.ghmhotels.com
- 支持刷卡：VISA、Master、Amex、Diner's、JCB
- 提供英语服务

大大的公共游泳池

在餐厅品尝顶级菜品

乌玛乌布酒店
Uma Ubud

别墅　　MAP p.134-B

时尚有个性的现代化酒店

乌玛乌布酒店隶属于Como酒店度假村旗下，以为客人提供舒适、周到的服务为宗旨。极具现代感的设计风格在巴厘岛独树一帜，有着不同于其他建筑的美感。客房和别墅的色调比较单一，以纯黑色和象牙白为主色调。套房的消费价格相对比较低，这也是受到人们喜爱的原因之一。度假村内有宽敞的瑜伽教室、健身房、游泳池，美容院内为顾客提供面部护理、全身按摩、特色按摩等服务项目。

Garden Room内的浴室以黑色作为基调

- 地址：Jl.Raya Sanggingan,Banjar Lungsiakan,Kedewatan,Ubud
- 电话：0361-972448
- 传真：0361-972449
- 费用：露台房US$285、花园房US$305~、乌玛套房US$390~、乌玛泳池套房US$490~
- 交通：从机场乘车约1小时30分钟到达
- 网址：uma.como.bz
- 支持刷卡：VISA、Master、Amex、Diner's、JCB
- 提供英语服务

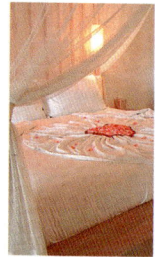
客房内的布置

游泳池位于度假村中央

巴厘岛帕提威度假村
Pertiwi Resort & Spa

度假村　MAP●剪切地图-43、p.136-G

超豪华客房

乌布的旅游起点

该度假村位于乌布主干道——猴子森林大街的对面，历史比较久。度假村占地面积较大，地形复杂，豪华客房、新建的超豪华客房大楼分散于其中。度假村的最深处安静地坐落着别墅栋，带有私人泳池。因为距离猴子森林大街比较近，所以外出购物、逛街比较方便。如果想住得安静一些，建议入住靠近比斯玛大街一侧的客房。度假村内的绿色之家（p.146）是乌布地区的人气餐厅。

安静的游泳池

绿色萦绕的环境

- 地址：Monkey Forest St, Ubud
- 电话：0361-975236
- 传真：0361-975559
- 费用：豪华客房US$110、超豪华客房US$180、别墅US$240~
- 交通：从机场乘车约1小时30分钟到达
- 网址：www.pertiwiresort.com
- 支持刷卡：VISA、Master
- 提供英语服务

巴龙美容度假村
Barong Resort and Spa

度假村　MAP p.136-G

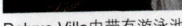
Deluxe Villa内带有游泳池

宾至如归的温馨之家

巴龙美容度假村虽然位于乌布的主干道——猴子森林大街一侧，却完全将喧嚣的环境屏蔽在外。度假村客房大楼的一楼是高级客房和标准客房，二楼是豪华客房。沿着细长的石路继续往里走，会看到成排的别墅栋。别墅内设有游泳池、美容院、晚餐厅等场所。度假村位于乌布地区的中心位置，闲暇时可以外出参观乌布的各大景点，也可以前往附近的购物商厦购物、散步等。

工作人员服务周到

大大的游泳池

- 地址：Jl. Monkey Forest, Ubud
- 电话：0361-971759
- 传真：0361-971759
- 费用：高级/标准客房US$196、豪华客房US$230、别墅US$311~
- 交通：从机场乘车约1小时30分钟到达
- 网址：www.barong-resort.com
- 支持刷卡：VISA、Master、Amex、JCB
- 提供英语服务

UBUD

科莫香巴拉酒店
Como Shambala Estate

别墅　p.226-D

客房内的装饰风格多变

调节身心均衡的完美度假村

"Estate"是官邸的意思。该酒店占地面积非常之大，共有4~5栋别墅客间，还为尊贵的顾客准备了高级总统别墅，犹如一座豪华的私人官邸一样。酒店的美容院内有各种服务项目，并且全部使用自己研发的美容护肤产品。推荐体验一下包含瑜伽、冥想、太极拳、散步等项目在内的放松理疗过程，可以有效达到身心的平衡与统一。餐厅的大厨来自于澳大利亚，精心为食客们烹饪健康美食。饮料的种类也非常多。

入住在高档别墅

健康膳食获得一致好评

- 地址：Banjar Begawan Desa Melinggih Kelod, Payangan,Gianyar
- 电话：0361-978888
- 传真：0361-978889
- 费用：露台套房US$700~、官邸套房US$900~
- 交通：从机场乘车约90分钟到达
- 网址：www.comohotels.com/comoshambhalaestate
- 支持刷卡：VISA、Master、Amex、Diner's
- 提供英语服务

珂玛尼卡比斯玛
Komaneka Bisma

度假村　MAP p.134-F

可以选择双人套间

溪谷地带的治愈系度假村

从乌布中心地区驱车5分钟到达这里。度假村位于溪谷中间，拥有大片美丽景色。客房大楼共有4层，全部客房加起来有44间，每间88平方米。大大的落地窗从天花板一直垂到地面，精致的阳台适合小憩、观景。房客可以在房间透过玻璃窗和阳台欣赏到外面溪谷的景色。度假村内共有10栋别墅，每栋别墅内都带有12平方米的游泳池和室外浴池。别墅内配备有最新的影音设备和上网设施，还有睡衣、浴帽等各种生活用品。度假村为客人提供免费出行巴士，也负责免费接送游客。有时下午喝完下午茶之后，乘坐巴士前往乌布美术馆参观，然后返回。在餐厅可以边用餐边欣赏溪谷景色和在泳池嬉戏的人群。

溪流般潺潺流淌的泳池

印度尼西亚的甜点

- 地址：Jl.Bisma,Ubud
- 电话：0361-971933
- 传真：0361-971955
- 费用：比斯玛套房客房US$500~
- 交通：从机场乘车约1小时30分钟到达
- 网址：www.komaneka.com
- 支持刷卡：VISA、Master、JCB、Amex、Diner's
- 提供英语服务

卡江平房酒店
Kakiang Bungalow

平房酒店
MAP●剪切地图-43、p.137-H

白色和粉色装饰的客房

拥有漂亮的泳池

日本人经营的酒店。酒店内部装饰艺术感十足。客房内部干净明亮。推荐住在围绕泳池而建的别墅内。外出非常方便。度假村内还有一所人气面包屋。

- 地址：Jl.Raya Pengosekan, Ubud
- 电话：0361-978984　传真：0361-971549
- 费用：单人标间US$60～、双人标间US$70～
- 交通：从机场乘车约60分钟到达
- 网址：www.kakiang.com
- 支持刷卡：VISA、Master
- 提供英语服务

贝贝克特皮萨瓦哈酒店
Bebek Tepi Sawah

别墅
MAP p.135-K

别墅均为巴厘岛传统样式，且服务周到

田园风景独好的别墅栋

距离乌布中心地区较远。酒店内的鸭肉料理餐厅非常有名。酒店内的商店内有许多特色商品，可由此了解到巴厘岛的艺术与文化。

- 地址：Jl. Raya Goa Gajah, Br Teges Peliatan Ubud
- 电话：0361-970388　传真：0361-970377
- 费用：塔爱别墅US$120～
- 交通：从机场乘车约90分钟到达
- 网址：www.bebektepisawahvillas.com
- 支持刷卡：VISA、Master、Amex、JCB
- 提供英语服务

民家酒店
Lumbung Sari

民家酒店
MAP●剪切地图-43、p.136-D

重新装修之后的干净客房

推荐入住带泳池的民家

一楼和二楼总共有14间客房。虽然地处乌布中心地段，但是在这里丝毫感觉不到一丝喧闹的气氛。民家的院子里面带有小型游泳池。豪华客房内还设有浴缸。

- 地址：Jl.Monkey Forest, Ubud
- 电话：0361-976396　传真：0361-971101
- 费用：标间US$100～、豪华客房US$210～、家庭客房US$210～
- 交通：从机场乘车约60分钟到达
- 网址：www.lumbungsari.com
- 支持刷卡：VISA、Master、JCB、Amex
- 提供英语服务

阿迪小屋酒店
Adi Cottages

小屋酒店
MAP●剪切地图-43、p.136-G

舒适、宽敞的客房

绿意盎然，人情味儿十足

位于猴子森林大街的正中央，可以将这里作为旅游的起点。绿色萦绕的酒店院内有一座游泳池，适合家庭入住。这里的工作人员非常热情，如果有不懂的事情问他们，一定会得到满意的回答。

- 地址：Jl.Monkey Forest,Ubud
- 电话：0361-975231　传真：0361-971893
- 费用：标间US$55～、高级客房US$65～
- 交通：从机场乘车约60分钟到达
- 网址：www.adicottages ubud.com
- 支持刷卡：VISA、Master
- 提供英语服务

UBUD

乌布富丽华丝露丝别墅度假村
Furama Xclusive Villas & Spa Ubud

度假村　　　　　　　　MAP p.226-F

豪华泳池别墅的客房

别墅和泳池相连

　　拥有长达70米的游泳池。度假村总共有19栋带私人泳池的别墅、5栋别墅套房，装饰风格和内部装潢非常时尚。从别墅可以直接前往游泳池。距离乌布中心地区有一段距离，非常安静。

- 地址：Banjar Bindu, Mambal, 8 Jl.Melati
- 电话：0361-8988688
- 传真：0361-8988689
- 费用：豪华泳池别墅US$450~
- 交通：从机场乘车约60分钟到达
- 网址：furamaxclusive.com/ubud
- 支持刷卡：VISA、Master、Amex
- 提供英语服务

盖雅特莉
Gayatri Most Blue Resort & Spa

别墅　　　　　　　　MAP p.134-E

在游泳池旁边有两栋别墅

日本女性经营的别墅度假村

　　在度假村可以欣赏到溪谷。度假村内共有3座别墅，可以全部包下来，也可以单独入住。每栋别墅内都有游泳池、晚餐厅等。是适合游客入住的简单居所。

- 地址：Banjar Baung, Sayan, Ubud
- 电话：0361-972333
- 传真：0361-972666
- 费用：别墅US$450~650
- 交通：从机场乘车约1小时20分钟到达
- 网址：www.most-blue.com
- 支持刷卡：VISA、Master
- 提供英语服务

帕提威度假村比斯玛大街2号
Pertiwi Bisma2

度假村　　　　MAP p.134-F

豪华客房通风条件非常好

2013年开业

　　位于与猴子森林大街平行的比斯玛大街，出行方便。客房比较简单，价格适中，适合欧美人长期入住。旁边是比斯玛大街帕提威2号度假村。

- 地址：Jl.Bisma,Ubud
- 电话：0361-981386
- 传真：0361-981385
- 费用：标准间US$80~
- 交通：从机场乘车约1小时10分钟到达
- 网址：www.pertiwibismasuite2.com
- 支持刷卡：VISA、Master、Amex
- 提供英语服务

乌布康瑞度假村
Kori Ubud Resort

度假村　　　　MAP p.134-A

豪华套间内的布置

安详、舒适的内部空间

　　该度假村装饰风格温馨，仅有12间客房。整座度假村被水田和椰子林所围绕，非常安静。度假村内有游泳池、餐厅等设施，并有免费巴士开往乌布繁华地段。

- 地址：Jl.Raya Sanggingan, 18 Tjampuhan
- 电话：0361-972487
- 费用：高级套房US$180~
- 交通：从机场乘车约1小时30分钟到达
- 网址：www.koriubud.com
- 支持刷卡：VISA、Master、Amex
- 提供英语服务

贝拉之家
Bella House

美味的早餐　　MAP●剪切地图-43、p.136-G

客房空间虽然较小，但是却非常温馨

小屋酒店

　　该酒店位于乌布主干道旁边，共有4所民宅可供居住。这里的早餐是典型的巴厘岛式餐点，分量十足。也可以要求厨师制作午餐（Rp.4万左右），非常适合家庭入住。

- 地址：Jl.Monkey Forest, Ubud
- 电话：0361-975391
- 传真：无
- 费用：标准间Rp.20万左右
- 交通：从机场乘车约1小时10分钟到达
- 支持刷卡：不可
- 提供英语服务

乌布阿勇皇宫别墅
Hotel Puri Saren Agung

别墅　　MAP●剪切地图-37、p.136-A

豪华皇宫内的简朴度假村

花合适的钱住豪华皇宫

　　该酒店位于乌布的皇宫内。总共有5栋别墅，全部客房内带有空调、电视等现代化设施。每天晚上会在大厅内上演巴厘岛舞蹈秀（Rp.8万）。

- 地址：Palace Ubud, Ubud
- 电话：0361-975057
- 传真：0361-975057
- 费用：单人间US$50~
- 交通：从机场乘车约60分钟到达
- 网址：无
- 支持刷卡：不可
- 提供英语服务

赛玛拉别墅
Villa Semana

别墅　　MAP p.226-E

别墅内的环境

沉醉于美丽的田园风光

　　从乌布中心地区驱车15分钟到达。度假村位于广阔的田野中间。总共有10栋别墅，全部是巴厘岛传统式建筑。每栋别墅的装修、装饰风格都是不一样的。

- 地址：Br.Semana Desa Singakerta
- 电话：0361-8987111
- 传真：0361-8987222
- 费用：泳池花园房US$300~
- 交通：从机场乘车约1小时30分钟到达
- 网址：www.villasemana.com
- 支持刷卡：VISA、Master、Amex、JCB
- 提供英语服务

宾塘酒店
Bintang Pari

小屋酒店　　MAP p.134-B

适合赏景的餐厅

高档别墅一般的气质

　　该酒店仅有6间客房，均坐落于绿意盎然的中庭内，并带有游泳池、餐厅等设施。客房内部空间较大，收拾得非常干净。适合家庭、多人团体入住。

- 地址：Jl.Suweta, Br.Sakti
- 电话：0361-970736
- 传真：0361-973496
- 费用：标准间Rp.60万
- 交通：从机场乘车约1小时10分钟到达
- 网址：无
- 支持刷卡：不可
- 提供英语服务

阿拉姆茵达
Alam Indah

小屋酒店　　MAP p.134-J

在密林深处的度假村内安静惬意地度过假期

密林仙境一般的景色

　　酒店位于密林深处，犹如世外仙境一般。在度假村可以眺望到不远处的水田、溪谷和成片的椰子林。各个房间的墙壁用巴厘岛当地的竹子砌成，睡床也极具乌布地区的特色。

- 地址：Br.Nyuh Kuning, Ubud
- 电话&传真：0361-974629
- 费用：标准间US$65~、豪华客房US$95
- 交通：从机场乘车约1小时30分钟到达
- 网址：www.alamindahbali.com
- 支持刷卡：VISA、Master
- 提供英语服务

自然度假村
Natura Resort & Spa

别墅　　MAP p.135-C

卧室内睡床的上面是蕾丝华盖

河畔边的美容院深受欢迎

　　该度假村拥有很多女性顾客，室内装饰是温馨可爱的少女风。度假村位于贝努塔河旁边，别墅的外面是绵延不断的热带雨林，在河畔美容院做SPA是一件非常惬意的事情。静谧的环境与与大自然融为一体的感觉让人想常驻久留。

- 地址：Banjar Laplapan, Ubud
- 电话：0361-978666
- 传真：0361-978222
- 费用：巴厘岛传统别墅US$190~
- 交通：从机场乘车约1小时15分钟到达
- 网址：www.naturaresortbali.com
- 支持刷卡：VISA、Master、Amex、JCB、Diner's
- 提供英语服务

UBUD

乌布村庄度假村
The Ubud Village Resort&Spa

别墅　　　　MAP p.134-J

适合女性顾客入住

在绿色之中休憩

度假村内共有30栋时尚别墅，内部各种现代化设施齐全。在各栋别墅内都可以欣赏到令人心醉的田园风景。除此之外，度假村内还有餐厅、酒吧、健身房、SPA等设施。

- 地址：Jl.Nyuh Kuning,Pengosekan,Ubud
- 电话：0361-978444
- 传真：0361-971333
- 费用：园景别墅US$390
- 交通：从机场乘车约50分钟到达
- 网址：www.theubudvillage.com
- 支持刷卡：VISA、Master、Amex、JCB
- 提供英语服务

巴厘岛塔曼贝贝克酒店
Taman Bebek Bali

别墅 　　　　MAP p.134-E

皇家别墅内的客厅

拥有引以为傲的溪谷美景

可以欣赏眼下的阿勇河美景和大片水田。酒店的客房种类、装饰风格迥异，既有时尚的现代化客房，也有简单朴素的山间小屋，建议看过房间之后再做定夺。

- 地址：Br.Katuh, Sayan, Ubud
- 电话：0361-975385
- 传真：0361-976532
- 费用：皇家别墅US$180~
- 交通：从机场乘车约1小时10分钟到达
- 网址：www.tamanbebekbali.com
- 支持刷卡：VISA、Master、Amex
- 提供英语服务

巴厘岛之魂度假村
Bali Spirit Hotel and Spa

度假村 　　　　MAP p.134-J

睡床上的华盖

感受一花一木的灵动气息

该度假村位于猴子森林大街的南面。度假村依山而建，地势起伏不平，并有小河从中穿过。度假村内还建有图书馆、美容院等设施。

- 地址：Nyuh Kuning, Village Ubud
- 电话：0361-974013
- 传真：0361-974012
- 费用：临河别墅US$145
- 交通：从机场乘车约60分钟到达
- 网址：www.balispirithotel.com
- 支持刷卡：VISA、Master、Amex
- 提供英语服务

奇利酒店
Chili Cafe&Villa

平房酒店 　　　　MAP p.134-J

从客房内部眺望外面的田地

别墅般的体验

仅有3间客房。拥有别墅般的环境，非常适合家庭和多人团体入住。起居室空间很大，配备有彩电等影音设备，让人舒适地度过假期。

- 地址：Br.Nyuh Kuning, Ubud
- 电话：0361-978629
- 传真：0361-978629
- 费用：标准间US$70~
- 交通：从机场乘车约60分钟到达
- 网址：ubudvilldchili.com
- 支持刷卡：不可
- 提供英语服务

乌布莎莉健康度假村
Ubud Sari Health Resort

平房酒店 　　　　MAP p.134-F

度假村内的自然风景

带有豪华SPA

度假村内有美容院（参照p.58），消费水平相对较低。各个客房的色调不尽相同，有适合家庭入住的多人套间。在这里住宿一定不能错过体验SPA。绿色盈盈的环境让人身心愉悦。

- 地址：Jl.Kajeng No.35, Ubud
- 电话：0361-974393
- 传真：0361-976305
- 费用：河畔客房US$50
- 交通：从机场乘车约1小时30分钟到达
- 支持刷卡：VISA、Master、Amex
- 提供英语服务

奥利游客之家
Oli Guest House

客栈 　　　　MAP●剪切地图-44、p.137-I

收拾整洁的客房内部

主人是一名舞蹈家

该旅店的主人是一名巴厘岛当地的女性，她也是一位著名的舞蹈家，曾多次参加世界级的舞蹈表演。她多少会说一点外语，平日里也会教授舞蹈课。旅馆非常温馨。

- 地址：Jl.Cok Gde Rai, Gg Belong No.20 Br.Teruna, Peliatan Ubud
- 电话：085-9350-82380
- 传真：0361-971415
- 费用：带浴室的客房Rp.17.5万~
- 交通：从机场乘车约90分钟到达
- 网址：olibali.web.fc2.com
- 支持刷卡：不支持刷卡
- 提供英语服务

金巴兰 JIMBARAN

在巴厘岛的金巴兰地区有着许多知名度假村。一些小而精的微型度假村也深受欧美游客的偏爱。在这里住宿体验一次吧！

度假村标新立异地矗立在海滩对面的高地处，周边是大片茂密的森林和溪谷，仿佛来到了人迹罕至的热带雨林深处。

度假村总共有19栋别墅，有单卧别墅和4卧别墅等几种房型可供选择。全部别墅内部都配备有游泳池、厨房、餐厅、起居室，空间非常宽敞，舒适度极高。推荐偕同家人一起居住在这里，小两口度蜜月也可以到这里来。

双卧别墅内的卧室

MAP●剪切地图-46、p.197-A

Gending Kedis
别墅　珍丁凯迪斯

乌布森林深处的度假村

✻ 真情小提示！

建议提前一天预约

晚上在游泳池旁边点上蜡烛，享用烛光晚餐是每一对情侣所盼望的事。晚餐菜品内容可自由搭配。

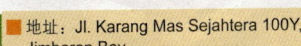
宽敞的起居室

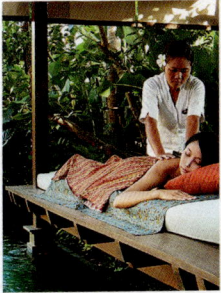

（左）源自于印度的阿育吠陀医学疗法
（下）品尝精致美味的晚餐

- 地址：Jl. Karang Mas Sejahtera 100Y, Jimbaran Bay
- 电话：0361-708906
- 传真：0361-708905
- 费用：单卧别墅US$450～、双卧别墅US$600～
- 交通：从机场乘车约25分钟到达
- 网址：www.gendingkedis.com
- 支持刷卡：VISA、Master、Amex、JCB
- 提供英语服务
- 主要设施·服务：SPA、餐厅、健身房、商店、管家服务、去往金巴兰周边的免费巴士等
- 客房设施：私人泳池、空调、电视、上网设施、保险箱

JIMBARAN

修建在游泳池旁边的美容院（p.49）

套房内的优雅环境

单卧海景悬崖别墅面积达500平方米。其豪华的浴室让人欲罢不能!

✻ **真情** 小提示!

情侣们最喜欢的地方

在突出于海面的平地上修建了Lock Bar。该酒吧是由日本建筑设计师主持修建的,在岸上乘坐电梯入内。

悬崖别墅的卧室　　午后享用下午茶

MAP●剪切地图-46、p.197-A

度假村

巴厘岛度假村&酒店

金巴兰

AYANA Resort and Spa Bali

巴厘岛
阿雅娜
水疗度假酒店

餐厅位于莲花池中

■ 地址:Jl. Karang Mas Sejahtera, Jimbaran
■ 电话:0361-702222
■ 传真:0361-701555
■ 费用:度假景观房US$450、俱乐部客房US$650、海景别墅US$1 100、海景悬崖别墅US$1 300
■ 交通:从机场乘车约15分钟到达
■ 网址:www.ayanaresort.com
■ 支持刷卡:VISA、Master、Amex、JCB、Diner's
■ 提供英语服务
■ 主要设施・服务:SPA、游泳池、18洞高尔夫球场、网球场、婚礼大厅及道具、餐厅&酒吧、客房服务、开往努沙杜瓦的免费巴士、旅行社等
■ 客房设施:空调、冰箱、电视、迷你酒吧、保险箱、浴室、浴缸、洗浴用品、Wi-Fi(入住别墅免费)等

高级、豪华
且服务周到的一流度假村

　　阿雅娜水疗度假村适合情侣或新婚夫妇一起前来体验。老板的名字叫作霍尔斯特・舒尔茨,他力求为所有的客人带来最高级的服务。餐厅经过重新装修之后更显豪华,星级也更高了。但是,该度假村并非高冷得让人望而却步,最起码在价格上还是比较亲民的。度假村内分为客房大楼栋、海边别墅、悬崖别墅三大住宿场所。在这里可以举办派对、婚礼。双卧别墅最受欢迎。

别墅的内部。里面是浴室

金巴兰普瑞度假村并非新型度假村,但是却以舒适的环境和优质的服务博得了众人的交口称赞。位于花园一侧的山间小屋分为高级和海滨两种类型,房型的大小、内部设施完全一致。金巴兰的绵长海滩近在眼前,非常壮观。

游泳池位于莲花池深处。除此之外,度假村内还专门设有儿童泳池,适合家族嬉戏玩耍。另外还有小型美容院等设施。度假村属于Orient Express(东方快车)(旗下经营铁路、酒店、码头等)的产业之一,非常高档。

Jimbaran Puri Bali

MAP p.197-B

| 88 | 别墅 | **金巴兰普瑞度假村** |

高雅的山间别墅魅力十足

✻ **真情**小提示!

如同私人海滩一般

近在眼前的海滩带给人极大的视觉震撼。这里的大海和库塔不同,非常静谧和安详。傍晚时分,夕阳入海的美丽景色让人感动不已。

巨大的游泳池

傍晚到酒吧消遣

山间别墅的外观

- 地址:Jl.Uluwatu,Jimbaran
- 电话:0361-701605
- 传真:0361-701320
- 费用:园景农舍套房US$495~、海景农舍套房US$575~
- 交通:从机场乘车约10分钟到达
- 网址:jimbaranpuribali.com/jp
- 支持刷卡:VISA、Master、Amex、JCB、Diner's
- 提供英语服务
- 主要设施·服务:SPA、游泳池、餐厅、酒吧、24小时客房服务等
- 客房设施:空调、电话、迷你酒吧、保险箱、浴室、吹风机等

(左）在度假村内烧烤
(下）度蜜月时，工作人员会在房间内的大床上用花瓣摆成心形

阿什姆萨海滩酒店拥有现代时尚气息，在水明漾还有3家别墅型酒店。酒店使用天蓝色和橙色等新鲜清爽的颜色装饰，非常有活力，充满时尚感。客房均为独栋别墅，分为单卧别墅、双卧别墅和三卧别墅3种类型，适合情侣以及家庭入住。全部别墅内均带有厨房。每天的早餐由工作人员送到房间内。有兴趣的话，也可以在度假村内自助烧烤或吃烛光晚餐（收费）。从这里可步行前往金巴兰的海滩。

室外浴缸

Ahimsa Beach Jimbaran

MAP p.197-A

别墅 | 巴厘岛阿什姆萨海滩酒店 | 89

金巴兰

充满成熟气息的豪华度假村

✱ **真情小提示！**

这里的特点是在室内享用晚餐。如果恰逢举行婚礼，游泳池四周会点上蜡烛，并有精彩的演出。

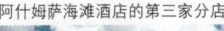

夜幕下的游泳池烛光闪烁

别墅内的起居室

阿什姆萨海滩酒店的第三家分店

■ 地址：Jl.Yoga Perkanthi, Jimbaran
■ 电话：0361-701999
■ 传真：0361-703400
■ 费用：单卧别墅US$435~、双卧别墅US$565~、三卧别墅US$745~
■ 交通：从机场乘车约10分钟到达
■ 网址：www.theahimsa.com
■ 支持刷卡：VISA、Master、Amex、JCB
■ 提供英语服务
■ 主要设施・服务：机场接送服务、24小时照看婴儿服务、按摩&SPA、客房服务
■ 客房设施：私人泳池、空调、电话、拨号上网等

JIMBARAN

金巴兰卡玛度假村
Karma Jimbaran

别墅　MAP p.197-A

共有38栋带泳池的别墅

度假村内有知名餐厅

　　金巴兰卡玛度假村位于郊区，在金巴兰诸多度假村中拥有较高的名气。装修风格凸显豪华气氛，却又不失庄重肃穆的感觉，在当地拥有众多回头客。别墅类型分为单卧别墅、双卧别墅、三卧别墅和四卧别墅4种类型，适合家庭、多人集体入住。度假村内的卡玛牛排馆餐厅非常出名，掌勺大厨莱蒙特·萨加曾在美国纽约的雅典娜广场酒店担任厨师长，他的料理注重追求禅的意境。该度假村在乌鲁瓦图还有另一家连锁度假村——卡玛坎达拉度假村。

豪华的餐厅

- 地址：Jl. Bukit Permai, Jimbaran
- 电话：0361-708800
- 传真：0361-708844
- 费用：单卧泳池别墅US$650~、三卧泳池别墅US$750~、四卧泳池别墅US$850~
- 交通：从机场乘车约25分钟到达
- 网址：www.karmajimbaran.com
- 支持刷卡：VISA、Master
- 提供英语服务

巴尔吉赛别墅度假村
Villa Balquisse

别墅　MAP p.197-B

每个客房内部的装饰氛围、风格都不一样

拥有法式浪漫的度假村

　　金巴兰的度假村大多位于海边，一提起金巴兰的度假区域，人们首先想到的就是大海、蓝天、海滩等美景。但是，巴尔吉赛度假村却一反常规地坐落在金巴兰的内陆地区，被茂密的丛林所围绕。该度假村由法国人经营，既有法国人独有的浪漫气息，又充满东方风情。

　　度假村的设施并不是完全独立的，公共游泳池、美容室、晚餐厅以及活动中心是公用的，部分宅邸也是共同入住的。美容院气氛较好，建议来体验一下。

公共游泳池。旁边是酒吧

- 地址：Jl.Uluwatu,18X,Jimbaran
- 电话：0361-701695
- 传真：0361-703087
- 费用：高级客房US$135~、豪华客房US$145~、家庭套房US$185~
- 交通：从机场乘车约25分钟到达
- 网址：www.balquisse.com
- 支持刷卡：VISA、Master
- 提供英语服务

金巴兰海湾四季度假村
Four Seasons Resort Bali at Jimbaran Bay

| 别墅　　MAP p.197-A

在豪华度假村内尽情享受

全部别墅都依海而建，可以眺望到金巴兰的美丽海滩，建议入住在海景别墅，一定会有不一样的体验。单卧别墅的收费最低，带有游泳池、户外起居室以及附浴缸的浴室等。住在这里，在巴厘岛的南国风情中，尽情享受海滩别墅的乐趣吧。

金巴兰海湾四季度假村最吸引顾客的地方是拥有完善设施和周到服务的美容院。建议到这里体验一下特色服务项目和理疗过程。

经过装修之后更加豪华

巴厘岛最具特色的浴缸

- 地址：Jimbaran,Denpasar
- 电话：0361-701010
- 传真：0361-701020
- 费用：临海单卧别墅US$980~
- 交通：从机场乘车约20分钟到达
- 网址：www.fourseasons.com/jp/jimbaranbay
- 支持刷卡：VISA、Master、Amex、JCB、Diner's
- 提供英语服务

金巴兰克拉特温泉酒店
Keraton Jimbaran Resort & Spa

| 度假村　　MAP p.197-A

全部客房内部都带有空调。部分客房内带有浴缸

追求巴厘岛的极致服务

该度假村位于海滩对面，给人以家的感觉。院子里面种植着大片椰子林，几所两层小屋分布在其中。小屋带有浓厚的巴厘岛传统气息，餐厅和游泳池是露天的，非常干净。除此之外，度假村内还有美容院。

- 地址：Jl.Mrajapati,Jimbaran
- 电话：0361-701961
- 传真：0361-701991
- 费用：高级客房US$250~
- 交通：从机场乘车约15分钟到达
- 网址：www.keratonjimbaranresort.com
- 支持刷卡：VISA、Master、Amex
- 提供英语服务

金巴兰哈里斯山酒店
Harris Bukit Jimbaran

| 度假村　　MAP●剪切地图-46

晚上到屋顶酒吧体验不同的乐趣

俯瞰金巴兰海湾美景

近年来，哈里斯连锁酒店在巴厘岛新开了好几家度假村。这是巴厘岛第一家哈里斯集团的4星级酒店。装饰大气典雅，入住方便。在客房内可以欣赏到金巴兰海湾景色，外出逛街也非常便利。

- 地址：Jl. Raya Uluwatu 2000 X, Ungasan Kuta Selatan
- 电话：0361-8468777
- 传真：0361-8468778
- 费用：标准间Rp.49.8万~
- 交通：从机场乘车约20分钟到达
- 网址：无
- 支持刷卡：VISA、Master、Amex、JCB
- 提供英语服务

JIMBARAN

努沙杜瓦&伯诺阿 —— NUSA DUA & BENOA

巴厘岛的大型度假村集中区域——努沙杜瓦&伯诺阿,这里坐落着许多高级度假村,另外还有部分价格相对便宜的休闲度假村以及适合度蜜月的度假村等。

坐落在海滩旁边的皇家珊特瑞安度假村隆重开业。该度假村以高档的设施和优质的服务而著称,同时度假村的主人也在努沙杜瓦经营着另一家小型度假村——珊特瑞安酒店(参照p.121)。其他度假村的别墅距离海滩都稍微有一段距离,而珊特瑞安度假村的别墅是真真切切地距离海滩仅有几步之遥。总共拥有17间豪华套房和3栋皇家套房。皇家套房共有普通、豪华房型可供选择。餐厅带有独立酒窖,美容院内的服务和设施也值得称道。

皇家套房位于海滩旁边,上图是其内部的游泳池

The Royal Santrian

MAP p.203-B

| 别墅   皇家珊特瑞安度假村

位于海滩旁边的豪华度假村

✳ **真情** 小提示!

皇家珊特瑞安度假村浴室的窗户造型非常独特。在这里可以一边泡澡,一边透过窗户欣赏努沙杜瓦的纯白色海滩、眺望深邃的大海。

美景是其最大的美丽

豪华、优雅的卧室

- 地址:Jl. Pratama, Tanjung Benoa, Nusa Dua
- 电话:0361-778181
- 传真:0361-776999
- 费用:豪华别墅US$750~、皇家别墅US$1 000~
- 交通:从机场乘车约30分钟到达
- 网址:www.theroyalsantrian.com
- 支持刷卡:VISA、Master、Amex、JCB 提供英语服务
- 主要设施・服务:SPA、游泳池、餐厅、酒窖、保健中心、商店、免费早餐、免费酒吧、免费机场接送服务等
- 客房设施:私人泳池、空调、彩电、电脑、保险箱等

辽阔的海滩适合海上运动

浪漫的装饰格调

2012年开业的大型度假村。共由穆丽雅（参照p.21）、穆丽雅度假村、穆丽雅别墅3座度假村组成。其中，穆丽雅度假村非常适合家庭入住和情侣入住体验。泳池壁上贴着鲜艳的蓝色瓷砖，非常时尚，夺人眼球。客房大楼共有6层高，总共有526间客房。穆丽雅度假村的最小面积客房约有57平方米，睡床、装饰品都非常高级。除此之外，度假村内还有餐厅、美容院等设施。

豪华的皇家套房

Mulia Resort

MAP p.132-F

别墅　穆丽雅度假村　93

大型高档度假村

★ 真情小提示！

除个别娱乐项目之外，均免费使用

度假村内设有儿童俱乐部，里面有多种娱乐设施，适合亲子运动，并且有专门的工作人员负责孩子们的引导和人身安全。

穆丽雅豪华客房

努沙杜瓦&伯诺阿

高档的美容院

- 地址：Jl. Raya Nusa Dua Selatan, Kawasan Sawangan Nusa Dua
- 电话：0361-3017777
- 传真：0361-3017888
- 费用：穆丽雅标间US$380~、穆丽雅豪华客房US$420~、皇家套房US$525~
- 交通：从机场乘车约30分钟到达
- 网址：www.themulia.com
- 支持刷卡：VISA、Master、Amex、JCB、Diner's
- 提供英语服务
- 主要设施・服务：SPA、游泳池、餐厅、保健中心、儿童俱乐部、健身房等
- 客房设施：空调、彩电、迷你酒吧、保险箱、Wi-Fi（收费）等

※全部客房内禁止吸烟

NUSA DUA & BENOA

巴厘岛仁爱宾塘度假村
Kind Villa Bintang

度假村　MAP p.203-A

价格实惠的海滩度假村

度假村内拥有占地1万平方米的热带花园，却仅有54间别墅供客人居住，显得非常奢侈。度假村的对面是安静、大气的白色沙滩，从全部客房都可以眺望到海滩美景。这里的海滩非常适合进行海上运动，每年都有许多游客前来游玩，不少家庭结伴来到这里度假。难能可贵的是，这里是努沙杜瓦消费较低的海滩度假村。经过重新装修之后，度假村于2010年6月正式开业。度假村内有两栋别墅非常适合新婚夫妇度蜜月，但是要提前预订。美容院收费合理，餐厅致力于新菜品的研究和烹饪，获得顾客的全五星好评。

干净清爽的豪华套房

人们在海滩边的游泳池和餐厅聊天、畅谈

- 地址：Jl.Pratama, Tanjung Benoa, Nusa Dua
- 电话：0361-772010
- 传真：0361-772009
- 费用：豪华套房US$180～、行政套房US$250～
- 交通：从机场乘车约30分钟到达
- 网址：www.kindvillabintang.com
- 支持刷卡：VISA、Master、JCB、Amex
- 提供英语服务

阿曼努沙杜瓦
Amanusa

别墅　MAP●剪切地图-46. p.132-F

每栋别墅的内部装饰都差不多

完美的度假村

阿曼努沙杜瓦度假村在努沙杜瓦共有3所，这是最具有休闲氛围的一座。所有客房均为独栋别墅，分为豪华别墅和普通别墅两种类型。整个度假村内景色美轮美奂，既安详又彰显高级感。

- 地址：Nusa Dua
- 电话：0361-772333
- 传真：0361-772335
- 费用：花园套房US$950～
- 交通：从机场乘车约20分钟到达
- 网址：www.amanusa.com
- 支持刷卡：VISA、Master、JCB、Amex、Diner's
- 提供英语服务

巴厘岛康莱德美容度假村
Conrad Bali

度假村　MAP p.203-B

豪华海景房具有东方气息

希尔顿豪华酒店品牌旗下的高档度假村

为希尔顿酒店集团旗下的高档度假村。度假村内共有353间客房，配备有花园、人工湖等设施，是努沙杜瓦最高端、设施最齐全的海滩度假村之一。度假村内还有一座小教堂，许多日本人选择在这里举行婚礼。

- 地址：Jl.Pratama 168, Tanjung Benoa
- 电话：0361-778788
- 传真：0361-773888
- 费用：房费会有所变动
- 交通：从机场乘车约30分钟到达
- 网址：www.conradhotels.jp/bali
- 支持刷卡：VISA、Master、JCB、Amex、Diner's
- 提供英语服务

巴厘岛君悦度假酒店
Grand Hyatt Bali

度假村   MAP p.203-C

海景房内带有私人阳台

尽情享受度假村内的各种设施和服务

度假村占地面积很大，分为4个大型入住场所，总共拥有636间客房。房客可以在度假村享用晚宴、在夜市购物、在泳池玩曲线球等，非常适合家庭成员一起入住。

- 地址：Kawasan Wisata, Nusa Dua
- 电话：0361-771234
- 传真：0361-772038
- 费用：海景房US$250~
- 交通：从机场乘车约15分钟到达
- 网址：bali.grand.hyatt.com
- 支持刷卡：VISA、Master、JCB、Amex、Diner's
- 提供英语服务

巴厘岛努沙杜瓦威斯汀度假村
The Westin Resort Nusa Dua, Bali

度假村   MAP p.203-C

度假村内所有的建筑物都非常具有开放感

宽阔的游泳池吸引力十足！

入口处有一座大型喷泉迎接从四面八方前来的客人，在炎热的夏日带来一丝凉爽的惬意。度假村面积非常大，内部设有网球场、托儿所等场所。在度假村内还可以欣赏巴厘岛舞蹈表演，每周日会推出儿童套餐，适合大人与小孩一起用餐。

- 地址：Kawasan Wisata, Nusa Dua
- 电话：0361-771906
- 传真：0361-771908
- 费用：豪华花园房US$460~
- 交通：从机场乘车约15分钟到达
- 网址：www.westinnusaduabali.com
- 支持刷卡：VISA、Master、JCB、Amex、Diner's
- 提供英语服务

巴厘岛努沙杜瓦拉古纳度假村
The Laguna Resort & Spa

度假村   MAP p.203-C

天然游泳池的四周是大片的椰子林和热带花丛

巨大的游泳池将人们带到休闲时空

度假村占地面积约7公顷，内部拥有美丽的花园、天然游泳池等。客房分为泳池房和豪华套间两种，前者共有39间客房，后者共有287间客房。

- 地址：Kawasan Wisata Lot N2, Nusa Dua
- 电话：0361-771327
- 传真：0361-771326
- 费用：园景房US$420~
- 交通：从机场乘车约30分钟到达
- 网址：www.thelagunabali.com
- 支持刷卡：VISA、Master、JCB、Amex、Diner's
- 提供英语服务

巴厘岛努沙杜瓦肉桂度假村
Kayumanis Nusa Dua Private Villa & Spa

别墅   MAP p.203-B

努沙杜瓦众多度假村中的第一家隐蔽度假村

努沙杜瓦深藏不露的别墅度假村

度假村内共有20栋别墅。全部别墅内部设有厨房、私人泳池等设施。装饰风格兼具古典和时尚，凸显成熟之美。餐厅的菜品非常美味，大受好评。

- 地址：Kawasan BTDC,Nusa Dua
- 电话：0361-770777
- 传真：0361-770770
- 费用：私人别墅US$688~、肉桂套房US$1200~
- 交通：从机场乘车约45分钟到达
- 网址：www.kayumanis.com
- 支持刷卡：VISA、Master、JCB、Amex、Diner's、JCB
- 提供英语服务

巴厘岛度假村&酒店

努沙杜瓦&伯诺阿

NUSA DUA&BENOA

印度尼西亚巴厘岛梅里亚酒店
Melia Bali Indonesia
度假村   MAP p.203-C

天花板上绘有巴厘岛的传统画作

乐园度假村
度假村共有494间客房，拥有美丽的庭院。豪华别墅群共有10栋别墅，距离主客房大楼稍远。

- 地址：Kawasan Wisata BTDC Lot1, Nusa Dua
- 电话：0361-771510
- 传真：0361-771362
- 费用：高级客房US$240~
- 交通：从机场乘车约30分钟到达
- 网址：www.meliabali.com
- 支持刷卡：VISA、Master、JCB、Amex、Diner's
- 提供英语服务

巴厘岛伯诺阿绿洲度假村
The Benoa Beachfront Villa & Spa
平房酒店   MAP p.203-B

从游泳池可以看到海边

空间宽敞的平房酒店
位于海滩边，非常安静。客房均为巴厘岛传统建筑风格，工作人员以热情的笑容面对每一位入住房客。

- 地址：Jl.Pratama No.15B, Tanjung Benoa,Nusa Dua
- 电话：0361-771634
- 传真：0361-771635
- 费用：套房US$150~
- 交通：从机场乘车约35分钟到达
- 网址：www.thebenoavillas.com
- 支持刷卡：VISA、Master、JCB、Amex、Diner's
- 提供英语服务

印度尼西亚巴厘岛梅里亚酒店
Melia Benoa All Inclusive Resort
度假村   MAP p.203-B

装饰雅致的客房

时尚、充满现代感的氛围
房费中包含所有的餐费以及其他费用。有海景房和花园房两种房型可选。

- 地址：Jl.Pratama,Nusa Dua
- 电话：0361-771714
- 传真：0361-771713
- 费用：豪华US$200~
- 交通：从机场乘车约20分钟到达
- 网址：www.meliabenoa.com
- 支持刷卡：VISA、Master、JCB、Amex、Diner's
- 提供英语服务

巴厘岛伯诺阿华美达度假村
Ramada Resort Benoa Bali
度假村   MAP p.203-A

共有196间客房

在这里放松身心吧！
石头建造的大门给人以深刻印象。度假村内的美容院和游泳池是一体的，是非常棒的休闲场所。

- 地址：Jl.Pratama NO.97 A Tanjung Benoa, Nusa Dua
- 电话：0361-773730
- 传真：0361-773840
- 费用：高级客房US$112~
- 交通：从机场乘车约30分钟到达
- 网址：www.ramadaresortbenoa.com
- 支持刷卡：VISA、Master、JCB、Amex、Diner's、JCB
- 提供英语服务

巴厘岛梅里亚南湾度假酒店
The Oasis Beach Benoa
度假村   MAP p.203-B

客房内部环境

朴素却又时尚的度假村
总共有118间客房，装饰风格朴素且略显时尚。游泳池长70米，一直延伸到海滩。休息室24小时开门。

- 地址：Jl.Pratama No.68A, Tanjung Benoa,Nusa Dua
- 电话：0361-770126
- 传真：0361-778426
- 费用：高级客房US$185~
- 交通：从机场乘车约25分钟到达
- 网址：www.theoasisbenoa.com
- 支持刷卡：VISA、Master、JCB、Amex、Diner's
- 提供英语服务

巴厘岛日航酒店
Grand Nikko Bali
度假村   MAP 剪切地图-46, p.132-F

辽阔的游泳池

风景独好的大型度假村
入住该日系度假村可以眺望到印度洋。度假村内的曼达拉酒店在当地有较高知名度。

- 地址：Jl.Raya, Nusa Dua Selatan
- 电话：0361-773377
- 传真：0361-773388
- 费用：海景房US$200~
- 交通：从机场乘车约25分钟到达
- 网址：www.grandnikkobali.com
- 支持刷卡：VISA、Master、JCB、Amex、Diner's
- 提供英语服务

水明漾&克罗伯坎

SEMINYAK & KEROBOKAN

巴厘岛最近涌现出了不少注重设计和造型的新型度假村,这些度假村俨然成为了巴厘岛最前沿的休闲胜地。水明漾和其北部的克罗伯坎正因为这些新型度假村的出现而扬名方圆。

水明漾埃兹度假村坐落在商店、餐厅最为集中的Kayu Aya(Oberoi)大街一侧,有着现代时尚外观,看上去非常吸引人。度假村位置很棒,无论是外出购物还是观光都非常方便,并且价格也不算贵。豪华客房数量最多,带有淋浴间,装饰偏现代风格。餐厅非常温馨,还有酒吧等设施,吸引了大批欧美游客前来玩乐。

休闲风格的酒吧

水明漾埃兹酒店的时尚外观

Ize Seminyak

MAP●剪切地图-2、p.187-A

别墅 水明漾埃兹度假村 97

水明漾最好的位置

✱ **真情小提示!**

入住房客的享乐之地

有位于屋顶的大型游泳池。不去海滩,也可以在这里享受浪漫的度假感觉。旁边还有休闲室和酒吧。

豪华双人间

餐厅的厨房为开放式的

- 地址:Jalan Kayu Aya (Laksmana – Oberoi) No. 68 Seminyak,
- 电话:0361-8466999
- 传真:0361-8466988
- 费用:豪华房US$225~、豪华房(带浴缸)US$250~、俱乐部客房US$275~、套房US$450~
- 交通:从机场乘车约40分钟到达
- 网址:www.ize-seminyak.com
- 支持刷卡:VISA、Master、Amex、JCB
- 提供英语服务
- 主要设施・服务:美容院、游泳池、餐厅、健身房等
- 客房设施:空调、彩电、迷你酒吧、保险箱、免费Wi-Fi等

水明漾&克罗伯坎

SEMINYAK&KEROBOKAN

单卧皇家套房

每天仅能有一组体验

酒店规模很大

别墅的正对面就是大海

✳ 真情小提示!

每天仅允许一组体验

在游泳池的旁边还有一座漂亮的小亭子,晚上可以在这里享用浪漫的烛光晚餐。

酒店规模很大

MAP●剪切地图-1、p.187-A

■ 别墅

巴厘岛度假村&酒店

The Samaya Seminyak

水明漾
萨玛亚酒店

天气晴朗的话,可以在室外野炊

水明漾&克罗伯坎

全部客房均为
豪华海景别墅

　　位于水明漾的海滩旁边,位置绝佳。别墅栋经过重新装修之后更显豪华,宽敞的大厅、餐厅也给人非常奢华的感觉。独栋别墅私密性极强,有许多情侣或新婚夫妇到这里来度蜜月。酒店规模很大,设有游泳池、美容院等设施。早上可以在临海餐厅一边用餐一边欣赏日出,傍晚时分可以看日落。皇家庭院位于酒店的最里面,附近坐落着24栋别墅。

■ 地址:Jl. Laksmana, Seminyak
■ 电话:0361-731149
■ 传真:0361-731203
■ 费用:单卧别墅US$625~、单卧皇家套房US$785~、单卧皇家花园套房US$656~
■ 交通:从机场乘车约40分钟到达
■ 网址:www.seminyak.thesamayabali.com
■ 支持刷卡:VISA、Master、Amex、JCB
■ 提供英语服务
■ 主要设施・服务:美容院、游泳池、餐厅、健身房、前往水明漾中心地区的免费接送巴士等
■ 客房设施:空调、彩电、迷你酒吧(皇家套房和皇家花园套房免费)、保险箱、免费Wi-Fi等

SEMINYAK&KEROBOKAN

（左）度假村内的公共游泳池
（下）美容别墅栋的内部。总共有6栋美容别墅

美容别墅栋的露天浴室

阿玛拉别墅酒店是努沙杜瓦的人气度假村——The Valley的姊妹度假村，于2009年正式开业。与后者相比，阿玛拉度假村更加温馨而可爱，以正因为如此，吸引了大批女性同胞以及母女结伴前来度假。美容别墅栋分为不同的主题，泳池别墅栋内设有餐厅和厨房。全部别墅内都设有私人泳池。2012年2月，度假村内的美容体验室正式开放，美容室面积为25平方米，客人可在这里体验1小时的美容服务，服务内容每天都会更换。如果是女性单独出游的话，建议住在这里。度假村内的美容院（p.59）为顾客提供独特的翡翠按摩。

The Amala

MAP●剪切地图-7、p.187-B

100　别墅　**阿玛拉别墅酒店**

✱ 真情小提示！

位于二楼

在宽敞的健康活动中心内可以做瑜伽。以后还会继续补全各种保健活动所需要的设施。

装饰精致、位置绝佳的努沙杜瓦人气姊妹度假村

（右）基于健康哲学做出的健康膳食
（下）餐厅的装饰风格具有东方特色

- 地址：Jl.Kunti 108, Seminyak
- 电话：0361-738866
- 传真：0361-734299
- 费用：美容体验室US$250~，美容别墅栋US$350~、泳池别墅栋US$450~、阿玛拉总统套房US$800~
- 交通：从机场乘车约25分钟到达
- 网址：www.theamala.com
- 支持刷卡：VISA、Master、Amex、JCB
- 提供英语服务
- 主要设施·服务：SPA、游泳池、餐厅、图书馆、商店、24小时客房服务、机场接送服务（免费）、健康活动中心
- 客房设施：私人泳池、空调、彩电、DVD、无线网络、免费酒吧（软饮）、浴缸、手工香皂等

※12岁以下不可入住

超浪漫的别墅栋！卧室内洒满了鲜艳的花瓣，适合度蜜月

度假村位于环境幽静的偏僻地区。度假村内除了豪华的别墅栋，还设有美容院、餐厅等设施，空间宽敞，非常舒适。别墅栋分为单卧别墅、双卧别墅以及三卧别墅3种类型，各别墅栋内带有私人泳池、厨房、起居室以及花园。花园里挂有竹子做成的鸟笼，非常具有东方气息。工作人员服务非常贴心。无线网络、DVD唱片机、卫星电视、浴室等设施、设备齐全。度假村内还有专门的美容别墅栋。

别墅内的烛光晚餐

Villa Air Bali Boutique Resort & Spa

MAP● 剪切地图-2，p.132-C

| 别墅 | 巴厘岛空中别墅精品度假村 | 101 |

水明漾＆克罗伯坎

适合休养生息的超人气别墅

✱ **真情小提示！**

做个按摩，放松一下

该度假村有着不同于其他度假村的客房服务，那就是按摩服务。入住两晚可免费体验60分钟，入住三晚可免费体验90分钟，入住四晚可免费体验120分钟。虽然是免费按摩，但绝非敷衍了事。按摩过后，一整天的疲惫一扫而光。

免费享用下午茶

■ 地址：Jl.Lebak Sari,Br.Taman,Petitenget
■ 电话：0361-737378
■ 传真：0361-737379
■ 费用：单卧别墅US＄495～、双卧别墅US＄825～、豪华别墅US＄1650～
■ 交通：从机场乘车约40分钟到达
■ 网址：www.villa-airbali.com
■ 支持刷卡：VISA、Master、Amex、JCB、Diner's
■ 提供英语服务
■ 主要设施・服务：餐厅、美容院、机场接送服务（免费）、免费早餐、免费上网、免费酒吧、各种体验课程等。
■ 客房设施：彩电、DVD、影音设施、电脑、厨房、私人泳池、保险箱

幽雅的别墅，非常娴静

SEMINYAK&KEROBOKAN

单卧别墅内部，
装饰风格沉稳大气

　　水明漾度假村的标杆，与雷吉安度假村（参照p.107）仅有一街之隔，属于同系列度假酒店。客人可乘坐专用汽车在两座度假村之间往来穿梭。度假村内共有10栋单卧别墅，带有私人泳池，私密度极高。另外还有1栋三卧别墅。有客房管家为每位入住房客提供贴心服务，比如预订餐位、打包行李等，这些琐事全部由管家包办。度假村内还有健身房、游泳池、餐厅、美容院等设施。

The Club at the Legian

MAP ● 剪切地图-1、p.187-A

| 别墅　　雷吉安俱乐部

私密度极高的度假村

✻ **真情**小提示！

安静、宽大的泳池

每座别墅内都有私人泳池。在健身房后面还有大型公共泳池。这里的公共泳池反而很少有人来，非常安静，环境也不错。

深受情侣欢迎的双人美容室。水梦空间令人向往

客房管家

别墅栋内有10平方米的泳池

- ■ 地址：Jl.Kayu Ayu,Seminyak
- ■ 电话：0361-730622
- ■ 传真：0361-730623
- ■ 费用：单卧别墅US$755~、三卧别墅US$2 700~
- ■ 交通：从机场乘车约30分钟到达
- ■ 网址：www.ghmhotels.com
- ■ 支持刷卡：VISA、Master、Amex、JCB、Diner's
- ■ 提供英语服务
- ■ 主要设施·服务：客房管家、美容院、餐厅、无线网络、免费早餐
- ■ 客房设施：私人泳池、空调、彩电、迷你酒吧、保险箱、Ipod、浴室、浴缸等

经典的别墅客房,不乏新鲜感

别墅栋内的浴缸位于室外

位于环境偏僻处,原来是普瑞梅尔塔别墅度假村,后来改换了经营者并更名。度假村经过重新装修之后,比原来更加豪华。村内也建起了别墅,可容纳更多的客人。步入该度假村,一派闲适、幽静的氛围。别墅栋分为单卧别墅和双卧别墅两种类型,内部装饰、装修风格不尽相同。度假村内还有餐厅、美容院等设施,枝林茂密,绿色盎然,让人心情愉悦。

安静、闲适的空间

巴厘岛度假村&酒店

Plataran Bali Resort&Spa

MAP p.226-E

| 别墅 | 普拉塔兰美容度假村 | 103 |

水明漾&克罗伯坎

✻ **真情**小提示!

12.5米长的游泳池

度假村内最吸引人的就是这座游泳池。游泳池的后面是小河,洋溢着自然风情,令人心神荡漾。

重新装修之后的优雅别墅

- ■ 地址:Jl. Pengubugan, Desa Banjar Silayukti, Kerobokan
- ■ 电话:0361-411388
- ■ 传真:0361-411388
- ■ 费用:花园别墅Rp.479.16万~、泳池别墅Rp.624.36万~、家庭泳池别墅Rp.769.56万~
- ■ 交通:从机场乘车约45分钟到达
- ■ 网址:www.plataran.com/area/bali
- ■ 支持刷卡:VISA、Master、Amex、JCB
- ■ 提供英语服务
- ■ 主要设施・服务:美容院、餐厅、酒吧、游泳池、出租自行车、图书馆、美术馆等
- ■ 客房设施:私人泳池(部分)、私人花园、阳台、空调、彩电、DVD唱片机、迷你酒吧等

每栋别墅都有单独的阳台和凉亭

SEMINYAK&KEROBOKAN

共有12栋单卧别墅

该度假村的别墅是巴厘岛传统风格,在新式别墅日渐增多的当下,显得非常怀旧而有亲切感。度假村的主人是一位女性,来自于澳大利亚。度假村位于水明漾的街道深处,非常安静。度假村的别墅带有浓厚的自然气息,分为单卧别墅、双卧别墅和三卧别墅3种类型,内部有杂货铺、古董店等。每栋别墅风格不一,有双层别墅。

度假村内没有美容院和餐厅,可徒步前往水明漾中心地段。但如果客人提出要求,度假村会安排晚餐和上门美容服务。

Villa Kubu

MAP ● 剪切地图-7, p.165-B

104　别墅　　**库布别墅**

女性经营的雅致别墅

✳ **真情**小提示！

会有专门的厨师现场烧烤

度假村内的BBQ非常棒。可以选择包含巴厘岛海鲜、牛排在内的套餐,价格约在Rp.32.5万~。需要提前预订。

双卧别墅。带有大型泳池和厨房

可以在别墅内体验美容服务

安静的环境

■ 地址:Jl Raya Seminyak, Gang Plawa No 33F, Seminyak
■ 电话:0361-731129
■ 传真:0361-735500
■ 费用:单卧别墅US$295~、双卧别墅US$395~
■ 交通:从机场乘车约30分钟到达
■ 网址:www.villakubu.com
■ 支持刷卡:VISA、Master、Amex
   提供英语服务
■ 主要设施・服务:免费早餐、水果、机场免费接送服务等
■ 客房设施:私人泳池、空调、彩电、无线网络、厨房等

The Villas
The Villas

| 别墅 | MAP●剪切地图-7、p.187-B |

三卧别墅占地面积达600平方米

半开放式的起居室

茅草屋顶非常可爱

近年来，水明漾东部地区涌现出了不少新型别墅度假村。

The Villas是其中最有特色的一座。全部别墅内都带有游泳池、厨房、起居室，装修豪华。别墅栋分为单卧别墅、双卧别墅、三卧别墅3种类型，带有私人游泳池和大大的花园，适合家庭亲子入住，尽享天伦之乐。

从度假村驱车几分钟，可到达巴厘岛普拉纳美容院（参照p.50），该美容院仿照印度城堡而建。该美容院在当地非常受欢迎，需要提前预约。可以在度假村内直接预约。

■ 地址：Jl.Kunti 118X, Seminyak
■ 电话：0361-730840
■ 传真：0361-733751
■ 费用：单卧别墅US$295~
■ 交通：从机场乘车约40分钟到达
■ 网址：www.thevillas.net
■ 支持刷卡：VISA、Master、Amex、JCB
■ 提供英语服务

巴厘岛度假村&酒店

105

水明漾&克罗伯坎

艾丽希
The Elysian

| 别墅 | MAP●剪切地图-6、p.187-A |

客房内时尚的颜色搭配

起居室的全景窗户

已加盟Design Hotels的时尚别墅

Design Hotels品牌以时尚、现代、个性的特点在全世界都拥有众多粉丝。该品牌在巴厘岛共有5个系列的度假村，而艾丽希度假村是最新的一座。度假村的内部装饰和装修都非常新潮，大门、餐厅、泳池甚至工作人员的制服都是独一无二的。

度假村内共有27栋别墅，设计得非常时尚且新颖。客房内有Ipod等先进设施，卧室和起居室均为时髦装饰。客房的窗户很大，可遥控开关，关起来就是隐私性极强的封闭空间，打开后可与户外直接相连。可以在度假村内的美容院（参照p.56）享受各种服务。

■ 地址：18Jl.Sari Dewi,Seminyak,Kuta
■ 电话：0361-730999
■ 传真：0361-737509
■ 费用：单卧泳池别墅 US$495~
■ 交通：从机场乘车约20分钟到达
■ 网址：www.theelysian.com
■ 支持刷卡：VISA、Master、Amex、JCB、Diner's
■ 提供英语服务

SEMINYAK&KEROBOKAN

克罗尼酒店
The Colony Hotel

度假村 MAP●剪切地图-1、p.187-A

豪华房的室内

度假村面积虽小，却很安静

纯白色的袖珍度假村

该度假村于2011年正式开业，仅有20间客房。度假村内的建筑物均为纯洁的白色，是殖民地时期的风格，非常雅致。度假村内有2间高级房、12间豪华房和6间普通房，客房内部装饰简洁且不失豪华。

游泳池围绕度假村而建，面积非常大。餐厅位于游泳池旁边，可以在这里享用早餐、晚餐。仅有一间客房带有私人泳池。度假村内还有一间美容院，在这里可以做按摩、体验各种理疗项目。许多澳大利亚游客喜欢住在这里。16岁以下儿童不能入住。

- 地址：Jl.Laksmana 22,Seminyak
- 电话：0361-736160
- 传真：无
- 费用：豪华房US$189~
- 交通：从机场乘车约30分钟到达
- 网址：www.thecolonyhotelbali.com
- 支持刷卡：VISA、Master、Amex
- 提供英语服务

巴哈瓦纳私人别墅
Bhavana Private Villas

别墅 MAP●剪切地图-2、p.187-B

在别墅内可享受美容服务

旧貌换新颜的崭新别墅

原来是巴厘岛塞萨利别墅，后来易主并改名为巴哈瓦纳私人别墅，于2008年正式开业。总共有16栋别墅，分为单卧别墅和双卧别墅。从这里可步行前往水明漾中心地段，仅需几分钟即可到达。

- 地址：Jl.Pangkung Sari, Br.Taman, Seminyak
- 电话：0361-4730533
- 传真：0361-4730143
- 费用：单卧别墅US$385~
- 交通：从机场乘车约40分钟到达
- 网址：www.bhavanabali.com
- 支持刷卡：VISA、Master、Amex
- 提供英语服务

巴厘岛椰林度假村
Kokonut Suites

度假村 MAP p.132-C

游泳池、餐厅、美容院、健身房等设施齐全

适合家庭入住的新型度假村

该假村位于水明漾的北部，共有3层，是一座袖珍型的度假村。单人房和双人房内都带有厨房、起居室，给人以家的感觉。价格也不贵。

- 地址：Jl. Raya Petitenget No.88, Kerobokan
- 电话：0361-4735933
- 传真：0361-4736692
- 费用：单卧套房US$218~
- 交通：从机场乘车约45分钟到达
- 网址：www.kokonutsuites.com
- 支持刷卡：VISA、Master、Amex、JCB
- 提供英语服务

雷吉安酒店
The Legian

度假村　　　　　　　MAP●剪切地图-1、p.187-A

客房内装饰豪华，印象派的装修风格令人难忘

设计系度假村的鼻祖

度假村位于海滩附近，设计新颖，非常时尚。客房内部空间仿照古代石窟神殿的样子装饰，非常新奇。美容院、餐厅提供一流服务。

- 地址：Jl. Kayu Ayu, Seminyak
- 电话：0361- 730622
- 传真：0361- 730623
- 费用：豪华套房US$450~
- 交通：从机场乘车约30分钟到达
- 网址：www.ghmhotels.com/en/the-legian-bali/home/#home
- 支持刷卡：VISA、Master、Amex、JCB、Diner's
- 提供英语服务

巴厘岛克罗伯坎3V家庭别墅
3V Kerobokan

别墅　　　　　　　MAP p.132-C

游泳池、美容室、餐厅等设施齐全

巴厘岛的代表新潮别墅

度假村内有高尔夫球场训练中心、手球场以及桌球室等健身休闲设施。共有6栋别墅，均为双卧别墅。凉亭和浴缸位于室外。

- 地址：Jl.Mertasari 31X, Kerobokan
- 电话：0361-8476028
- 传真：0361-8476039
- 费用：双卧别墅 US$220~
- 交通：从机场乘车约40分钟到达
- 网址：www.3vkerobokan.com
- 支持刷卡：VISA、Master
- 提供英语服务

巴厘岛德萨姆德度假村
Desamuda Village

别墅　　MAP●剪切地图-3、p.187-B

别墅位于小路的入口处，非常偏僻

别墅内有知名化妆品牌旗下的美容院

总共有26栋别墅，睡床上面带有漂亮的华盖，带有厨房、游泳池、咖啡厅等设施。别墅内的马尔塔·迪拉尔美容院在当地非常有名。

- 地址：Jl. Raya Basangkasa 30A, Seminyak
- 电话：0361-734775
- 传真：0361-730906
- 费用：公寓式客房US$200~
- 交通：从机场乘车约30分钟到达
- 网址：www.desamudavillage.com
- 支持刷卡：VISA、Master、Amex、JCB、Diner's
- 提供英语服务

德亚纳别墅
Dyana Villas

别墅　　MAP●剪切地图-6、p.187-A

别墅内的开放式起居室

爪哇岛风格宅邸

爪哇岛建筑风格的别墅。有单卧、双卧、三卧和四卧别墅四种类型的房型可供选择，适合家庭、多人集体入住。有客房管家倾情服务，并有免费的早餐。

- 地址：Jl.Abimanyu,Seminyak
- 电话：0361-735536
- 传真：0361-735864
- 费用：单卧别墅US$230~
- 交通：从机场乘车约30分钟到达
- 网址：www.balidyanavillas.com
- 支持刷卡：VISA、Master、Amex、JCB
- 提供英语服务

杰拉米别墅
Villa Jerami

别墅　　MAP●剪切地图-7、p.187-B

双人间

位置极好的住宿设施

位于水明漾的人气美容院——Bali Deli的旁边。酒店的周围坐落着购物商厦、大排档，位置非常好。别墅内部装饰得非常时尚且高级。

- 地址：Jl.Bali Deli, Seminyak
- 电话：0361-8475970
- 传真：0361-737301
- 费用：单卧泳池别墅 US$440~
- 交通：从机场乘车约25分钟到达
- 网址：www.villajerami.com
- 支持刷卡：VISA、Master、Amex
- 提供英语服务

SEMINYAK&KEROBOKAN

消费低廉的平价旅店

舒适&实惠 平房酒店、山间小屋、大型酒店

平价旅店即"Accommodation",是简易旅馆的意思。巴厘岛有多种类型的平价旅店,许多来自全世界各地的背包客喜欢住在这样的地方。下面为读者介绍一下库塔和乌布的平价旅馆以及住宿时的注意事项和小窍门,这将有助于游客在巴厘岛入住无忧。

酒店
酒店内通常含有餐厅、游泳池等设施,客房数量较多。住宿费用每间US$80~120。

平房酒店
有可以住宿的客房,比家庭旅馆的规模要大一些。每间客房US$50~80。

家庭旅馆
通常是当地的房屋改建而成,即民宿。每间客房Rp.10~20万。

何谓平价旅店?
平价旅店到底是怎样的住宿设施?消费水平大概是多少呢?女孩子也可以入住吗?

→ **巴** 厘岛的平价旅店多指的是平房酒店、山间小屋等住宿设施,部分酒店的消费水平比较亲民,也被归为平价旅店。平价旅店的消费水平参考之前的相关介绍。大部分平价旅店都非常干净,安全系数也有保证,女孩子也可以放心入住。

平价旅店有哪些设施和服务?
平价旅店内也会像一般酒店一样,设有餐厅和游泳池等设施吗?提供汉语服务吗?客房内都有哪些设施?

→ **部** 分平价旅店的设施相对简单,所提供的服务也是最基本的。有的平价旅店内会备有香皂、厕纸等生活必需品,有的则没有,需要客人自备。大部分工作人员会说简单的汉语。房费中通常包含了早餐费。

怎样提前预订?
不知道怎样提前预订。需要在国内提前预订吗?可以刷信用卡吗?

→ **入** 住时间一旦确定下来,马上预订。人气平价旅店通常会很爆满,委托国内旅行社预订也不见得能成功。巴厘岛当地的部分旅行社提供预订服务(参照p.111)。平房酒店、山间小屋大都支持现金消费,也可以刷卡消费。

德王家平房酒店

MAP p.137-E

Dewangga Bungalows / 平房酒店　　乌布

充满艺术氛围的平房酒店

位于乌布中心地段，院子内绿意盎然。这家平房酒店的经营者来自于巴厘岛绘画世家，在当地非常有名气。客房内部装饰有老板的夫人、艺术家梅加萨利的诸多绘画作品。平房酒店是两层建筑，带有起居室，还可以增加临时床铺，非常适合家庭入住。

梅加萨利夫人。她是大画家莱帕德的孙媳妇，她自己本身也是一位出色的画家

A 二层别墅的一楼。有临时床铺和起居室
B 标准间是完全独立的客房。全部客房内均带有热水浴

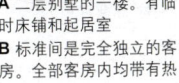

- 地址：Jl.Dewi Sita,Ubud
- 电话：0361-973302
- 传真：0361-973302
- 网址：www.dewanggaubud.com
- 费用：标准间（不包含早餐、热水浴、浴室）Rp.35万、山间小屋（包含早餐、热水浴、空调、浴室等）Rp.65万、二层别墅（包含早餐、热水浴、空调、浴室等）Rp.95万
- 交通：从乌布王宫步行8分钟
- 支持刷卡：VISA、Master、Amex
- 提供英语服务

巴厘岛度假村&酒店

109

消费低廉的平价旅店

游客之家

MAP p.137-I

Family Guest House / 家庭旅馆　　乌布

快捷、舒适、拥有众多老主顾

乌布人气咖啡厅Wayan Bakery（参照p.149）的主人同时也是该家庭旅馆的拥有者。在这里能够感受到家庭般的温暖。建议住在独立的套间内。大大的阳台和美丽的华盖尽显奢华感。在这里入住，还可以免费吃早餐，品尝咖啡厅内的酥皮糕点、手工制作的点心等美食。

豪华套间。建议提前预订

A 位于主干道斯克玛大街对面
B 套间内有大大的阳台。可以在阳台上吃早餐
C 套间内的浴室可与豪华酒店相媲美

- 地址：Jl.Sukma 39, Banjar Tebesaya 39,Ubud
- 电话：0361-974054
- 传真：0361-978292
- 网址：www.familyubud.com
- 费用：标准间（不包含淋浴、浴室）Rp.20万~（单人）、Rp.30万~（双人），豪华房（不包含淋浴、浴室）Rp.25万（单人）、Rp.32.5万~（双人），高级房（有淋浴间、热水淋浴）Rp.27.5万（单人）、Rp.35万（双人）
- 交通：从乌布王宫步行15分钟
- 支持刷卡：不可
- 提供英语服务

于莉亚迪之家

MAP p.137-F

Yuliati House / 家庭旅馆　乌布

艺术家所经营的旅馆

佳美兰演奏家阿吉所经营的旅馆。阿吉的三个女儿阿于、于莉亚迪、比达考都是巴厘岛有名的舞蹈家。客房位置靠里，共有9间，围绕院子而建。在这里能够体验到乌布当地的风土人情。

经营者一家

A 客房均为独立的平房小屋　B 客房围绕中庭而建　C 阳台位于客房外面，可以和邻居轻松地聊天　D 带浴室和不带浴室的客房收费不同　E 玄关处的招牌非常醒目

- 地址：Jl. Sukma, Ubud
- 电话：0361-974044　传真：无
- 网址：www.yuliati-house.com
- 费用：标准间（单人间、双人间皆可）Rp.16万~、豪华客房（单人间、双人间皆可）Rp.18万~　※全部客房内带有热水淋浴
- 交通：从乌布王宫步行15分钟
- 支持刷卡：不可
- 提供英语服务

肯蒂玛斯酒店

MAP p.164-C

Hotel Kendi Mas / 酒店　库塔

带有宽阔院子的低价酒店

该酒店位于库塔的中心地段，院子里面种植着大片的椰子林，是库塔地区为数不多的低价酒店之一。大厅、餐厅内备有最低档次的设施和设备，工作人员的服务尚可。最低标准间内带有冷水浴设施，没有空调。这样的客房住宿费大约Rp.15万（单人）。

美美地泡个澡~

A 提供早餐。可在客房内用餐　B 高级房的客房大楼　C 高级房内部简洁而干净。最里面是浴室　D 餐厅和美丽的中庭相通。距离海滩仅有400~500米的距离

- 地址：Jl.Singasari No.49,Kuta　电话：0361-755275　传真：0361-750021
- 网址：无　邮箱：无
- 费用：高级房（包含热水浴、浴室）Rp.30万（单人）、Rp.35万（双人）、豪华房（包含热水浴、浴室、空调、电视）Rp.35万（单人）、Rp.40万（双人）
- 交通：从机场乘车约20分钟到达　支持刷卡：不支持刷卡　提供英语服务

普瑞维萨塔
Puri Wisata / 平房酒店

MAP p.165-B
库塔

休闲风格的游泳池和舒适的环境

位于库塔和雷吉安的主干道——雷吉安大街的尽头处，周边有许多餐厅、咖啡厅、酒吧以及商铺。消费水平较高，但是位置绝佳。客房内带有冰箱、彩电等现代化设施，绝对物有所值。

入住两晚以上可享受机场免费接送服务

- 地址：Jl.Raya Legian Kaja,Kuta
- 电话：0361-730322　传真：0361-730385　网址：无
- 费用：标准间（包含热水浴、空调、浴室、冰箱、电话）Rp.32~35万，豪华间（包含热水浴、空调、浴室、冰箱、电话、彩电）Rp.45万（双人间）、Rp.55万（四人间）
- 交通：从机场乘车约30分钟到达　支持刷卡：VISA、Master、Amex、JCB
- 提供英语服务

珂玛拉英达 I
Komala Indah I / 家庭旅馆

MAP p.164-A
库塔

辽阔的海滩吸引着全世界的冲浪爱好者

距离库塔海滩仅有几分钟的路程，是冲浪爱好者的首选住宿地。总共有35间客房，入住一个月以上可享受房费10%的优惠。

住宿费中包含了早餐，有美式早餐和印度尼西亚传统早餐可选。早餐包含有新鲜的水果。

女性顾客青睐的家庭旅馆

- 地址：Jl.Benesari,Gg.Lusa Inn,Jl.Legian,Kuta
- 电话：0361-753185　传真：无　网址：无
- 费用：E级房（包含热水浴、浴室）Rp.8.8万（单人）、13.7万（双人）、D级房（包含热水浴、浴室）Rp.11万（单人）、Rp.16.5万（双人）、A级房（包含热水浴、空调、浴室）Rp.12.7万（单人）、Rp.24万（双人）、B级房（包含热水浴、空调、浴室）Rp.18.7万（单人）、Rp.26.4万（双人）
- 交通：从机场乘车约30分钟到达　支持刷卡：不支持　提供英语服务

其他推荐入住的平价旅店

※ ▨…库塔　▨…乌布

家庭旅馆	卡米尼平价旅店 III Kamini Accomodation III	Jl.Legian,GR.Panin Bank,Kuta　0361-761629　网址：无 包含热水浴、空调。Rp.20万　MAP●剪切地图-15、p.164-D
	萨夫德吉因 Surf Doggie Inn	Jl.Kuta Theater No.14,Kuta　0361-752381　网址：无 带热水浴、空调的客房Rp.25万；带热水浴、风扇的客房Rp.20万；带冷水浴、风扇的客房Rp.15万　带早餐　MAP●剪切地图-15、p.164-D
酒店	阿迪达尔玛酒店 Adhi Dharma Cottage	Jl.Raya Legian,Kuta　0361-751527　www.adhidharmahotel.com 带热水浴、空调的客房US$75　带早餐　MAP●剪切地图-15、p.164-A
小屋酒店	纽曼卡尔萨 Nyoman Karsa Bungalows	Jl.Monkey Forest,Ubud　0361-975743　网址：无 带热水浴、空调的客房Rp.45万（单人）、Rp.55万（双人）　带早餐　MAP p.136-G
	帕吉尔 Pakir Bungalows	Penestanan Kelod,Ubud　081-2391-3754　www.pakirbungalows.com 带热水浴的客房Rp.13~20万　MAP p.134-E
酒店	图加尔萨利酒店 Tegal Sari Hotel	Jl.Hanoman,Padang tegal　0361-973318　www.tegalsari-ubud.com 带浴室、空调的客房Rp.30万　MAP p.134-J

可预订平价旅店的当地旅行社

英语仅提供服务
Baliforyou Holidays
HP www.baliforyou.com
Bali Hotels .com
HP www.balihotels.com

中可文用
Bali Tours
HP www.bali-tours.com
HP www.bewish bali-tour.com

※各旅行社可预订的平价旅店有所不同，请提前致电垂询。

库塔&雷吉安　　　KUTA & LEGIAN

库塔和雷吉安终日游客、当地人群和冲浪爱好者络绎不绝。这里有平价旅店、价格亲民的酒店以及风格迥异的度假村，让我们来了解一下吧！

巴厘岛帕提拉度假村位于伍拉·赖国际机场以北，是印度尼西亚的高档度假村。这里地处郊区，显得分外悠闲。度假村的正对面就是湛蓝的大海，景色比库塔的中心地段更美。

客房内设施齐全、服务水平较高。推荐入住性价比最高、带起居室的豪华套间，可以以最低的价格入住。除此之外，度假村内还有酒吧以及深受当地女性垂青的美容院等设施。

豪华套间的卧室和起居室相连

The Patra Jasa Bali Resort & Villas

MAP●剪切地图-22、p.132-E

度假村　巴厘岛帕提拉度假村

距离机场仅有5分钟的路程，是个性十足的度假乐园

❋ 真情小提示！

有私人气泡浴池

如果是新人度蜜月的话，建议入住蜜月别墅。总共有6间，价格为US$950。别墅内带有私人休闲室。除此之外还有免费的早餐和午餐，非常划算。

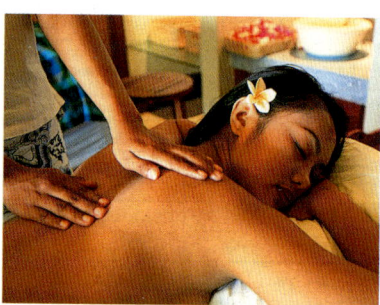

按摩服务中使用纯正的芳香精油

距离机场仅有5分钟的车程

笑脸相迎的工作人员

- 地址：Jl.Ir.H.Juanda South Kuta Beach,Kuta
- 电话：0361-9351161
- 传真：0361-9352030
- 费用：豪华房US$228、豪华套间US$330、蜜月别墅US$950~
- 交通：从机场乘车约5分钟到达
- 网址：www.patra-jasa.com
- 支持刷卡：VISA、Master、Amex、Diner's
- 提供英语服务

巴厘岛假日度假酒店
Holiday Inn Resort Baruna Bali

度假村　MAP● 剪切地图-18、p.132-E

长期入住、短期滞留都非常合适

巴厘岛假日度假酒店位于开发新区塔班南，占地3公顷，拥有美丽的热带花园，毗邻一望无际的海滩。

度假村共有193间客房，并有13间中等规模的山间小屋。高级房、花园房、海景房这三种房型装饰简单、不带有浴室，价格并不算贵。如果喜欢逛街的话，住在这里再合适不过。豪华海景房及更高规格的房型面积达52平方米以上。除此之外，还有4种类型的套间可供选择。这里入住环境舒适，并拥有许多亲子互动设施，非常值得推荐。

客房拥有超薄电视等最先进设施

在海滩上做美容

- 地址：Jl.Wana Segara 33,Tuban
- 电话：0361-755577
- 传真：0361-754549
- 费用：以每日参考价格为准
- 交通：从机场乘车约5分钟到达
- 网址：www.barnabali.holidayinnresorts.com
- 支持刷卡：VISA、Master、Amex、JCB
- 提供英语服务

庭院酒店
Court Yard Hotel & Apartments

度假村　MAP● 剪切地图-10、p.165-D

许多欧美游客入住

公共游泳池位于酒店的正中间位置，这里也是房客们交流、消遣的地方。客房大楼围绕游泳池而建，更像是成规模的住宅小区，但又不乏南国度假村风情，开放感十足，许多欧美游客喜欢在这里长住。大部分高级房带有淋浴设施，价格适中。公寓式客房每间装饰风格都不一样，全部带有起居室、厨房、餐具、微波炉等设施，适合长期入住。时尚餐吧Hot Mango（参照p.169）位于大厅的旁边，是当地非常有名的餐厅之一。

开放感十足的游泳池

简洁、干净的高级房

- 地址：Jl.Warkudara No.14,Legian
- 电话：0361-750242
- 传真：0361-750242
- 费用：高级房US$100~、单卧别墅US$150~、双卧别墅US$200~
- 交通：从机场乘车约20分钟到达
- 网址：www.courtyard-bali.com
- 支持刷卡：VISA、Master、Amex、JCB
- 提供英语服务

巴厘岛硬石酒店
Hard Rock Hotel

度假村　　　　　　　MAP●剪切地图-15、p.164-C

酒店门前的巨大吉他非常醒目

入住硬石酒店殿堂

　　位于库塔海滩旁边，是亚洲第一家硬石主题酒店。酒店内随处装饰着知名音乐家的服装、乐器、照片等物件，是硬石音乐粉丝们的朝圣地。与音乐相关的小物件、服务设施较多。

- 地址：Jl.Pantai, Kuta,Banjar Pande Mas,Kuta
- 电话：0361-761869　传真：0361-762114
- 费用：豪华房US$330~、豪华尊贵房US$350~
- 交通：从机场乘车约20分钟到达
- 网址：www.hardrockhotels.net/bali
- 支持刷卡：VISA、Master、Amex、JCB
- 提供英语服务

巴厘岛王朝假日酒店
Bali Dynasty Resort

度假村　　　　　　　MAP●剪切地图-18、p.164-E

客房内的装饰风格洋溢着浓厚的巴厘岛气息

适合家庭入住的豪华酒店

　　共有7种房型可供选择，其中有两种房型适合家庭入住。在儿童俱乐部内设有游戏室、儿童餐室以及儿童游泳池等设施，深受顾客好评。中午可以在餐厅内享用茶水和甜点。

- 地址：Jl.kartika,P.O.Box2047,Tuban
- 电话：0361-752403　传真：0361-752402
- 费用：豪华房US$175~、家庭花园景观房US$259~、儿童套房US$314~
- 交通：从机场乘车约15分钟到达
- 网址：www.balidynasty.com
- 支持刷卡：VISA、Master、Amex、JCB、Diner's
- 提供英语服务

巴厘岛帕德玛雷吉安酒店
Padma Resort Bali at Legian

度假村　　　　　　　MAP●剪切地图-10、p.165-C

现代风格家私和巴厘岛传统风格的装饰相融合

沉醉于豪华、幽雅的空间内

　　巴厘岛帕德玛雷吉安酒店原来叫作巴厘岛帕德玛酒店。位于海滩旁边，占地面积较大。酒店使用光滑的大理石作为装饰，更显幽雅。酒店内有美容院等设施。

- 地址：Jl. Padma No1, Legian
- 电话：0361-752111
- 传真：0361-752140
- 费用：豪华房、豪华小木屋（房费会有所变动）
- 交通：从机场乘车约30分钟到达
- 网址：www.padmaresortbali.com
- 支持刷卡：VISA、Master、Amex、JCB、Diner's
- 提供英语服务

巴厘岛尼克莎玛酒店
Bali Niksoma

度假村　　　　　　　MAP●剪切地图-10、p.165-C

豪华房的室内。窗户外面是巨大的阳台

雷吉安海滩正对面

　　酒店位于雷吉安海滩的正对面，拥有一望无际的壮丽海景。酒店共有3层，但是没有电梯，可以请求工作人员帮忙拿行李。周日会举办海鲜烧烤Party，同时可欣赏舞蹈表演，每人收费Rp.21.5万。

- 地址：Jl.padma utara,Legian kaja,Legian
- 电话：0361-751946
- 传真：0361-753587
- 费用：高级房US$290~、豪华房US$330~
- 交通：从机场乘车约20分钟到达
- 网址：www.baliniksoma.com
- 支持刷卡：VISA、Master
- 提供英语服务

巴厘岛华美达宾塘酒店
Ramada Bintang Bali Resort & Spa

度假村　　　MAP● 剪切地图-18、p.164-E

非常有情调的情侣间，干净且明亮

库塔的私密度假胜地

位于图班地区，从机场驱车前往这里仅需10分钟。占地面积约6公顷，有热带花园和大片绿色植被。位于海滩对面的美容院深受顾客青睐。在这里可以一边泡花瓣浴，一边欣赏海水拍打礁石的声音。

- 地址：Jl.Kartika Plaza,Kuta,P.O.Box1068,Tuban
- 电话：0361-753292
- 传真：0361-753288
- 费用：高级套间US$330~
- 交通：从机场乘车约10分钟到达
- 网址：www.bintang-bali-hotel.com
- 支持刷卡：VISA、Master、Amex、JCB、Diner's
- 提供英语服务

巴厘岛杰雅卡特海滩酒店
The Jayakarta Bali Beach Resort, Residence & Spa

度假村　　　MAP● 剪切地图-10、p.165-A

度假村内共有3座游泳池

海滩处的大型度假村

经过长长的入口，到达如同宫殿一般的客房大楼。大厅的正对面是花园和游泳池，洋溢着南国风情。有标准间、山间别墅等五种房型可供选择。

- 地址：Jl.Werkudara,Legian
- 电话：0361-751433
- 传真：0361-752074
- 费用：标准间US$200~
- 交通：从机场乘车约30分钟到达
- 网址：www.jayakartahotelsresorts.com
- 支持刷卡：不支持刷卡
- 提供英语服务

发现卡地亚酒店
Discovery Kartika Plaza Hotel

度假村　　MAP● 剪切地图-18、p.164-E

大气、稳重的外观

位于美丽的海滩附近

拥有大型热带庭院。酒店共有4层，均面朝大海而建，在大部分客房内都可以欣赏到美丽的海景。度假村内还有餐厅、美容院等设施。

- 地址：Jl.Kartika Plaza,P.O.Box1012,Kuta
- 电话：0361-751067
- 传真：0361-752475、754255
- 费用：面海房US$225~
- 交通：从机场乘车约10分钟到达
- 网址：www.discoverykartikaplaza.com
- 支持刷卡：VISA、Master、Amex、JCB、Diner's
- 提供英语服务

白玫瑰酒店
White Rose

度假村　　MAP● 剪切地图-15、p.164-D

大型套间

购物方便的快捷酒店

平日里欧美房客较多。位于库塔中心地段，但却有着难得的安静。客房围绕游泳池而建，内部带有起居室，装修得非常温馨。有适合家庭入住的大型套间。

- 地址：Jl.Legian, Kuta
- 电话：0361-756515
- 传真：0361-753523
- 费用：标准间US$158~
- 交通：从机场乘车约20分钟到达
- 网址：www.whiterosebali.com
- 支持刷卡：VISA、Master、Amex
- 提供英语服务

巴厘岛拉尼度假酒店
Bali Rani Hotel

度假村　　MAP● 剪切地图-19、p.164-E

餐厅内的菜肴味道不错

常住客人很多

客房排列在游泳池的四周，外壁均为厚厚的透明玻璃，非常明亮。酒店内的中国料理餐厅和美容院人气非常火爆。

- 地址：Jl.Kartika Plaza,Kuta
- 电话：0361-751369
- 传真：0361-752673
- 费用：高级房US$175~
- 交通：从机场乘车约15分钟到达
- 网址：www.baliranihotel.com
- 支持刷卡：VISA、Master、Amex
- 提供英语服务

巴厘岛度假村&酒店

库塔&雷吉安

KUTA&LEGIAN

巴厘岛曼德拉海滩度假村
Bali Mandira Beach Resort & Spa

度假村　MAP●剪切地图-10, p.165-C

美丽的热带庭院

雷吉安海滩位于眼前

美丽的雷吉安海滩就位于眼前。有山间小屋和城楼别墅两种类型的客房可供选择。美容院提供周到的服务，在当地有着不错的口碑。

- 地址：Jl.Padma No.2,Legian
- 电话：0361-751381
- 传真：0361-752377
- 费用：高级房US$212~
- 交通：从机场乘车约30分钟到达
- 网址：www.balimandira.com
- 支持刷卡：VISA、Master、Amex、JCB
- 提供英语服务

巴厘岛库塔哈维斯特莱德美居酒店
Mercure Bali Harvestland kuta

度假村　MAP●剪切地图-20, p.164-F

共有167间客房

交通十分方便

2011年8月开业。位于郊区道路一侧，占地面积很大，内部有大型露天游泳池和国际料理餐厅。客房内提供无线网络，房客可以免费上网娱乐和办公。

- 地址：Jl By Pass Ngurah Rai No 8, Kuta
- 电话：0361-750483
- 传真：0361-750482
- 费用：豪华房Rp.100万~
- 交通：从机场乘车约15分钟到达
- 网址：www.mercurebaliharvestland.com
- 支持刷卡：VISA、Master、Amex、JCB
- 提供英语服务

巴厘岛库塔天堂酒店
Kuta Paradiso Hotel Bali

度假村　MAP●剪切地图-19, p.164-C

明亮、干净的客房

位于Kuta Center正对面

距离库塔广场（p.168）非常近。酒店共有4层，大厅通风且时尚。有多家不同菜系的餐厅。

- 地址：Jl.Kartika Plaza,P. O.BOX1133,Tuban Kuta
- 电话：0361-761414
- 传真：0361-756944
- 费用：豪华房US$180
- 交通：从机场乘车约10分钟到达
- 网址：www.kutaparadiso.com
- 支持刷卡：VISA、Master、Amex、JCB、Diner's
- 提供英语服务

雷吉安阿卡玛尼酒店
The Akmani Legian

度假村　MAP●剪切地图-15, p.164-D

有儿童设施

意料之外的超大规模和设备！

位于雷吉安大街沿边。客房内的家具古色古香，别有一番情调。有普通客房和套间两种房型可选。可以在屋顶酒吧和游泳池欣赏日落。

- 地址：Jalan Legian Raya 91, Legian
- 电话：0361-3009191
- 传真：0361-3006161
- 费用：经典房Rp.50万~
- 交通：从机场乘车约15分钟到达
- 网址：www.akmanilegian.com
- 支持刷卡：VISA、Master、Amex、JCB、Diner's
- 提供英语服务

巴厘岛四季酒店
All Seasons Legian Bali

度假村　MAP●剪切地图-10, p.165-C

时尚、新颖的装饰空间

适合女性、家庭成员共同入住

酒店以橙色和绿色为主装饰色调，非常时尚、可爱。酒店内带有游泳池、美容院等各种设施，绝对物超所值。

- 地址：Jl.Padma Utara Kuta, Legian
- 电话：0361-767688
- 传真：0361-768180
- 费用：以实际入住情况为准
- 交通：从机场乘车约20分钟到达
- 网址：www.accorhotels.com
- 支持刷卡：VISA、Master、Amex、Diner's
- 提供英语服务

巴厘岛花园酒店
Bali Garden Beach Resort

度假村　MAP●剪切地图-19, p.164-E

巴厘岛传统装饰风格

距离机场仅10分钟路程

度假村位于海滩旁边，绿色盈盈的庭院留给人深刻印象。全部客房内部带有阳台。距离机场非常近，可以将这里作为首选落脚处。

- 地址：Jl.Dewi Sartika,P. O.BOX1062, Kuta
- 电话：0361-752725
- 传真：0361-752728
- 费用：高级房US$123~
- 交通：从机场乘车约10分钟到达
- 网址：www.baligardenbeachresort.com
- 支持刷卡：VISA、Master
- 提供英语服务

罂粟酒店
Poppies

山间小屋 MAP●剪切地图-15, p.164-C

普通客房

山间小屋

拥有各种设施齐备的客房、美丽的中庭，适合长期入住。许多冲浪爱好者也选择这里作为落脚点。酒店内有公共游泳池、图书馆、网吧，在欧美游客口中获得极高的评价。

- 地址：Poppies Lane 1 No.19, Kuta
- 电话：0361-751059
- 传真：0361-752364
- 费用：单人间US$85~
- 交通：从机场乘车约30分钟到达
- 网址：www.poppiesbali.com
- 支持刷卡：VISA、Master、Amex、Diner's
- 提供英语服务

巴厘岛斯加纳酒店
Bali Segara Hotel

度假村 MAP●剪切地图-15, p.164-C

美丽的游泳池

适合商务人士入住

价格公道合理，装修简单温馨。客房内部和酒店外观装饰风格融合了中国风和巴厘岛传统风格。距离机场非常近。

- 地址：Jl.Dewi Sartika, Gang, Nusa Indah No.9,Kuta
- 电话：0361-753525
- 传真：0361-758549
- 费用：标准间US$39~
- 交通：从机场乘车约10分钟到达
- 网址：www.balisegarahotel.com
- 支持刷卡：VISA、Master
- 提供英语服务

巴厘岛库塔茵达酒店
Ida Hotel Bari

家庭旅馆 MAP●剪切地图-15, p.164-C

长期入住的客人较多

位于库塔广场后面

地处库塔中心地段，是巴厘岛传统酒店，许多欧美客选择住在这里。客房内部装饰风格各异，均带有大大的阳台。

- 地址：Jl.Kahyangan Suci,off Jl.Tegal mangi,kuta
- 电话：0361-751205
- 传真：0361-751934
- 费用：标准间US$85~
- 交通：从机场乘车约15分钟到达
- 网址：www.idahotelbali.com
- 支持刷卡：VISA、Master
- 提供英语服务

巴厘岛度假村＆酒店

117

库塔&雷吉安

塔曼莎莉山间小屋
Taman Sari Cottages

家庭旅馆 MAP●剪切地图-15, p.164-A

客房大楼位于游泳池正对面

外出非常方便

酒店的正对面是乔布斯酒吧，该酒吧也是冲浪爱好者的活动中心。客房内部光线略暗，墙壁用细细的竹子搭成，非常具有巴厘岛传统色彩。

- 地址：Poppies Lane 2, Kuta
- 电话：0361-751892
- 传真：0361-764429
- 费用：单人间Rp.300万、双人间Rp.350万
- 交通：从机场乘车约20分钟到达
- 网址：无
- 支持刷卡：VISA、Master
- 提供英语服务

Un's Hotel
Un's Hotel

度假村 MAP●剪切地图-15, p.164-A

鲜花盛开的庭院

全部客房内带有热水淋浴

各种设施齐备的家庭旅馆。游泳池位于正中间位置，客房大楼分立两侧。客房内部装饰简单，挂有大大的蚊帐。带有壁橱和浴室，入住方便。

- 地址：Jl.Benesari 16, Kuta
- 电话：0361-757409
- 传真：0361-758414
- 费用：标准间US$33~、豪华房US$43~
- 交通：从机场乘车约25分钟到达
- 网址：www.unshotel.com
- 支持刷卡：VISA、Master
- 提供英语服务

鲁沙酒店
Hotel Lusa

家庭旅馆 MAP●剪切地图-15, p.164-A

距离海滩非常近

冲浪爱好者的休憩地

住宿费要看客房内是否有空调、提供热水浴还是冷水浴而定。游泳池是大大的"L"字形，位于酒店的花园内，全天候24小时可用。

- 地址：Jl.Benesari, Kuta
- 电话：0361-753714
- 传真：0361-765691
- 费用：单人间（提供热水、电扇）Rp.24万~
- 交通：从机场乘车约35分钟到达
- 网址：www.hotellusakuta.com
- 支持刷卡：VISA、Master
- 提供英语服务

KUTA&LEGIAN

沙努尔 　　　　　　　　　　　　SANUR

许多欧美国家的艺术家常年聚集在沙努尔地区。这里既有名人们趋之若鹜的顶级私人度假村，也有经济实惠的家庭旅馆，住宿选择可谓多种多样。

巴厘岛格莱雅桑川度假村
Griya Santrian

| 度假村　　MAP p.211-B

公共活动区域、设施完善

花园侧房价格不贵，人气极高

许多来自于欧美国家、澳大利亚的游客常年住在这里度假。度假村内有健身房、展示艺术作品的画廊、风格迥异的3座游泳池以及大型公共活动区域，这些场所是房客们平日里交流、玩乐、消遣的地方。

客房内部装饰简单，入住方便。全部客房内均带有阳台，约7成客房带有浴室。

餐厅位于海滩旁边，提供中式料理

- 地址：Jl.Danau Tamblingan 17,Sanur
- 电话：0361-288181
- 传真：0361-288185
- 费用：花园侧房 US$155~、海景房 US$185~、豪华房 US$205~、桑川套房 US$255~
- 交通：从机场乘车约30分钟到达
- 网址：www.santrian.com
- 支持刷卡：VISA、Master、Amex、JCB、Diner's
- 提供英语服务

丹戎乌萨利酒店
Tandjung Sari

| 别墅　　MAP p.211-B

1962年开业的老牌别墅

各个房间内部的装饰风格都不一样

奥诺・约克、德维杜・波维等知名人士都曾在这里下榻。无论是建筑样式，还是装饰风格，都具有浓厚的巴厘岛传统气息。这里的工作人员提供一流的服务，在餐厅内可以品尝到正宗的印度尼西亚菜肴。酒店内的热带花园也是房客们平日里休闲、散步的地方。酒店位于海滩对面，位置极好。

公共游泳池的旁边。餐厅位于游泳池。

- 地址：Jl.Danau Tamblingan 41 Sanur
- 电话：0361-288-441
- 传真：0361-287-930
- 费用：平房别墅 US$260~、海滩别墅 US$310~
- 交通：从机场乘车约30分钟到达
- 网址：www.tandjungsarihotel.com
- 支持刷卡：VISA、Master、Amex、JCB、Diner's
- 提供英语服务

巴厘岛马哈普拉别墅酒店
Villa Mahapala

别墅　MAP p.211-A

星座主题的好运酒店

　　该酒店以星座为主题，是巴厘岛诸多酒店当中最具个性的一座。酒店空间比较通透，以十二星座和天干地支为主题的特色装饰非常有趣。酒店工作人员还会为不同星座的客人准备相应的生活用品，非常贴心。酒店的客房是茅草顶别墅。柔和客房装修温馨，是女性专用客房；而男性客房装饰风格比较男人，适合男性居住。从这里步行前往沙努尔海滩仅需数分钟。

游泳池的装饰也以星座为主题

柔和客房内的装饰

- 地址：Jl. Pantai Sindhu, Sanur
- 电话：0361-286222
- 传真：0361-281222
- 网址：www.villamahapala-bali.com
- 费用：单卧客房（柔和或男性）US$305~、双卧客房（柔和或男性）US$418~、
- 交通：从机场乘车约30分钟到达
- 支持刷卡：VISA、Master
- 提供英语服务

巴厘岛莱茵海滩酒店
Inna Grand Bali Beach

度假村　MAP p.211-A

巴厘岛最高的酒店

　　酒店的前身是The Grand Bali Beach，开业于1966年。在巴厘岛，建筑物的高度是不能够超过椰子树的（通常最高4层），而莱茵海滩酒店高达10层，这是由于莱茵海滩酒店是在该项规定正式实施之前建成的，所以才被一直保留了下来。站在酒店的高层可俯瞰沙努尔的白色沙滩。

　　度假村占地面积很大，有山间小屋和别墅两种房型可供选择，环境都非常安静。除此之外，度假村内还建有高尔夫球场、保龄球场、几所餐厅等设施。

海景房的景色也非常不错

度假村内有山间小屋和别墅两种房型可供选择

- 地址：Jl. Hang Tuah No.58, Sanur
- 电话：0361-288511
- 传真：0361-287917
- 网址：www.innagrandbalibeach.com
- 费用：高级小屋Rp.105万~、标准套房Rp.160万~、摄政套房Rp.270万~
- 交通：从机场乘车约30分钟到达
- 支持刷卡：VISA、Master、Amex、JCB、Diner's
- 提供英语服务

SANUR

巴厘岛沙努尔天堂大酒店
Sanur Paradise Plaza Hotel

度假村　　MAP p.211-A

娱乐项目丰富多样，沉迷于其中流连忘返

位于沙努尔中心地段，交通方便。占地面积非常大，共有329间普通客房和套房，是沙努尔地区设施最完善的大型度假村之一。

度假村内共有高级房、庭院套房等6种房型可供选择，布置时尚大气，各种现代化设施完善。乘坐度假村提供的免费巴士，可前往静谧的私人海滩。海滩的旁边是巴厘岛海滩高尔夫球场。

这里也非常适合亲子活动，有专门面向孩子们开放的Camp Splash。另外还有水上排球场等设施，并有专门的陪护人员保证孩子们的安全。

每天都有开往海滩的免费巴士运行，非常便利

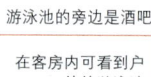

游泳池的旁边是酒吧

在客房内可看到户外的游泳池

- 地址：Jl. Hang Tuah No.46, Sanur
- 电话：0361-281781
- 传真：0361-289166
- 网址：www.sanurparadise.com
- 费用：高级房、豪华庭院房　房费会有所变动
- 交通：从机场乘车约45分钟到达
- 支持刷卡：VISA、Master、Amex、JCB
- 提供英语服务

巴厘岛凉亭酒店
Pavilions Bali

别墅　　MAP p.211-B

酒店老板是一名女性，出自她的细心

酒店装饰的细节中可以看从

享受体贴入微的专人服务

该酒店非常注重个人隐私。早餐可在房间内点好，工作人员会在客人要求的时间将早餐送至房内。入住该酒店，仿佛住在自己家一样，可以自由支配时间和服务。客房装饰风格既有巴厘岛的传统色彩，也有现代时尚气息。

- 地址：Jl. Danau Tamblingan No.76, Sanur
- 电话：0361-288381
- 传真：0361-288382
- 网址：www.thepavilionsresorts.com
- 费用：花园别墅US$231~
- 交通：从机场乘车约45分钟到达
- 支持刷卡：VISA、Master、Amex、JCB
- 提供英语服务

沙努尔卡米拉别墅套房
Kamuela Villas & Suites Sanur

别墅　　MAP p.211-C

浴室内有淋浴设施

全体工作人员热情待客

为巴厘岛阿斯顿集团旗下的连锁酒店。共有7栋时尚别墅，为客人提供体贴入微的客房服务。酒店内的美容院和餐厅非常漂亮，深受入住房客欢迎。

- 地址：Jl.Cemara No.33,Sanur
- 电话：0361-270567
- 传真：0361-270562
- 网址：www.kamuelavillas.com
- 费用：单卧别墅Rp.117.128万~
- 交通：从机场乘车约45分钟到达
- 支持刷卡：VISA、Master、Amex、JCB
- 提供英语服务

凉亭海滩酒店
Gazebo Beach Hotel

度假村　　　　　　　MAP p.211-B

度假村位于闹市区繁华大街一侧，位置非常好

位于热闹的中心地段

　　度假村位于繁华的闹市区，周围有不少酒吧、餐厅以及特产商店。美丽的中庭内坐落着不同风格的别墅，许多欧美国家的游客长期住在这里。

- 地址：Jl. Danau Tamblingan No.35, Sanur
- 电话：0361-289060
- 传真：0361-288300
- 网址：www.baligazebo.com
- 费用：标准间Rp.65万~、别墅Rp.90万~
- 交通：从机场乘车约30分钟到达
- 支持刷卡：VISA、Master
- 提供英语服务

巴厘岛派瑞佳达度假村
Parigata Resort & Spa

度假村　　　　　　　MAP p.211-B

客房内部装饰风格偏现代。安静的环境是吸引顾客的一大法宝

时尚、明亮的小型酒店

　　酒店的入口位于沙努尔大街尽头处。虽然酒店地处闹市区，但是却非常安静。度假村周围有不少商店、餐厅，步行仅需几分钟就能到达。

- 地址：Jl. Danau Tamblingan No.87, Sanur
- 电话：0361-286286
- 传真：0361-286288
- 网址：www.parigata.com
- 费用：高级房US$150~、套房US$175~
- 交通：从机场乘车约30分钟到达
- 支持刷卡：VISA、Master、Amex
- 提供英语服务

巴厘岛度假村 & 酒店

121

沙努尔

珊特瑞安酒店
Puri Santrian

度假村　　　MAP p.211-C

度假村风格的客房

设施齐备的大型酒店

　　酒店的中庭内种植着高大的树木，出门便是美丽的海滩。凉亭位于海面之上，可免费前去感受海风。酒店周围有许多商店和餐厅。

- 地址：Jl. Cemara No.35, Sanur
- 电话：0361-288009
- 传真：0361-287101
- 网址：www.santrian.com
- 费用：花园翼US$200~
- 交通：从机场乘车约30分钟到达
- 支持刷卡：VISA、Master、Amex、Diner's
- 提供英语服务

塞加拉阿贡酒店
Segara Agung

度假村　　　MAP p.211-C

度假村内建有餐厅

公道的价格是其最大魅力

　　从度假村步行前往对面的海滩仅需3分钟。客房内装饰比较简洁，全部装有空调。有豪华房、家庭套房等几种房型可选。拥有游泳池、酒吧等设施。

- 地址：Jl. Duyung No.43 Semawang, Sanur
- 电话：0361-288446
- 传真：0361-286113
- 费用：Standard Room Rp.35万~
- 网址：www.segaraagung.com
- 交通：从机场乘车约30分钟到达
- 支持刷卡：VISA、Master、Amex
- 提供英语服务

雅提家庭酒店
Jati Home Stay

家庭旅馆　　　MAP p.211-C

价格实惠的酒店

干净、清新的家庭旅馆

　　入住该酒店可免费享用早餐，有印度尼西亚传统早餐、美式早餐等3种早餐可选。带厨房的客房Rp.50万。如果长期滞留的话，建议住在这里。各个房间内均配备有热水浴、洗手间。

- 地址：Jl. Danau Tamblingan 168-170, Sanur
- 电话：0361-281730
- 传真：0361-289157
- 网址：www.hoteljatiandhomestay.com
- 费用：标准间Rp.40万~
- 交通：从机场乘车约25分钟到达
- 支持刷卡：VISA、Master
- 提供英语服务

SANUR

登巴萨

DENPASAR

登巴萨有着强烈的地域色彩。这里的酒店大致分为商务酒店和面向国内游客开放的酒店。虽然算不上豪华，但是价格不贵，比较实惠。来这里体验一下当地的风土人情吧。

巴厘岛茵娜酒店
Inna Bali Hotel

酒店
MAP p.228-A

客房虽然比较简洁，却也非常受住

国家元首下榻过的酒店

政府要员们经常入住的酒店。该酒店建成于1927年，客房内干净整洁，安全系数很高。酒店内还有游泳池、餐厅等设施。

- 地址： Jl. Veteran No.3, Denpasar
- 电话： 0361-225681
- 传真： 0361-235347
- 费用： 标准间Rp.75万~、豪华房Rp.97.5万~
- 交通： 从机场乘车约45分钟到达
- 网址： 无
- 支持刷卡： VISA、Master
- 提供英语服务

樱花酒店
Sakura

商务酒店
MAP p.228-A

酒店

老板喜欢日本？

酒店的门口耸立着两尊相扑选手的雕像。从客房内可以远远地眺望到巴图尔河。客房内装饰得比较简单，但是非常干净。可以要求服务员将早餐送至房内。

- 地址： Puri Jrokuta No.5, Denpasar
- 电话： 0361-414639
- 传真： 0361-414639
- 费用： 标准间Rp.20万~
- 交通： 从机场乘车约30分钟到达
- 支持刷卡： 不可
- 提供英语服务

巴厘岛奥兰杰酒店
Hotel Oranjje

商务酒店
MAP p.132-D

酒店交通非常便利

位于郊区的僻静酒店

酒店面向国内游客开放。客房内部装饰大都差不多，推荐住在可以看到游泳池的标准间。

- 地址： Jl. Hayam Wuruk No.300, Denpasar
- 电话： 0361-238185
- 传真： 0361-236239
- 费用： Superior Room Rp.35万~
- 交通： 从机场乘车约45分钟到达
- 网址： 无
- 支持刷卡： 无
- 提供英语服务

巴厘岛塔曼苏吉酒店
Hotel Taman Suci

商务酒店
MAP p.228-A

岁末年初时收费较高

全部客房内均安装有空调

距离巴厘岛国际机场很近。酒店内没有游泳池，目前正处于装修期间。客房比较干净。

- 地址： Jl. Imam Bonjol No.45, Denpasar
- 电话： 0361-484445
- 传真： 0361-484724
- 费用： 高级客房 Rp.36万~
- 交通： 从机场乘车约20分钟到达
- 网址： www.tamansuci.com
- 支持刷卡： VISA、Master
- 提供英语服务

展玉酒店
Hotel Cianjur

商务酒店
MAP p.132-D

经济型客房内带有淋浴设施

长期入住比较划算

距离闹市区比较远。如果入住超过3天，可以享受房费打九折的优惠。

- 地址： Jl. WR. Supratman No.39, Desa Sumerta Kaja, Denpasar
- 电话： 0361-222434
- 传真： 0361-221456
- 费用： 经济型客房 Rp.21.3万
- 交通： 从机场乘车约40分钟到达
- 网址： www.hotelcianjur.com
- 支持刷卡： 不支持刷卡
- 提供英语服务

展地达萨　　　　　　　　　　CANDI DASA

展地达萨位于巴厘岛东海岸。这里的度假村避开了闹市区的喧嚣，让客人静下心来认真体验度假村内的朴素气息和一流的设施与服务。

阿曼奇拉度假村内的一大特色：可欣赏海景的3层游泳池

1992年正式开业，是继乌布阿曼达利度假村（参照p.71）之后的顶级度假村。因为该度假村的诞生，展地达萨也变得有名了许多。从机场驱车约2小时到达这里，尽情享受美丽的海滩、优质的阿曼式服务。

全部客房均为独栋别墅，室内装饰有自然装饰和简洁派装饰两种不同的风格。别墅的屋顶用阿兰树的树叶垒砌而成，非常有趣。各别墅、客房内均有宽敞的浴室、化妆室以及带沙发的阳台。

Amankila
MAP p.238-D

别墅　阿曼奇拉度假村

巴厘岛私人度假村的先驱

✱ 真情小提示！

在椰子树的树荫下阅读

沿着客房栋走向海滨方向，首先映入眼帘的是海滩俱乐部。在这里可以进行各种水上运动，晚上还会组织在海边烧烤。

装饰豪华的餐厅就坐落在游泳池旁边

以"水上皇宫"为主题的客房

- 地址：Desa Manggis, Karangasem
- 电话：0363-41333
- 传真：0363-41555
- 费用：花园套房US$950~、海景套房US$1200~、泳池套房US$1500~、基拉萨利套房US$1900~
- 交通：从机场乘车约1小时30分钟到达
- 网址：www.amanresorts.com
- 支持刷卡：VISA、Master、Amex、JCB、Diner's
- 提供英语服务
- 主要设施·服务：游泳池、餐吧、图书馆、水上运动场、24小时客房服务、机场接送服务等
- 客房设施：迷你酒吧、免费Wi-Fi、露天阳台、保险箱

登巴萨／展地达萨

早晨的阳光暖洋洋地照射下来。这是一天中最美好的时光

二楼是豪华房

该度假村拥有众多老主顾。这座高级度假村氛围舒适，不显死板，在和煦的阳光和热带气息中，让身心得到最极致的放松。客房均为二层别墅，围绕中央游泳池而建，共有56间。别墅的一层是带私人阳台的高级房，二层是带沙发的休闲室。别墅的外观看上去比较朴素，内部装饰却是现代时尚风格，这种传统与时尚的搭配令人耳目一新。院子里是青葱草坪，只有踏上去，才能真切地感受到大自然的气息。

Alila Manggis Bali

MAP p.238-D

124 | 度假村　**巴厘岛曼吉斯阿丽拉酒店**

时间在这所静谧的度假村内缓缓流淌

❋ 真情小提示！

美味的菜肴

度假村内有一所烹饪学校，有知名厨师现场教授烹饪课程，并会带领学徒前去当地集市、民家，学习烹饪巴厘岛菜肴的技巧。

游泳池的前面是海滩

- 地址：Desa Buitan, Manggis, Karangasem
- 电话：0363-41011
- 传真：0363-41015
- 费用：高级房US$160~、豪华房US$185~、海边套房 US$370~
- 交通：从机场乘车约2小时到达
- 网址：www.alilahotels.com/manggis
- 支持刷卡：VISA、Master、Amex、JCB、Diner's
- 提供英语服务
- 主要设施・服务：美容院、游泳池、餐吧、商店、机场接送服务、度假村免费巴士等
- 客房设施：迷你酒吧、CD唱片机、露天阳台、保险箱等

时尚、整洁的客房

展地达萨普瑞巴格斯
Puri Bagus Candi Dasa

别墅
MAP p.242-B

从客房内可以看到不远处的海滩和花园

住宿设施完善
客房均为巴厘岛传统风格的别墅栋,带有露天浴室。豪华房的浴室也是露天的。在这里可以进行潜水、丛林漫步的娱乐项目,还可以学习烹饪课程、在游泳池旁烧烤。

- 地址: Jl. Raya Candi Dasa, Dusun Samuh, Desa Bugbug
- 电话: 0363-41131
- 传真: 0363-41290
- 费用: 豪华花园US$220~、豪华海景别墅US$240~
- 交通: 从机场乘车约2小时30分钟到达
- 网址: www.candidasa.puribagus.net
- 支持刷卡: VISA、Master、Amex
- 提供英语服务

展地达萨海滩酒店
The Rishi Candi Dasa Beach Hotel

度假村
MAP p.242-A

酒店对面就是繁华街区,后面是大海,位置非常好

潜水爱好者最佳住宿场所
酒店看上去有些老旧,但是内部拥有各种现代化设施。客房空间宽敞,非常舒适。距离海滩非常近,共有两座海滩游泳池和餐厅,可尽情享受大海的乐趣。每天晚上会在海滩边的露天舞台上表演巴厘岛传统舞蹈。

- 地址: Jl.Raya Candi Dasa. Karangasem
- 电话: 0363-41126
- 传真: 0363-41537
- 费用: 高级房Rp.50万~、一层客房Rp.60万~、套房Rp.80万~
- 交通: 从机场乘车约2小时到达
- 网址: 无
- 支持刷卡: VISA、Master
- 提供英语服务

展地达萨拉玛度假村
Rama Candi Dasa Resort & Spa

度假村
MAP p.238-D

客房内部装饰简单,但是各种生活设施齐全

位于郊区的僻静酒店
酒店前面有长达100米的大型私人海滩,非常安静。度假村内有法国餐厅、游泳池、网球场、儿童游乐场等设施。虽然算不上奢华,但是各种设施齐备。

- 地址: Jl. Rava Sengkidu, Karangasem
- 电话: 0363-41974
- 传真: 0363-41975
- 费用: 高级房US$130~、豪华花园房US$200~
- 交通: 从机场乘车约1小时30分钟到达
- 网址: www.ramacandidasahotel.com
- 支持刷卡: VISA、Master、Amex、JCB
- 提供英语服务

巴厘岛简易莲花别墅酒店
Lotus Bungalows

平房酒店
MAP p.242-A

浴室内有淋浴设施,提供热水

便宜、舒适的住宿设施
共有14间客房,全部带有阳台,可以欣赏大海风景。客房内除了浴室、睡床等基本设施之外,还有电话、无线网络、电脑等设备,在这里住宿完全没有任何不便。

- 地址: Jl. Raya Candi Dasa, Karangasem
- 电话: 0363-41104
- 传真: 0363-41403
- 费用: 标准间US$100~、高级房US$120~
- 交通: 从机场乘车约2小时到达
- 网址: www.lotusbungalows.com
- 支持刷卡: VISA、Master
- 提供英语服务

CANDI DASA

米仓客房内部

吉利马努克
GILIMANUK

吉利马努克位于巴厘岛最西端，是岛上最后的桃源仙境。这里坐落着巴厘岛唯一的西部国家公园，是大自然和野生动植物的宝库。这里的度假村与其他地方有着不一样的氛围，充满野外自然气息。

巴厘岛最北部的海滩是最适合潜水的地方。许多来自欧美国家的潜水爱好者在这里长期居住。

度假村的部分客房模仿旧时的米仓而建，是传统的二层建筑。除此之外，还有被红树林围绕的红树林客房。大型游泳池与大海自成一体，餐厅内有各色美味佳肴。另外还有图书馆、台球室、美容院等设施。度假村内非常安静，是非常不错的住宿选择。

Naya Gawana Resort & Spa

MAP p.256-A

126 | 度假村 | 巴厘岛纳亚加瓦纳度假村

欧美潜水爱好者的首选

❋ 真情小提示！

巴厘岛也有温泉。该度假村的游泳池建在天然温泉附近，游泳池的水是温的，可以当作温泉来泡。度假村的全部客房内部设有温泉设施，水温较天然温泉低一些。

度假村的前面就是潜水浅滩

从温泉泳池可眺望到不远处的大海

米仓客房的二楼　　美容院靠近大海

- 地址：West Bali National Park, Banyuwedang, North Balii
- 电话：0362-94598
- 传真：0362-94597
- 费用：米仓客房US$300~、红树林客房US$400~
- 交通：从机场乘车约3小时30分钟到达
- 网址：www.nayagawanaresort.com
- 支持刷卡：VISA、Master
- 提供英语服务
- 主要设施·服务：美容院、游泳池、餐厅、酒吧、潜水场地、温泉等
- 客房设施：空调、彩电、迷你酒吧、带温泉的浴缸、浴室等

客房内的床铺、被褥布料柔软、舒适

壁虎（大壁虎）、虫子、鸟、风声、海浪……这里有着灵动的自然之音。客房位于茂密的红树林深处，与大自然融为一体。客房内装饰简单，没有电话、电视等现代化通信、影音设备，摒除外界的一切干扰。度假村毗邻国家公园，在度假村内散步，野鹿、野猪、野猴等各种动物不时映入眼帘。

追求浪漫体验的情侣们可以在栈桥旁边的餐厅里享用烛光晚餐（US$30/人，赠送葡萄酒）。

Shorea Beach Resort

MAP p.256-A

度假村　巴厘岛舒丽雅海滩度假酒店　127

吉利马努克

丛林深处的自然派度假村

❋ **真情**小提示！

纯天然美容护肤品

吉利马努克是巴厘岛的神仙秘境，在这里只待一天的话是远远不够的。度假村内也为客人准备了各种各样的浪漫套餐，包含在美容院做SPA、与大自然亲密接触、享用烛光晚餐等。

清闲幽静的隐逸生活

- 地址：West Bali National Park, Singaraja
- 电话：082-897-030050
- 传真：082-897-030049
- 费用：别墅US$285~、一层客房US$185~
- 交通：从机场乘车前往拉布安拉兰，历时约4小时到达。然后乘船约15分钟到达
- 网址：www.shoreabeachresort
- 支持刷卡：VISA、Master、Amex
- 提供英语服务
- 主要设施•服务：游泳池、餐厅、美容院、商店、免费早餐、免费潜水设施、橡皮艇、机场接送服务等
- 客房设施：迷你酒吧、冰箱、浴衣、拖鞋、驱虫剂、蚊香、手电筒等

简单、舒适的浴衣

GILIMANUK

巴厘岛塔曼莎莉山间别墅
Taman Sari Bali Resort & Spa

| 度假村 | MAP p.256-B |

套房共有10个房间，带有露天休闲室（休息室）

物超所值的住宿设施

山间小屋分散在宽敞的中庭四周。许多欧美国家的游客在这里长期度假，环境优越。标准间提供热水和空调。建议住在海景房。

- 地址：Dusun Pemuteran Kecamatan, Gerokgak, Singaraja
- 电话：0362-93264　传真：0362-94755
- 费用：标准间US$60~、豪华房US$116~
- 交通：从机场乘车约4小时到达
- 网址：www.balitamansari.com
- 支持刷卡：VISA、Master
- 提供英语服务

巴厘岛马特哈里海滩度假村
Matahari Beach Resort & Spa

| 别墅 | MAP p.256-B |

用当地石头、木材、竹子搭建成的客房

在顶级美容院享受一流服务

位于裴穆塔兰黑沙滩旁边。院子里面开满了五彩缤纷的花朵，客房就坐落在花丛之中。帕尔瓦提美容院的外墙是厚实的砂岩，雕刻有精致的花纹。在这里可以体验到各种美容服务项目，让全身心得到放松。

- 地址：Jl. Raya Seririt,Gilimanuk,Pemuteran
- 电话：0362-92312
- 传真：0362-92313
- 费用：园景单人房US$267~
- 交通：从机场乘车约3小时30分钟到达
- 网址：www.matahari-beach-resort.com
- 支持刷卡：VISA、Master、Amex、Diner's
- 提供英语服务

巴厘岛迈批梦岩甘酒店
Mimpi Resort Menjangan

| 度假村 | MAP p.256-B |

用爪哇岛的天然石头堆成的温泉池和花瓣浴池

带阁楼的客房

在巴厘岛享受极致温泉

除了露天休息室以外，所有的客房内均有天然温泉浴池，许多潜水爱好者喜欢入住在这里。浴池内的水源引流于天然温泉的水源，水温达到38℃最佳温度。潜水之后泡个温泉能够赶走一天的疲劳。露天浴池可供全体房客使用，游泳池内的水也是温的。

餐厅和酒吧坐落在靠近海湾的红树林内，可以眺望到对面的爪哇山以及日落景色。餐厅内的菜品种类丰富。

- 地址：Banyuwedang,Buleleng
- 电话：0362-94497
- 传真：0362-94498
- 费用：庭院房间US$133~、庭院别墅（带温泉）US$363~、豪华庭院（带游泳池、温泉）US$424~
- 交通：从机场乘车约5小时到达
- 网址：www.mimpi.com
- 支持刷卡：VISA、Master、Amex、JCB
- 提供英语服务

GILIMANUK

罗威那海滩　　　　　　　LOVINA BEACH

罗威那海滩是巴厘岛首屈一指的潜水胜地，这一带坐落着几所规模较小、装饰简单的温馨度假村。最近几年，罗威那海滩上也建起了不少高级度假村。

罗威那达迈别墅度假村
Damai Lovina

别墅　　MAP●剪切地图-27，p.257-C

隐藏而优雅的度假首选地

从罗威那海滩驱车10分钟到达这里。度假村距离海滩较远，被茂密的丛林所环绕，非常隐蔽。别墅分为高级和豪华两种类型，均为印度尼西亚传统装饰风格，非常优雅。

度假村内还有餐厅、游泳池、图书馆等设施，在这里可以静静地品味生活。度假村提供免费巴士前往罗威那海滩，非常方便。

豪华别墅客房内带有浴室

夕阳下的度假村一片寂静

- 地址：Jl.Damai,Kayuputih,melaka,Singaraja
- 电话：0362-41008
- 传真：0362-41009
- 费用：高级别墅US$225~、豪华别墅US$257~
- 交通：从机场乘车约4小时到达
- 网址：www.damai.com
- 支持刷卡：VISA、Master、JCB、Diner's
- 提供英语服务

罗威那普瑞巴格斯度假村
Puri Bagus Lovina

度假村　　　　　　　MAP p.257-C

海滩旁边的人气度假村

不管你是不是潜水爱好者，都会爱上这里。客房分为豪华房和高级房两种类型，前者可以欣赏海滩美景，后者可以看到花园内的美丽景色。

- 地址：Jl. Raya Seririt,Singaraja,Lovina
- 电话：0362-21430　　传真：0362-22627
- 费用：高级园景房US$233~
- 交通：从机场乘车约3小时到达
- 网址：www.puribagus.net
- 支持刷卡：VISA、Master、JCB、Diner's
- 提供英语服务

桑纳睿度假村
Sunari Beach Resort

度假村　　　　　　　MAP p.257-C

总共有82间客房，均为巴厘岛传统装饰风格

开放感十足的大型度假村

该度假村在罗威那海滩众多度假村中算是规模比较大的一所，服务水平一流，入住环境舒适。

- 地址：Jl. Raya Lovina,P.O.BOX131,Singaraja
- 电话：0362-41775
- 传真：0362-41659
- 费用：高级房US$130~
- 交通：从机场乘车约3小时到达
- 网址：www.sunari.com
- 支持刷卡：VISA、Master、Amex
- 提供英语服务

巴厘岛度假村&酒店

罗威那海滩

LOVINA BEACH

其他地区

OTHERS

巴厘岛的其他地区也有一些与众不同的度假村。最近几年,在巴厘岛的偏远地区和郊区建起了许多私密度假村。

瓦卡冈伽
Waka Gangga

■ 别墅　　MAP●剪切地图-39、p.226-E

平房的内部。浴室是半室内型

游泳池被绿植所围绕

坐落在圣域内的度假村

瓦卡集团旗下的度假村,以注重自然装饰而闻名。度假村靠近绵长、宁静的海岸线,放眼望去是一片片的田地,开放感十足。这一带被当地人看作是圣域,就连空气中也飘荡着神圣的气息。

度假村的客房均为别墅栋,风景各不相同。度假村内的美容院、游泳池、餐厅规模虽小,但足以能够接待房客。

- 地址:Br.Yeh Gangga,Desa Sudimara, Tabanan
- 电话:0361-416257　　传真:0361-416353
- 费用:园景别墅US$278~、海景别墅US$334~
- 交通:从机场乘车约1小时到达
- 网址:www.wakahotelsandresorts.com
- 支持刷卡:VISA、Master、Amex
- 提供英语服务

巴厘岛泛太平洋度假村
Pan Pacific Nirwana Bali Resort

■ 度假村　　MAP p.226-E

度假村内有客房大楼和别墅区

豪华的别墅内可以欣赏到大海

内部有豪华的高尔夫球场

这座豪华的大型度假村距离海神庙(参照p.233)不远。度假村内的18洞高尔夫球场非常有名,由著名的建筑设计师格莱克·诺曼亲自设计并主持修建。除此之外,度假村内还有网球场、餐厅等设施。

- 地址:Jl.Raya Tanah Lot, Desa Beraban, Kediri,Tabanan
- 电话:0361-815900
- 传真:0361-815901
- 费用:豪华园景Rp.159.9万、豪华池景房Rp.169.9万、单卧别墅Rp.389.9万~
- 交通:从机场乘车约60分钟到达
- 网址:www.panpacific.com
- 支持刷卡:VISA、Master、Amex、JCB、Diner's
- 提供英语服务

乌加山城堡豪华别墅
Chateau de Bali Ungasan

别墅　MAP●剪切地图-46

别墅内的泳池风景非常好

欣赏乌鲁瓦图的美景

乌鲁瓦图的高地上陆续建起了一批新型高级度假村和别墅,乌加山城堡豪华别墅是其中景色最好的一所。度假村内的客房均为别墅,共有96栋,全部带有私人游泳池。度假村的主人来自于韩国,因此有不少韩国人到这里来度蜜月。客房内装饰得比较有韩范儿,摆件、装饰品也比较有品位。面积最小的单卧精品别墅也将近280平方米,卧室、起居室、浴室的空间都足够宽敞。部分别墅内的起居室和厨房是连在一起的,适合家庭多人入住。

优雅、厚重的格调犹如贵族官邸一般

- 地址:Jl.Pura Masuka, Br.Kertha Lestari, Ungasan
- 电话:0361-3008111
- 传真:0361-3008999
- 费用:单卧精品别墅 US$650~、双卧东向精品别墅 US$1050~
- 交通:从机场乘车约30分钟到达
- 网址:www.chateaudebali.com
- 支持刷卡:VISA、Master
- 提供英语服务

阿拉姆普瑞度假村
Alam Puri

度假村　MAP p.226-F

度假村内有开往机场、库塔地区的免费巴士

如同美术馆一般

该度假村位于登巴萨郊外的Penatih地区,从乌布乘车约25分钟到达。度假村内随处可见具有巴厘岛艺术气息的设计和挂件。除了标准客房之外,还有几所以巴厘岛艺术家的名字来命名的别墅。度假村内非常安静。

- 地址:Jl.Trenggana No.108,Penatih,Denpasar
- 电话:0361-463737
- 传真:0361-462724
- 费用:泳池别墅 US$200~、皇家泳池别墅 US$300~
- 交通:从机场乘车约40分钟到达
- 网址:www.alampurivilla.com
- 支持刷卡:VISA、Master
- 提供英语服务

巴厘岛阿丽拉苏丽别墅
Alila Villa Soori

别墅　MAP●剪切地图-40、p.226-E

阿丽拉集团在巴厘岛总共建有4所度假村,以充满艺术感的内部空间而闻名

欧美国家的潜水爱好者青睐的住宿设施

该别墅属于阿丽拉集团旗下的产业,在亚洲地区具有很高的知名度,以奢华的装饰而闻名。该别墅位于海神庙以西,毗邻大片未开发的自然海滩。艺术性十足的别墅栋和优质的服务吸引着大批游客前来入住。

- 地址:Banjar Dukuh, Desa Kelating, Kerambitan, Tabanan
- 电话:0361-8946388
- 传真:0361-8946377
- 费用:单卧海滨泳池别墅 US$710~
- 交通:从机场乘车约1小时30分钟到达
- 网址:www.alilahotels.com/soori
- 支持刷卡:VISA、Master、Amex
- 提供英语服务

乌布
Ubud

p.138	乌布艺术村
p.140	乌布周边
p.142	美术馆&画廊
p.146	餐厅
p.153	购物

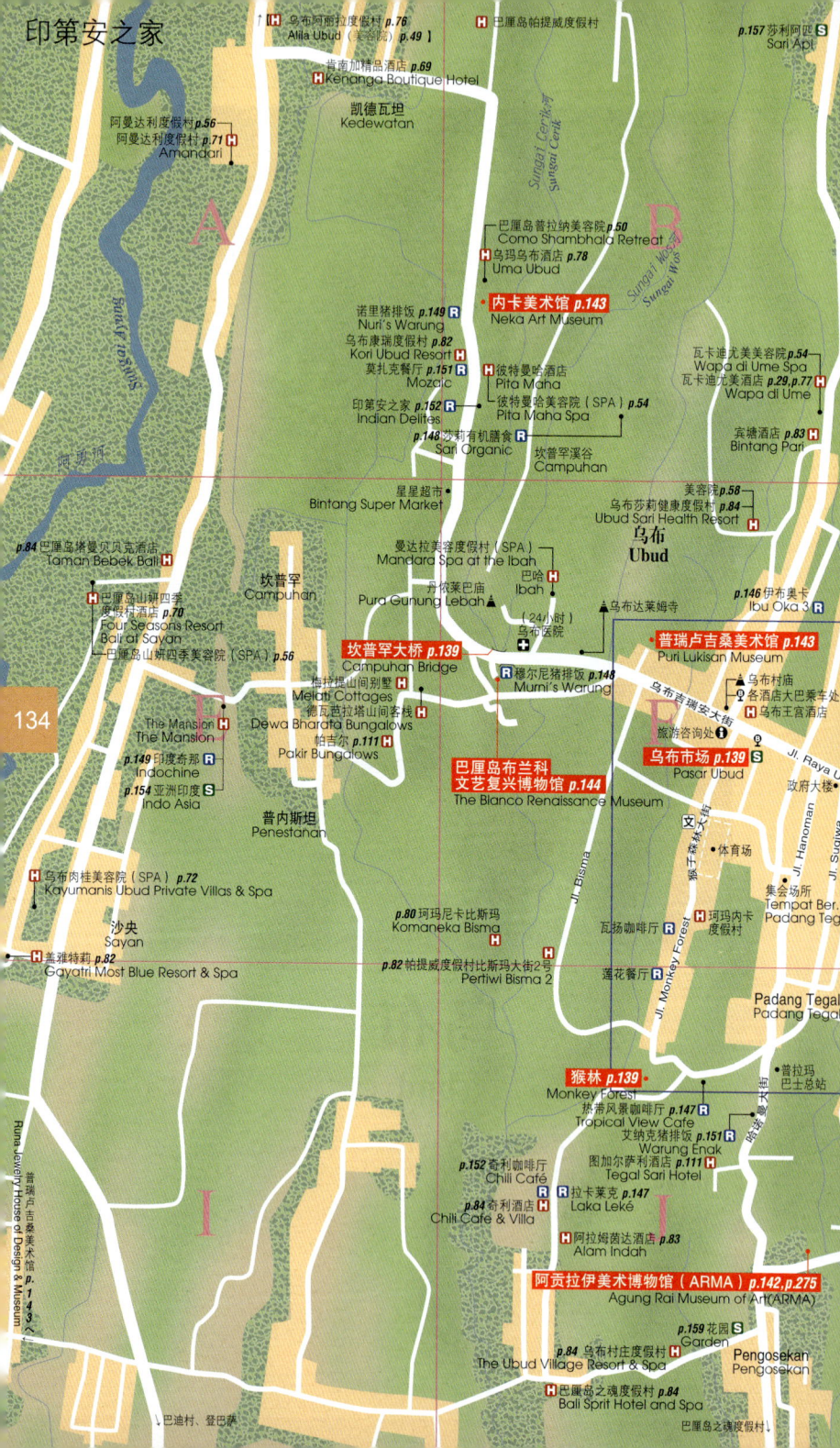

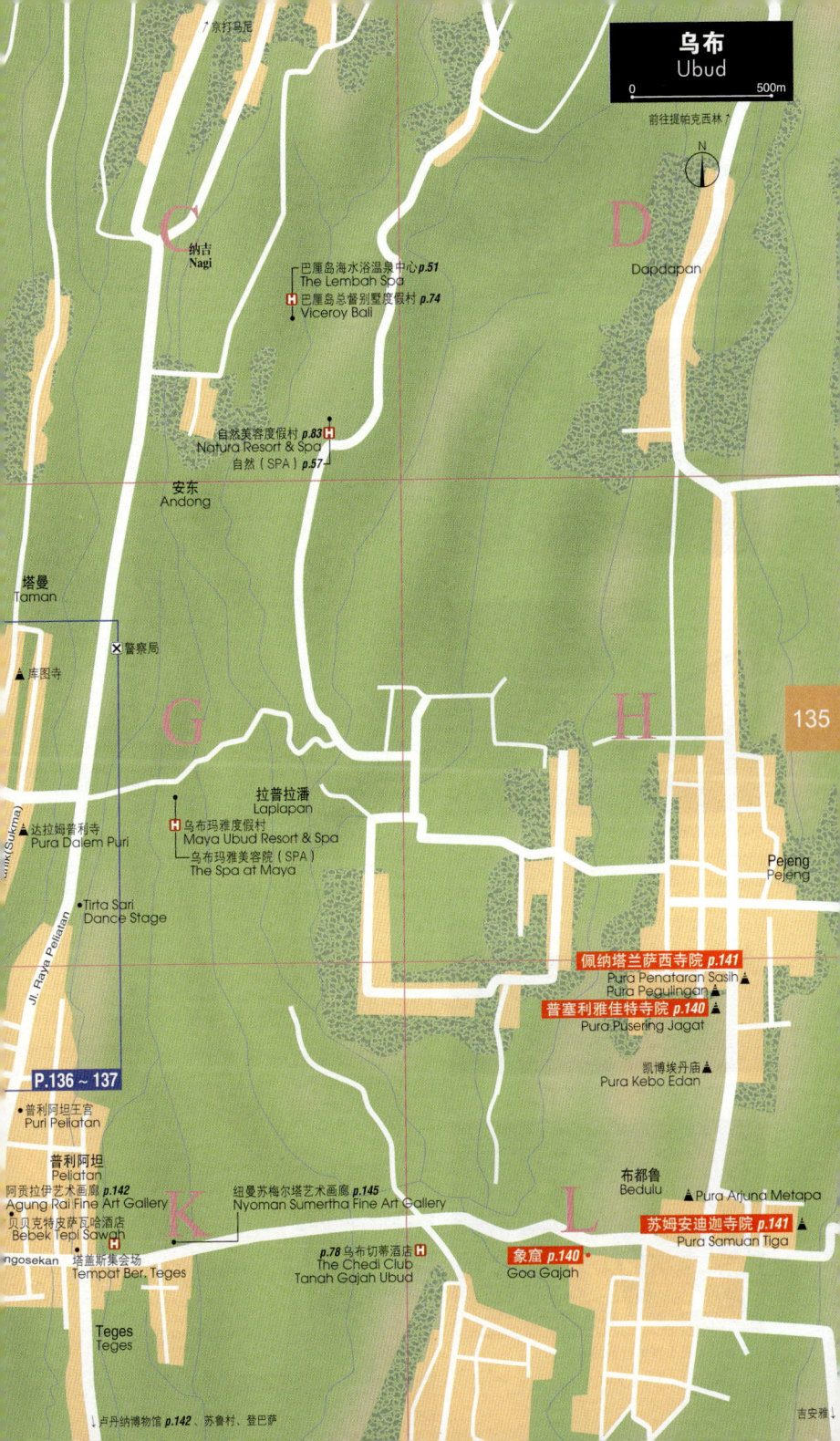

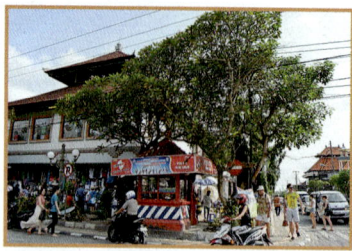

焕然一新的乌布市场

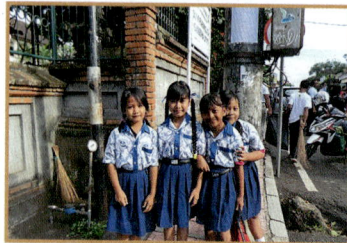

天真烂漫的孩子们

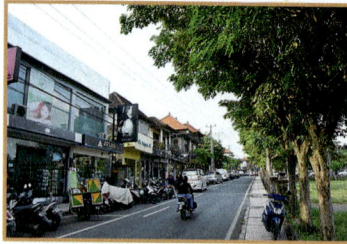

中心地区的猴子森林大街

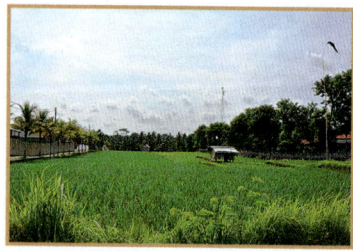

街道两侧的田园风景

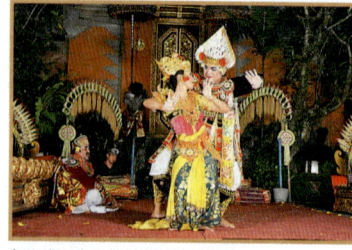

每天晚上会在王宫举行舞蹈表演

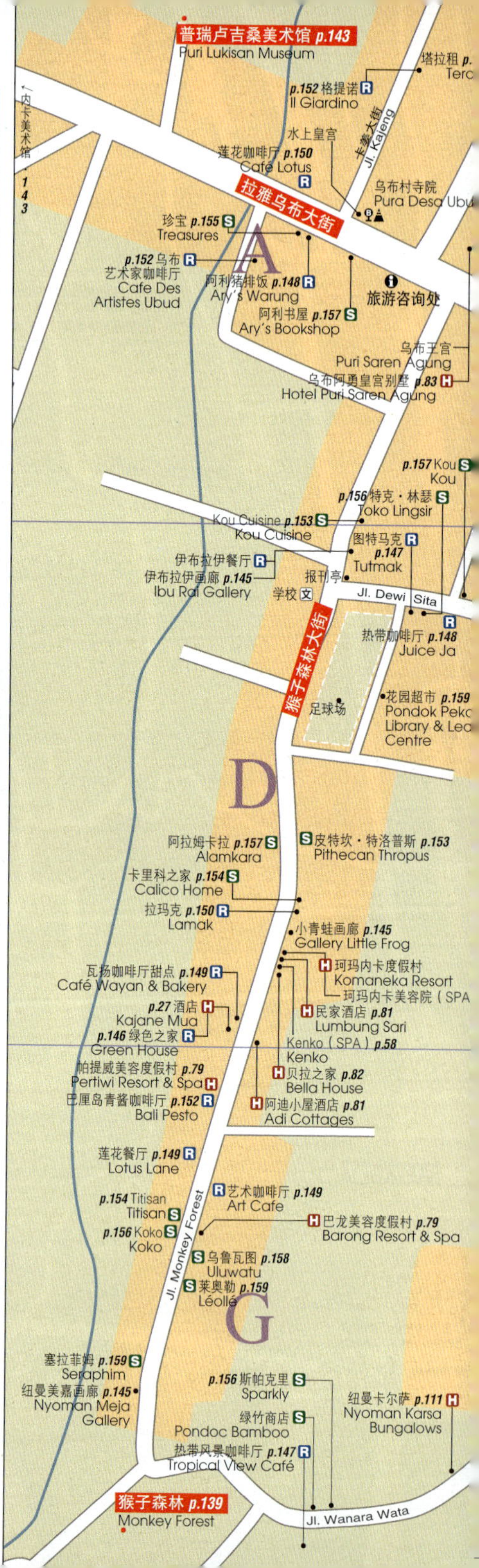

普瑞卢吉桑美术馆 p.143
Puri Lukisan Museum
←内卡美术馆 143
塔拉租 p.
Terc
p.152 格提诺 R
Il Giardino
水上皇宫
卡赛大街
Jl. Kajeng
莲花咖啡厅 p.150
Café Lotus
R
拉雅乌布大街
乌布村寺院
Pura Desa Ubu
珍宝 p.155 S
Treasures
A
p.152 乌布 R
艺术家咖啡厅
Cafe Des Artistes Ubud
阿利猪排饭 p.148 R
Ary's Warung
旅游咨询处
阿利书屋 p.157 S
Ary's Bookshop
乌布王宫
Puri Saren Agung
乌布阿勇皇宫别墅 p.83 H
Hotel Puri Saren Agung
p.157 Kou S
Kou
p.156 特克·林瑟 S
Toko Lingsir
Kou Cuisine p.153 S
Kou Cuisine
图特马克 R
p.147
Tutmak
伊布拉伊餐厅 R
伊布拉伊画廊 p.145
Ibu Rai Gallery
报刊亭
学校 文
Jl. Dewi Sita
R
热带咖啡厅 p.148
Juice Ja
猴子森林大街
足球场
花园超市 p.159
Pondok Peka
Library & Lea
Centre
D
阿拉姆卡拉 p.157 S
Alamkara
S 皮特坎·特洛普斯 p.153
Pithecan Thropus
卡里科之家 p.154 S
Calico Home
拉玛克 p.150 R
Lamak
小青蛙画廊 p.145
Gallery Little Frog
瓦扬咖啡厅甜点 p.149 R
Café Wayan & Bakery
H 珂玛内卡度假村
Komaneka Resort
珂玛内卡美容院 (SPA
p.27 酒店 H
Kajane Mua
H 民家酒店 p.81
Lumbung Sari
p.146 绿色之家 R
Green House
Kenko (SPA) p.58
Kenko
帕提威美容度假村 p.79
Pertiwi Resort & Spa H
H 贝拉之家 p.82
Bella House
巴厘岛青酱咖啡厅 p.152 R
Bali Pesto
H 阿迪小屋酒店 p.81
Adi Cottages
莲花餐厅 p.149 R
Lotus Lane
R 艺术咖啡厅 p.149
Art Cafe
p.154 Titisan
Titisan S
H 巴龙美容度假村 p.79
Barong Resort & Spa
p.156 Koko S
Koko
Jl. Monkey Forest
S 乌鲁瓦图 p.158
Uluwatu
S 莱奥勒 p.159
Léolle
G
塞拉菲姆 p.159 S
Seraphim
纽曼美嘉画廊 p.145
Nyoman Meja Gallery
p.156 斯帕克里 S
Sparkly
纽曼卡尔萨 p.111 H
Nyoman Karsa Bungalows
绿竹商店 S
Pondoc Bamboo
热带风景咖啡厅 p.147 R
Tropical View Café
猴子森林 p.139
Monkey Forest
Jl. Wanara Wata

乌布艺术村

坐拥美丽的田园风景，浸染巴厘岛传统艺术之地

Ubud

MAP●剪切地图-40、p.132-B

如何前往

从机场乘车约60分钟到达，从库塔乘车约60分钟到达，从努沙杜瓦乘车约80分钟到达，从沙努尔乘车约40分钟到达，从展地达萨乘车约60分钟到达。乌布地区面积较大，但是中心街区规模较小，可在短时间内步行游逛。当地的旅行社提供循环巴士，途经主要景点和区域。

针对不同游客的推荐指数

用小猫图案的多少来表示推荐程度

游客类型	推荐指数
情侣	🐱🐱🐱🐱🐱
家庭	🐱🐱
文化、艺术派	🐱🐱🐱🐱
购物派	🐱🐱🐱
海上运动爱好者	

乌布的早市很早就开始了。早晨6点就非常热闹了

地区概况 有3条主干道，租自行车环游比较方便

整座巴厘岛就是一件庞大的艺术品。在乌布，山间、溪谷种植着成片的稻田，色彩斑斓的花朵点缀其中，好一派美丽的田园风光。乌布是巴厘岛的传统艺术中心，来自全国各地的艺术家们聚集并生活在这里，以独特的魅力吸引着全世界的游客。虽然时代在进步，但是这里的居民却丝毫不受影响，依旧秉承着他们原来的生活方式，日夜醉心于传统舞蹈和文化之中。

乌布的中心街区面积不大，建议步行游逛。乌布的3条主干道分别是猴子森林大街、拉雅乌布大街和哈诺曼大街。餐厅、特产商店、快捷酒店、家庭旅馆主要集中在这三条主干道上。熟悉了这三条主干道的位置，逛起来就容易多了。巴厘岛的出租车不打表计价，收费较高，不建议乘坐。乌布地区虽然也有一些坡路，但总的来说道路还算平坦，建议租一辆自行车游逛。

随处可见的租车站

美丽的梯田。
满眼的绿色让人心情大好

最近，哈诺曼大街上新开了不少商铺

旅游景点

从大清早的早市开始
一步步地感受当地人的日常生活

乌布市场 —— Pasar Ubud

MAP● 剪切地图-37 p.137-B
- 交通：乌布王宫对面
- 开放时间：4:00~16:00
- 法定休息日：无 支持刷卡：不可

建议逛一逛早市，感受当地的生活气息。可以在这里淘宝

**慢慢地淘宝，
试着和当地人讲价**

　　日用百货、食材、调味料等应有尽有。祭祀用的花束以笼为单位来售卖，这也是乌布市场的一大特点。新鲜的水果从早上一直卖到傍晚。椰木制成的汤勺和刀叉、零钱包、芳香精油套餐等商品价格公道合理，也可以讲价。建议到市场上来挑选一些好东西作为礼物带回国。

猴子森林
Monkey Forest

MAP● 剪切地图-43、p.136-G
- 交通：从乌布王宫步行15分钟到达
- 开放时间：8:30~18:00 休息：无
- 费用：成人Rp.2万、儿童Rp.1万

可爱的猴子也有调皮的一面，有时它们会偷偷摘掉游客的帽子

**近距离接触可爱的猿猴
被自然景色包围的森林**

　　猴子森林自然保护区位于猴子森林大街的尽头，自然保护区内总共生活着大约600只猴子，其中大部分是幼猴，可以近距离与它们互动。在保护区的入口处有售卖香蕉的摊贩，可以买一些香蕉来喂猴。

坎普罕大桥 —— Campuhan Bridge

MAP p.134-E
- 交通：从乌布王宫步行10分钟到达
- 费用：免费

吊桥摇晃得不很厉害，虽然比较高，但是完全不用担心

**在吊桥上眺望溪谷
欣赏夕阳下的美丽景色**

　　坎普罕大桥位于从拉雅乌布大街前往内卡美术馆的途中。这座大桥横跨在沃斯河和秋丽河的交汇处，在桥上可看到美丽的溪谷。走在桥上，不妨停留片刻，静静地倾听细水流动的声音、枝叶摇曳的声音和鸟啼虫鸣的声音。

河边的微风带有些许凉意

街角一览

**孩子们白天刻苦练习，
晚上进行绚丽的舞蹈表演**

黎弓舞蹈表演秀通常在王宫的中庭内举行，非常值得欣赏

　　每天晚上，在乌布王宫内都会举行巴龙舞、黎弓舞等巴厘岛传统舞蹈秀。能够登上这样的舞台进行表演，是每一个当地人心目中最大的梦想。当地的孩子们白天会利用一切时间刻苦练舞，以期有朝一日能够在乌布王宫内跳舞。

孩子们在认真地练舞

乌布

乌布艺术村

乌布周边

Around Ubud

从乌布中心地段驱车10分钟到达古遗迹和寺院的集中区域

旅游景点

巴厘岛的诸多寺院流传着印度教神灵的各种传说，让我们前往寺院，找寻这些美丽的传说

象窟 —— Goa Gajah

- MAP●剪切地图-41, p.135-L
- 交通：从乌布王宫乘车约10分钟到达
- 开放时间：8:00~18:00
- 休息：无
- 费用：Rp.1.5万

步入夸张的脸形大门，首先映入眼帘的是成片的古代遗迹

许多旅游团的行程中都包含了象窟这一景点。象窟是一座建于11世纪的石窟寺院，1923年被荷兰人发现。象窟大门是一尊5平方米左右的四方形脸形浮雕。穿过幽暗的小路，到达石窟内部，这里坐落着一尊象头神，四周是8个小型的男性生殖器图腾，象征着印度教的三大神灵：毗湿奴、梵天和湿婆。另外，石窟内还有15个小型洞穴，这里是印度教和佛教的僧侣冥想的地方。

象窟前面的广场上有一座大型浴池，浴池的中央建筑主体在大地震中损毁，池子两侧是仙女们手持水瓶的雕像，水瓶中的水象征着发源于印度的7条河流。在11世纪之前，象窟原本是佛教寺院，后来被改建成为印度教寺院。沿着石窟深处的台阶下到底部，会看到在地震中得以保留下来的巨大佛像。

（上）全世界独一无二的浮雕。浮雕展示了巴厘岛森林的样貌
（左）美丽的浴池

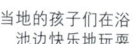

当地的孩子们在浴池边快乐地玩耍

普塞利雅佳特寺院 —— Pura Pusering Jagat

- MAP p.135-L
- 交通：从乌布王宫乘车约10分钟到达
- 开放时间：8:00~18:00
- 香火钱：Rp.1万~

时间仿佛在这里静止 傲然矗立的古代寺院

寺院的名字是"世界中心"的意思。该寺院是巴厘岛最早的佩京王朝所建，是当时的国家寺院。该寺院非常安静，平日里游客也不是很多，非常庄严、肃穆。寺院的前面是一座大型舞台。在寺院内可以参观制作古历法的工具。在寺院内参观是免费的，但是最好要留下香火钱。

佩京王朝的古代寺院

仔细阅读公告牌上的内容

佩纳塔兰萨西寺院 —— Pura Penataran Sasih

- MAP●剪切地图-35、p.135-L
- 交通：从乌布王宫乘车约10分钟到达
- 开放时间：8:00~17:00
- 香火钱：Rp.1万~

鉴赏被称为"佩京之月"的铜鼓

该寺院在过去曾是古巴厘岛王朝的国家寺院，后来成为巴厘岛印度教的六大寺院之一。

寺院里有一架公元前3世纪的铜鼓。据传说，月亮沉入天际之后就变成了这架铜鼓。

请留下香火钱

每年的三月十五左右都会举行祭祀仪式

苏姆安迪迦寺院 —— Pura Samuan Tiga

- MAP●剪切地图-41、p.135-L
- 交通：从乌布王宫乘车约15分钟到达
- 开放时间：8:00~17:00
- 香火钱：Rp.1万~

拥有华丽的浮雕和茅茸屋顶的寺院

从乌布中心沿着普戈塞坎大街往象窟方向前行，远远地就会看到这座位于高地之上的寺院。寺院的大门非常大，门上的浮雕和茅茸屋顶极其引人注目。门口的石柱上雕刻有精致的金箔花纹和图案，使得寺院陡然显露豪贵之气。寺院内供奉着巴厘岛的三大神灵：火神、水神和风神。每年的5月份都会在寺内举行盛大的祭祀仪式。

寺院内部环境非常漂亮

豪华的装饰

街角一览

学当地人在河水或小溪中洗个澡

巴厘岛上的居民出于宗教原因，从不下海沐浴，他们都是在河水或小溪中洗澡的。旅途中路过河流、瀑布时，经常可以看到当地人在水源处玩水、洗澡。参观完象窟之后，可以在门口的浴池清洁一下身体。也可以在傍晚时分，到不远处的河水中沐浴。坎普罕大桥附近是著名的郊游地点，每天都有不少当地居民携家带口前来这里赏景、游玩。下到大桥下面，与他们一同感受郊游的乐趣。当地的人们总是乐呵呵的，对陌生人笑脸相迎。

傍晚时分来沐浴

美术馆&画廊
MUSEUM&GALLERY

来到乌布,一定要到美术馆里参观一下。这里的画作体现了巴厘岛绘画的精髓,用强劲、写实的手法表现事物的实感。在乌布市区画廊内可以买一些画作当作旅游纪念品带回国。

Museum Rudana
卢丹纳博物馆
MAP p.226-F

位于乌布郊区的田园之中,好一座巴厘岛风情的美术馆

博物馆是一座3层建筑,总共珍藏有300多幅画作和40多件木雕作品。绘画作品包含巴厘岛传统风格和现代风格等不同画风,其中不乏安东尼奥·布兰克和鲁道夫·波内等著名画家的作品。参观过程中有英语导游陪同。博物馆的旁边就是画廊。

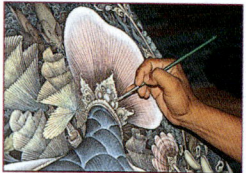

巴厘岛传统风格的建筑物。如果幸运的话,可以欣赏画家的创作过程

- ■ 地址: Jl. Cok Rai Pudak No.44 Peliatan,Ubud
- ■ 电话: 0361-975779
- ■ 传真: 0361-975091
- ■ 开馆: 9:00～17:00
- ■ 休息: 无
- ■ 入馆费: Rp.5万
- ■ 交通: 从乌布王宫乘车约10分钟到达
- ■ 网址: www.museumrudana.org
- ■ 提供英语服务

Agung Rai Museum of Art(ARMA)
阿贡拉伊艺术博物馆(ARMA)
MAP p.134-J

已超越传统意义上的美术馆 视觉艺术和行为艺术的大本营

阿贡拉伊艺术博物馆的主人是阿贡拉伊,他是巴厘岛著名的画作收藏家,该博物馆是他在1996年主持修建的。馆内展示有巴厘岛、乌布的古典绘画、现代绘画的集大成之作,还有沃尔塔·苏比斯等居住在巴厘岛的外国画家的名作。定期举办的画展中也会有照片、纺织品、雕刻作品的展示。画廊位于博物馆旁边,可以购买中意的画作。

博物馆内还有舞蹈教室和音乐教室,是巴厘岛有名的文化活动中心

- ■ 地址: Jl.Raya Pengosekan, Ubud
- ■ 电话: 0361-975742 / 976659
- ■ 传真: 0361-975332
- ■ 开馆: 9:00～18:00   ■ 休息: 无
- ■ 入馆费: Rp.5万
- ■ 交通: 从乌布王宫乘车约10分钟到达
- ■ 网址: www.armamuseum.com
- ■ 提供英语服务

阿贡拉伊艺术画廊
AGUNG RAI FINE ART GALLERY
MAP p.135-K

在这里可以买到一流画家的作品

从阿贡拉伊艺术博物馆步行20分钟到达这里,画廊内集中展示了著名画家、新派画家的诸多作品,全部由阿贡拉伊精心挑选并收藏。

- ■ 地址: Jl.Raya Peliatan,Ubud
- ■ 电话: 0361-975449
- ■ 营业时间: 9:00～18:00   ■ 休息: 无
- ■ 交通: 从乌布王宫乘车约15分钟到达
- ■ 支持刷卡: VISA、Master、Amex、JCB
- ■ 提供英语服务

Puri Lukisan Museum
普瑞卢吉桑美术馆

MAP ● 剪切地图-31、p.136-A

美术馆内有条静静流淌的水河

讲述巴厘岛绘画的历史变迁

位于乌布中心地区，可步行前往。美术馆展示了从20世纪30年代开始的各个年代的代表绘画作品。另外，美术馆内还设有面向游客开放的绘画教室和舞蹈教室。

- 地址：Jl.Raya, Ubud
- 电话：0361-971159
- 传真：0361-975136
- 开馆：9:00~18:00　■休息：无
- 入馆费：Rp.5万
- 交通：从乌布王宫步行15分钟到达
- 网址：www.museumpurilukisan.com
- 提供英语服务

Neka Art Museum
内卡美术馆

MAP p.134-B

距离乌布中心地区较远。馆内中有中文介绍和说明

乌布最顶尖的美术馆之一

该美术馆由斯特嘉·内卡在1982年一手开办，是乌布地区最有名的美术馆之一。美术馆内非常宽敞，共有1~7间展示室，分别珍藏有古典、现代、海外画家的诸多作品，非常具有鉴赏价值。其中，以乌布、巴厘岛传统风格以及印尼当代风格的作品最为丰富。

- 地址：Jl.Raya Campuhan Br. Kedewatan,Ubud
- 电话：0361-975074
- 传真：0361-975074
- 开馆：9:00~17:00　■休息：无
- 入馆费：Rp.5万
- 交通：从乌布王宫乘车约15分钟到达
- 网址：www.museumneka.com
- 提供英语服务

Runa Jewelry House of Design & Museum
鲁纳宝石美术馆

MAP p.226-F

美术馆位于宽敞的宅院内，不远处还有大片的稻田。从这里可乘巴士前往乌布中心地区

巴厘岛唯一的一座宝石美术馆

该美术馆于2001年正式对外开放，是巴厘岛第一座宝石美术馆。美术馆的主人鲁尼·帕拉是世界知名的珠宝设计师和艺术家。他将巴厘岛的传统魅力巧妙地融入宝石的设计理念中，使得珠宝呈现出不一样的优雅之美。

- 地址：Banjar Abiansemal Desa.Lodtunduh, Ubud
- 电话：0361-980710
- 传真：0361-981563
- 开馆：9:00~17:00　■休息：无
- 入馆费：Rp.2万
- 交通：从乌布王宫乘车约20分钟到达
- 网址：www.runa-jewelry.com
- 提供英语服务

乌布　美术馆&画廊

The Blanco Renaissance Museum
巴厘岛布兰科文艺复兴博物馆

MAP p.134-F

被称为"巴厘岛的达利"
在阳台可将乌布景色尽收眼底

安东尼奥·布兰科自称为巴厘岛的达利，他是这所博物馆兼画室的主人。博物馆的装饰和建筑风格独具新颖。馆内展示有布兰科的多幅画作。博物馆建在高丘之上，在这里可以俯瞰乌布地区的美丽景色。到这里来既可以欣赏绘画作品，又可以赏景，一举两得。

豪华气派的私人画廊兼博物馆。庭院里面春意盎然

- 地址：Jl.RayaCampuhan, Ubud
- 电话：0361-975502
- 入馆费：Rp.5万
- 开馆时间：9:00～17:00 休息：无
- 交通：从乌布王宫步行20分钟到达
- 网址：www.blancomuseum.com
- 提供英语服务

安东尼奥·布兰科
ANTONIO BLANCO

被巴厘岛迷住的画家

布兰科是西班牙人，她被巴厘岛的景色深深吸引，决定移居到巴厘岛进行绘画创作。她的绘画作品多以巴厘岛文化、风土人情为主题，创造了属于自己的风格。她深深热爱着巴厘岛这片土地，并将卖画的钱捐助当地儿童。

安东尼奥·布兰科于1899年逝世

Dewangga Art Gallery
德王家艺术画廊

MAP●剪切地图-37、p.137-E

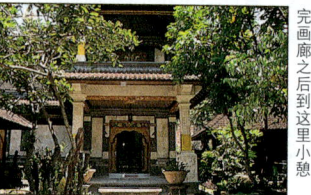

花园非常漂亮。可在参观完画廊之后到这里小憩

颜色绚丽多彩的时尚美术馆

画廊位于建筑一层，这里的绘画作品以人、动物、神话世界为主题，带有现代时尚感，在巴厘岛的艺术领域中别具一格。这里的绘画作品的特色是色彩非常绚丽，给人以深刻印象。二楼是素描绘画展览室。

- 地址：Jl. Dewi Sita, Ubud
- 电话：0361-973302
- 传真：无
- 营业时间：7:00～20:00 休息：无
- 交通：从乌布王宫步行8分钟到达
- 网址：www.dewanggaubud.com
- 支持刷卡：VISA、Master、Amex
- 提供英语服务

Tonyraka Art Gallery
托尼拉卡艺术画廊

MAP p.226-F

画廊内随处展示着年轻画家们的作品

印度尼西亚现代艺术的萌芽

该画廊的作品以强烈的色彩冲击和独一无二的主题而闻名，是现代绘画艺术的萌芽之地。印度尼西亚和巴厘岛的新一代年轻画家在全世界范围内都小有知名度，他们为画廊提供最新的作品。一幅画大约US$500左右。

- 地址：Jl.Raya Mas no.86 Mas. Ubud
- 电话：0361-7816785
- 传真：0361-975207
- 营业时间：9:00～17:00 休息：无
- 交通：从乌布王宫乘车约20分钟到达
- 网址：www.tonyrakaartgallery.com
- 支持刷卡：VISA、Master
- 提供英语服务

Nyoman Sumertha Fine Art Gallery
纽曼苏梅尔塔艺术画廊

———— MAP p.135-K

从这些珍贵的画作中可以学习到巴厘岛的历史和艺术

总共珍藏有1 000多幅画作

画廊的主人纽曼是一名出色的画家，他将常年收集的画作摆满了整座画廊。这些画作中，既有乌布地区的传统风格作品，也有现代艺术绘画作品，风格不一。画廊旁边建有别墅和餐厅。

- 地址：Banjar Tegas Peliatan, Ubud
- 电话：0361-975267
- 传真：0361-975655
- 营业时间：10:00~17:00 ■休息：无
- 交通：从乌布王宫乘车约15分钟到达
- 网址：www.sumerta-gallery.com
- 支持刷卡：VISA、Master、Amex、JCB、Diner's
- 提供英语服务

Nyoman Meja Gallery
纽曼美嘉画廊

———— MAP●剪切地图-43、p.136-G

纽曼美嘉每天都在画廊内进行创作

表现乌布景色的绘画作品

纽曼美嘉出生于乌布，他的画廊内主要展示他自己创作的风景画。他的作品以椰子树、植物、鲜花等自然风景为主题，描绘了乌布地区的美丽景色。一幅画作约Rp.50万。

- 地址：Jl.Monkey Forest, Ubud
- 电话：0361-975419
- 传真：无
- 开馆：9:00~18:00 ■休息：无
- 交通：从乌布王宫步行25分钟到达
- 网址：无
- 支持刷卡：VISA、Master、JCB
- 提供英语服务

Gallery Little Frog
小青蛙画廊

———— MAP●剪切地图-43、p.136-D

到猴子森林大街购物时可以顺便逛一逛

汇集当地艺术家们的绘画作品

该画廊位于猴子森林大街的中段位置。画廊内的作品大都是当地画家们的小幅手绘画作，以花鸟鱼虫、景色为主题的画作居多，可以买一幅作为礼品带回国。

此外，还有儿童服装和烛台等商品。

- 地址：Jl.Monkey Forest,Ubud
- 电话：0361-970757
- 传真：无
- 开馆：9:00~20:00 ■休息：无
- 交通：从乌布王宫步行7分钟到达
- 网址：无
- 支持刷卡：不可
- 提供英语服务

Ibu Rai Gallery
伊布拉伊画廊

———— MAP●剪切地图-37、p.136-D

磅礴大气的外观，内部环境却非常温馨

时尚且不失巴厘岛传统特色的韵味

这里珍藏有来自于印度尼西亚的20余位画家的多幅作品。画廊并非乌布传统建筑，而是充满现代时尚感，这里的画作兼具巴厘岛民族特色和时尚色彩，非常有魅力。墙壁上挂有多幅巨型画作，给人以视觉震撼。

- 地址：Jl.Monkey Forest No.72, Ubud
- 电话：0361-975066
- 传真：0361-975066
- 开馆：9:00~21:00 ■休息：无
- 交通：从乌布王宫步行6分钟到达
- 网址：www.galleryiburai.com
- 支持刷卡：VISA、Master
- 提供英语服务

RESTAURANT
餐厅

热闹的大街旁边分布着许多各式各样的餐厅。大部分餐厅都可以欣赏到美丽的梯田。

绿色之家
Green House

西餐　Map●剪切地图-43、p.136-D

二楼的露天用餐区域晴空万里无云

晚上，灯光下的餐厅绿光莹莹

菜肴多为有机膳食

被绿植环抱的顶级餐厅

餐厅位于猴子森林大街对面的帕提威度假村（p.79）内，在当地很有人气。如同其店名一样，餐厅的后面是成片的森林。餐厅的装饰以纯洁的白色为基调，一层用餐区域有着大大的透明落地窗和外界相隔，二楼用餐区域有着露天阳台餐位。最好吃的是根据东方人饮食口味而烹饪的西式料理。花费Rp.4.5万就能美美地饱餐一顿。

- 地址：Jl.Monkey Forest,Ubud
- 电话：（0361）978189
- 营业时间：7:30～23:00（点菜截止到22:30）
- 休息：无
- 交通：从乌布王宫步行10分钟到达
- 网址：www.pertiwiresort.com
- 支持刷卡：VISA、Master、Amex、JCB
- 提供英语服务

伊布奥卡
Ibu Oka 3

印度尼西亚料理　Map p.134-F

一份Rp.1.5万

（左）将一整只烤乳猪大卸八块
（下）中午时顾客排队购买。在普里阿塔开有2号分店

巴厘岛最好吃的烤乳猪饭

该店是乌布地区甚至是巴厘岛最好吃的烤乳猪饭餐厅，当地人都对其赞不绝口。烤乳猪是将整只乳猪放入明火中烤制而成，然后就着米饭、蔬菜一起食用。根据分量分为Rp.4.5万和Rp.7万两种套餐，可以打包带回去吃。该店的烤乳猪饭经常售罄，建议早点去买。

- 地址：Jl.Tegal Sari No.2,Ubud
- 电话：（0361）976345
- 营业时间：11:00～售罄
- 休息：不休息
- 交通：乌布王宫正对面
- 网址：无
- 支持刷卡：不可
- 提供英语服务

拉卡莱克
Laka Leké

印尼西亚料理　　　　　　　MAP p.134-J

印尼式套餐Rp.16万

巴厘岛的佳肴荟萃

　　远离猴子森林大街、位于僻静的田园之中的露天餐厅。可以一边享用正宗的印度尼西亚名菜，一边欣赏美丽的田园风光。周一、周四、周六的晚上会举行巴厘岛传统舞蹈秀。

- 地址：Jl.Raya Nyuh Kuning,Ubud
- 电话：（0361）977565
- 营业时间：9:00～22:00（点菜时间）
- 休息：无
- 交通：从乌布王宫步行25分钟到达
- 网址：www.lakaleke.com
- 支持刷卡：VISA、Master
- 提供英语服务

热带风景咖啡厅
Tropical View Café

咖啡厅　　　　MAP●剪切地图-43、p.134-J

吃着甜点、喝着咖啡，度过一个完美的假期

田野之中的旅愁咖啡馆

　　沿着台阶步入位于高处的咖啡厅，呈现在眼前的是茫茫的绿色梯田，这样的景色总让心底涌出说不清的乡愁。特别是傍晚时分，夕阳缓缓西下的时候，更是人间美景。

- 地址：Jl.Monkey Forest,Ubud
- 电话：（0361）974040
- 营业时间：8:00～22:00
- 休息：无
- 交通：从乌布王宫步行20分钟到达
- 网址：www.tropicalview-cafe.com
- 支持刷卡：VISA、Master
- 提供英语服务

图特马克
Tutmak

西餐　　　　　MAP●剪切地图-37、p.136-D

餐厅毗邻足球场

欧美人寻觅的美味

　　店里面总是挤满了欧美国家的食客。这里的菜肴分量很足，最好吃的当属意大利面。将煮好的意大利面淋上奶酪、炼乳和番茄酱，尝一口就会爱上它！早餐的种类也很丰富。

- 地址：Jl.Dewi Sita,Ubud
- 电话：（0361）975754
- 营业时间：8:00～22:30（点菜时间）
- 休息：无
- 交通：从乌布王宫步行7分钟到达
- 网址：www.tutmak.com
- 支持刷卡：VISA、Master、JCB
- 提供英语服务

卡库炸猪排饭
Warung Kacu

印度尼西亚料理　　MAP●剪切地图-37、p.137-E

食Rp.2万

巴厘岛居民的日常美食——巴厘岛拼盘饭。

当地人推崇的猪排饭餐厅

　　这里的猪排饭味道棒，接近当地人的口味。价格实惠，无论是当地人还是在此长期居住的外国游客，都对其竖起大拇指。茄子盖饭、茄肉套餐口感略辣，味道棒极了！

- 地址：Jl.Dewi Sita12,Ubud
- 电话：（0361）975625
- 营业时间：10:00～22:00
- 休息：无
- 交通：从乌布王宫步行8分钟到达
- 网址：无
- 支持刷卡：不可
- 提供英语服务

莎莉有机膳食
Sari Organic

`咖啡厅` MAP p.134-B

有机茄肉套餐价格为Rp.4万

田野中的健康咖啡厅

距离拉雅乌布大街仅1公里之遥,看上去非常朴素无奇,不招摇。该咖啡厅的美食严格秉承对人体有益、健康的理念,有机膳食非常不错。自家的菜园里面种植着各种绿色蔬菜,用其做成的莎莉沙拉深受食客好评,价格为Rp.3.8万。

- 地址:Subak Sok Wayah, Ubud
- 电话:(0361)7801839
- 营业时间:8:00~20:00
- 休息:无
- 交通:从乌布王宫步行50分钟到达
- 网址:www.sari-organic.com
- 支持刷卡:不可
- 提供英语服务

巴厘岛脏鸭餐厅
Bebek Bengil

`巴厘岛美食` MAP●剪切地图-43、p.137-H

餐厅内的食客络绎不绝。服务周到,庭院里风景独好

巴厘岛最有名的鸭肉料理

巴厘岛有名的鸭肉料理。该店的招牌菜是炸鸭肉,将鸭肉切成薄片煮好,然后放到热油中炸制而成。该菜品的价格为Rp.9.2万。另外,将鸭肉用香蕉皮包好进行烹饪也是该餐厅的一大特色做法,虽然价格略贵,但绝对美味。早餐餐点也非常丰富。

- 地址:Jl.Hanoman, Padang Tegal, Ubud
- 电话:(0361)975489
- 营业时间:10:00~23:00
- 休息:无
- 交通:从乌布王宫步行20分钟到达
- 网址:www.bebekbengil.com
- 支持刷卡:VISA、Master、Amex、JCB
- 提供英语服务

穆尔尼猪排饭
Murni's Warung

`印度尼西亚料理` MAP p.134-F

安静的餐厅

溪谷美景配美食

这里是美食和美景的统一。餐厅位于坎普罕大桥的脚下,旁边就是美丽的溪谷。餐厅共有4层,每一层的用餐环境都不一样,可以根据个人喜好选择就餐位置。

- 地址:Campuhan, Ubud
- 电话:(0361)975233
- 营业时间:9:00~23:00
- 休息:无
- 交通:从乌布王宫步行12分钟到达
- 网址:www.murnis.com
- 支持刷卡:VISA、Master、JCB
- 提供英语服务

阿利猪排饭
Ary's Warung

`国际料理` MAP●剪切地图-37、p.136-A

美味的烤乳猪饭

有情调的餐厅

晚上,餐厅在灯光的点缀下别有情调。餐厅的一楼是时尚酒吧。这里的菜以摆盘精致,以非洲咖喱和海鲜大餐为主。

- 地址:Jl.Raya, Ubud
- 电话:(0361)975053
- 营业时间:12:00~22:00
- 休息:周日
- 交通:从乌布王宫步行2分钟到达
- 网址:www.dekco.com
- 支持刷卡:VISA、Master、JCB
- 提供英语服务

热带咖啡厅
Juice Ja

`咖啡厅` MAP●剪切地图-37、p.136-D

纯天然的果汁

健康、绿色的咖啡厅

该咖啡厅的餐点全部是绿色、健康的膳食。鲜榨果汁、酸奶等饮料售价Rp.1.5万~、点心类售价Rp.1.9万~。

- 地址:Jl.Dewi Sita,Ubud
- 电话:(0361)971056
- 营业时间:7:00~23:00
- 休息:不休息
- 网址:
- 交通:从乌布王宫步行8分钟到达
- 支持刷卡:VISA、Master、JCB
- 提供英语服务

艺术咖啡厅
Art Cafe

MAP●剪切地图-43、p.136-G

位于猴子森林大街一侧

可爱、温馨的咖啡馆

在这里能够感受到温馨的服务。咖啡馆设有露天餐位,可以感受到院子里的大自然气息。有机膳食蔬菜套餐Rp.3万。

- 地址: Jl.Monkey Forest,Ubud
- 电话: (0361) 970910
- 营业时间: 8:30~23:00
- 休息: 无
- 交通: 从乌布王宫步行8分钟到达
- 网址: 无
- 支持刷卡: 不可
- 提供英语服务

莲花餐厅
Lotus Lane

MAP●剪切地图-43、p.136-G

餐厅的四周是密密麻麻的莲花

意大利人钟情的餐厅

距离猴子森林大街非常近。该餐厅的主人是意大利人,因此这里的菜肴也以意式料理为主。最好吃的当数意式比萨,价格在Rp.5万左右。三明治、汉堡包的口味也非常不错。

- 地址: Jl.Monkey Forest,Ubud
- 电话: (0361) 975357
- 营业时间: 8:00~23:00
- 休息: 无
- 交通: 从乌布王宫步行8分钟到达
- 网址: www.lotus-restaurants.com
- 支持刷卡: VISA、Master、Amex
- 提供英语服务

诺里猪排饭
Nuri's Warung

MAP p.134-A

位于内卡美术馆前面

分量、口味无可挑剔!

美国人经营的猪排饭餐厅。除了印度尼西亚料理之外,还有汉堡包、三明治等西式快餐,分量大,味道美。猪排饭Rp.9万,味道棒极了。

- 地址: Jl.Raya Sanggingan,Ubud
- 电话: (0361) 977547
- 营业时间: 11:00~21:00 (点菜时间)
- 休息: 无
- 交通: 从乌布王宫步行22分钟到达
- 网址: 无
- 支持刷卡: VISA、Master、JCB
- 提供英语服务

乌布

149

餐厅

瓦扬咖啡厅甜点
Café Wayan & Bakery

MAP●剪切地图-43、p.136-D

晚餐套餐非常丰盛。每周末会推出新菜品

自制点心非常好吃

从外面看上去非常小,但是一走入大门,就会被其宽敞的内部空间所震撼。院子里面有休息室(东屋),可以在这里休憩。自制点心非常好吃,并可以打包带走。人气点心通常一出炉就会被食客们一抢而光。除了点心之外,其他的餐品也非常好吃。

- 地址: Jl.Monkey Forest, Ubud
- 电话: (0361) 975447
- 营业时间: 8:00~23:00 休息: 无
- 交通: 从乌布王宫步行7分钟到达
- 网址: www.cafewayanbali.com
- 支持刷卡: VISA、Master、JCB
- 提供英语服务

印度奇那
Indochine

MAP p.134-E

在该餐厅用餐时,最好穿得正式一点

优雅的用餐环境

该餐厅位于印度尼西亚知名度假村The Mansion内。用餐环境优雅,以法国料理为主,味道非常正宗。享用正餐之前,可以先来一道法式汤羹。

- 地址: Jl.Penestanan, Sayan, Ubud
- 电话: (0361) 972616
- 营业时间: 7:00~22:30
- 休息: 无
- 交通: 从乌布王宫乘车约10分钟到达
- 网址: www.themansionbali.com
- 支持刷卡: VISA、Master、Amex、JCB、Diner's
- 提供英语服务

巴坦瓦鲁咖啡厅
Kafe Batan Waru

国际料理 MAP●剪切地图-37、p.137-E

鸡肉草做成的汤羹 Rp.17.8万

品尝上等菜品

该餐厅在欧美游客中大受好评。炸猪排饭Rp.4.8万，茄肉套餐Rp.6.9万。这里的印度尼西亚传统菜肴口感温和、老少咸宜。早餐的种类也非常丰富。

- 地址：Jl.Dewi Sita, Ubud
- 电话：（0361）977528
- 营业时间：8:00~23:30
- 休息：无
- 交通：从乌布王宫步行8分钟到达
- 网址：www.batanwaru.com
- 支持刷卡：VISA、Master、Amex、JCB
- 提供英语服务

拉玛克
Lamak

西餐 MAP●剪切地图-43、p.136-D

出色的西餐厅

乌布最精致、最美味的菜品！

装修精致、用餐环境安逸的晚餐厅。这家西餐厅巧妙地将亚洲菜肴的特色融入到西式料理的烹饪手法中，摆盘好看，味道更是超级棒。另外，还有20余种鸡尾酒和葡萄酒可供选择。是乌布地区最时尚的餐厅。

- 地址：Jl.Monkey Forest, Ubud
- 电话：（0361）974668
- 营业时间：10:00~23:00
- 休息：无
- 交通：从乌布王宫步行10分钟到达
- 网址：www.lamakbali.com
- 支持刷卡：VISA、Master、Amex、JCB
- 提供英语服务

诺玛德
Nomad

印度尼西亚料理 MAP●剪切地图-38、p.137-B

6道菜品组合套餐Rp.4.8万，可搭配米饭一起食用

招牌菜是巴厘岛式辣味沙司

该餐厅于1979年开业。自家菜园里面种植着各种绿色蔬菜，这就是该餐厅的食材。印度尼西亚经典料理套餐共有12道不同菜品，有3种不同的搭配方法，价格在Rp.2.9万左右。摆盘精致。

- 地址：Jl.Raya Ubud 35, Ubud
- 电话：（0361）977169
- 营业时间：9:00~22:15（点菜时间）
- 休息：无
- 交通：从乌布王宫步行3分钟到达
- 网址：www.nomad-bali.com
- 支持刷卡：VISA、Master、Amex
- 提供英语服务

塔拉租
Terazo

国际料理 MAP●剪切地图-31、p.136-A

犹如一座度假村

全能餐厅

该餐厅总是顾客盈门。菜品、点心、鸡尾酒都非常棒，可随时前往享用美食。这里既有东方菜肴，也有牛排等各种西餐，还有巴厘岛当地的民族特色菜。

- 地址：Jl. Suweta, Ubud
- 电话：（0361）978941
- 营业时间：14:00~22:00
- 休息：无
- 交通：从乌布王宫步行1分钟到达
- 网址：www.terazobali.com
- 支持刷卡：VISA、Master、Amex、JCB
- 提供英语服务

莲花咖啡厅
Café Lotus

国际料理 MAP●剪切地图-37、p.136-A

餐厅内还会举行舞蹈表演

藏身于莲花深处

位于乌布王宫旁边。餐厅内有一座大型的莲花池，常年开满美丽的莲花。菜品种类丰富，以鸭肉料理最为出名。鸭肉经过长时间的炖煮，已经完全入味，非常好吃。

- 地址：Jl.Raya, Ubud
- 电话：（0361）975660
- 营业时间：8:30~21:30（点菜时间）
- 网址：www.cafelotusubud.com
- 交通：从乌布王宫步行2分钟到达
- 支持刷卡：VISA、Master、Amex、JCB
- 提供英语服务

莫扎克餐厅
Mozaic

法式料理　　　　　　MAP p.134-A

也有素食套餐

令人心生欢喜的用餐环境

如果想要享用精致的晚餐，建议来这里。该餐厅的大厨有着精湛的厨艺，法式料理套餐Rp.60万，绝对对得起这个价格。该餐厅的菜品以法国菜为主，看上去就让人垂涎欲滴。

- 地址： Jl. Raya Sanggingan, Ubud
- 电话： (0361) 975768
- 营业时间：18:00~21:45（点菜时间）
- 休息： 无
- 交通： 从乌布王宫步行20分钟到达
- 网址： www.mozaic-bali.com
- 支持刷卡：VISA、Master、Amex、JCB
- 提供英语服务

清新咖啡馆
Clear Cafe

咖啡厅　　　　　MAP●剪切地图-38、p.137-B

绿色的竹子就是其最醒目的招牌

乌布第一家没有招牌的咖啡厅

咖啡馆内播放着舒缓的音乐，在这里可以安静地品尝精致点心和素食。能量饮料Rp.2.5万~。

- 地址： Jl.Hanoman no.8 Padang Tegal Kaje, Ubud
- 电话： (0361) 8894437
- 营业时间：8:00~22:00（点菜时间）
- 休息： 无
- 网址： www.clear-cafe-ubud.com
- 支持刷卡：不可
- 提供英语服务

丝妮曼咖啡工作室
Seniman Coffee Studio

咖啡厅　　　　　MAP●剪切地图-38、p.137-B

店内有无线网络

充满艺术感的咖啡馆

从2011年10月开业以来，就一直好评不断。有机咖啡采用细致的滴滤方式调制而成，价格Rp.2.6万。店主将咖啡馆布置得极具艺术感，让人想常住这里。

- 地址： Jl.Sriwadari,Ubud
- 电话： (0361) 972085　　传真： 无
- 营业时间：8:00~19:00
- 休息： 无
- 交通： 从乌布王宫步行5分钟到达
- 网址： www.senimankopi.com
- 支持刷卡：不可
- 提供英语服务

艾纳克猪排饭
Warung Enak

印度尼西亚料理　　　　　MAP p.134-J

雪白的鱼肉和香草一起蒸制而成。Rp.7.5万

深得印度尼西亚菜肴的精髓

从乌布中心向南走，到达Pengosekan大街，该餐厅就坐落在大街的一侧。该餐厅一直在追求极致的印度尼西亚味道，并在此基础上不断研发新菜品。在这里不光可以品尝到传统的印尼菜肴，还可以享用其他国家的料理。

- 地址： Jl.Pengosekan,Ubud
- 电话： (0361) 972911
- 营业时间：11:00~23:00
- 休息： 无
- 交通： 从乌布王宫步行20分钟到达
- 网址： www.warungenakbali.com
- 支持刷卡：VISA、Master、Amex、JCB
- 提供英语服务

爵士咖啡厅
Jazz Cafe

咖啡厅　　　　　MAP●剪切地图-38、p.137-F

位于Tebesaye大街一侧。附近有多家店铺

晚上前来听爵士乐现场演奏

这是一家以爵士乐为主题的咖啡厅。晚上的8点会有爵士乐队现场演奏。白天的咖啡厅非常安静，可以在这里安静地吃午餐。咖啡厅里面还有一座花园，也可以在花园内用餐。

- 地址： Jl.Sukma No.2 Tebesaya, Ubud
- 电话： (0361) 976594
- 营业时间：17:00~23:30（点菜时间）
- 休息： 无
- 交通： 从乌布王宫步行15分钟到达
- 网址： www.jazzcafebali.com
- 支持刷卡：VISA、Master、Amex、JCB
- 提供英语服务

格提诺
Il Giardino

`意大利料理`　MAP●剪切地图-31、p.136-A

店内可同时容纳40人用餐

美味的意式汤丸让人回味无穷

　　自制意大利面非常美味，价格在Rp.4.9万左右。戈尔贡佐拉干酪制成的汤丸是该店的招牌菜肴，价格在Rp.6.9万左右。各色美味菜肴搭配着意大利红酒一起品尝，实在是一大幸事。

- 地址　Jl.Kajeng,Ubud
- 电话　（0361）974271
- 营业时间：9:00~23:00
- 休息：无
- 交通：从乌布王宫乘车约5分钟到达
- 网址：www.ilgiardinobali.com
- 支持刷卡：VISA、Master、JCB
- 提供英语服务

特拉斯帕蒂咖啡厅
Teras Padi Cafe

`咖啡厅`　MAP p.226-D

在凉亭内休憩

拥有壮观的田园美景

　　咖啡厅位于登安南的中间位置，四周是大片的梯田，风景非常棒。在这里一边喝咖啡一边赏景，再惬意不过。印度尼西亚菜品丰富，什锦炒饭Rp.5万。

- 地址　Desa Cekingan Tegalalang, Ubud
- 电话　（0361）7425789
- 营业时间：10:00~18:00
- 休息：无
- 交通：从乌布王宫乘车约30分钟到达
- 网址：无
- 支持刷卡：不可
- 提供英语服务

乌布艺术家咖啡厅
Cafe Des Artistes Ubud

`国际料理`　MAP●剪切地图-37、p.136-A

乌布地区最好吃的牛排

美味的牛排是首选

　　这里的牛排非常美味，并且价格不贵。店主来自于比利时，蒜味牛排要搭配比利时啤酒一起咽下才最好吃。另外，该咖啡厅还有泰国料理、印度尼西亚料理等。

- 地址　Jl.Bisma 9X, Ubud
- 电话　（0361）972706
- 营业时间：11:00~23:45（点菜时间）
- 休息：无
- 交通：从乌布王宫步行约25分钟到达
- 网址：www.cafedesartistesbali.com
- 支持刷卡：VISA、Master、Amex
- 提供英语服务

巴厘岛青酱咖啡厅
Bali Pesto

`西餐`　MAP●剪切地图-43、p.136-G

餐厅主打印尼菜

品尝两个国度的美食

　　在这里可以品尝到正宗的印度尼西亚和意大利料理。比萨Rp.3万，有印度尼西亚和意大利两种不同口味可选。早餐套餐非常受欢迎。

- 地址　Jl.Monkey Forest,Ubud
- 电话　（0361）976177
- 营业时间：8:00~23:00
- 休息：无
- 交通：从乌布王宫步行15分钟到达
- 网址：无
- 支持刷卡：VISA、Master
- 提供英语服务

奇利咖啡厅
Chili Café

`国际料理`　MAP p.134-J

人气美食套餐

散步途中过来小憩

　　位于猴子森林大街前面的小路上。距离乌布中心较远，可在散步路过这里时前来坐一坐。这里的菜肴以印度尼西亚料理为主，在当地有着不错的口碑。

- 地址　Br. Nyuh Kuning, Ubud
- 电话　（0361）978629
- 营业时间：8:00~22:30
- 休息：无
- 交通：从乌布王宫乘车约15分钟到达
- 网址：无
- 支持刷卡：不可
- 提供英语服务

印第安之家
Indian Delites

`印度料理`　MAP p.134-B

星期三可享用自助餐

正宗的印度菜肴

　　该餐厅在库塔和沙努尔都开设有分店，是巴厘岛上的老牌印度餐厅。在二楼用餐可以看到附近的田园风光。印度菜Rp.3.1万~，印度宫廷鸡肉套餐Rp.9.9万。

- 地址　Jl.Campuhan Sangingan,Ubud
- 电话　（0361）7444222
- 营业时间：10:30~22:30
- 休息：无
- 交通：从乌布王宫乘车约15分钟到达
- 网址：www.baliindianfood.com
- 支持刷卡：VISA、Master
- 提供英语服务

SHOPPING

购物

乌布有着"工艺品之村"的称号，在这里可以找到其他地方没有的特色物件和土特产。

Kou Cuisine 手工果酱
Kou Cuisine

果酱

MAP●剪切地图-37、p.136-A

苹果味和杧果味的果酱最好吃

可以试吃不同口味的果酱

可用精致礼品盒包装

甜品控最爱的自然系果酱

乌布特产商店Kou Organic Soap（参照p.157）的姊妹店铺。店内总共有7种不同口味的果酱，均取自纯天然果实精华做成，是甜品控的最爱。价格在Rp.4万左右。除了果酱之外，还有海盐，价格在Rp.3万左右。可以挑选精致的包装礼盒和瓶子进行包装，作为礼物带回国。另外店内还出售一些生活百货、桌布等。

- ■ 地址：Jl.Monkey Forest, Ubud
- ■ 电话：（0361）972319
- ■ 营业时间：9:00～20:00
- ■ 休息：无
- ■ 交通：从乌布王宫步行5分钟到达
- ■ 网址：无
- ■ 支持刷卡：不可
- ■ 提供英语服务

皮特坎·特洛普斯
Pithecan Thropus

服饰

MAP●剪切地图-37、p.136-D

色彩鲜艳、款式新颖的衣服

销量不错的钱包

工作人员会说中文

巴厘岛风格的时尚店铺

巴厘岛蜡染图案的T恤、围巾、短裤、外套非常漂亮，在当地非常有名。这家店铺的服装设计风格独特，除了女装之外，还有男装和童装，并且还有凉鞋、箱包以及泳衣等。店内的服饰商品非常之多，尺码齐全。

- ■ 地址：Jl.Monkey Forest,Ubud
- ■ 电话：（0361）970990
- ■ 营业时间：9:00～21:00
- ■ 休息：无
- ■ 交通：从乌布王宫步行10分钟到达
- ■ 网址：无
- ■ 支持刷卡：VISA、Master、JCB
- ■ 提供英语服务

Sisi+Nanan
Sisi+Nanan

`百货`　　　　　　MAP●剪切地图-43、p.137-H

所有商品的价格均在Rp.10万左右

各式各样的皮包和银饰

　　Sisi是一家主营皮革箱包的商店，Nanan是一家主营银饰的商店，这两个商店合二为一。店主是一名来自日本的女性，所有的银饰均由她手工制作，非常漂亮。

- 地址：Jl.Hanoman Padang Tegal,Ubud
- 电话：（0361）2765896
- 营业时间：10:00~18:00
- 休息：无
- 交通：从乌布王宫步行15分钟到达
- 网址：www.sisibag.com或www.e-nanan.com
- 支持刷卡：VISA、Master（仅Nanan支持刷卡消费）
- 提供英语服务

Chiku-Chiku
Chiku-Chiku

`百货`　　　　　　MAP●剪切地图-43、p.137-E

店名声源自于针线缝布的

日本人经营的人气商店

　　布制小物件、餐具等颜色鲜艳的百货数不胜数，也是视觉上的享受。纯手工刺绣手绢售价Rp.6.5万。产自爪哇岛、苏门答腊岛的杯子售价Rp.4万。

- 地址：Jl. Goutama, Selatan Ubud
- 电话：（0361）7431031
- 营业时间：10:00~19:00
- 休息：每月4天休息
- 交通：从乌布王宫步行10分钟到达
- 网址：无
- 支持刷卡：不可
- 提供英语服务

亚洲印度
Indo Asia

`服饰`　　　　　　MAP p.134-E

蜡染制品Rp.95万左右

印度尼西亚潮流服饰

　　该店铺是印度尼西亚的知名潮流服饰品牌，在国外也有着众多粉丝。店主还专门收藏了骨灰级的精致饰品以及蜡染服饰、小物件等。

- 地址：Jl.Penestanan Sayan,Ubud（The Mansion Resort Hotel内）
- 电话：（0361）972616
- 营业时间：10:00~17:00
- 休息：无
- 交通：从乌布王宫乘车约10分钟到达
- 网址：www.themansionbali.com
- 支持刷卡：VISA、Master、Amex
- 提供英语服务

卡里科之家
Calico Home

`饰品`　　　　　　MAP●剪切地图-43、p.136-D

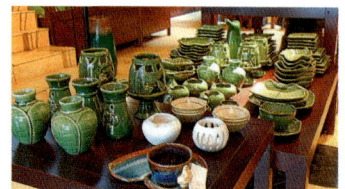

一楼出售古董商品、二楼出售家居生活用品

精致的亚洲饰品荟萃

　　该店自2004年开业以来，一直生意不错。古色古香的花瓶、餐具、香皂、家居生活用品齐全。这里的物品比较实用，没有太多华而不实的东西。有空的话到这里来淘宝也不错。

- 地址：Jl.Monkey Forest, Ubud
- 电话：（0361）972844
- 营业时间：9:00~22:00
- 休息：无
- 交通：从乌布王宫步行5分钟到达
- 网址：无
- 支持刷卡：VISA、Master、Amex、JCB
- 提供英语服务

珍宝
Treasures

`饰品`

MAP●剪切地图-37、p.136-A

柜台内的珠宝金光闪闪，非常漂亮

找寻东方时尚之美！

高档珠宝专卖店。店内的珠宝均出自于住在巴厘岛的6名国内外珠宝设计师之手。项链、耳环、戒指等珠宝大放异彩。店内的大部分饰品多为女性准备，且有部分戒指适合男性佩戴。

- 地址：Jl. Raya, Ubud
- 电话：(0361) 976697
- 营业时间：11:00~19:00
- 休息：不休息
- 交通：从乌布王宫步行2分钟到达
- 网址：www.dekco.com
- 支持刷卡：VISA、Master、Amex、JCB
- 提供英语服务

阿斯特利斯克
Asterisk

`饰品`

MAP●剪切地图-44、p.137-E

佳美兰二盒和银饰吊带套餐售价Rp.24.1万~

珠圆玉润的银饰

该店的银饰设计不浮夸，比较低调。许多小银饰品非常可爱，独具匠心的设计平添几分浪漫，非常适合女性佩戴。该店也接受银饰定制，由顾客和设计师共同完成。

- 地址：Jl.Hanoman No.22, Padang Tegal, Ubud
- 电话：(0361) 7491770
- 营业时间：9:00~19:00
- 休息：无
- 交通：从乌布王宫步行10分钟到达
- 网址：www.asterisk-shop.com
- 支持刷卡：VISA、Master、JCB
- 提供英语服务

纳嘉
Naga

`服饰`

MAP●剪切地图-38、p.137-E

小物件、饰品非常多

自由挑选中意的款式

这里的服饰多印有飞龙、花纹刺绣、部落文化的图案，深受欧美人的喜爱。适合在海滩玩耍、泡酒吧时穿着。以女装为主。

- 地址：Jl.Hanoman Sita,Ubud
- 电话：(0831) 1980-0888
- 营业时间：9:00~21:00
- 休息：无
- 交通：从乌布王宫步行10分钟到达
- 网址：www.miiik.main
- 支持刷卡：不可
- 提供英语服务

卡多
Kado

`百货`

MAP●剪切地图-37、p.137-E

复写纸售价Rp.4.79万，笔记本售价Rp.6.09万

质地柔和的纸制品

将再生纸张用植物和天然染料上色，和其他天然素材一起做成工艺品。该店的商品均由巴厘岛心灵手巧的女性朋友亲手制作。贺卡、笔记本、复写纸等热销产品质感柔和。

- 地址：Jl.Dewi Sita, Ubud
- 电话：(0361) 8863338
- 营业时间：10:00~20:00
- 休息：无
- 交通：从乌布王宫步行10分钟到达
- 网址：www.saraswatipapers.com
- 支持刷卡：VISA、Master、JCB
- 提供英语服务

乌布 购物

斯帕克里
Sparkly

服饰

MAP●剪切地图-43、p.136-G

女士背心售价Rp.13.5万，价格不贵

日本人偏爱的服饰

店主是一名漂亮的女性朋友。店内的服装、凉鞋、饰品设计独特，有着不错的销量。店内还有一间安静的咖啡厅，可以在这里休息一下。

- 地址：Jl.Monkey Forest, Ubud
- 电话：（0361）8095431
- 营业时间：10:00~18:00
- 休息：周日
- 交通：从乌布王宫步行20分钟到达
- 网址：www.sparkly-ubud.jimdo.com
- 支持刷卡：不可
- 提供英语服务

蓝色石头
Blue Stone

饰品

MAP●剪切地图-38、p.137-E

精致可爱的精油套装可以作为回国礼物

优质精油

店铺里售卖许多产自于爪哇岛、巴厘岛的一流精油。这些精油均为100%纯天然制品，能够有效缓解身体疲劳。店内飘荡着植物芳香，可以放松心情，好好挑选中意的礼物。

- 地址：Jl. Dewi Sita, Ubud
- 电话：（0361）970673
- 营业时间：9:00~21:00
- 休息：无
- 交通：从乌布王宫步行10分钟到达
- 网址：www.bluestonebotanicals.com
- 支持刷卡：VISA、Master
- 提供英语服务

Koko
Koko

百货·服装

MAP●剪切地图-43、p.136-G

店里的小物件种类很丰富

原创商品非常多

独创蜡染产品、手工艺品非常多。服饰、箱包价格适中，质量万里挑一。

- 地址：Jl. Monkey Forest, Ubud
- 电话：（0361）8620670
- 营业时间：9:00~21:00
- 休息：无
- 交通：从乌布王宫步行15分钟到达
- 网址：www.ameblo.com
- 支持刷卡：VISA、Master、JCB
- 提供英语服务

特克·林瑟
Toko Lingsir

饰品

MAP●剪切地图-37、p.136-A

人气饰品堆满货架

自然派系的百货种类丰富

以菠萝为原料做成的纸张售价Rp.2万。总共有14种不同颜色的包装纸和壁纸广受好评。自然派香皂售价Rp.1.4万，可以作为回国礼物。

- 地址：Jl.Dewi Sita 11, Ubud
- 电话：0361-977984
- 营业时间：9:00~20:00
- 休息：无
- 交通：从乌布王宫步行12分钟到达
- 网址：www.lingsir.com
- 支持刷卡：VISA、Amex
- 提供英语服务

佩拉克工作室
Studio Perak

饰品

MAP●剪切地图-38、p.137-E

店内装饰以蓝色和白色为主

大受欢迎的银饰品

简单、崇尚自然又不失可爱的银饰品店。袖珍项链和耳环售价Rp.17万左右，价格非常吸引人。

- 地址：Jl. Hanoman, Ubud
- 电话：（0361）974244
- 营业时间：8:30~20:00
- 休息：无
- 交通：从乌布王宫步行10分钟到达
- 网址：www.studioperak.com
- 支持刷卡：不可
- 提供英语服务

阿拉姆卡拉
Alamkara

`饰品` MAP●剪切地图-37、p.136-D

这家店在别处也有分店

日式风格的饰品居多

巴黎、美国设计师联手打造的豪华珠宝，设计时尚且新颖，有着不言自明的魅力。大部分饰品偏日式风格，大小、尺寸齐全。

- 地址：Jl.Monkey Forest, Ubud
- 电话：（0361）972213
- 营业时间：9:00~21:00
- 休息：无
- 交通：从乌布王宫步行10分钟到达
- 网址：www.alamkarajewelry.com
- 支持刷卡：VISA、Master、Amex、JCB
- 提供英语服务

莎莉阿匹
Sari Api

`百货` Map p.134-B

酒杯和寿司盘

日式风格的餐具

店主来自于瑞士，深受日本文化的影响，他亲手制成的日式餐具好评如潮。餐具上面刻有巴厘岛传统图案。小型餐具售价Rp.10万左右。

- 地址：Jl.Suweta,Ubud
- 电话：（0812）3831-5697
- 营业时间：10:00~18:00
- 休息：无
- 交通：从乌布王宫乘车约5分钟到达
- 网址：www.sariapi.com
- 支持刷卡：VISA、Master
- 提供英语服务

阿利书屋
Ary's Bookshop

`书` MAP●剪切地图-37、p.136-A

精致的明信片

巴厘岛写真集和烹饪指南

看过巴厘岛的写真集和烹饪指南，让人情不自禁地爱上巴厘岛……该书店的书大都是关于巴厘岛的采风、照片以及烹饪方面的。

- 地址：Jl. Raya, Ubud
- 电话：（0361）978203
- 营业时间：8:00~21:00
- 休息：无
- 交通：从乌布王宫步行2分钟到达
- 网址：无
- 支持刷卡：VISA、Master
- 提供英语服务

阿特里尔玛尼斯
Atelier Manis

`编织品` MAP●剪切地图-37、p.137-E

店内还有用布头缝制的小物件和摆件

手织服装世界闻名

使用巴厘岛、印度等来自全世界的优质布匹手工织成连衣裙、长裤等服装。日本设计师充分发挥了布料的天然特性，每一件衣服都是独一无二的，穿在身上非常舒服。当地居民、欧美人非常喜欢该店铺的服装。

- 地址：Jl.Dewisita Ubud
- 电话：0361-970958
- 营业时间：11:00~20:00（周六、周日17:00关门）
- 休息：无
- 交通：从乌布王宫步行5分钟到达
- 网址：www.ateliermanis.com
- 支持刷卡：VISA、Master、JCB
- 提供英语服务

Kou
Kou

`香皂` MAP●剪切地图-37、p.136-A

店内洋溢着香皂的香味。80g售价Rp.29万

纯天然香皂好评如潮

该店的香皂均是纯天然的，不添加任何化学成分，许多女性朋友会前来这里选购。萃取巴厘岛的花粉、配合具有美白功效的植物精华，制成了人人都喜爱的天然香皂。香皂套装比较实惠。

- 地址：Jl.Dewisita,Ubud
- 电话：0361-971905
- 营业时间：9:00~20:00
- 休息：无
- 交通：从乌布王宫步行7分钟到达
- 网址：无
- 支持刷卡：不可
- 提供英语服务

索阿
SOA

服装·饰品

MAP●剪切地图-37、p.137-E

哈诺曼大街也有分店。佛陀招牌非常醒目

色彩斑斓的饰品

店主是一名法国人,这里的每一件商品都非常有个性,是独一无二的。可在这里买到耳环、钱包、连衣裙、箱包等商品,价格适中。来这里享受购物的乐趣吧!

- 地址：Jl.Dewi Sita Ubud
- 电话：081-9997-54017
- 营业时间：9:00~20:00
- 休息：无
- 交通：从乌布王宫步行5分钟到达
- 网址：无
- 支持刷卡：不可
- 提供英语服务

特克·马杜
Toko Madu

百货

MAP●剪切地图-37、p.137-B

产地乌布的商品较多

马口铁喷壶等百货精致可爱

马口铁喷壶做工精细,造型可爱,让人爱不释手,想带一件回国。小鸟儿、小狗儿、小猫儿的马口铁玩具售价Rp.20万。此外,还有各种颜色的蜡烛以及复古木质商品。

- 地址：Jl.Gautama,Ubud
- 电话：（0361）8068389
- 营业时间：10:00~23:00
- 休息：无
- 交通：从乌布王宫步行7分钟到达
- 网址：无
- 支持刷卡：不可
- 提供英语服务

乌鲁瓦图
Uluwatu

服饰

MAP●剪切地图-43、p.136-G

纯手工制作的服饰

网眼针织品人气很高

如果想买上等棉布针织品的话,可以到这里来。该店的针织品全部是由手工编织,有连衣裙、衬衫等巴厘岛传统针织服饰。二楼是亚麻服饰专卖。

- 地址：Jl.Monkey Forest,Ubud
- 电话：（0361）977557
- 营业时间：8:00~21:30
- 休息：无
- 交通：从乌布王宫步行12分钟到达
- 网址：www.uluwatu.co.id
- 支持刷卡：VISA、Master、Amex、JCB
- 提供英语服务

阿乌拉
Aura

百货

MAP●剪切地图-37、p.137-B

买得多的话可以优惠

各式各样的草编制品

该店的入口位于乌布市场的停车场。将干草编成各种器皿,然后用香薰,是巴厘岛的传统商品。如果买得多的话,还可以和店家讲价。

- 地址：Psar Ubud
- 电话：（081）5571-6336
- 营业时间：7:00~17:00（会有所变动）
- 休息：无
- 交通：乌布王宫前
- 网址：无
- 支持刷卡：不可
- 提供英语服务

阿乌
a:un

百货

MAP●剪切地图-37、p.137-E

化妆盒US25

日式杂货和服饰

店内有许多日式箱包、服装和生活百货。在巴厘岛,仅有这里可以买到日式发簪。另外,店内还有许多可爱的婴儿装和不同颜色搭配的亲子装。

- 地址：Jl.Dewi Sita,Ubud
- 电话：（0361）972089
- 营业时间：9:00~20:00
- 休息：无
- 交通：从乌布王宫步行8分钟到达
- 网址：无
- 支持刷卡：VISA、Master
- 提供英语服务

印度尼西亚瓦兰・瓦央
Warang Wayan Indonesia

MAP●剪切地图-44、p.137-E

这家店的厨具卖得很好

手工打磨的木制汤勺

店内空间不大，摆满了印度尼西亚特有的木筷、木制汤勺及其他器皿。这些商品均由店主手工打造，质量非常好，可以买一些作为回国礼物。

- 地址 Jl.Hanoman,Ubud
- 电话 （081）856-4477
- 营业时间 9:00~20:00
- 休息 无
- 交通 从乌布王宫步行10分钟到达
- 网址 www.warangwayan-indonesia.com
- 支持刷卡 VISA、Master
- 提供英语服务

米歇尔甜品店
Confiture Michele

果酱　MAP●剪切地图-43、p.137-E

精致的甜品店

品尝美味的法式薄饼

用天然无污染的水果制成的甜美果酱，拥有来自大自然的味道。S瓶（115ml）售价Rp.2.5万。店内也有法式薄饼，可以蘸着果酱吃（Rp.1万）。

- 地址 Jl. Gootama No.26
- 电话 （0852）38841684
- 营业时间 10:00~21:00
- 休息 无
- 交通 从乌布王宫步行10分钟到达
- 网址 www.confituremichele.com
- 支持刷卡 无
- 提供英语服务

米伊克
Mi, Iik

服饰　MAP●剪切地图-38、p.137-E

货架上的长裤

拼接长裤、小饰品是其热卖产品

拼接长裤（瑜伽裤）、人造纤维织品、印尼传统印染围巾很受欢迎，价格不贵，质地、颜色搭配都非常不错，穿在身上非常舒服。

- 地址 Jl.Hanoman,Ubud
- 电话 （0831）1980-0888
- 营业时间 9:00~21:00
- 休息 无
- 交通 从乌布王宫步行10分钟到达
- 网址 www.miiik.main
- 支持刷卡 不可
- 提供英语服务

莱奥勒
Léollé

MAP●剪切地图-43、p.136-G

巴厘岛的特产商品

店内香气四溢

芳香精油、香熏、香蜡等治愈系产品数不胜数。除此之外，还有各种可爱、时尚的小玩意儿，价格并不算贵。芳香精油套装售价Rp.12万左右。

- 地址 Jl.Monkey Forest,Ubud
- 电话 （0361）971547
- 营业时间 9:00~18:00
- 休息 无
- 交通 从乌布王宫步行12分钟到达
- 网址 www.leollebali.com
- 支持刷卡 VISA、Master
- 提供英语服务

重要信息

人气商铺集中的乌布大型购物中心

2013年9月，乌布第一家大型购物中心正式开业。这里汇集了大约10多家服装店、咖啡厅WARUNG SOPA以及瑜伽活动中心，正吸引着越来越多的消费者前来体验。

配色鲜艳的各种服饰

Kapai Kotak内出售编织物品和古董文玩，JETS Ubud出售小狗等动物主题的小玩意儿。整个大型购物中心被绿树所包围，环境非常棒。

手掌大小的狗头挂件

花园
Garden

位于Pengosekan村内

MAP p.134-J

- 地址 Jl.Nyuhkuning no.2, Pengosekan Ubud
- 电话 （0361）2801340
- 营业时间 各店不同，一般为10:00~18:00
- 交通 从乌布王宫乘车约10分钟到达
- 网址 www.sisibag.com/garden/garden.html
- 提供英语服务

传统工艺村落四处分布

探访"手工艺品之路"

连接乌布和登巴萨之间的道路也被称为"手工艺品之路",道路的两侧分布着十几个艺术村,汇集了巴厘岛的全部艺术,村子里的工匠们每天都在精心制作各种艺术品。蜡染工艺、绘画、银制品、木雕……让我们探访"手工艺品之路",寻找巴厘岛艺术的真谛。

① 银饰村 苏鲁村

MAP●剪切地图40、p.226-F　■交通:从乌布乘车约40分钟到达

当地有名的银饰村。这里的银纯度极高,纯手工打造的银饰在当地很有名气。商店内的银饰有的侧重设计,有的侧重不同的主题,如果有喜欢的银饰,不妨买下来作为纪念。

玛兹　　　　　　　　　　　　Mar's

该品牌的银饰侧重花纹的多重运用,使得银饰呈现立体感,犹如一幅生动的画作。除了饰品之外,还有其他的银饰艺术作品。

■ 地址:Br./Ds. Celuk Sukawati,Gianyar
■ 电话:0361-298102
■ 营业时间:8:00~18:30
■ 休息:无
■ 可支持刷卡:VISA、Master、Amex、JCB、Diner's
■ 提供英语服务

阿尔塔金银饰品专卖店
Arta Silver Jewelry

项链、戒指、手镯、耳环等首饰种类多样,并且还有不少适合男性佩戴的首饰。在店内还可以观看首饰的制作过程。

■ 地址:Jl.Raya Celuk Sukawati,Gianyar
■ 电话:0361-298814
■ 营业时间:10:00~17:00
■ 休息:无
■ 可支持刷卡:VISA、Master
■ 提供英语服务

② 蜡染村 巴迪

MAP●剪切地图40、p.226-F　■交通:从乌布乘车约60分钟到达

巴迪村也被称为蜡染村,村子里面有多家大型蜡染商店,商品种类也比较多。如果想要购买蜡染产品的话,建议到这里来。

巴厘岛仙女蜡染商店　　Bali Bidadari Batik

许多外国游客前来购物。蜡染T恤、裙子、箱包等特色商品及百货种类繁多。商店外面还开办了蜡染课程,可学习从设计到染色的整个制作过程。

■ 地址:Jl. Raya Supratman 343,Tohpati
■ 电话:0361-462798
■ 营业时间:8:30~18:00
■ 可支持刷卡:VISA、Master、Amex、JCB
■ 提供英语服务

手工艺品之路 MAP

③ 巴龙舞&石雕村 巴杜布兰

MAP●剪切地图40、p.226-F　■交通:从乌布乘车约50分钟到达

印度教寺院的大型石像、住宅门前的辟邪石像、巴厘岛大大小小的石像皆出自于该村。以软石为材料,在其表面进行艺术创作。巴杜布兰也是有名的巴龙舞村。村子里面共有3个舞台,从早上9点开始,有将近一个小时的舞蹈表演,许多游客会在此驻足。一路上,有会说中文的导游进行讲解。

④ 木雕村　德格拉朗

MAP●剪切地图-34、p.226-D　　■交通：从乌布乘车约30分钟到达

德格拉朗村的梯田非常壮观，在当地非常有名。村子里面有许多木雕艺人，他们的木雕作品多以水果为主题。村子里面还有许多木雕商店。最近，木雕花朵成为人们的购物首选。

⑤ 印染村　吉安雅村

MAP●剪切地图-41、p.238-C　　■交通：从乌布乘车约10分钟到达

印尼传统印染的步骤是先染布，然后剪裁针织。村子里面有许多印染工坊，经常可以看见女印染工劳作的身影。这里的商店属于工厂直营店，价格相比库塔、乌布地区要便宜不少。如果一次性购买多件的话，还可以打折。

印有巴厘岛传统图案和花纹的布料销量最好

⑥ 巴厘岛版画　巴图安村

MAP●剪切地图-40、p.226-F　　■交通：从乌布乘车约35分钟到达

巴厘岛版画的发祥地。许多画家在这里定居。巴厘岛版画的特点是在画布的单面作画。

巴厘岛贡艺术中心
Bali Gong Antik

该艺术中心仿佛美术馆一样熠熠生辉。版画的内容以神话人物、表现巴厘岛日常生活为主，也有不同画家创作的不同风格作品。这些版画的艺术价值很高，许多外国版画爱好者不远万里来到这里，只为挑选一幅自己喜欢的作品。这里还珍藏有作家瓦扬·布德和其祖父普杜的真迹。

- ■地址：Jl.Raya Batuan,Sukawati,Gianyar
- ■电话：0361-298269
- ■营业时间：8:00～18:00
- ■休息：无
- ■可支持刷卡：VISA、Master
- ■提供英语服务

德瓦库图艺术绘画中心
Dewa Ketut Rai Painter & Gallery

在这里可以找到各种形式、风格的绘画作品。数量最多的是乌布、巴图安等地区的传统绘画作品。光是画草图就要花费3天时间。可以参观画师的绘画过程。

- ■地址：Br. Tengah,Batuan,Sukawati, Gianyar
- ■电话：0361-298439
- ■营业时间：8:00～18:00
- ■休息：无
- ■可支持刷卡：VISA、Master、Amex、JCB
- ■提供英语服务

美丽的梯田

⑦ 竹制家具村　博纳村

MAP●剪切地图-41、p.226-F　　■交通：从乌布乘车约10分钟到达

竹制椅子、餐桌、衣柜等家具具有浓厚的南国气息。家具上面雕刻有栩栩如生的花纹和图案，设计新颖且实用。

⑧ 木雕村　马斯

MAP●剪切地图-40、p.226-F　　■交通：从乌布乘车约15分钟到达

从前，该村子专门为寺院制作木制装饰品，后来逐渐发展成为一定的规模。使用黑檀、柚木等材质坚硬的木材，创作出极其有表现力的作品。

法·西亚嘉　Fa. "Siadja" Gallery

法·西亚嘉画廊于1955年开业，是巴厘岛最早的画廊之一。画廊里面的装饰品让人大饱眼福。以女性和小动物为主题的摆件、小玩意儿，深得外国游客的青睐，可以买一些带回去作为旅游纪念。使用优质的木檀、柚木、红木制成的作品质量非常好。

- ■地址：Jl. Raya Mas, Ubud
- ■电话：0361-975710
- ■营业时间：8:00～18:00
- ■休息：无
- ■网址：www.siadjagallery.com
- ■可支持刷卡：VISA、Master、Amex、JCB
- ■提供英语服务

阿贡莎莉家私
Agung Sri Furniture

售卖餐桌、衣柜、椅子等大型家私。餐桌上雕刻有乌布的传统绘画，做工细致，图案精美。

- ■地址：Jl. Raya Mas, Ubud
- ■电话：0361-977625
- ■营业时间：9:00～17:00
- ■休息：无
- ■可支持刷卡：VISA、Master
- ■提供英语服务

乌布　探访「手工艺品之路」

巴厘岛的神圣节日
在巴厘岛过新年

OGO-OGO & NYEPI

巴厘岛最大的节庆当数涅琵，即新年。在这一天，任何人不准外出。让我们在巴厘岛体验一个不一样的新年吧！

好玩的人偶

每个村子都会制作神话人物的布偶，相互争奇斗艳

Nyepi是巴厘岛的新年。新年的日期是按照巴厘岛独特的历法推算出来的，每年的新年日期都不一样。在这一天，人们安静地待在家里，谁也不能出门。商店、公司全部关门，航班也禁止起飞。游客们也要乖乖地待在酒店里，不能踏出大门一步。

新年的前一天是OGO OGO日，在这一天人们要到大街上举行祭祀仪式。人们会放鞭炮，以驱赶巴厘岛上的恶魔，并且手持独特的人偶游行。

孩子们一起扛起巨大的人偶

（上）印度神话中的人物
（左）敲锣打鼓，赶走岛上的恶魔

孩子们扛着巨大的人偶走街串巷。有的人偶造型非常独特，让人眼界大开。

祭祀活动会一直进行到深夜。祭祀结束后，整个岛屿回归一片沉寂，为第二天的新年做准备。白天还人声鼎沸的村子仅剩下巡逻人员安静地巡山。回到家里的人们也不开灯，整个巴厘岛仅有天上的星光闪烁，偶尔传来几声狗吠。在巴厘岛过新年，一定会让你终生难忘。

新年这一天，乌布的大街小巷没有人烟

库塔&雷吉安
Kuta & Legian

p.166　地区概况
p.167　旅游景点
p.169　餐厅
p.177　购物

白天的海滩边有许多游客和卖东西的商贩

人们聚集在沙滩上，欣赏美丽的日落风景

雷吉安 LEGIAN

- 加多加多 p.189 R Gado Gado
- 迪亚纳普拉酒店 H
- 米卡埃尔教堂
- 巴厘岛佩兰吉酒店 H
- 好运餐厅 R
- 坎姆普伦坦杜大街 p.187 Jl. Camplung Tanduk
- 巴厘岛萨菲尔酒店 H
- 普利杜永酒店 H Puri Duyung
- 普利杜永餐厅 R Puri Duyung
- 库布别墅 p.104 H Villa Kubu
- 宾塘超市 p.183 S Bintang Supermarket
- 渔民 S
- 我的地盘 p.194 S My Island Bali
- 情侣餐厅 R AJ Hackett Bungy AJ Hackett Bungy
- 马里奥银饰 p.178 Mario Silver
- 蚕茧 p.176 N Cocoon
- 露娜咖啡厅 N Cafe Luna
- 普利纳嘉海景客栈 H
- Arjuna St.
- 辛肯酒店 H
- 巴厘岛海景酒店 p.20 H O-CE-N Bali by Outrigger
- The Haven p.97 H The Haven
- 普瑞维萨塔 p.111 H Puri Wisata
- 因为我爱你2 p.179 S Because I Love U2
- 阿利奥里奥 p.174 R Aglio Olio
- 巴厘岛杰雅卡特海滩酒店 p.115 The Jayakarta Bali Beach Resort, Residence & Spa H
- 莫杜拉 p.181 S Modula
- p.114 巴厘岛尼克莎玛酒店 H Bali Niksoma
- 庭院酒店 p.113 H Court Yard Hotel & Apartments
- Jl. Pura Bagus Tarna
- 热忱果餐厅 p.169 R Hot Mango
- 雷吉安海滩 p.167 Legian Beach
- 巴里萨尼酒店 H
- Mo-Mo皮饰 p.180 Mo-Mo Leather Fashion
- 巴厘岛雷吉安四季酒店 p.116 H All Seasons Legian Bali
- 雷吉安度假村 H Legian Village Hotel
- 古拉 p.179 S Gula
- 巴厘岛帕德玛雷吉安酒店 p.114 Padma Resort Bali at Legian
- 比安克餐吧 p.175 R Blanco Restaurant & Bar
- Jl. Padma
- 水明漾 & 克罗伯坎 p.187
- 雷吉安
- 巴厘岛曼德拉海滩度假村 p.116 H Bali Mandira Beach Resort & Spa
- 梧桐餐厅 p.170 Parasol Restaurant
- 库塔 p.164
- 雷吉安大街 p.167 Jl. Legian
- 帕帕斯咖啡厅 p.189 R Papas' Café
- 阿姆库酒店 H Alam Kul Kul
- Jl. Melasti

雷吉安 Legian
0 200m

库塔&雷吉安

Kuta & Legian

MAP● 剪切地图-40&46、p.132-C&E

如何前往

从机场乘车约30分钟到达,从金巴兰乘车约40分钟到达,从努沙杜瓦和沙努尔乘车约40分钟到达,从乌布乘车约1小时到达。中心区域1~2千米,可以步行游逛,也可以搭乘出租车前往目的地。若要往其他较远地区的话,建议在酒店提前叫出租车前往。

针对不同游客的推荐指数

用小猫图案的多少来表示推荐程度

游客类型	推荐指数
情侣	🐱🐱
家庭	🐱🐱🐱
文化、艺术派	🐱
购物派	🐱🐱🐱
海上运动爱好者	🐱🐱🐱

海滩边上有当地人出售库塔的特色商品

商店、餐厅数量很多

烈日下的树荫是最好的纳凉处

地区概况

海滩、商店全部OK! 尽享各种乐趣

该地区呈南北狭长走向,在20世纪六七十年代是著名的冲浪胜地,并由此而得以发展。冲浪爱好者常年聚集在这里,并将活动范围逐步扩大,乃至现在已经发展称为世界性的冲浪胜地,在冲浪史上有着不可替代的重要位置。

如今,这里早已修建起了大型购物中心,道路的两侧也坐落着各种商店。这些店铺、餐厅经常营业至深夜,人们白天在海边玩耍,晚上逛商店、泡吧。碎金,在库塔南面,毗邻机场附近,修建了南库塔(South Kuta)购物商厦,成为人气购物区域。

旅游景点

这一带的旅游景点寥寥无几。在这里，海滩、购物、夜店才是真正的王道！

雷吉安大街 —— Jl. Legian

MAP●剪切地图-15、p.165-D
■ 交通：从机场乘车20~30分钟到达

Bamboo Corner是雷吉安大街的地标性建筑

从早到晚人流络绎不绝
为库塔地区最繁华的大街

连接Bamboo Corner和雷吉安之间的道路长达1.5千米，道路两侧分布着许多商店、餐厅、酒吧以及舞吧等，每天的人流络绎不绝。特别是一到傍晚时分，夜店内挤满了前来消遣的游客。雷吉安大街和Pantai Kuta大街之间的小路上有许多商铺和特产商店，适合散步时游逛。

夜店成群

库塔海滩 —— Kuta Beach

MAP●剪切地图-15、p.164-C
■ 交通：从Bamboo Corner步行约5分钟到达

买东西时一定要讲价

巴厘岛的标志
可在这里买到巴厘岛特产

这里的浪头很高，不适合下海游泳，但是非常适合冲浪。海滩上有当地的老嬷嬷叫卖巴厘岛特产。如果有兴趣的话，可以跟她们讲讲价，买一些纪念品。傍晚，夕阳缓缓沉入海面，画面非常唯美。这一时段有不少当地人和游客前来欣赏日落景色。

雷吉安海滩 – Legian Beach

MAP●剪切地图-10、p.165-C
■ 交通：从Bamboo Corner步行约30分钟到达

在太阳伞下面纳凉，好像度假村一样

白沙绵绵、晴空万里、
气氛悠闲的海滩

雷吉安海滩的边界到底在哪里，就连当地人也说不清道不明。通常把Pantai Kuta大街和雷吉安大街之间相连的Melasti大街以北的海滩看作是雷吉安海滩的范围。相比库塔海滩，这里的商店和游客数量都要少一些。但是也正是因为这份难得的宁静，也吸引着人们前来悠闲地晒日光浴、度过一个难忘的假期。

街角一览

可购物、取现，非常
方便快捷的Circle K便利店

和中国的便利店一样的存在

Circle K便利店在库塔和雷吉安的大街小巷随处可见，全天候24小时营业，为人们带来非常大的方便。便利店内非常干净，货架整齐，商品种类齐全。日用百货、食品、当地品牌的商品应有尽有。部分便利店内还有ATM机（自动取款机），可使用VISA、Master卡直接取现。在这里可以买到一切应急物品，随时、随地为顾客提供贴心服务。

库塔广场 ━━━━━━━━━━━━━━━━━━━━━━━━ Kuta Square

MAP●剪切地图-15、p.164-C
- 地址：Between Jl.Kartika Plaza and Jl.Pantai, Kuta
- 电话：因店各异
- 营业时间：因店各异。通常情况下，商店10:00~21:00，餐厅8:00~24:00
- 休息：无　交通：从机场乘车约20分钟到达
- 支持刷卡：因店各异
- 提供英语服务

购物广场内有各种不同风格的商店。晚上营业到很晚，车流、人流川流不息

购物狂的圣地
库塔的中心

该大型购物中心位于库塔海滩和雷吉安大街的中间位置。购物中心内的商铺更换较快，将近100米的道路两侧挤满了形形色色的店铺。知名品牌服装店、餐厅、杂货店、快餐厅、咖啡厅比比皆是，还有汇兑中心、24小时ATM机等。冲浪运动器材专卖店也有不少。从海滩可步行前往这里。平日里的购物中心客流量超大，一定要谨防扒手。

拉雅·图班大街━Jl. Raya Tuban

MAP●剪切地图-23
- 交通：从机场乘车约5分钟到达

这些餐厅白天也营业。从每天的傍晚开始热闹起来

即使在深夜也能
尝到最新鲜的海味

从伍拉·赖国际机场前往库塔的途中经过图班，这一带也被称为南库塔。拉雅·图班大街是该地区的主干道之一。这里坐落着许多海鲜餐厅，这些海鲜餐厅大多是由华裔印尼人经营的，在这里可以品尝到用中式烹饪方法做出的新鲜海味。许多餐厅一直营业到深夜，抵达库塔或回国之前都可以来这里饱餐一顿。

街角一览

祈愿和平象征的
巴厘岛爆炸纪念碑

2002年10月12日，库塔发生了恐怖炸弹袭击事件。该恐怖事件造成了202人遇难。2005年10月1日，在库塔和金巴兰又相继发生了恐怖炸弹自爆事件，有20余名当地百姓在这次恐怖袭击中身亡。

后来，政府在库塔恐怖炸弹袭击事件的发生地建起了巴厘岛爆炸纪念碑。纯白色的碑面上刻有全部遇难者的姓名，向恐怖事件的主导者发起警钟，并祈愿世界和平。这座纪念碑虽然不是名胜古迹，但是也非常具有纪念意义。

巴厘岛和平的象征

RESTAURANT

餐厅

当地居民、外国游客都竖大拇指的人气餐厅。晚上营业到很晚。可以尝到来自不同国家的风味。

热杧果餐厅
Hot Mango

特色菜肴

MAP●剪切地图-10、p.165-D

简洁、时尚的用餐环境。让人心情愉悦

简洁、干净的用餐环境

位于小型快捷酒店内的餐厅。餐厅的前面是游泳池，用餐环境非常浪漫。印度尼西亚菜肴和西餐相结合，味道非常不错。甜点也很受欢迎。

- 地址：Jl.Werkudara No.14, Legian
- 电话：（0361）750242
- 营业时间：7:00~23:00
- 休息：无　网址：www.balicourthotel.com
- 交通：巴厘岛科特酒店内
- 支持刷卡：VISA、Master、Amex、JCB
- 提供英语服务

库塔特拉特里亚
Trattoria Kuta

意大利料理

MAP●剪切地图-15 p.164-B

好看又好吃的比萨

当地的人气意式餐厅

该餐厅装修考究，价格适中。高高的天花板使得餐厅内部空间显得很大，用餐氛围优雅且安静，吸引着许多顾客前来用餐。推荐品尝该店的特色料理——自制比萨，价格约Rp.5.9万~。

- 地址：Jl .Legian, no190 Kuta
- 电话：（0361）751236
- 营业时间：11:00~23:30　休息：无
- 交通：从库塔广场乘车约10分钟到达
- 网址：www.trattoriaasia.com
- 支持刷卡：VISA、Master

帕帕斯咖啡厅
Papas' Café

意大利料理

MAP●剪切地图-10、p.164-A

意大利料理的代表

库塔最受欢迎的西餐厅

店主是一名意大利人，他出生于意大利，性格爽朗，服务员也非常热情。餐厅的前面就是广阔的海滩，在二楼的露天餐桌用餐可以欣赏傍晚时分夕阳西下的美丽景色。

- 地址：Jl.Pantai Kuta, Legian
- 电话：（0361）755055　营业时间：10:00~24:00
- 休息：无　网址：www.papascafe.com
- 交通：从库塔广场步行约25分钟到达
- 支持刷卡：VISA、Master、JCB
- 提供英语服务

库塔＆雷吉安　餐厅

东京和食
Dong Dong Japanese Dining

`日本料理`　　　MAP●剪切地图-11

可以在餐厅内静静地品味菜肴之美

当地日本人趋之若鹜的用餐场所

　　该餐厅的大厨有着在越南和雅加达知名酒店掌勺的经验，他在传统日本料理的基础上研发出了多道新式菜品。午餐套餐非常实惠，菜品内容丰富，有下酒菜，是顾客们最喜欢的套餐。

- 地址：Jl.Raya Kuta 65, Br.Abiaanbase
- 电话：（0361）752995
- 营业时间：10:00~22:30
- 休息：无
- 交通：从库塔美术馆乘车约5分钟到达
- 网址：无
- 支持刷卡：VISA、Master、JCB
- 提供英语服务

梧桐餐厅
Parasol Restaurant

`地中海料理`　　MAP●剪切地图-10、p.165-C

清淡菜肴、辣味料理应有尽有

丰盛、精致的晚餐是其最大亮点

　　该餐厅位于巴厘岛曼蒂拉酒店内，是正宗的地中海餐厅。店内非常明亮，洋溢着地中海风情。如果不知道点什么菜，可以要求服务员推荐一下，他们会热情详细地为顾客进行介绍。

- 地址：Jl.Padma No.2, Kuta
- 电话：（0361）751381
- 营业时间：7:00~23:00
- 休息：无
- 交通：巴厘岛曼蒂拉酒店内
- 网址：www.balimandira.com
- 支持刷卡：VISA、Master、Amex、JCB、Diner's
- 提供英语服务

玛德饭店
Made's Warung

`印度尼西亚料理`　MAP●剪切地图-15、p.164-D

在靠街边的餐桌用餐可以欣赏美丽的街景

鲜为人知的美食餐厅

　　库塔的老牌餐厅。在当地拥有一些忠实的欧美食客和巴厘岛当地食客。该餐厅的鲜榨椰汁是巴厘岛最好喝的。巴厘岛拼盘饭Rp.4.5万，其他美食Rp.3万。在水明漾开有2号分店。

- 地址：Br.Pande Mas, Kuta
- 电话：（0361）755297
- 营业时间：9:00~24:00
- 休息：无
- 交通：从库塔广场步行约15分钟到达
- 网址：www.madeswarung.com
- 支持刷卡：VISA、Master、Amex、JCB
- 提供英语服务

萨姆德拉咖啡厅
Samudra Cafe

`咖啡厅`　　　MAP●剪切地图-15、p.164-A

吹着咸湿的海风，听着海浪拍打岸边的声音，就这么静静地流逝时间

街边的便捷咖啡馆

　　距离库塔海滩很近，在咖啡馆边喝咖啡边吹海风，是一件非常享受的事情。该咖啡厅是24小时营业，许多玩到深夜的年轻人经常在这里吃夜宵。咖啡厅内提供国际料理。鲜榨果汁Rp.3万~。

- 地址：Kuta Beach Road, Kuta
- 电话：（0361）752208
- 营业时间：24小时
- 休息：无
- 交通：伊斯塔娜玛拉酒店内
- 网址：www.grandistanarama.com
- 支持刷卡：VISA、Master、Amex、JCB
- 提供英语服务

巴厘岛面包屋
Bali Bakery

咖啡厅

MAP● 剪切地图-12、p.164-B

店内面包香味四溢

有100多种烤制面包的方法

可装在礼盒中带走，许多冲浪员前来购买。咖喱面包售价Rp.9400。加馅儿的面包也非常好吃。将面包带回酒店或带到餐厅去吃也不失美味。

- 地址：Jl.Raya Kuta 65 BR. Abianbase-Kaja-Kuta
- 电话：（0361）755149
- 营业时间：7:30~22:00
- 休息：无
- 交通：从库塔广场乘车约5分钟到达
- 网址：www.balibakery.com
- 支持刷卡：VISA、Master、JCB
- 提供英语服务

通心面
The Maccaroni

意大利料理

MAP● 剪切地图-15、p.164-C

简洁、时尚的布置

干净、时尚的用餐场所

餐厅由意大利建筑设计师精心布置，非常时尚。二楼有4台电脑，顾客可以免费上网。店主和大厨都是意大利人。晚上会邀请DJ前来打碟助兴，非常热闹。

- 地址：Jl.Legian No.52
- 电话：（0361）754662
- 营业时间：7:00~翌日2:00
- 休息：无
- 交通：从库塔广场步行约20分钟到达
- 网址：www.maccaroniclub.com
- 支持刷卡：VISA、Master、Amex、JCB
- 提供英语服务

库塔&雷吉安

171

餐厅

小香港
Little HongKong

中国菜

MAP● 剪切地图-12

新加坡海鲜大杂烩（每份）Rp.33万

2013年新开业的人气菜馆

最近几年，拉雅库塔大街上陆续开业了几家大型中国菜馆。小香港这家菜馆聘请香港师傅前来为食客们烹饪美味的海鲜菜肴。吃腻了巴厘岛传统菜，到这里来尝尝也不错。

- 地址：Jl. Raya Kuta No. 22B Br. Abian Base, Kuta
- 电话：（0361）8341541
- 营业时间：10:00~22:00
- 休息：星期一
- 交通：从库塔广场乘车约10分钟到达
- 网址：无
- 支持刷卡：VISA、Master、Amex、JCB
- 提供英语服务

罂粟餐厅
Poppies

印度尼西亚料理

MAP● 剪切地图-15、p.164-C

该餐厅比较难找。画面上有大大的罂粟招牌

树荫下的知名餐厅

穿过古色古香的小门，一片绿色葱郁的院落就出现在眼前。自从1973年开业以来，就以正宗的印尼菜系而风靡一时，店内总是挤满了远道而来的食客。鸡肉沙爹、巴厘岛拼盘饭、土豆汤是该餐厅的招牌菜。

- 地址：Jl.Legian,Poppies Lane I No.19, Kuta
- 电话：（0361）751059
- 营业时间：8:00~23:00
- 休息：无
- 交通：从库塔广场步行约15分钟到达
- 网址：www.poppiesbali.com
- 支持刷卡：VISA、Master、Amex、JCB
- 提供英语服务

美食家咖啡厅
Gourmet Cafe

`咖啡厅`　　MAP●剪切地图-7

好吃的蛋糕和面包

方便的咖啡餐吧

　　早餐内容丰盛，还有牛排、意大利通心面等美食。纯天然鲜榨果汁、汉堡、三明治等美味快餐也很多。除此之外还有印度菜。

- ■地址：Jl.Dewi Sri No.888 Legian, Kuta
- ■电话：（0361）8947415
- ■营业时间：7:00~23:00
- ■休息：无
- ■交通：从库塔广场乘车约10分钟到达
- ■网址：www.balicateringcompany.com
- ■支持刷卡：VISA、Master
- ■提供英语服务

Mie88
Mie 88

`印度尼西亚料理`　　MAP●剪切地图-11

这家店在巴厘岛有两家

价格适中的拉面馆

　　该拉面馆在巴厘岛有着很高的人气，拥有众多老主顾。招牌拉面Mie标价Rp.2.55万，热干面分量十足，标价Rp.3.5万。

- ■地址：Jl.Patih Jelantic No.1, Kuta
- ■电话：（0361）761716
- ■营业时间：8:00~22:00
- ■休息：无
- ■交通：位于库塔美术馆北侧大桥的右手边
- ■网址：无
- ■支持刷卡：VISA、Master、JCB
- ■提供英语服务

乌恩餐馆
Un's Restaurant

`国际料理`　　MAP●剪切地图-15, p.164-D

位于树林深处的餐厅

周末需要排队

　　从库塔主干道向一侧小路步行约50米，到达这家特色餐馆。餐馆四周种植着热带树木，非常安静。许多欧美游客喜欢到这里用餐。

- ■地址：Jl.Pantai/Poppies Lane I, Kuta
- ■电话：（0361）752607
- ■营业时间：17:00~24:00
- ■休息：无
- ■交通：从库塔广场步行约4分钟到达
- ■网址：www.unsrestaurant.com
- ■支持刷卡：VISA、Master、Amex
- ■提供英语服务

炭火烤肉屋
Yakinikuya Sakai

`日本料理`　　MAP●剪切地图-7

系日本的知名连锁烤肉店

午餐菜量超大

　　午餐、晚餐的菜量都超大，烤肉的价格非常亲民。2~3人份的午餐套餐价格Rp.28万~。在海边做完运动之后，可以直接到这里来饱餐一顿。

- ■地址：Jl.Sunset Road, Dewi Sri Ruko Sunset Star Block A and B, Kuta
- ■电话：（0361）8947387
- ■营业时间：11:00~23:00（周六、周日11:00~24:00）
- ■休息：无
- ■交通：从库塔广场乘车约10分钟到达
- ■网址：无
- ■支持刷卡：VISA、Master、JCB
- ■提供英语服务

尼罗餐厅
Nero Bali

`地中海料理`　　MAP●p.164-A

浓浓的酱汁浇在意大利面上。中东料理的味道也不错

当地人经常光顾的老字号餐厅

　　餐厅坐落在巴厘岛最热闹的大街——雷吉安大街上，是当地非常有名的用餐场所。餐厅的大厨有着在国外工作多年的经验，他将日式料理的特色和地中海料理的口味巧妙地融合在一起。在雷吉安大街逛街时，可以到这里来享用午餐。

- ■地址：Jl.Legian Kelod 384, Kuta
- ■电话：（0361）750756
- ■营业时间：10:00~次日1:00
- ■休息：无
- ■交通：从库塔广场步行3分钟到达
- ■网址：www.nerobali.com
- ■支持刷卡：VISA、Master、Amex、JCB
- ■提供英语服务

凯图帕特
Ketupat

印度尼西亚料理

MAP●剪切地图-15、p.164-B

露天餐位最受欢迎。二楼非常安静

忘却都市的喧嚣

位于库塔美术馆的后面，周边环境非常安静。餐厅的门前有一座游泳池，四周坐落着几间小型别墅。晚上，可以在游泳池旁边摆上餐桌，享受浪漫的泳池烛光晚餐。

- 地址：Jl.Dewisri,Kuta,Bali
- 电话：（0361）758969
- 营业时间：11:00~23:00
- 休息：无
- 交通：从库塔广场步行约15分钟到达
- 网址：www.ketupatrestaurant.com
- 支持刷卡：VISA、Master、Amex、JCB
- 提供英语服务

克里
Kori

国际料理

MAP●剪切地图-15、p.164-C

餐厅共有两层 带有内院

菜肴分量十足，非常实惠

位于雷吉安大街的旁边，餐厅内有着巴厘岛风格的院子和水池，有着世外仙境般的宁静。招牌菜是海鲜串烧，价格在Rp.19.8万左右。主食一般都配有米饭和沙拉，分量很大。

- 地址：Gang Poppies 2, Kuta
- 电话：（0361）758605
- 营业时间：12:00~23:00
- 休息：无
- 交通：从库塔广场步行约15分钟到达
- 网址：www.korirestaurant.co.id
- 支持刷卡：VISA、Master、Amex、JCB
- 提供英语服务

巴厘岛阿甘虾餐厅
Bubba Gump Shrimp

美式料理

MAP●剪切地图-19、p.164-E

奶酪蒸虾、奶酪蒸螃蟹

适合带小孩来，适合多人聚餐

餐厅仿照电影《阿甘正传》中出现的工厂而建，是一家以海鲜为主题的餐厅。餐厅的招牌菜是阿甘大虾。工作人员的脸上总是挂着笑容，给人以宾至如归的感觉。

- 地址：Jl.Kartika Plaza 8X, Kuta Center
- 电话：（0361）754028
- 营业时间：11:00~23:00
- 休息：无
- 交通：从库塔广场步行约3分钟到达
- 网址：www.bubbagump.com
- 支持刷卡：VISA、Master、Amex、JCB
- 提供英语服务

海盐餐厅
Salt

国际料理

MAP●剪切地图-11、p.164-A

帆船料理Rp.16.5万

独特的海鲜餐厅

整座建筑物外形是大大的海浪形状，内部设有娱乐室、餐厅、酒吧等设施。在餐厅用餐时可以眺望到落日余晖下的大海。看着昏黄的夕阳缓缓地沉入大海，感觉非常浪漫。餐厅内还有乐队现场演奏。

- 地址：Jl.Raya Pantai Kuta（The Stones内）
- 电话：（0361）766100
- 营业时间：10:00~24:00
- 休息：无
- 交通：从机场乘车约25分钟到达
- 网址：www.thestones-kuta.com
- 支持刷卡：VISA、Master、JCB
- 提供英语服务

Vi Ai Pi
Vi Ai Pi

国际料理

MAP●剪切地图-15、164-C

照片上的分量Rp.9万

餐厅内会举办各种活动

建筑物的一楼是夜店、二楼是餐厅、三楼是俱乐部和娱乐室。餐厅内的菜肴分量很大。先在餐厅里面美美地饱餐一顿，才好有力气逛夜店。

- 地址：Jl.Legian 88, Kuta
- 电话：（0361）750425
- 营业时间：11:00~次日3:00
- 休息：无
- 交通：从库塔广场乘车约5分钟到达
- 网址：www.viaipi-bali.com
- 支持刷卡：VISA、Master
- 提供英语服务

苏亚坎德拉
Surya Candra

[海鲜料理]　MAP●剪切地图-15、p.164-D

在点餐处点菜

最新鲜的鱼贝类海鲜

　　1975年开业的老牌餐馆。在点餐处选择最想吃的食材，然后点菜即可。这里的鱼贝类等海鲜全部是当天最新鲜的，龙虾等时令海鲜的价格每日变动。

- 地址：Jl.Legian,No.83,Kuta
- 电话：（0361）752576
- 营业时间：11:00～次日3:00
- 休息：无
- 交通：从库塔广场步行约15分钟到达
- 网址：无
- 支持刷卡：VISA、Master、JCB
- 提供英语服务

阿利奥里奥
Aglio Olio

[意大利料理]　MAP●剪切地图-7、p.165-B

店里还提供美味的果汁

品尝不同辣度的意面

　　意面有微辣、中辣、非常辣和变态辣4种口味。用海鲜和酱料做浇头的意大利面非常好吃，约Rp.7.8万一份。奶油意大利面中也可以加入辣酱。

- 地址：Jl.Legian 476 Legian Kuta
- 电话：（0361）755927
- 营业时间：10:30～22:00
- 休息：无
- 交通：从库塔广场乘车行约15分钟到达
- 网址：无
- 支持刷卡：无
- 提供英语服务

坤蒂 II
Kunti II

[日本料理]　MAP●剪切地图-15、p.164-A

日式面条、拉面种类也很多

寿司、烤肉等日料种类丰富

　　最受欢迎的套餐是寿司和刺身的10盘套餐。寿司刺身拼盘Rp.10万。餐厅的二楼是烤肉区，烤牛肉Rp.4万一份、烤五花肉4.5万一份。

- 地址：Jl.Benesari no.27
- 电话：（0361）765934
- 营业时间：8:00～24:00
- 休息：无
- 交通：从库塔广场乘车行约15分钟到达
- 网址：www.kunti2.com
- 支持刷卡：VISA、Master
- 提供英语服务

库塔阿尔登特鸡肉快餐吧
Al Dente Kitchen & Bar

[意大利料理]　MAP●剪切地图-15、p.164-C

店内有时会举办演出

库塔的意大利味道

　　青红砖、上等木材装饰的内壁，马口铁摆件和喷壶作为装饰，让女顾客在一瞬间就会爱上这里。这是一家意大利快餐店，味道非常棒。调酒师调制的鸡尾酒也非常好喝。

- 地址：Complex Kuta Sidewalk Jl. Kartika Plaza, Kuta
- 电话：（0361）762900
- 营业时间：9:00～22:30
- 休息：无
- 交通：从库塔广场步行3分钟到达
- 网址：www.rama-restaurants-bali.com
- 支持刷卡：VISA、Master、Amex、JCB
- 提供英语服务

妈妈的德国餐厅
Mama's German Restaurant

[德国料理]　MAP●剪切地图-15、p.164-A

照片为库塔分店。雷吉安的分店同样很有人气

好喝的德国生啤

　　店主是一位德国人，食材均取自于德国。牛排、香肠的量很足。虽然餐厅主要以德国菜为主，但还是凭借出色的味道和服务吸引了当地许多欧美游客前来用餐。

- 地址：Jl.Legian,The La' Walon Center内
- 电话：（0361）761151
- 营业时间：24小时
- 休息：无
- 交通：从库塔广场步行约30分钟到达
- 网址：www.bali-mamas.com
- 支持刷卡：VISA、Master、Amex、JCB
- 提供英语服务

TJ's

墨西哥料理

MAP●剪切地图-15、p.164-C

餐厅内装饰豪华,用餐环境非常棒

轻松、舒适的就餐环境

该餐厅是巴厘岛最早的墨西哥餐厅,拥有将近20年的历史。除了墨西哥料理之外,还有汉堡包、三明治等国外食品。最受欢迎的菜肴是鸡排饭,售价Rp.8.5万。

- 地址: Poppies Lane I, No.24, Kuta
- 电话: (0361) 751093
- 营业时间: 9:00~23:00
- 休息: 无
- 交通: 从库塔广场步行约10分钟到达
- 网址: www.tjsbali.com
- 支持刷卡: VISA、Master、JCB
- 提供英语服务

玛·杰里
Ma Joly

法式料理

MAP●剪切地图-18

浪漫的环境非常适合情侣用餐

在海边品尝美味的法国料理

位于The Sunday para Resort内的餐厅。餐厅坐落在大海旁边,每天从金巴兰运来新鲜的海产品,做成的海味珍肴让人吃了还想吃。傍晚用餐可以欣赏夕阳下的大海美景。需要提前预订餐位。

- 地址: Jl.Wana Segara, Tuban
- 电话: (0361) 753780
- 营业时间: 7:00~22:00
- 休息: 无
- 交通: 从机场乘车约15分钟到达
- 网址: www.ma-joly.com
- 支持刷卡: VISA、Master、Amex、JCB
- 提供英语服务

库塔&雷吉安

175

餐厅

凯图姆巴
Ketumbar

地中海料理

MAP●剪切地图-11、p.164-A

餐厅内还有酒吧

最佳约会场所

因令人垂涎欲滴的菜肴、色彩多变的装饰风格,无论是当地居民,还是外国游客都非常喜欢这里。建议品尝一下这里的新式印度尼西亚料理。

- 地址: Jl.Melasti 19, Legian
- 电话: (0361) 754144
- 营业时间: 10:00~22:30
- 休息: 无
- 交通: 从库塔广场步行约15分钟到达
- 网址: 无
- 支持刷卡: VISA、Master
- 提供英语服务

富丽华
Furama

中国料理

MAP●剪切地图-23

店内的人气美食

营业至凌晨3点的人气餐厅

距离机场仅有3分钟的路程。来自中国的游客以及当地居民都经常到这里来用餐。

- 地址: Jl.Raya Tuban 52B, Tuban Kuta
- 电话: (0361) 761196
- 营业时间: 10:00~次日3:00
- 休息: 无
- 交通: 从机场乘车约5分钟到达
- 网址: 无
- 支持刷卡: VISA、Master、JCB
- 提供英语服务

比安克餐吧
Bianco Restaurant & Bar

意大利料理

MAP●剪切地图-11、p.165-D

餐厅内的巨大液晶电视转播各种体育赛事

克洛尼亚装饰风格非常漂亮

以象牙白为主要装饰色调,显得店内非常干净。餐吧的四周是大片的绿植,在这样的环境下用餐实在是惬意无比。这里的意大利菜非常地道,用餐过程中会有钢琴演奏。

- 地址: Jl.Padma, Kuta
- 电话: (0361) 760070
- 营业时间: 10:00~24:00
- 休息: 无
- 交通: 从库塔广场步行约10分钟到达
- 网址: www.rama-restaurants-bali.com
- 支持刷卡: VISA、Master、Amex
- 提供英语服务

人气夜店里尽情享乐~Go！

时尚的海滩俱乐部陆续登场。

治愈系海滩俱乐部、时尚酒吧一直到深夜才偃旗息鼓。
在巴厘岛尽情享受丰富多彩的夜生活吧。

独一无二
Unique

欣赏日出和日落

位于金巴兰森林度假村内别墅的屋顶，集餐厅和酒吧于一体。和家人一起前来消遣也未尝不可。旁边是屋顶游泳池。可以在这里尽情享乐。

MAP p.197-A
- 地址：MKarang Mas Estate Jl. Karang Mas Sejahtera Jimbaran（金巴兰森林度假村内）
- 电话：(0361) 8468468 ● 营业时间：11:00~24:00，周末11:00~次日1:00 ● 休息：无 ● 交通：从机场乘车约30分钟到达
- 网址：www.rimbajimbaran.com/en/home ● 支持刷卡：VISA、Master、Amex、JCB ● 提供英语服务

位于屋顶，视野良好

天鹅绒朦胧俱乐部
Velvet Hypnotized

可欣赏库塔海滩的夜店

位于库塔海滩大道旁边，在晚上绽放异彩。这儿有着各种美食和五颜六色的鸡尾酒。在傍晚时分还可以欣赏落日美景，然后度过一个难忘的欢乐之夜。

MAP 剪切地图-15, p.164-C
- 地址：Jl. Pantai Kuta，Bechwalk 3F
- 电话：(0361) 8464928
- 营业时间：11:00~次日1:00
- 休息：无 ● 交通：从机场乘车约20分钟到达
- 网址：www.vhbali.com
- 支持刷卡：VISA、Master

阑珊的夜色下，人们狂欢起舞

莫扎克海滩俱乐部
Mozaic Beach Club

味道、环境出色的海滩俱乐部

在乌布有一家同名餐厅。同样，这里的菜肴味道也非常出色。二楼的用餐区无论是装修风格还是装饰格调，都称得上是完美之作。在窗边位置可以欣赏到漂亮的夜景。

MAP 剪切地图-40
- 地址：Jl. Pantai Batu Belig, Kerobokan
- 电话：(0361) 473 5796 ● 营业时间：娱乐室11:00~次日1:00，餐厅18:00~23:00 ● 休息：无 ● 交通：从机场乘车约30分钟到达 ● 网址：www.mozaic-beachclub.com ● 支持刷卡：VISA、Master、Amex、JCB、Diner's ● 提供英语服务

在餐厅眺望大海

蚕茧
Cocoon

在游泳池边悠闲地度假

位于水明漾海滩边的海滩俱乐部。这儿有酒吧、餐厅等设施，为游客提供各种方便。每天晚上，音乐DJ会打碟，播放动感的流行音乐。躺在游泳池旁边的沙滩椅上，慵懒地看看海滩景色，实在是惬意之极。

MAP 剪切地图-6, p.165-A
- 地址：Jl. Double six, Blue Ocean Boulevard, Seminyak ● 电话：(0361) 731266 ● 营业时间：8:00~次日3:00 ● 休息：无 ● 交通：从机场乘车约20分钟到达 ● 网址：www.cocoon-beach.com ● 支持刷卡：VISA、Master、Amex、JCB ● 提供英语服务

俯瞰美丽的大海

SHOPPING
购物

雷吉安大街是巴厘岛最著名的购物大街，这里坐落着许多魅力十足的店铺。

沙图
Satu

潮流精品店　MAP●剪切地图-15、p.164-C

新颖的设计和优良的材质

新潮、时尚的精品店

这里汇集了巴厘岛时尚设计师们的杰作。每一件漂亮的裙装、高筒靴、饰品都凝结了设计师们的心血。在这里可以找到各种时尚元素。

- 地址：Sahid Kuta Lifestyle Resort Jl.Pantai Kuta
- 电话：（0361）8464888
- 营业时间：10:00~23:00（周日营业至24:00）
- 休息：无
- 交通：位于Beach Walk购物商厦内
- 网址：www.beachwalkbali.com
- 支持刷卡：VISA、Master　■ 提供英语服务

拉斯卡尔斯
Rascals

服饰　MAP●剪切地图-15、p.164-D

南国风情的服装

出售蜡染箱包、小物件的老牌蜡染名店

该店拥有15年的历史，许多游客都会特意到这里来选购礼物。该店的服装设计别具风格。20世纪60年代的怀旧钱包和南国风情的箱包也是其最受欢迎的产品。

- 地址：Jl.Legian Kuta　■ 电话：（0361）461357
- 营业时间：9:00~22:30　■ 休息：无
- 交通：从库塔广场乘车约1分钟到达
- 网址：无
- 支持刷卡：VISA、Master、Amex、JCB
- 提供英语服务

地窖门
The Cellardoor

葡萄酒　MAP●剪切地图-16

可以先试饮。品尝一下

品尝原产巴厘岛的葡萄酒

巴厘岛的葡萄酒非常不错，有白葡萄酒、红葡萄酒、干红葡萄酒、香槟酒等12种口味可选。干红葡萄酒最好喝，每瓶价格在Rp.14万左右。除了香槟之外，其他酒水都可以试饮。

- 地址：Jl.By Pass Ngurah Rai,Kuta
- 电话：（0361）767422　■ 营业时间：9:00~17:00
- 休息：周日　■ 网址：www.hattenwines.com
- 交通：从DFS免税店步行约5分钟到达
- 支持刷卡：VISA、Master、Amex、JCB
- 提供英语服务

库塔&雷吉安／购物

马里奥银饰
Mario Silver

`饰品`　　　MAP●剪切地图-6、p.165-B

共有3万多件商品，皆产自自家工厂

品质一流，价格中等

　　由日本设计师和意大利设计师共同设计，纯手工打造。除了首饰之外，还有餐具、小摆件、胸针等，可以买一些回国送朋友。价格中等，不会花冤枉钱。

- 地址：Jl.Raya Seminyak 19, Kuta
- 电话：（0361）730977
- 营业时间：9:00~23:00
- 休息：无
- 交通：从库塔广场乘车约10分钟到达
- 网址：www.mariosilverbali.com
- 支持刷卡：VISA、Master、Amex、JCB
- 提供英语服务

金竹
Bamboo Blonde

`服饰`　　　MAP●剪切地图-15、p.164-A

针织背心Rp.36.5万。店内也有泳衣出售

时髦的海滩休闲服装

　　该品牌在巴厘岛共有5家店铺。这里的服装适合在海滩穿着，泳衣的外面搭配一件舒适的针织背心或连衣裙，非常合适。有的服装比较保守，有的比较新颖猎奇。

- 地址：Jl.Legian No.154 Kuta
- 电话：（0361）751667
- 营业时间：10:00~22:00
- 休息：无
- 交通：从库塔广场乘车约10分钟到达
- 网址：无
- 支持刷卡：VISA、Master、Amex、JCB
- 提供英语服务

科伊科伊银饰
Koi Koi Silver

`饰品`　　　MAP●剪切地图-15、p.164-C

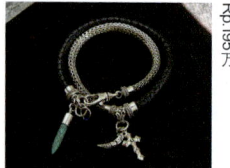

照片中的饰品售价Rp.195万

炫酷的男士饰品

　　店主来自于日本，店内的银饰非常时尚又不失休闲风格，均出自于他之手。其中不乏一些融合巴厘岛元素的银饰。

- 地址：Beachwalk Mall 1st floor, Jl. Pantai Kuta - Bali
- 电话：（0361）8464977
- 营业时间：10:00~23:00（周六、周日~24:00）
- 休息：无
- 交通：位于Beach Walk购物商厦
- 网址：www.koikoisilver.com
- 支持刷卡：VISA、Master、JCB
- 提供英语服务

肉体&灵魂
Body & Soul

`服饰`　　　MAP●剪切地图-15、p.164-A

店里的手包售价Rp.23万左右

可爱服饰集中营

　　许多外国游客到这里来选购服装和饰品。店内的服装款式比较时尚，深得各个年龄层顾客的垂青。

- 地址：Jl.Legian No.162, Legian
- 电话：（0361）767169
- 营业时间：9:00~22:30
- 休息：无
- 交通：从库塔广场步行约20分钟到达
- 网址：www.bodyandsoulclothing.com
- 支持刷卡：VISA、Master、JCB
- 提供英语服务

维诺迪
Vinoti

`饰品`　　　MAP●剪切地图-16

充满现代感的商店

高雅的装饰品店

　　店内出售高档家具、装饰品和家居用品。所有的商品均产自于印度尼西亚，设计比较新潮，并且非常实用。餐巾盒Rp.8万左右。

- 地址：Mall Bali Galleria, Kuta
- 电话：（0361）752723
- 营业时间：10:00~22:00
- 休息：无
- 交通：DFS免税店旁边
- 网址：www.vinotiliving.plan
- 支持刷卡：VISA、Master、Amex、JCB、Diner's
- 提供英语服务

因为我爱你2
Because I Love U2

装饰　　MAP●剪切地图-7、p.165-B

在当地有着许多老主顾

店内有着最特别的商品

服装设计师来自于意大利,店内的服装和食品全部由他亲自设计。购物袋使用废弃的米袋和洗化用品袋做成,非常环保。售价Rp.5.5万。

- 地址:Jl.Raya Legian 486 A,Legian
- 电话:(0361) 8725063
- 营业时间:10:00~20:00(周日~14:00)
- 休息:无
- 交通:从库塔广场乘车约20分钟到达
- 网址:无
- 支持刷卡:VISA、Master
- 提供英语服务

迪杜
Didu

装饰品　　MAP●剪切地图-7

水明漾也有分店

使用新素材做成生活用具

该店的商品多使用合成橡胶做成,合成橡胶不会因为日晒和雨淋而老化,非常实用。餐桌、沙发、睡床的样式不但好看,而且颜色搭配恰到好处。

- 地址:Sunset Road,Kuta
- 电话:(0361) 8947533
- 营业时间:9:00~17:00
- 休息:周日、节假日
- 交通:从库塔广场乘车约20分钟到达
- 网址:www.diduindonesia.com
- 支持刷卡:VISA、Master、Amex
- 提供英语服务

古拉
Gula

饰品　　MAP●剪切地图-11、p.165-D

店主来自于日本,同时也是该店商品的设计师

当地外国人非常喜欢的店铺

商店面积不大,摆满了服装、箱包以及各种生活用品。这里的饰品非常可爱。耳环Rp.1万~、发胶Rp.1.2万~,当作回国礼物再合适不过。

- 地址:Jl.Legian Tengah 422,Kuta
- 电话:(0361) 8012529
- 营业时间:10:00~20:00
- 休息:无
- 交通:从库塔广场乘车约20分钟到达
- 网址:无
- 支持刷卡:VISA、Master、JCB
- 提供英语服务

重要信息

库塔新地标——海滩大道购物商厦

库塔海滩有着来自全世界不同国家的众多面孔。Beach Walk购物商厦于2012年正式开业,就坐落在库塔海滩的前面。购物商厦内有巴厘岛著名服装品牌SATU、澳大利亚首饰品牌DIVA以及印度知名护肤品等200多家店铺。并且,购物商厦内还有餐厅、儿童娱乐中心等设施,适合与家人一起前来消费。购物商厦共有3层,屋顶为传统的巴厘岛建筑样式,墙壁比较通透,海风能够直接吹进来,设计和装饰风格属于巴厘岛传统文化和时尚元素的结合。购物商厦内绿色萦绕,环境非常好,就算不购物,到这里来散散步也是不错的。当地人在节假日经常到这里来购物、约会。

海滩大道
Beachwalk

MAP●剪切地图-15、p.164-C

- 地址:Jl.Pantai Kuta,Kuta
- 电话:(0361) 8464888
- 开馆时间:10:00~23:00
- 交通:从库塔广场步行约10分钟到达
- 网址:www.beachwalkbali.com
- 支持刷卡:因店各异

商厦里经常是熙熙攘攘的游客和当地消费者

购物商厦内集合了当地品牌和世界一线大牌

DFS免税店
DFS Galleria

`免税店`　MAP●剪切地图-16

在机场也有另一家分店

大牌商品全部免税

　　巴厘岛最大的DFS免税店。这里汇聚了巴厘岛当地知名品牌和国际奢侈品牌。旁边是巴厘岛购物中心。

- 地址：Jl. Bypass Ngurah Rai, Kuta
- 电话：（0361）761945
- 营业时间：10:00~22:00
- 休息：无
- 交通：从库塔广场乘车约10分钟到达
- 网址：www.dfs.com
- 支持刷卡：VISA、Master、Amex、JCB
- 提供英语服务

Mo-Mo皮饰
Mo-Mo Leather Fashion

`皮革製品`　MAP●剪切地图-11、p.165-D

店内也有非皮革制品

抵达日可直接前来购物

　　巴厘岛当地的皮饰店，出售皮衣、皮靴、皮包等商品。店员非常热情，喜欢主动与人交流。

- 地址：Jl.Werkudara/Pura Bagus Taruna No.461
- 电话：（0361）764932
- 营业时间：10:00~22:00
- 休息：周日　网址：无
- 交通：从库塔广场乘车约15分钟到达
- 支持刷卡：VISA、Master
- 提供英语服务

家乐福
Carrefour

`食品`　MAP●剪切地图-16

生鲜食品、土特产齐全

方便、快捷的超市

　　超市共有4层，可以买到各种生鲜食品、熟食以及特产商品等。超市内还有一家意大利餐厅，年轻人喜欢到这里来吃晚餐。

- 地址：Sunset Road,Kuta
- 电话：（0361）8477222
- 营业时间：9:00~22:00
- 休息：无
- 交通：从库塔广场乘车约20分钟到达
- 网址：www.carrefour.co.id
- 支持刷卡：VISA、Master、Amex、JCB、Diner's
- 提供英语服务

180

阿纳普
Anap

`服饰`　MAP●剪切地图-19、p.164-E

比日本便宜30%

巴厘岛最具特色的服装

　　有四季服装可选。这里的衣服比中国要便宜不少，只要觉得好看，就可以买下来。有的衣服是限量版的，是作为礼物的最佳选择。

- 地址：Jl.Kartika Plaza
- 电话：（0361）756920
- 营业时间：9:00~22:30
- 休息：无
- 交通：库塔广场对面
- 网址：www.anapnet.com
- 支持刷卡：VISA、Master、JCB
- 提供英语服务

永恒
Forever

`服饰`　MAP●剪切地图-15、p.164-D

部分服装也出口国外

新上市的女装品牌

　　该服装品牌由两名巴厘岛年轻的女设计师共同设计完成。无袖背心、连衣裙、泳衣款式新潮。在这里可以将一整套行头买全，包括手包、凉鞋等。

- 地址：Jl.Legian No.27F,Kuta
- 电话：（0361）761392
- 营业时间：8:00~22:00
- 休息：无
- 交通：从库塔广场步行约10分钟到达
- 网址：www.balidesign.com
- 支持刷卡：VISA、Master、JCB
- 提供英语服务

宾之家
Bin House

`纺织衣物`　MAP●剪切地图-19、p.164-E

雅致的店铺

质地丝滑的纺织品之家

　　位于探索购物中心内。蜡染衣物上面带有细致的花纹和图案，非常漂亮。售价Rp.15万~Rp.2000万。

- 地址：Jl. Kartika plaza. Kuta
- 电话：（0361）769721
- 营业时间：10:00~22:00
- 休息：无
- 交通：从库塔广场步行约20分钟到达
- 网址：www.binhouse.com
- 支持刷卡：VISA、Master、Amex
- 提供英语服务

卡帕尔·劳特
Kapal Laut

`饰品&服饰` MAP●剪切地图-15、p.164-D

色彩斑斓的小饰品赚足了人们的眼球

休闲连衣裙大卖场

这家店铺最早只经营银饰，后来也出售连衣裙、单肩包以及各种小饰品等。去年在金巴兰又开了另一家分店，在巴厘岛总店铺数已达6家之多。

- 地址：Jl.Legian 72 Kuta
- 电话：(0361) 750566
- 营业时间：9:00~22:00
- 休息：无
- 交通：从Bamboo Corner步行约10分钟到达
- 网址：www.kapal-laut.com
- 支持刷卡：VISA、Master、Amex
- 提供英语服务

乌鲁瓦图
Uluwatu

`服饰` MAP●剪切地图-15、p.164-D

色彩鲜艳的服装

巴厘岛传统服饰

一说到巴厘岛的传统服饰，人们首先想到的就是这家服装店。休闲连衣裙上带有美丽的刺绣图案，非常漂亮。除了衣服之外，还有床上用品。

- 地址：Jl. Legian No.118, Kuta
- 电话：(0361) 763499
- 营业时间：8:00~22:00
- 休息：无
- 交通：从库塔广场步行约15分钟到达
- 网址：www.uluwatu.co.id
- 支持刷卡：VISA、Master、Amex
- 提供英语服务

莫杜拉
Modula

`家居用品` MAP●剪切地图-7、p.165-B

店内也出售部分古董

大型家装用品商店

各种生活用具和家具皆产自于巴厘岛和爪哇岛。背包售价Rp.5.5万~，筷子售价Rp.2万，杯垫Rp.5万。

- 地址：Legian Kaja 470, Kuta
- 电话：(0361) 758293
- 营业时间：9:00~21:00
- 休息：周日
- 交通：从库塔广场乘车约20分钟到达
- 网址：无
- 支持刷卡：VISA、Master、Amex、JCB
- 提供英语服务

库塔&雷吉安

181

购物

冲浪女孩
Surfer Girl

`服饰` MAP●剪切地图-15、p.164-D

女孩子的购物天堂

大大的招牌让人过目难忘

在巴厘岛总共有两家店铺，共有大约50个牌子的商品。销量最好的品牌是ROXY。店内总是挤满了爱美的女孩。这里的衣服偏可爱风格，非常讨喜。

- 地址：Jl.Legian No.138, Kuta
- 电话：(0361) 752693
- 营业时间：9:00~23:00
- 休息：无
- 交通：从库塔广场步行约15分钟到达
- 支持刷卡：VISA、Master、Amex、JCB
- 提供英语服务

帕帕雅新鲜美术馆
Papaya Fresh Gallery

`国际料理` MAP●剪切地图-12

和中国的超市没有什么不同

巴厘岛最早的日本美食超市

巴厘岛第一家美食超市，总部位于首都雅加达。在这里可以买到各种生鲜食材、面包、生活用品、化妆品等。此外还出售巴厘岛的各种人气商品。

- 地址：Jl. Merta Nadi, Kuta
- 电话：(0361) 759222
- 营业时间：10:00~22:00
- 休息：无
- 交通：从库塔广场乘车约5分钟到达
- 网址：无
- 支持刷卡：VISA、Master、JCB
- 提供英语服务

约瑟夫银饰
Yusuf Silver

`饰品` MAP●剪切地图-15、p.164-B

2011年重新装修过

1975年开业的银饰店

这里的银饰比较传统、朴素，不招摇。价格也不算贵。超过20个可以接受定做（在二楼洽谈）。

- 地址：Jl.182 Legian Street Kuta
- 电话：(0361) 758442
- 营业时间：1F/9:00~22:00、2F/10:00~17:00(仅周六9:00~15:00)
- 休息：周日、圣诞节
- 交通：从Bamboo Corner约5分钟到达
- 网址：www.yusufsilver.com
- 支持刷卡：VISA、Master
- 提供英语服务

袋装巴厘岛美食
巴厘岛各种美食的袋装速食产品是作为回国礼物的首选。什锦炒饭Rp.4400，辣鸡饭Rp.3950，拼盘饭Rp.5600。 Ⓑ

调料
巴厘岛人吃饭时必不可少的调味料——Sambal辣酱。有超辣、大蒜辣酱等各种口味。每瓶售价Rp.4900~。 Ⓑ

巴厘岛咖啡
包装袋上印有蝴蝶图案的KOPI BALI咖啡、Toradja咖啡和Mandarin咖啡3种口味套装（80g）售价Rp.4.31万。

搜寻淘宝
在超市 & 市场中找寻

在巴厘岛的超市和市场中寻找各种特产商品。不用花太多钱就能买到一份心满意足的商品。

减肥茶
究竟巴厘岛的减肥茶有没有功效，亲自试一试就知道了。减肥茶小袋装、柠檬味减肥茶各Rp.5400~。 Ⓑ

驱虫液
有效防止热带蚊虫的叮咬。拥有橙子的淡淡香味，涂抹在肌肤上爽滑无比。售价Rp.7950。 Ⓑ

巴厘岛化妆品
具有美白效果的面膜售价Rp.6600~，洗面奶Rp.1.27万，染发膏Rp.9675。 Ⓐ

杯装拉面
当地最受欢迎的杯面品牌是POP MIE，每份售价Rp.1675。在印度尼西亚语中，"MIE"是面的意思。有鸡肉面等各种口味。Ⓐ

点心
当地最有名的咖啡糖品牌是KOPIKO，每袋售价Rp.6950。花生豆也非常好吃，各种品牌、口味的都有，售价Rp.3700。Ⓑ

啤酒
巴厘岛当地最好喝的啤酒是STORM。有麦芽酒、黄金酒等口味。每瓶售价Rp.2.55万。Ⓑ

巴厘岛特产

百货
用木头制成的坐垫、编织品非常漂亮，可以讲价。5张售价Rp.5万。印尼宾坦岛啤酒标志的手提袋售价Rp.3万。Ⓒ

当地超市精品
当地有名的超市品牌——DEWI SRI。该品牌的沐浴露售价Rp.12.7万、香皂售价Rp.9.9325万。Ⓐ

天然皂
（左）肉桂香皂售价Rp.8000。Ⓒ（下）芦荟、椰果制成的香皂（迷你4个装）售价Rp.2.449万。Ⓑ

SUPERMARKET & PASAR

Ⓐ Hypermart
Hypermart
商品种类丰富，货品齐全。旅游途中可以到这里来逛一下。
MAP ● 剪切地图-16
■ 地址：Jl.By Pass Ngurah Rai,Kuta
■ 营业时间：9:00～22:00 ■ 休息：无

Ⓑ 宾塘超市
Bintang Supermarket
外国游客的购物首选。位于购物商厦区最中央
MAP p.165-B
■ 地址：Jl.Raya Seminyak No.17,Kuta
■ 营业时间：8:00～22:00 ■ 休息：无

Ⓒ 乌布市场
Pasar Ubud
杂货、食品类齐全。可以讲价，以更低的价格买到手！
MAP ● 剪切地图-37 p.137-B
■ 地址：Jl.Raya Ubud
■ 营业时间：4:00～17:00 ■ 休息：各店铺不一

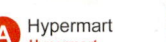

SHOPPING!

超实用的最新购物中心

任何想买的东西都能找得到。大型购物商厦陆续登场！

2012年开业的购物商厦

当地居民、外国游客极度认可的大型超市

位于海滩附近，在这里可以买到各种食品、家具、电器、熟食等一切生活必需品。超市内也出售手机，并提供手机充电服务，非常方便。另外，超市内还有书店、海鲜料理餐厅。

家乐福 Carrefour　　库塔&雷吉安

MAP ●剪切地图-16
- 地址：Jl.Sunset Road,Kuta,Bali
- 营业时间：8:00~22:00　休息：无
- 网址：www.carrefour.co.id（印度尼西亚语）

海滩大道购物商厦　Beachwalk　努沙杜瓦

Beach Walk购物商厦坐落于库塔海滩。商厦内总共有200多家店铺，包含巴厘岛当地知名品牌以及国际一流奢侈品牌。除此之外，商厦内还有餐厅、儿童娱乐中心，适合与家人一起前来消费。

MAP p.164-C
- 地址：Jl.Pantai Kuta, Kuta
- 营业时间：10:00~23:00
- 休息：无
- 网址：www.beachwalkbali.com

金巴兰的小村庄变身为时尚购物圣地！

金巴兰最早的购物中心。毗邻金巴兰的大型度假村，内部有咖啡厅、餐厅、特产商店、服装店等场所，虽然店铺数量较少，但是都非常高级。到金巴兰游玩时可以到这里逛逛。

金巴兰一角　Jimbaran Corner　金巴兰

MAP p.197-A
- 地址：Jl.Raya Uluwatu,Banjar Pesalakan,Jimbaran
- 营业时间：9:00~22:00（因店各异）　休息：无
- 网址：www.benoasquare.com

逐步发展的老牌大型购物商厦

位于机场附近，是巴厘岛实力最雄厚的购物商厦。除了百货店、大型超市之外，还有个性十足的商店、化妆品店、鞋店、饰品店等。另外，还有电器商店、书店、餐厅、咖啡厅等设施。许多店铺正处于装修中，将会陆续开业。

太阳百货　Mal Bali Galeria　库塔

MAP ●剪切地图-16
- 地址：Jl.By Pass Ngurah Rai,Kuta
- 营业时间：10:00~22:30（因店各异）
- 休息：无

服装店、食品店大集合！

水明漾唯一的购物中心。虽然规模较小，但是拥有古董店、冲浪用品专卖店、百货店等人气店铺，并且还有小型超市，可以买到各种生鲜食品、生活用品。另外，购物中心内还有咖啡厅。每逢周末会有大型集市。

水明漾购物广场　Seminyak Square　水明漾

MAP ●剪切地图-2、p.187-A
- 地址：Jl.Kayu Aya,Seminyak
- 营业时间：8:00~22:00（因店各异）　休息：无
- 网址：www.seminyaksquare.com

位于库塔海滩前的人气购物中心

如果在库塔度假的话，一定要到这里来逛一逛。购物中心内有SOGO百货超市、百货店、特产超市等购物场所。另外，这里还有一些知名品牌商店。感兴趣的话，可以花时间仔细挑选喜欢的物品。

探索购物中心　Discovery Shopping Mall　库塔

MAP ●剪切地图-19、p.164-E
- 地址：Kartika Plaza Street,Kuta
- 营业时间：10:00~22:00，周六、周日~22:30　休息：无
- 网址：www.discoveryshoppingmall.com

水明漾&克罗伯坎
Seminyak&Kerobokan

- p.186　地区概况
- p.186　旅游景点
- p.188　餐厅
- p.191　购物

水明漾&克罗伯坎

Seminyak&Kerobokan

MAP● 剪切地图-40、p.132-C

如何前往

从机场乘车约30分钟到达,从库塔中心乘车10~15分钟到达,从努沙杜瓦乘车约30分钟到达,从沙努尔乘车约25分钟到达,从乌布乘车约50分钟到达。该地区的计价出租车较多。可在水明漾地区步行游逛,但建议最好乘坐出租车。克罗伯坎地区的出租车较少。

干净整齐、气氛悠闲的地区
餐厅、度假村数不胜数

有许多时尚的海滩餐厅

针对不同游客的推荐指数

用小猫图案的多少来表示推荐程度

游客类型	推荐指数
情侣	🐱🐱🐱🐱🐱
家庭	🐱🐱🐱
文化、艺术派	🐱🐱
购物派	🐱🐱🐱🐱
海上运动爱好者	🐱

特色手工产品质量非常棒

地区概况

**享受购物的乐趣
体验度假村内的生活**

沿着贯通库塔和雷吉安的雷吉安大街向北前行,大街的名字变成为拉雅水明漾路,这一带就是水明漾地区。虽然没有明确的地区界限,但是这里的氛围明显和库塔、雷吉安不同,所以很好区分。巴厘岛的传统文化和欧美风情在这里得到很好地融合,道路两侧坐落着时尚店铺、餐厅和咖啡厅。走在大街上,经常可以看见欧美游客的身影。克罗伯坎地区毗邻水明漾,这里是家具生产厂家集中区,家具的质量无可挑剔,价格也非常实惠。在人迹稀少的海滩安静地欣赏落日美景也不失为一件浪漫的事情。度假村内通常设有美容院,配备有最新的美容设施。克罗伯坎北部地区最近建起了不少新型度假别墅。

旅游景点

**徒步游逛3条主干道
搜寻巴厘岛的各种特产**

拉雅水明漾大街 ——— Jl. Raya Seminyak

MAP● 剪切地图-3、p.187-B
■ 交通:从机场乘车15~20分钟到达

逛街时要注意行车和自行车

**巴厘岛首屈一指的购物天堂
搜罗巴厘岛最时尚的商品**

为水明漾最有名的购物大街。大街两侧的商店以时尚服装店为主,还有其他各种类型的店铺。欧美范儿的餐厅、咖啡厅较多,可以进去享用午餐、喝下午茶。虽然是主干道,但是道路比较狭窄,平日里车流量较多,步行游逛比较费体力,建议搭乘出租车前往。

坎姆普伦坦杜大街　Jl. Camplung Tanduk

MAP●剪切地图-6，p.187-A
■交通：从机场乘车15~20分钟到达

海滩旁边坐落着多所度假村
新开业的夜店有着极大的魅力

　　原名蒂亚纳普拉大街，是从拉雅水明漾大街前往海滩的必由之路。大街两侧新添了不少美术馆、餐厅和夜店，晚上非常热闹。附近有多所度假村。

拉雅克罗伯坎大街　Jl. Raya Kerobokan

MAP●剪切地图-2，p.187-B
■交通：从机场乘车15~20分钟到达

有着大片田园风景
这里的家具物美价廉

　　与拉雅水明漾大街相比，这里的氛围更贴近当地生活。附近有许多家具工厂和配送公司。购买家具后可直接请配送工人送到指定地点。距离较远，建议乘坐出租车。

重要信息

巧妙地利用
水明漾当地旅行社

旅行社位于购物中心停车场的对面

Bali Tours旅行社（网址：www.bali-tours.com）由在水明漾的外国人经营，可在这里预订度假村、巴士以及旅游景点的门票，还可以直接在这里报团旅游。当下最热门的旅游路线是参观科莫多岛赏巨蜥和日惹世界遗产游，去过的游客都说好！旅途中的购物店均由工作人员实地考察过，质量得到顾客的一致认可。租车手续也很好办理，可在出发之前或抵达之后办理结算手续。

RESTAURANT

餐厅

欧美人喜欢的休闲餐厅日渐增多、在这里可以品尝到巴厘岛顶尖的美味。

美迪斯
Métis

法式料理　MAP● 剪切地图-2、p.187-B

晚餐露天餐位需要提前预约

肥美的鹅肝是其招牌菜

餐厅的二楼是宴会厅

巴厘岛社交圈经常聚会的餐厅

餐厅的前身是瓦力桑咖啡厅,自从迁到这里之后改名为美迪斯餐厅。这家法国餐厅以肥美的鹅肝而闻名。在餐厅用餐时可以欣赏到不远处的大片绿色梯田。餐厅内还有葡萄酒窖和酒吧活动中心,可以品尝到产自于法国的100多种葡萄酒。餐厅内还设有巧克力店和艺术画廊。可在这里尽情享受美好的时光。

■ 地址: Jl.Petitenget No.6 Kerobokan Kelod,Kuta
■ 电话: (0361) 4737888
■ 营业时间: 11:00~16:00(午餐)、18:00~24:30(酒吧) ■ 休息: 无
■ 交通: 从Bamboo Corner乘车约20分钟到达
■ 网址: www.metisbali.com
■ 支持刷卡: VISA、Master、Amex、JCB
■ 提供英语服务

巴厘岛德里咖啡厅
Bali Deli

咖啡厅　MAP● 剪切地图-7、p.187-B

卡布奇诺等饮品种类丰富

餐厅内有Rp.10万以上的套餐

旅居当地的欧美人最喜欢的休憩场所

咖啡厅内有生鲜食品、奶酪、葡萄酒、各国小吃等各种美味,是巴厘岛美食家经常光顾的用餐场所。院子里面设有露天餐位,可以在用餐时眺望远处的麦田。这里也是旅居当地的欧美人的社交场所。烤面包做成的三明治Rp.3万~、各种口味的沙拉Rp.3万~、咖啡Rp.2.2万。

■ 地址: Jl. Kunti 117X,Seminyak
■ 电话: (0361) 738686
■ 营业时间: 7:00~23:00
■ 休息: 无
■ 交通: 从机场乘车约20分钟到达
■ 网址: www.balideli.net
■ 支持刷卡: VISA、Master、Amex、JCB
■ 提供英语服务

姜月
Ginger Moon

亚洲菜

MAP● 剪切地图-2、p.187-B

鸡尾酒、葡萄酒的种类较多。还有贴心的儿童套餐

令人惊叹、感动的亚洲菜

这家亚洲菜馆在欧美食客和亚洲游客圈中有着不错的口碑。厨师将亚洲的烹饪方法和巴厘岛当地的食材相结合，烹饪出了不一样的美味。点心、比萨的种类也很多！

- 地址 Jl. Oberoi No.7, Seminyak
- 电话 (0361) 734533
- 营业时间 11:00~23:00
- 休息 无
- 交通 从机场乘车约30分钟到达
- 网址 www.gingermoonbali.com
- 支持刷卡 VISA、Master、Amex、JCB
- 提供英语服务

库德塔
Kudéta

特色菜

MAP● 剪切地图-1、p.187-A

周五、周六的晚上常常爆满，建议提前预约

精美的菜肴搭配优雅的氛围

为水明漾的人气餐厅。餐厅外观非常时尚，内部带有大型游泳池，开放感十足。食材取自当季时令蔬菜和新鲜肉食。根据季节更迭，菜品种类也不断更新。午餐通常比较随意，晚餐会非常浪漫。

- 地址 Jl.Kaya Aya 9,Seminyak
- 电话 (0361) 736969
- 营业时间 8:00~次日2:00
- 休息 无
- 交通 从机场乘车约40分钟到达
- 网址 www.kudeta.net
- 支持刷卡 VISA、Master、Amex、JCB、Diner's
- 提供英语服务

水明漾&克罗伯坎

189

餐厅

玛德餐馆 II
Made's Warung II

亚洲菜

MAP● 剪切地图-7、p.187-B

餐馆里也有单人餐

巴厘岛上的"大众食堂"

位于拉雅水明漾大街对面的购物中心——玛德餐馆集市内，是水明漾标志性的存在。在库塔有2号分店。巴厘岛传统料理、印度尼西亚料理、西餐、刺身等菜品种类丰富。

- 地址 Jl. Raya, Seminyak
- 电话 (0361) 732130
- 营业时间 9:30~24:00
- 休息 无
- 交通 从机场乘车约20分钟到达
- 网址 www.madeswarung.com
- 支持刷卡 VISA、Master、Amex、Diner's (Rp.10万以上)
- 提供英语服务

加多加多
Gado Gado

地中海料理

MAP● 剪切地图-6、p.187-A

周末会有DJ、歌手前来助兴，非常热闹

当地的人气夜店

位于海滩旁边，位置非常好。店内空间开阔，可以欣赏到海滩边的落日景色。意大利面、鱼类料理的菜品种类非常丰富。鸡尾酒的口味也非常多。

- 地址 Jl. Dhyana Pura No.99, Seminyak
- 电话 (0361) 736966
- 营业时间 11:00~15:30、18:00~23:00
- 休息 无
- 交通 从机场乘车约20分钟到达
- 网址 www.gadogadorestaurant.com
- 支持刷卡 VISA、Master、Amex、JCB
- 提供英语服务

拉·鲁奇奥拉
La Lucciola

意大利料理

MAP●剪切地图-1、p.132-C

意大利面中加入了新鲜的鱼贝类和蔬菜，味道鲜美无比

海滩边的意大利美食盛宴

位于水明漾海滩旁边的意大利餐厅。餐厅是一座木制二层建筑，可以眺望到大海。比萨、三明治等美食种类非常多。搭配鳡鱼、酸橙的意大利面是吸引顾客的一大特色菜肴。

- 地址：Jl. Oberoi Kayu Aya Beach, Seminyak
- 电话：(0361) 730838
- 营业时间：9:00～23:00
- 休息：无
- 交通：从机场乘车约30分钟到达
- 网址：无
- 支持刷卡：VISA、Master、Amex、JCB
- 提供英语服务

科洛尼亚之家
Colonial Living

咖啡厅

MAP●剪切地图-7、p.187-B

每天的素食午餐内容都不同。价格为Rp.4.5万

被新鲜空气和温暖的阳光所萦绕的咖啡厅

咖啡厅的窗户是绿色的，在光线的折射下映照出魔幻般的色彩。该餐厅的菜肴以西餐、墨西哥菜为主，菜品内容每天都会更换，新鲜素食非常受推崇。奶酪甜点Rp.2.5万。

- 地址：Jl.Raya Kunti No.67,Seminyak
- 电话：(0361) 738919
- 营业时间：9:00～17:00
- 休息：无
- 交通：从机场乘车约20分钟到达
- 网址：无
- 支持刷卡：VISA、Master、Amex、JCB、Diner's
- 提供英语服务

Fat Gajah
Fat Gajah

国际料理

MAP●剪切地图-6、p.187-B

精致的餐盘

价格便宜，摆盘精致

坐落在欧美游客居多的水明漾地区的休闲咖啡餐吧。不同颜色的面条盛在精致的餐盘中，煞是好看。该餐厅非常注重健康饮食。

- 地址：Jl.Raya Seminyak no.21 Seminyak
- 电话：(0361) 8688212
- 营业时间：11:00～21:00
- 休息：周日
- 交通：从机场乘车约20分钟到达
- 网址：www.fatgajah.com
- 支持刷卡：VISA、Master、JCB
- 提供英语服务

克莱嘉
Kolega

印度尼西亚料理

MAP●剪切地图-2、p.187-A

6种配菜套餐价格Rp.2.7万

广迎陌生面孔的热情饭馆

当地食客、欧美游客经常光顾这里。店内有50多种菜肴，在菜单上配以详细的英文介绍，简单易懂。工作人员会帮助食客点菜，为每一位前来就餐的客人送上热情的服务。

- 地址：Jl.Petitenget 98A Kerobokan Kuta
- 电话：(0361) 4732480
- 营业时间：8:30～20:00
- 休息：无
- 交通：从机场乘车约20分钟到达
- 网址：无
- 支持刷卡：不支持刷卡
- 提供英语服务

达哈纳
Dahana

日式料理

p.226-E

餐厅内还有一座小型陶器艺术馆

日式料理爱好者的福地

人气日本料理店纳哈的二号分店。花园里开满了鲜艳的热带花朵，院子中央建有一座游泳池。餐厅内的餐具全部是由店主亲手制作的。

- 地址：Jl. Petitenget No.98X
- 电话：(0361) 730131
- 营业时间：18:00～23:00
- 休息：无
- 交通：从寺院乘车约5分钟到达
- 网址：无
- 支持刷卡：不支持刷卡
- 提供英语服务

SHOPPING
购物

卡约·阿雅大街陆续开业了多家新店铺，克罗伯坎大街上也新开业了几家精品店。

哈维利
Haveli

百货小物　MAP●剪切地图-3、p.187-B

造型各异的餐具

泰国丝绸布料的坐垫在当地很有名气

充满热带风情的小饰品

这里充斥着各种奇思妙想的饰品、摆件，让人想起《天方夜谭》中出现的鬼灵精怪的物件。彩色玻璃制成的煤油灯、靠垫、窗帘、餐巾纸、纸巾盒等小产品各具特色。这里的任何一件商品都是与众不同的，和巴厘岛的传统百货有着不一样的气质。

- 地址：Jl. Basangkasa No.15 & 38，Seminyak
- 电话：（0361）737160
- 营业时间：9:00~19:00
- 休息：无
- 交通：从机场乘车约30分钟到达
- 网址：www.havelishop.com
- 支持刷卡：VISA、Master、Amex、JCB
- 提供英语服务

梦水疗
Mimpi Manis

百货小物　MAP●剪切地图-7、p.187-B

枕套售价Rp.37.6万

生活用品的设计风格大都比较休闲

高档生活用品

为高品质生活用品商店，可以说是日用百货的大宝库。质地优良的竹纤维枕巾、床单是热销产品。除此之外，还有各种小包包、串珠手链、手镯等可爱的饰品。

- 地址：Jl.Camplung Tanduk 4C，Seminyak
- 电话：（0361）733411
- 营业时间：9:00~21:00
- 休息：无
- 交通：从机场乘车约30分钟到达
- 网址：www.linge-mimpimanis.com
- 支持刷卡：VISA、Master、Amex、JCB
- 提供英语服务

SKS设计师店
SKS

`精品店`   MAP●剪切地图-2、p.187-B

Rocket品牌的泳衣售价Rp.38万

汇集各种最新款式的商品

该品牌在巴厘岛非常有名，店内的服装由巴厘岛的时尚界人士和设计师共同设计完成。服装、饰品、小物件、摆件等都是巴厘岛最时尚、最尖端的产品。

- ■ 地址：Jl.Kayu Aya 40,Oberoi, Seminyak
- ■ 电话：（0361）730393
- ■ 营业时间：10:00~20:00
- ■ 休息：无
- ■ 交通：从机场乘车约30分钟到达
- ■ 网址：www.simplekonsepstore.com
- ■ 支持刷卡：VISA、Master、Amex、JCB
- ■ 提供英语服务

库尔茨亚
Quarzia

`服饰`   MAP●剪切地图-2、p.187-A

男女装的款式都很新颖，单件售价Rp.50万

意大利设计师的完美作品

该店的服装由意大利设计师设计完成，搭配巴厘岛的特色蜡染图案，非常漂亮。采用中国的优质丝绸，融入蜡染技艺，一件完美的衣服就做成了。价格略高一些，非常适合成年女性穿着。

- ■ 地址：Jl.Oberoi #3A, Seminyak
- ■ 电话：（0361）736644
- ■ 营业时间：9:30~21:00
- ■ 休息：无
- ■ 交通：从机场乘车约25分钟到达
- ■ 网址：www.quarzia.it
- ■ 支持刷卡：VISA、Master、Amex、JCB
- ■ 提供英语服务

里拉之家
Lilla Lane

`鞋子`   MAP●剪切地图-3、p.187-B

在水明漾购物广场和乌布都开设有分店

简练的设计是其特点

近几年，该品牌在水明漾、克罗伯坎地区有着星火燎原之势。鞋面上搭配有串珠，带有特色花纹和图案。凉鞋和拖鞋卖得最好。价格偏贵，每双鞋子售价在Rp.60~140万。

- ■ 地址：Jl.Basangkasa No.8, Seminyak
- ■ 电话：（0361）736180
- ■ 营业时间：9:00~22:00
- ■ 休息：无
- ■ 交通：从机场乘车约20分钟到达
- ■ 网址：无
- ■ 支持刷卡：VISA、Master、Amex、JCB
- ■ 提供英语服务

狗尾巴
Dogs Tail

`百货`   MAP●剪切地图-6、p.187-B

在雷吉安有二号分店，人气越来越高

狗迷们必去的狗狗主题商店

巴厘岛唯一一家以狗狗为主题的百货店。蜡染衬衫Rp.9.8万~。玩具、宾坦啤酒图案的T恤非常好看。还有绿色健康的洗化用品、香皂、床上用品等。

- ■ 地址：Jl.Raya Seminyak No.4C, Seminyak
- ■ 电话：（0361）731111
- ■ 营业时间：9:00~22:00
- ■ 休息：无
- ■ 交通：从Bamboo Corner乘车约15分钟到达
- ■ 网址：www.dogstail.net
- ■ 支持刷卡：无
- ■ 提供英语服务

卡帕尔·劳乌
Kapal-Laut

MAP●剪切地图-7、p.187-B

服务员是当地人。商店面积虽小，却也摆得满满当当的

优质的银饰

巴厘岛比较知名的银饰连锁店。银饰设计师来自于西班牙，他运用巴厘岛的天然珍珠和银器设计出了不同款式的各种首饰和饰品。最畅销的海星项链售价Rp.55万~。

- 地址：Jl. Raya Seminyak 60
- 电话：（0361）733411
- 营业时间：9:00~21:00
- 休息：无
- 交通：从机场乘车约30分钟到达
- 网址：www.linge-mimpimanis.com
- 支持刷卡：VISA、Master、Amex、JCB
- 提供英语服务

比萨
Biasa

MAP●剪切地图-7、p.187-B

二楼出售男士休闲裤和夹克

舒服的棉料服装

该品牌的服装秉承"简单、舒适"的理念。白色棉料衬衫和连衣裙能够很好地抵挡住巴厘岛强烈的日晒。色彩鲜艳的围巾和最新款式的包包销量也非常好。

- 地址：Jl.Raya Seminyak 36
- 电话：（0361）730308
- 营业时间：9:00~21:00
- 休息：无
- 交通：从机场乘车约40分钟到达
- 网址：www.biasabali.com
- 支持刷卡：VISA、Master、JCB、Amex
- 提供英语服务

蒲公英
Dandelion

MAP●剪切地图-7、p.187-B

男女童装都有

妈妈们最喜欢的店铺

2008年开业，深受巴厘岛年轻妈妈们的喜爱。儿童睡衣、裙子、T恤样式可爱，质地上佳。除了童装之外，还出售手包和饰品等。

- 地址：Jl.Raya Basangsaka No.28,Seminyak
- 电话：（0361）730375
- 营业时间：9:00~20:00
- 休息：无
- 交通：从机场乘车约20分钟到达
- 网址：www.dandelionkid.com
- 支持刷卡：VISA、Master、Amex、JCB
- 提供英语服务

露丝蜡染
Lucy's Batik

MAP●剪切地图-6、p.187-B

Rp.20万

蜡染专卖店

巴厘岛当地的老牌蜡染名店。围巾、披肩等蜡染制品价格适中，样式新颖。棉质蜡染箱包颜色鲜艳，非常不错。

- 地址：Jl. Raya Basangkasa No.88,Seminyak
- 电话：（0361）7951275
- 营业时间：11:00~23:00
- 休息：无
- 交通：从机场乘车约30分钟到达
- 网址：www.lucysbatik.com
- 支持刷卡：VISA、Master、Amex、JCB
- 提供英语服务

HOBO
HOBO

MAP●剪切地图-2、p.187-A

欧美游客经常光顾这里

原木家私大本营

摆件、装饰品、工艺品专卖店。镜框、桌子、椅子、镜子等商品种类齐全，并提供海外邮寄服务。

- 地址：Jl.Kayu Cendana No.8B,Seminyak
- 电话：（0361）738454
- 营业时间：9:00~19:00
- 休息：无
- 交通：从机场乘车约30分钟到达
- 网址：www.thehobostore.com
- 支持刷卡：VISA、Master
- 提供英语服务

乌玛&莱奥波德
Uma & Leopold

服饰

MAP●剪切地图-2、p.187-A

裙装搭配有精致的串珠,常性感

适合成熟女性的性感服饰

位于Oberoi大街的高级时装店,店内陈列着各种款式的性感裙装。除此之外,还有潮流服饰、配饰、鞋子等。价格略高,单品售价在Rp.80万~300万。许多欧美游客前来消费。

- 地址:Jl.Oberoi 77x, Seminyak
- 电话:(0361)737697
- 营业时间:9:00~21:30
- 休息:无
- 交通:从机场乘车约20分钟到达
- 网址:www.umaandleopold.com
- 支持刷卡:VISA、Master、Amex
- 提供英语服务

布鲁
Blu

饰品

MAP●剪切地图-2、p.187-A

银饰纯度高达92.5%,雷吉安度假村内有另一家分店

心形银饰讨人喜欢

该店的银饰出自于意大利女设计师之手,半透明的心形花边项链和天使造型的银饰数量最多。银手镯Rp.8万起。

- 地址:Jl.Kayu Aya no.17, Seminyak
- 电话:(0361)735591
- 营业时间:9:00~21:00
- 休息:无
- 交通:从机场乘车约20分钟到达
- 网址:www.bluborninitaly.com
- 支持刷卡:VISA、Master、Amex、JCB
- 提供英语服务

我的地盘
My Island Bali

服饰·小物

MAP●剪切地图-7、p.165-B

店内也出售名牌香皂

动物造型的置物篮夺人眼球

为藤制品工厂的展示室兼商店。以猪、青蛙为主题的置物篮有着大小不同的尺寸。除此之外,还有各种百货、小物件等巴厘岛特色商品。

- 地址:Jl.Raya Basangkasa34x, Seminyak
- 电话:(0361)737826
- 营业时间:9:00~20:00(周日10:00~20:00)
- 休息:无
- 交通:从机场乘车约20分钟到达
- 网址:www.myislandbali.com
- 支持刷卡:VISA、Master、Amex、JCB
- 提供英语服务

普斯皮塔
Puspita

服饰

MAP●剪切地图-2、p.187-B

长裙 Rp.32万~

夏装款式多种多样

这里的服装花纹、图案各异,还有蜡染风格的裙装。除此之外,店内还出售颜色鲜艳的串珠、手镯和项链,与裙装搭配非常合适。

- 地址:Jl. Oberoi No.9 Seminyak
- 电话:(0361)730106
- 营业时间:9:00~21:00
- 休息:无
- 交通:从机场乘车约20分钟到达
- 网址:无
- 支持刷卡:VISA、Master、JCB
- 提供英语服务

保罗洛普
Paul Ropp

服饰·小物件

MAP●剪切地图-2、p.187-B

各式各样的成人服装、童装

个性十足的各类服装

该品牌在巴厘岛有着极高的知名度,总共有8家分店。店主是一名美国服装设计师。这里的服装、饰品,都采用印度一流的原材料,质量和款式都堪称完美。

- 地址:Jl.Laksamana No.68
- 电话:(0361)735613
- 营业时间:9:00~21:00
- 休息:无
- 交通:从机场乘车约40分钟到达
- 网址:www.paulropp.com
- 支持刷卡:VISA、Master、Amex
- 提供英语服务

金巴兰
Jimbaran

p.196	地区概况
p.197	旅游景点
p.198	餐厅
p.200	购物

金巴兰

Jimbaran

MAP●剪切地图-46，p.132-E

如何前往

从机场乘车约20分钟到达，从库塔中心乘车约20分钟到达，从努沙杜瓦乘车约30分钟到达，从沙努尔乘车约30分钟到达，从乌布乘车约90分钟到达。在金巴兰旅游搭乘出租车比较方便。在街上不太好打车，可以要求酒店工作人员帮忙叫出租车。度假村通常会提供免费巴士。

针对不同游客的推荐指数

用小猫图案的多少来表示推荐程度

游客类型	推荐指数
情侣	🐱🐱🐱🐱🐱
家庭	🐱🐱🐱
文化、艺术派	🐱🐱🐱
购物派	🐱
海上运动爱好者	🐱🐱

在金巴兰海滩享用海鲜盛宴

海滩旁边的海鲜咖啡厅是该地区的一大特色，入住并体验豪华、典雅的大型度假村

地区概况

餐厅、酒店安静地分散在辽阔的海滩旁边

金巴兰地区指的是伍拉·赖机场以南，以金巴兰市场为中心、南北方圆2公里左右的地区。这里原本是一座小渔村，当时只有空无一人的海滩，渔民们每天打捞新鲜的海产品。金巴兰的海滩与库塔和雷吉安的海滩有着不一样的风貌，这里的海滩周围分布着许多海鲜烧烤店（露天餐厅），在这里能够吃到各种美味海鲜。到金巴兰旅游，一定要到海边欣赏美丽的夕阳景色。

金巴兰的中心地段很安静，餐厅、酒店的数量也不是很多。近年来，金巴兰增添了许多大型顶级度假村和欧美风格的别墅，喜欢安静、远离城市喧嚣的人们喜欢在这里长期度假。很多情侣也到这里来度蜜月。金巴兰最著名的景点是位于巴厘岛南部半岛的乌鲁瓦图寺院。苏鲁班海滩正对印度洋，平日里有许多来自全世界各地的冲浪爱好者前来游玩。

金巴兰是安静的度假胜地

街角一览

在乌鲁瓦图寺院欣赏巴厘岛的传统舞蹈

从金巴兰乘车约30分钟，到达位于巴厘岛最南端、建在海拔70米的悬崖之上的乌鲁瓦图寺院（参照p.197）。在乌鲁瓦图寺院可以欣赏到巴厘岛的传统舞蹈——克恰舞表演。在印度洋湛蓝的海水和悬崖峭壁的映衬之下，整个舞蹈场面多了一份梦幻般的色彩。可在当地报团前去参观。有会说中文的导游陪同前往，欣赏舞蹈表演之后享用海鲜大餐。

旅游团每天发团（雨天除外）。每天16:30准时发团。团费每人US$68~。详情请咨询巴厘岛旅行社。

大人、孩子其乐融融的舞蹈表演（现场拍摄的照片）

旅游景点

度假村、餐厅氛围很好
一家人可在海鲜烧烤店大快朵颐

海鲜烧烤店 —— Ikan Bakar

MAP p.197-A
■ 交通：从机场乘车15~20分钟到达、从库塔乘车20~25分钟到达
■ 营业时间：因店各异。一般从上午营业至22:00
■ 休息：无 ■ 支持刷卡：因店各异

在海滩细细品味海鲜美味
伴着夕阳和晚风欣赏精彩的演出

海鲜烧烤店在金巴兰的海滩旁边排起了长龙。到任意一家烧烤店就餐，必点的是龙虾和海鱼。这些鲜活的食材存放在门口的水槽中。每家店的价格都差不多，最后是按照重量算钱。海鲜烧烤店集中在海滩北面和南面，南面的烧烤店相对较好。一到傍晚，这里就热闹起来。看着夕阳下的海景，吹着潮湿的海风，吃着美味的海鲜烧烤，让人心满意足。虽然人比较多，但是情侣一起来用餐也非常合适。

乌鲁瓦图寺院 —— Pura Uluwatu

MAP ● 剪切地图-45、p.132-E
■ 交通：从金巴兰乘车20~30分钟到达
■ 费用：Rp.1万
■ 门票：8:00~20:00 ■ 休息：无

神圣寺院有着众多虔诚信徒
是欣赏夕阳的最佳场所之一

乌鲁瓦图寺院修建于11世纪，位于海拔70米的悬崖峭壁之上。据说这座寺院是得道高僧尼拉尔达修建的，他非常崇拜海神。在步行道散步时，淘气的野猴会趁人不备掏走游客的眼镜和帽子。一些黑导游会以保护野猴为借口，向游客索取财物，一定不要上当。

海水映衬下的美景

从傍晚一直热闹到深夜时分的海鲜烧烤店

新鲜的海鱼夹在特制的铁网中进行烤制

餐厅

RESTAURANT

提起金巴兰，最有名的当数海鲜。大批海鲜烧烤店坐落在海滩旁边，等候着食客们的光临。

茵坦莎丽咖啡厅
Intan Sari Cafe

`海鲜料理`　MAP p.197-A

菜单附有食物的照片

推荐傍晚时前来用餐。可以欣赏美丽的夕阳景色

大海、夕阳、海鲜的完美搭配

　　该咖啡厅位于金巴兰海滩南面的海鲜烧烤店内。从入口处的水槽内挑选出想吃的海货，然后前往海滩边的餐桌就座等待美味上桌。等菜的时间可以点一杯椰汁。龙虾、大虾、扇贝、螃蟹、海鱼烤好之后陆续端上桌。口味比较清淡。烧烤配啤酒再合适不过。

- 地址：Jl. Four Seasons, Jimbaran
- 电话：(0361) 705205
- 营业时间：9:00~23:00
- 休息：无
- 交通：从机场乘车约15分钟到达
- 网址：无
- 支持刷卡：VISA、Master
- 提供英语服务

本膳
Honzen

`日本料理`　MAP p.197-A

食材非常地道、新鲜

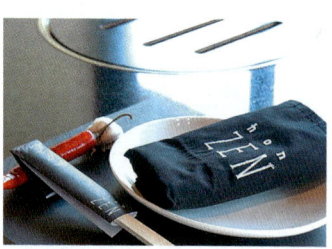
品尝正宗的神户牛肉

重新装修的时尚餐厅

　　该日本料理餐厅位于巴厘岛阿雅娜水疗度假酒店（p.86）内。以超赞的味道俘获了美食家们的心，菜肴摆盘精致，装饰风格非常时尚。餐厅的一楼是寿司柜台，二楼提供日式烤肉。神户牛肉做成的牛排非常好吃，建议品尝一下。

- 地址：Jl. Karang Mas Sejahtera, Jimbaran
- 电话：(0361) 702222
- 营业时间：12:00~14:30、18:00~22:00
- 休息：无
- 交通：从机场乘车约15分钟到达
- 网址：www.ayanaresort.com
- 支持刷卡：VISA、Master、Amex、Diner's
- 提供英语服务

塔皮斯餐厅
Tapis Restaurant

独创菜系　MAP p.197-A

非度假村房客也可以在这儿用餐。需要提前预约

由在日本餐厅工作多年的大厨掌勺

该餐厅位于人气度假胜地卡约马尼斯村内。除了可以在室内用餐之外，还可以在院子里的凉亭（东屋）内用餐，需要脱鞋入内。大厨烹饪出的菜肴有着细腻的味道。

- 地址：Jl. Yoga Perkanti, Jimbaran
- 电话：（0361）705777
- 营业时间：7:00~23:00
- 休息：无
- 交通：从机场乘车约15分钟到达
- 网址：www.kayumanis.com
- 支持刷卡：VISA、Master、Amex、Diner's
- 提供英语服务

巴厘岛椰林天堂之家 Ⅰ
Warung Jaya Sempurna Ⅰ

印度尼西亚料理　MAP p.197-B

欧美顾客很多。有英语菜单

美味的海鲜盛宴

金巴兰的知名海鲜餐馆，用餐氛围轻松。金巴兰以盛产海鲜而闻名，这里有着各种海味佳肴。海鲜拼盘Rp.1.5万、海鲜炒饭Rp.2万。海鲜炒饭用少量的油热锅，加入米饭和海鲜炒制而成，最后放上煎鸡蛋，味道棒极了。

- 地址：Jl.Uluwatu 33, Jimbaran
- 电话：（0361）9993420
- 营业时间：9:00~24:00
- 休息：无
- 交通：从机场乘车约10分钟到达
- 网址：无
- 支持刷卡：无
- 提供英语服务

金巴兰花园
Jimbaran Gardens

地中海料理　MAP p.197-B

菜品每日更换，好评不断

用不同食材做出意大利面和比萨

位于巴厘岛洲际度假村内，坐落在大海对面的游泳池旁边，是地道的地中海料理餐厅。6种口味的沙拉、不同食材做出的比萨和意大利面是其招牌菜。巴厘岛传统鸡肉比萨最受食客喜爱。海鲜烧烤也非常好吃。

- 地址：Jl.Uluwatu 45, Jimbaran
- 电话：（0361）701888（订餐分机号7460）
- 营业时间：6:30~23:00
- 休息：无
- 交通：从机场乘车约10分钟到达
- 网址：www.ichotelsgroup.com
- 支持刷卡：VISA、Master、Amex、JCB
- 提供英语服务

SHOPPING
购物

金巴兰的陶器商店非常多，不但可以享受购物的乐趣，还能够参与到陶器的制作过程中来。

金加拉凯拉米克
Jenggala Keramik Bali

陶器　MAP p.197-B

坐拥600余种陶器的美术馆

整座建筑物如同美术馆一样，里面陈列着各种各样颜色鲜艳的陶瓷器皿。陶器工匠来自于新西兰，他在1988年开了这家店。该品牌的陶器不同于欧美陶器，也与亚洲传统陶器有着明显的区别。店内还设有咖啡厅和陶器商店。

- 地址：Jl. Raya Uluwatu Ⅱ, Jimbaran
- 电话：（0361）703311　■ 营业时间：8:00~20:00
- 休息：无　■ 交通：从机场乘车约15分钟到达
- 网址：www.jenggala.com
- 支持刷卡：VISA、Master、JCB
- 提供英语服务

店内还设有咖啡厅和陶器商店

姗姗精品店
Shan Shan Collection

饰品　MAP p.197-B

做工精良的饰品

位于巴里克餐厅旁边，是金巴兰最有名的饰品店之一。店主是一位杰出的饰品设计师，他的作品多以民族风为主。

- 地址：Jl. Uluawtu no.39 JImbaran
- 电话：（0361）704945　■ 营业时间：10:00~22:00
- 交通：从机场乘车约10分钟到达
- 网址：www.shan-shan.info
- 支持刷卡：VISA、Master、JCB
- 提供英语服务

店内装修也非常讲究

阿贡拉卡奥莱卡斯
Agung Raka Oleh-Oleh Khas Bali

土产　MAP●剪切地图-46、p.132-E

巴厘岛特产商品大卖场

位于GWK文化公园内的特产商品店。香皂、沐浴乳、T恤、连衣裙、美术作品等商品多到令人眼花缭乱。推荐游客到这里来购买纪念品。

- 地址：Garuda Wisnu Kencana（GWK）Culture Park
- 电话：（08788）1066420
- 营业时间：9:00~20:00　■ 休息：节假日
- 交通：从机场乘车约30分钟到达
- 网址：无　■ 支持刷卡：VISA、Master
- 提供英语服务

T恤款式多种多样

努沙杜瓦&伯诺阿
Nusa Dua & Benoa

p.202　地区概况
p.203　旅游景点
p.204　餐厅
p.208　购物

努沙杜瓦&伯诺阿

**五星级酒店遍布
巴厘岛最出色的度假区**

Nusa Dua & Benoa

MAP●剪切地图-46、p.132-F

如何前往

从机场驱车前往努沙杜瓦历时约30分钟到达、前往伯诺阿历时约20分钟到达。从库塔驱车前往努沙杜瓦历时约30分钟到达、前往伯诺阿历时约25分钟到达。机场和海滩之间有海上通路连接,非常方便、快捷(通行费Rp.1万每辆)。

针对不同游客的推荐指数

用小猫图案的多少来表示推荐程度

游客类型	推荐指数
情侣	🐱🐱🐱🐱
家庭	🐱🐱🐱
文化、艺术派	🐱🐱
购物派	🐱🐱🐱
海上运动爱好者	🐱🐱🐱

努沙杜瓦的海滩有着湛蓝的大海

地区概况

优雅的时光缓缓流逝
巴厘岛大名鼎鼎的旅游度假区

在印度尼西亚政府的大力支持下,努沙杜瓦和伯诺阿进一步加大了旅游事业的发展力度,在短短的30年间,从一个默默无名的小渔村一跃成为了世界闻名的大型旅游度假景区。如今,这里五星级酒店、度假村遍布,每天接纳成千上万名来自于世界各地的游客。到巴厘岛度假的人们有着不同的追求,但是,游览美丽的海滨、悠闲地度假是他们共同的愿景。该地区共有主门、南门和北门3座大门,除了获得许可的当地居民之外,不允许任何人进驻,很好地维持了秩序。游客可以在这里尽情享受海滩、购物、海上运动带来的乐趣。努沙杜瓦的海滩允许冲浪,但是禁止水上摩托艇等运动。如果想骑摩托艇、乘快艇的话,可以到伯诺阿。伯诺阿位于巴厘岛北部地区,在这里可以尽情体验各种海上运动。在双车道普拉塔玛大街两侧坐落着许多商店和餐厅。

在胡同内看街头艺人表演

伯诺阿的港口有渔民打鱼。在这里可以进行各种海上运动

努沙杜瓦的正门一带坐落着许多度假村

旅游景点

**体验海上运动，感受渔村生活
欣赏巴厘岛的旧貌和新颜**

伯诺阿 ——————— Benoa

MAP p.203-B
■ 交通：从努沙杜瓦乘车约15分钟到达

自古以来的小渔村
海上运动胜地

　　伯诺阿位于巴厘半岛的北部，原来是一个不起眼的小渔村。这里最吸引人的地方就是各种各样的海上运动。在当地有许多海上运动商店和旅行社，海上运动可以在旅行社报团参加，也可以在酒店预约。有的酒店还会为游客准备免费接送巴士。

普拉塔玛大街两侧的艺术品商店

伯诺阿有着湛蓝的天空和碧绿的大海

温情提示

**巴厘岛第一条
海上高速公路建成开通**

　　近年来，巴厘岛的交通状况日益恶化。为解决越来越突出的交通问题，政府斥资修建了巴厘岛第一条海上高速公路。该高速公路是收费的，连接机场和努沙杜瓦、伯诺阿地区，并通往登巴萨地区。平时高速公路上的车辆较少，几乎畅行无阻，既可以大大缩短出行时间，一路上又可以欣赏海上风光，一举两得。乘用车、出租车收取高速公路过路费Rp.1万。

2013年10月1日开通

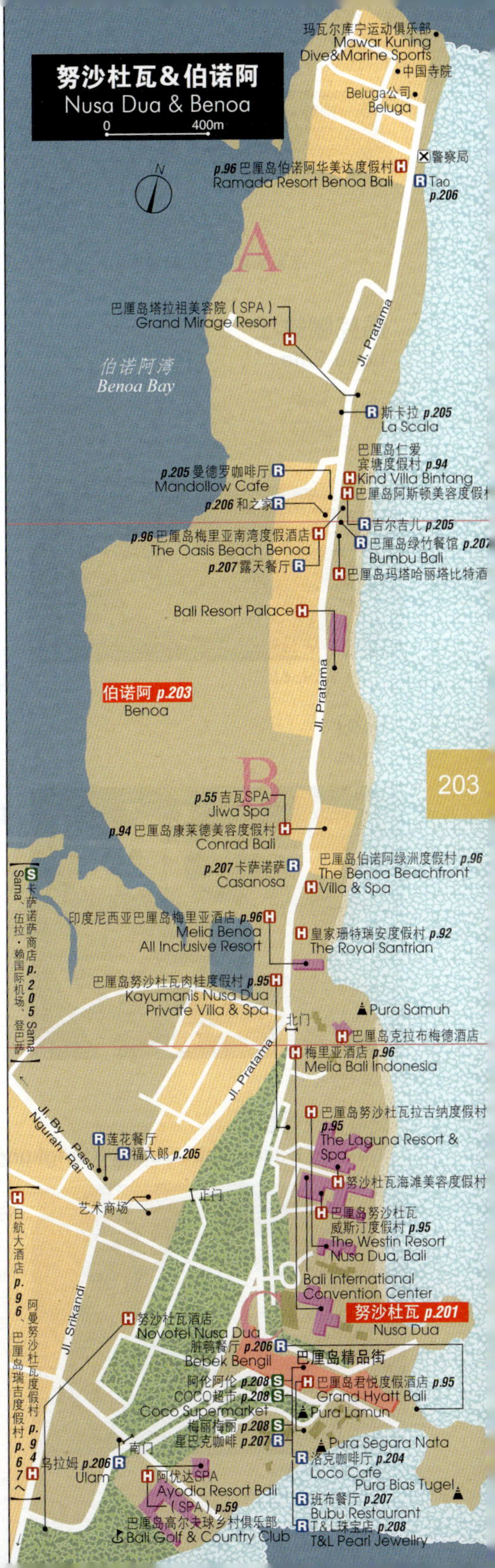

努沙杜瓦 & 伯诺阿
Nusa Dua & Benoa
0　　　400m

- 玛尔库宁运动俱乐部 Mawar Kuning Dive&Marine Sports
- 中国寺院
- Beluga公司 Beluga
- 警察局
- p.96 巴厘岛伯诺阿华美达度假村 Ramada Resort Benoa Bali
- Tao p.206
- 巴厘岛塔拉祖美容院（SPA）Grand Mirage Resort
- 伯诺阿湾 Benoa Bay
- 斯卡拉 p.205 La Scala
- p.205 曼德罗咖啡厅 Mandollow Cafe
- 巴厘岛仁爱宾塘度假村 p.94 Kind Villa Bintang
- 巴厘岛阿斯顿美容度假村 Bumbu Bali
- p.96 巴厘岛梅里亚海湾度假酒店 The Oasis Beach Benoa
- 吉尔吉儿 p.205
- 巴厘岛绿竹餐馆 p.207
- p.207 露天餐厅
- 巴厘岛玛塔哈丽塔比特滑
- Bali Resort Palace
- 伯诺阿 p.203 Benoa
- p.55 吉瓦SPA Jiwa Spa
- p.94 巴厘岛康莱德美容度假村 Conrad Bali
- 巴厘岛伯诺阿绿洲度假村 p.96 The Benoa Beachfront Villa & Spa
- p.207 卡萨诺莎 Casanosa
- 皇家珊特瑞安度假村 p.92 The Royal Santrian
- 印度尼西亚巴厘岛梅里亚大酒店 p.96 Melia Benoa All Inclusive Resort
- 巴厘岛努沙杜瓦肉桂度假村 p.95 Kayumanis Nusa Dua Private Villa & Spa
- Pura Samuh
- 巴厘岛克拉布梅德酒店
- 梅里亚酒店 p.96 Melia Bali Indonesia
- 莲花餐厅
- 福太郎 p.205
- 巴厘岛努沙杜拉古纳度假村 p.95 The Laguna Resort & Spa
- 努沙杜瓦海滩美容度假村
- 艺术商场
- 巴厘岛努沙杜瓦威斯汀度假村 p.95 The Westin Resort Nusa Dua, Bali
- Bali International Convention Center
- 日航大酒店 p.96
- 努沙杜瓦酒店 Novotel Nusa Dua
- 努沙杜瓦 p.201 Nusa Dua
- 脏鸭餐厅 p.206 Bebek Bengil
- 巴厘岛精品街
- 巴厘岛君悦度假酒店 p.95 Grand Hyatt Bali
- 阿伦阿伦 p.208
- COCO超市 Coco Supermarket
- Pura Lamun
- 梅丽梅丽 p.208
- 库兹克咖啡 p.207
- Pura Segara Nata
- 洛克咖啡 p.204 Loco Cafe
- 乌拉姆 p.206 Ulam
- Pura Bias Tugel
- 阿优达SPA Ayodia Resort Bali (SPA)
- 班布餐厅 p.207 Bubu Restaurant
- 巴厘岛尔夫球乡村俱乐部 Bali Golf & Country Club
- T&L珠宝店 p.208 T&L Pearl Jewelry

餐厅 RESTAURANT

这里既有不同口味的国际料理餐厅，也有擅长烹饪当地特色菜的家庭菜馆。

洛克咖啡厅
Loco Cafe

印度尼西亚料理　MAP p.203-C

巴厘岛拼盘饭Rp.6.5万

印度尼西亚式的咖啡餐吧

休闲咖啡馆风格的餐吧，以印度尼西亚传统菜肴为主，有着不少女性顾客。可以在这里吃午餐。吃晚餐的话，推荐套餐。该店的招牌料理是巴厘岛海鲜拼盘饭（提前一天预约），价格为Rp.29.5万（二人餐价格）。

- 地址： Bali Collection A17/4
- 电话： (0361) 776798
- 营业时间： 8:00～23:00　■休息：无
- 交通： 巴厘岛购物中心内
- 网址： www.lococafe.com　■支持刷卡：VISA、Master、Amex、JCB　■提供英语服务

塔帕
Tapa

国际料理　MAP p.132-F

小份菜品Rp.2.5万

休闲、时尚的用餐场所

位于时尚度假村The Valley内的新感觉派餐厅。海鲜盛宴、民族菜系摆在精致的餐盘中端上桌，让人胃口大开。鸡尾酒的种类也比较多。

- 地址： Jl. Raya Nusa Dua Selatan,76, Nusa Dua
- 电话： (0361) 775111　■休息：周一
- 营业时间： 17:00～23:00（点菜时间）
- 交通： 从机场乘车约30分钟到达
- 网址： www.thebale.jp/index.html　■支持刷卡：VISA、Master、Amex、JCB、Diner's　■提供英语服务

克隆孔王宫餐厅
Warung Bakas Babi Guling Klungkung Sari Dewata

巴厘岛菜肴　MAP p.132-E

好看又好吃的拼盘饭

当地非常出名的拼盘饭餐厅

用餐环境干净、舒适，卫生情况非常乐观。猪肉、蔬菜拼盘饭配上炸猪内脏非常好吃。大部分菜肴都不太辣，味道偏清淡。加入香蕉叶的汤羹很好喝。

- 地址： Jl.Ngrah Rai, Mumbul Nusa Dua
- 电话： (0361) 777142
- 营业时间： 9:00～21:00　■休息：无
- 交通： 从机场乘车约15分钟到达　■网址：无
- 支持刷卡： 不可
- 提供英语服务

曼德罗咖啡厅
Mandollow Cafe

印度尼西亚料理

MAP p.203-A

巴厘岛菜肴中不可缺少的酱料——三巴酱

休闲餐品魅力十足

位于巴厘岛阿斯顿度假村的正对面，是当地最有名的印度尼西亚料理餐厅。拼盘饭、沙爹、套餐内容丰富，价格适中。建议品尝一下这里的特色烤肉。烤肉的肉质地鲜嫩，肥美多汁，非常不错。价格为Rp.5万。

- 地址：Jl.Pratama No.85, Nusa Dua
- 电话：(081) 236-350035
- 营业时间：9:00～22:00
- 休息：不休息
- 交通：从机场乘车约30分钟到达
- 网址：无
- 支持刷卡：不可
- 提供英语服务

萨玛萨玛
Sama-Sama

烤肉

MAP p.132-E

便宜又实惠的烤肉自助。用餐时间为90分钟

大红色招牌非常醒目

为当地的烤肉店。使用上等盐巴、上等肉、上等炭火精心烤好的肉鲜嫩无比，配着汤羹、米饭一起吃。烤肉自助餐Rp.19万。店内有单人桌、多人桌。使用无烟木炭，没有任何污染。

- 地址：Jl.By Pass Ngurah Rai No.128, Nusa Dua
- 电话：(0361) 771129
- 营业时间：11:00～23:00 (L.O.22:30)
- 休息：无
- 交通：从努沙杜瓦驱车约8分钟到达
- 网址：www.samasamabali.com
- 支持刷卡：VISA、Master、Amex、JCB
- 提供英语服务

努沙杜瓦&伯诺阿

205

餐厅

斯卡拉
La Scala

多国料理

MAP p.203-A

餐厅可提供免费巴士前往努沙杜瓦

白色的拱形屋顶是其最大的招牌

用餐环境开放、干净、明亮、通透。以意大利料理和海鲜菜肴而闻名。晚餐可以享受免费饮料和无微不至的周到服务。在二楼露天餐桌用餐可以欣赏美丽的风景。

- 地址：Jl.Pratama No93, Nusa Dua
- 电话：(0361) 775605
- 营业时间：11:00～23:00
- 休息：无
- 交通：位于格兰德大酒店正对面
- 网址：无
- 支持刷卡：VISA、Master、Amex、JCB
- 提供英语服务

福太郎
Fukutaro

日本料理

MAP p.203-C

一直营业到深夜23点

人气BBQ

店内摆满了绿植作为装饰，空气新鲜。一楼是日式料理和铁板烧，二楼是BBQ和火锅。该餐厅为住在努沙杜瓦的顾客提供免费巴士。

- 地址：Jl.By Pass Nusa Dua No.106
- 电话：(0361) 777000
- 营业时间：8:00～23:00
- 休息：无
- 交通：从巴厘岛购物中心驱车约5分钟到达
- 网址：www.fukutaro.com
- 支持刷卡：VISA、Master、Amex、JCB
- 提供英语服务

吉尔吉儿
Giorgio

意大利料理

MAP p.203-B

位于巴厘岛阿斯顿度假村内

正宗的意大利料理

烤肉、牛排等意式料理味道正宗。餐厅内设有葡萄酒酒窖，8成顾客来自于意大利。周二、周四、周五的晚上会有吉他伴唱表演。

- 地址：Jl.Pratama 68X, Tanjung Benoa
- 电话：(0361) 773577
- 营业时间：18:00～22:30
- 休息：无
- 网址：www.astonbali.com
- 交通：从机场乘车约20分钟到达
- 支持刷卡：VISA、Master、Amex、JCB、Diner's
- 提供英语服务

江户银
Edogin

`日本料理` MAP p.132-F

装饰品、挂件全部为定制品

铁板烧等美味日料让人赞不绝口

位于六星级度假村穆丽雅别墅度假村内的日式料理餐厅。铁板烧、寿司、刺身等日料非常好吃。周五、周六18点后是铁板烧自助餐时间。

- 地址：Jl.Raya Nusa Dua Selatan, Kawasan Sawangan, Nusa Dua
- 电话：(0361) 301777（内 6788）
- 营业时间：11:00~23:00
- 休息：无
- 交通：从机场乘车约20分钟到达
- 网址：www.themulia.com/jp/edogin
- 支持刷卡：VISA、Master、JCB、Amex
- 提供英语服务

Tao
Tao

`多国料理` MAP p.203-A

店内也有套餐

海滩旁边的观景餐厅

在海边一边欣赏海景，一边品尝泰国厨师烹制的美味佳肴。泰国咖喱饭（鸡肉咖喱饭Rp.7万）、牛肉咖喱饭Rp.7万）是必点菜品。

- 地址：Jl. Pratama No.96, Tanjung Benoa
- 电话：(0361) 772902
- 营业时间：10:00~23:00 (L.O.22:00)
- 休息：无
- 交通：从巴厘岛购物中心乘车10分钟到达
- 网址：www.taobali.com
- 支持刷卡：VISA、Master、Amex、JCB
- 提供英语服务

脏鸭餐厅
Bebek Bengil

`印度尼西亚料理` MAP p.203-C

引以为傲的烤鸭

美味的鸭肉料理

巴厘岛的烤鸭名店（bebek）烤好的鸭子鸭皮酥脆，鸭肉鲜美。餐厅环境比较安静，位于海滩旁边。除了美味的烤鸭，还可以尝到正宗的巴厘岛菜肴。每道菜品约Rp.12万。

- 地址：BTDC Complex, Nusa Dua Beach
- 电话：(0361) 8948111
- 营业时间：10:00~22:00
- 休息：无
- 交通：从巴厘岛购物中心乘车5分钟到达
- 网址：www.bebekbengil.com
- 支持刷卡：VISA、Master、JCB
- 提供英语服务

乌拉姆
Ulam

`印度尼西亚料理` MAP p.203-C

金牌海鲜荟萃是其吸引顾客的一大法宝

当地非常火爆的分餐厅

这家印度尼西亚餐厅以实惠的价格吸引了大批当地食客。特别是一到晚上，这里总是人气爆棚。菜品分量很大，以海鲜菜肴为主。套餐内包含龙虾、鱼、新鲜沙拉、米饭，价格为Rp.16.9975万~。

- 地址：Jl.Pantai Mengiat No.14, Nusa Dua
- 电话：(0361) 773776
- 营业时间：11:00~22:00
- 休息：无
- 交通：从努沙杜瓦驱车约3分钟到达
- 网址：无
- 支持刷卡：VISA、Master、Amex、JCB
- 提供英语服务

和之家
Kazunoya

`日本料理` MAP p.203-A

特制便当包含手握寿司、蒸饭、味噌汤、甜点等

巴厘岛最好吃的日式餐厅

和之家特制便当包含刺身、烤肉、关东煮等经典的日式料理在内，价格约为Rp.14.5万。多加寿司的话售价Rp.19.8万。蟹油乳酪Rp.4.1万。店内还有铁板烧。在这里可以品尝到纯正宗的日本料理。

- 地址：Jl.Pratama No.73 AC, Nusa Dua
- 电话：(0361) 775542
- 营业时间：18:00~22:00（点菜时间）
- 休息：无
- 交通：从努沙杜瓦驱车约10分钟到达
- 网址：无
- 支持刷卡：VISA、Master、Amex、JCB、Diner's
- 提供英语服务

露天餐厅
The Terrace Restaurant

特色菜　　　　　　　　　　MAP p.203-B

许多非度假村房客也前来用餐。用餐氛围轻松

深受顾客欢迎的亚洲菜系

　　餐厅位于著名的绿竹度假村内部。餐厅内采用白色涂料和天然木材作为装饰，显得既朴素又非常简洁。在这里可以品尝到美味的海鲜大餐和正宗的亚洲料理。早晨开始营业。餐厅有酒吧的格调。

- 地址：Jl.Pratama No.68A, Tanjung Benoa, Nusa Dua
- 电话：(0361) 770126
- 营业时间：24小时 (L.O.23:00、早餐6:00~)
- 休息：无　■交通：从机场乘车约20分钟到达
- 网址：www.theoasisbenoa.com
- 支持刷卡：VISA、Master、Amex、JCB
- 提供英语服务

巴厘岛绿竹餐馆
Bumbu Bali

巴厘岛菜肴　　　　　　　　MAP p.203-B

巴厘岛传统海鲜晚宴是其招牌菜

勾人食欲的巴厘岛餐馆

　　餐馆有着巴厘岛的传统特色，比较贴近当地人的生活。餐馆为食客们提供巴厘岛印度教的传统菜肴。店内共有85个座席，仿照巴厘岛古建筑而建，适合家庭聚餐、情侣约会。在当地很有人气，需要提前预订座位。

- 地址：Jl.Pratama Matahari Terbit Bali Tanjung Benoa, Nusa Dua
- 电话：(0361)774502
- 营业时间：11:00~23:00
- 休息：无　■网址：www.balifoods.com
- 交通：从努沙杜瓦驱车约5分钟到达
- 支持刷卡：VISA、Master、Amex
- 提供英语服务

卡萨诺萨
Cassanosa

多国料理　　　MAP p.203-B

许多西欧游客前来就餐

新鲜的海味

　　巴厘岛的传统海鲜餐厅。包含墨鱼、龙虾、大虾等新鲜海味在内的双人龙虾套餐售价Rp.43.2万。

- 地址：Jl.Pratama No.85 Tanjung Benoa, Nusa Dua
- 电话：(0361) 773902
- 营业时间：14:30~23:00
- 休息：无
- 交通：从努沙杜瓦驱车约6分钟到达
- 网址：无　■支持刷卡：不可
- 提供英语服务

班布餐厅
Bubu Restaurant

中国菜　　　MAP p.203-C

漂亮的餐盘

美味的中国料理

　　中国风味海鲜大餐亚洲菜品丰富。餐厅的水池上修建有一座凉亭，可以在凉亭内吹着海风用餐。鱼贝类等海鲜均为当天最新鲜的。

- 地址：Bali Collection
- 电话：(0361) 778561
- 营业时间：10:00~22:00
- 交通：位于巴厘岛购物中心内
- 网址：无
- 支持刷卡：VISA、Master、Amex、JCB、Diner's
- 提供英语服务

星巴克咖啡
Starbacks Coffee

咖啡厅　　　MAP p.203-C

和其他地方的星巴克咖啡厅一样

在知名咖啡厅休息

　　位于巴厘岛购物中心内的休闲咖啡厅。逛街逛累了，可以在这里休息一下，并可以购买巴厘岛星巴克限量版的杯子和T恤。

- 地址：Bali Collection
- 电话：(0361) 778932
- 营业时间：10:00~22:00
- 休息：无
- 交通：位于巴厘岛购物中心内
- 支持刷卡：VISA、Master、Amex、JCB
- 提供英语服务

SHOPPING
购物

这里的小物件、T恤、绘画作品丰富，尽情享受购物带来的快乐！

阿伦阿伦
Alun Alun

`精品店` MAP p.203-C

印度尼西亚的点心、手包

挑选精致的小礼品

有雅加达、巴厘岛绝仅有的印度尼西亚主题商品和各种精致礼品。点心、服装、箱包等商品物美价廉。建议到这里来逛一逛。

- 地址：Bali Collection崇光百货内
- 电话：（0361）772655（代）
- 营业时间：10:00～22:00　休息：无
- 交通：从机场乘车约20分钟到达
- 网址：www.alunalunindonesia.com
- 支持刷卡：VISA、Master、Amex、JCB、Diner's
- 提供英语服务

COCO超市
Coco Supermarket

`百货` MAP p.203-C

超市内有巴厘岛酿造的酒水

价格实惠的特产商品

超市内有超过5000余种印度尼西亚礼品。调味料、咖啡作为礼品非常合适。这里的东西价格都比较实惠，要购买回国礼品的话，建议到这里来逛逛。

- 地址：Bali Collection A13/5
- 电话：（0361）773846
- 营业时间：8:30～24:00　休息：无
- 交通：位于巴厘岛购物中心内
- 网址：无
- 支持刷卡：VISA、Master、Amex、JCB
- 提供英语服务

T&L珠宝店
T&L Pearl Jewellry

`优质饰品` MAP p.203-C

用印度尼西亚产的宝石加工而成的珠宝

熠熠生辉的珠宝店

印度尼西亚知名的首饰珠宝品牌。白珍珠、黑珍珠、粉红系、蓝色系等珠宝数不胜数，作为纪念品也非常合适。

- 地址：Bali Collection
- 电话：（0361）778561
- 营业时间：10:00～22:00
- 交通：位于巴厘岛购物中心内
- 网址：无
- 支持刷卡：VISA、Master、Amex、JCB、Diner's
- 提供英语服务

梅丽梅丽
Meli-Meli

`饰品` MAP p.203-C

店内的饰品很齐全

五彩缤纷的饰品大荟萃

小小的店内摆满了带有精美刺绣和串珠作为装饰的包包、蜡染制品、背包等商品。该店卖得最好的商品是蚊帐。

- 地址：Bali Collection Blok B6#2
- 电话：（0361）2775678
- 营业时间：9:00～22:30　休息：无
- 交通：从机场乘车约20分钟到达
- 网址：无
- 支持刷卡：VISA、Master、Amex、JCB
- 提供英语服务

沙努尔
Sanur

p.210 地区概况
p.212 旅游景点
p.213 餐厅
p.216 购物

沙努尔

Sanur

MAP●剪切地图-40，p.132-D

如何前往

从机场乘车约20分钟到达，从登巴萨乘车约10分钟到达，从库塔乘车约20分钟到达，从乌布乘车约40分钟到达。可从其他主要景区乘坐普拉玛公司的循环巴士前往沙努尔。沙努尔的中心地区直径大约3千米。建议租一辆自行车游逛。

针对不同游客的推荐指数

用小猫图案的多少来表示推荐程度

游客类型	推荐指数
情侣	🐱🐱🐱🐱
家庭	🐱🐱🐱
文化、艺术派	🐱🐱🐱
购物派	🐱🐱🐱
海上运动爱好者	🐱🐱🐱🐱🐱

宁静的大海上适合进行各种海上运动

地区概况

早市、商店以及旅游景点多集中在海岸线一带

早在1930年荷兰统治时代，就有大批来自欧美国家的人在此居住。从20世纪60年代开始，沙努尔才开始着力于发展旅游业，并建起了许多度假村。比利时画家勒迈耶、澳大利亚画家多纳尔德·弗伦多等欧美国家的绘画大师常年在这里定居。沙努尔地区的中心是南北走向、长约4千米的Tambingan大街。沙努尔有着长约10千米的海岸线，在海滩的旁边坐落着成群的高级酒店。这些酒店和度假村有着高雅的气质，男女老少都会爱上这里。海滩附近设有专用道路（公道），道路的两侧有不少小型特产商店，在海边散步时可以到这里来逛一逛。

可以了解当地的日常生活

CHECK!
沙努尔海边的运动项目丰富多彩

沙努尔的海边乐趣多多。浮潜、潜水、垂钓、冲浪、香蕉船、帆船等海上运动项目种类丰富。可以在酒店内的海上活动中心服务处租一套潜水服，也可以在街边的潜水商店内购买。当地的旅行社一般会安排潜水游项目，各旅行社的收费标准不同，一般收费US$15。可以在住宿的酒店免费租一套潜水服。沙努尔的大海中有多处浮潜区，适合浮潜初学者和资深潜水者前来体验。还可以体验冲浪、风帆冲浪等海上运动。

海滩大道两侧的特产商店。可以在散步时前来逛一逛

街角一览

沐浴着湿润的海风，骑着自行车在海边游逛

大约每天花费 Rp. 3万

沙努尔有着宁静、安详的田园风光，许多欧美游客在这里一住就是几周甚至几个月。骑自行车兜风是他们最喜欢的活动之一。海滩大道位于世界知名的沙努尔白沙滩旁边，在这条道路上骑车非常顺畅。

沙努尔的清晨和傍晚是一天中最美好的时刻。早晨，骑自行车到海边看日出，路上会看到卖早餐的小摊贩。海滩大道的两侧有几家露天咖啡厅和餐厅，可以在这里停下脚步，坐下来要几听宾坦啤酒，静静地欣赏日落。有时会遇上店主在门前烧烤，运气好的话，他会赠送一些美味食物。

Tambingan大街是沙努尔地区的主要街道，在这条街道上骑行非常合适。遇到喜欢的商店、餐厅，可以停下车进去逛逛。也可以中途到超市购物。沙努尔大部分酒店都有直接通往海滩大道和Tambingan大街的平坦小路。

在各大酒店、海滩大道以及Tambingan大街都可以租自行车。务必要检查一下车刹和车座是否牢固、好使。

骑着时髦的自行车，一起出发！

沙努尔 Sanur

旅游景点

在过去，这里是艺术家们所向往的地方。这里的旅游景点、集市具有极高的参观价值。

■ 勒迈耶博物馆
Museum Le Mayeur

MAP p.211-A
- 交通：从The Ground Bali Beach沿海滩大道步行约7分钟到达
- 开馆时间：周一~周五8:00~16:00，周六~周日8:30~12:30 休馆日：无
- 门票：成人Rp.1万、儿童Rp.5000

绘画迷必去的景点

展示有极大吸引力的巴厘岛艺术品

勒迈耶是比利时人，他移居巴厘岛并在这里度过晚年。他的妻子是巴厘岛人，名字叫作尼伯洛克，他们在这里共同生活了28年，原本住过的地方被改建成了博物馆，里面展示有他的许多作品。博物馆的墙上挂着勒迈耶妻子的大幅画像和风景画，这是由勒迈耶亲手画的。博物馆内还保留有当年他们曾用过的生活用品、高档家具等。

勒迈耶 LE MAYEUR

**被誉为巴厘岛的高更
他深深地热爱着沙努尔这片土地**

名字全称为艾德里安·勒·迈耶。他具有比利时皇室血统，从小立志成为一名画家。他非常崇拜法国画家高更，乃至于循着他的足迹到了南太平洋的塔希提岛，最后在巴厘岛定居。在这里，他和日后成为他妻子的尼伯洛克相遇了，并在他50岁时步入婚姻殿堂。现如今的勒迈耶博物馆就是他们曾居住过的地方，当年勒迈耶曾在这里创作出了许多名画。他的作品偏印象派，有着强烈的视觉冲击和鲜艳的色彩。馆内珍藏有多幅勒迈耶妻子的半裸画像。

勒迈耶事迹表
- 1880 出身于比利时的布鲁塞尔
- 1932 来到沙努尔，遇到了他的妻子
- 1958 为治疗疾病，和妻子一起回到了比利时

■ 信度市场
Pasar Sindu Senggol

MAP p.211-A
- 交通：位于Tambingan大街北侧

给当地居民带来极大方便的市场

这座热闹的市场在白天和夜晚有着不一样的风貌。信度市场并非露天的，早上有热闹的早市，挤满了售卖海鲜、水果、蔬菜、肉类、调料、日用百货以及祭祀用的花束的摊位。到了傍晚，信度市场会关门，但是信度市场周边的大排档和服装店纷纷涌现，这一带在晚上会变成喧闹的夜市。巴厘岛拼盘饭、沙爹、面食、刨冰等小吃店也会陆续开门。

（右）洋溢着当地的生活气息
（下）当地的拉面店非常适合散步游逛

■ 沙努尔海滩市场
Sanur Beach Market

MAP p.211-A
- 交通：从The Ground Bali Beach沿着海滩大道步行约7分钟到达

散步时路过市场，到这里逛一逛也不错

沙努尔海滩市场位于海滩大道一侧的巷子内，这里坐落着许多小型精品店，有服装店、特产商店、餐厅、酒吧等。到沙努尔旅游的话，一定不要错过这里。

这里很适合散步

餐厅 RESTAURANT

沙努尔从来不缺美食。在时髦的餐厅和酒吧内找寻美食吧！

巴图吉巴咖啡厅
Café Batujimbar

咖啡厅　MAP p.211-B

注重饮食健康的欧美人比较喜欢这里

特制的漂亮餐具

使用纯天然食材的历史咖啡厅

　　欧美游客非常中意的人气咖啡厅。用多种水果和蔬菜共同榨成的健康美味果汁、手工烘焙的可口点心以及水果派都非常受顾客的喜爱。使用绿色蔬菜做成的三明治和汤羹等膳食种类齐全。店内光线很好，用餐环境舒适。

- 地址：Jl. Danau Tamblingan 75A, Sanur
- 电话：（0361）287374
- 营业时间：7:30～23:00
- 休息：无
- 交通：位于普杰尔餐厅对面
- 网址：www.cafebatujimbar.com
- 支持刷卡：VISA、Master、Amex、JCB
- 不提供英语服务

爵士烧烤吧
Jazz Bar & Grille

爵士餐吧　MAP p.211-A

烧烤吧的二楼比较安静

菜品分量很大

尽情享受夜生活

　　在爵士酒吧内可以欣赏到摇滚音乐和流行音乐的现场演出。这里的菜品多以印度尼西亚传统料理为主，还有部分意大利料理和墨西哥菜肴。建议品尝一下这里的美味烧烤。这里的蘸酱和其他地方不同，有特色热带水果口味、芥末酱以及黄油酱等多种不同口味。

- 地址：Komplek Pertokoan Sanur Raya #15-16
- 电话：（0361）285892
- 营业时间：周一～周四10:00～次日1:00、周五・周六10:00～次日1:30、周日16:00～24:00
- 休息：无
- 交通：从拉迪逊酒店步行约5分钟到达
- 网址：无
- 支持刷卡：VISA、Master、Amex
- 提供英语服务

扇子咖啡厅
Sector

咖啡厅

MAP p.211-A

院子里面有一座喷泉，非常凉爽

旁边是高尔夫球场

　　巴厘岛海滩高尔夫球场旁边的休闲咖啡厅，经过重新装修之后正式对外营业。高尔夫球场外面的客人也可以前来用餐，在露天餐位可以看到不远处的绿色草坪。晚上变身为热闹的酒吧。

- 地址：Jl. Hangtuah No.58, Sanur
- 电话：（0361）287733
- 营业时间：6:00～23:00
- 休息：无
- 交通：位于巴厘岛海滩高尔夫球场内
- 网址：www.sectorbarrestaurant.com
- 支持刷卡：VISA、Master
- 提供英语服务

普莱吉纳
Pregina

印度尼西亚料理

MAP p.211-B

餐厅的装修和布置非常用心，带给人非常温馨的感觉

美味可口、价格公道的巴厘岛佳肴

　　这是一家休闲咖啡餐吧，无论是前菜还是甜点，皆为摆盘精致的巴厘岛传统菜肴。该餐厅的金牌套餐卖得最好，包含烤鸡肉、炸猪排、蔬菜和米饭在内，售价Rp.4万。

- 地址：Jl.Danau Tamblingan No.106,Sanur
- 电话：（0361）283353
- 营业时间：12:00～23:00
- 休息：无
- 交通：从旅游咨询处开车约5分钟到达
- 网址：无
- 支持刷卡：不支持刷卡
- 提供英语服务

村庄餐厅
The Village

印度尼西亚料理

MAP p.211-B

餐费预算约Rp.20万。套餐US$17～（需要提前预订）

石窑比萨是这里的金牌料理

　　手工意大利面和在石窑中烤制的比萨是该餐厅最好吃的食物。该店自创的阿贡比萨售价Rp.9万。餐厅的酒窖中储存有200多种意大利葡萄酒。另外还设有雪茄休闲室，可以在饭后到这里放松一下。

- 地址：Jl.Danau Tamblingan 47,Sanur
- 电话：（0361）285025
- 营业时间：11:00～23:00
- 休息：无
- 交通：位于格莱雅桑川酒店旁边
- 网址：www.thevillage-bali.com
- 支持刷卡：VISA、Master、Amex、JCB
- 提供英语服务

捷鹏餐厅
Cafe Jepun

国际料理

MAP p.211-C

室外的餐位在晚上变得非常热闹

沙努尔的人气咖啡厅

　　巴厘岛拼盘饭、意大利面等料理种类多种多样。推荐品尝一下这里的印度尼西亚料理。另外，这里的烤鱼也不错。

- 地址：Jl. Danau Tamblingan No.212,Sanur
- 电话：（0361）287049
- 营业时间：15:30～23:00
- 休息：无
- 交通：旅游咨询处对面
- 网址：无
- 支持刷卡：VISA、Master、JCB
- 提供英语服务

德瓦塔米南餐厅
Dewata Minang

`印度尼西亚料理`　　　　　MAP p.211-C

每道菜品价格约Rp.4000。拼盘饭大受欢迎

在Warung（食堂）中品尝巴东菜肴

　　在该餐厅内可以尝到苏门答腊岛的巴东地区的辣味美食。这里有数十种口味的咖喱饭，鸡肉咖喱、洋芋咖喱等都非常好吃。此外还有几十种印度传统菜肴。菜肴在菜单上都有详细图文介绍，即使语言不通也没有关系。

- 地址：Jl. Danau Poso No.53, Sanur
- 电话：（0361）283635
- 营业时间：24小时
- 休息：无
- 交通：从巴厘岛凯悦酒店开车约3分钟到达
- 网址：无
- 支持刷卡：不支持刷卡
- 提供英语服务

牛排岩谷
Steak Iwaya

`铁板烧`　　　　　MAP p.211-C

餐厅内有酒窖，藏有许多葡萄酒

牛排套餐非常美味

　　巴厘岛为数不多的牛排店之一。套餐内容包括前菜、沙拉、汤羹、海鲜、牛排（上腰肉150g或腓力牛排100g）、米饭、咖喱饭、甜点、咖啡在内，价格为Rp.39万~。如果不够的话，可以再继续单点。

- 地址：Jl.Danau Tamblingan No.190, Sanur
- 电话：（0361）285733
- 营业时间：12:00~23:00
- 休息：无
- 交通：从哈迪斯步行约10分钟到达
- 网址：无
- 支持刷卡：VISA、Master
- 提供英语服务

达波尔咖啡厅
Cafe de Dapoer

`印度尼西亚料理`　　　　　MAP p.211-B

想吃烤龙虾的话，需要提前一天预订

24小时开业的休闲咖啡馆

　　位于沙努尔绿洲度假村内的咖啡厅。在这里可以品尝到印度尼西亚的正统家常菜。除此之外还有牛排、意大利面等快餐。餐厅装饰高雅，适合安静地用餐。24小时营业。

- 地址：The Oasis Lagoon Sanur
- 电话：（0361）282264
- 营业时间：24小时
- 休息：无
- 交通：位于沙努尔绿洲度假村内
- 网址：www.theoasislagoon.com
- 支持刷卡：VISA、Master、Amex、JCB、Diner's
- 提供英语服务

懒人运动酒吧
Lazer Sport Bar

`酒吧`　　　　　MAP p.211-B

外国游客、当地居民都非常喜欢的酒吧

悠闲地观看比赛

　　配有土豆泥和沙拉的蒜味烧烤Rp.7.5万左右，是该酒吧的特色美食。周一至周五每晚9点有现场布鲁斯音乐演奏，曲目每天都不一样。每天都有不少运动迷到这里通过大屏幕观看运动赛事直播。

- 地址：Jl. Danau Tamblingan No.82, Sanur
- 电话：（0361）288807
- 营业时间：9:00~次日2:00
- 休息：无
- 交通：位于百沙基酒店对面
- 网址：www.lazersportbar.com
- 支持刷卡：VISA、Master、JCB
- 提供英语服务

SHOPPING

购物

沙努尔有许多巴厘岛传统百货店、服装店,气氛高雅,装修高档,广迎八方来客。

工艺品店+
Craft+

百货　MAP p.211-C

装修豪华的店内

造型夸张搞笑的青蛙烛台。
售价Rp.42.5万

既有价值连城的古董,也有精致的小礼品

店内空间较大,摆满了与其高档的装饰风格相匹配的各种名贵商品。既有蜡染制品,也有精致的小物件、饰品;既有巴厘岛传统手工艺品,也有迎合现代人潮流审美的时尚用品。可以在这里慢慢地挑选自己喜欢的东西。该店在沙努尔地区共有两家店铺,在水明漾开有一家分店。

- 地址:Jl.Danau Poso No,108
- 电话:(0361)270679
- 营业时间:8:30~22:00
- 休息:加隆安、库宁杠、元旦
- 交通:从旅游咨询处步行约1分钟到达
- 网址:www.balicraftplus.com
- 支持刷卡:VISA、Master、JCB
- 提供英语服务

哈迪沙努尔
Hardy's Sanur

超市　MAP p.211-B

五花八门的商品,价格不贵

许多在沙努尔度假的欧美人经常到这儿购物

食品、特产商品种类齐全

沙努尔唯一的一家大型超市。一楼主要售卖食品、调料、酒水类,二楼有许多小型精品店、工艺品店以及民族工艺品店等特产商店。在一楼也有特产商品专区,价格不是很贵,可以在这里挑选一些商品作为礼物带回国。

- 地址:Jl. Danau Tamblingan #136, Sanur
- 电话:(0361) 282705
- 营业时间:8:00~22:00
- 休息:无
- 交通:位于Tambingan大街正中央位置
- 网址:无
- 支持刷卡:VISA、Master、Amex、JCB、Diner's
- 提供英语服务

A-Krea礼品店
A-Krea

百货　MAP p.211-B

质量过关、款式时尚的礼品店

潮流休闲服饰、皮革制品、护照夹、蜡染笔记本等精致的商品数不胜数，让人挑花了眼。另外，仿照昆虫和鲜花的样子做成的饰品也卖得非常好。

- 地址：Jl.Danau Tamblingan 51, Sanur
- 电话：(0361) 286101
- 营业时间：9:00～21:00
- 休息：无
- 交通：从酒窖步行约5分钟到达
- 网址：无
- 支持刷卡：VISA、Master、JCB、Amex
- 提供英语服务

店主人是一位来自爪哇岛的美女

女主角
Heroine

服饰　MAP p.211-A

凝聚设计师心血的瑜伽服、裙装

瑜伽服、舞蹈服、运动装和休闲服饰的专卖店。可长短变化的裙装价格在Rp.40万左右，能够演绎出不同风格的造型，并且布料优质，不容易起皱，是旅途当中的最佳伴侣。另外还有部分价格低廉的箱包。

- 地址：Jl.Danau Tamblingan 1, Sanur
- 电话：(081) 1399555
- 营业时间：10:00～20:00
- 休息：周二
- 交通：从信度市场步行约3分钟到达
- 网址：无
- 支持刷卡：不支持刷卡
- 提供英语服务

店内有许多日式风格的服装

拉斐尔首饰店
Raphael Holistic Jewellry

首饰　MAP p.211-A

在这里购买能量石

店主是一名保加利亚人，他所经营的这家首饰店以能量石而闻名。据说能量石有着养神、静心的作用。店铺分为两层。可以先体验一下能量石的功效（收费）。

- 地址：Jl.Danau Tamblingan No.54
- 电话：(0361) 285806
- 营业时间：9:00～22:00
- 休息：无
- 交通：从哈迪斯步行约15分钟到达
- 网址：www.raphaelholisticjewelry.com
- 支持刷卡：VISA、Master
- 提供英语服务

店主会耐心地为顾客讲解能量石的作用

杰德魔盒
Jade Box

`百货` MAP p.211-A

门前亚洲特色竹编制品堆在店

独一无二的百货库

　　巴厘岛传统百货、店主亲自设计的小物件、饰品、瘦身枕等意想不到的商品摆满了货架。店面虽小,但是绝对让人流连忘返。可以在这里挑选一些送给朋友的礼物。

- 地址：Jl.Danau Buyan No.34, Sanur
- 电话：（081）338568838
- 营业时间：10:00~20:00
- 休息：周二
- 交通：从沙努尔麦当劳店步行约10分钟到达
- 网址：无
- 支持刷卡：不支持刷卡
- 提供英语服务

哈约米银饰
Hayumi Silver

`首饰` MAP p.211-B

制作精美的银器

能工巧匠手工制作的佳美兰乐器

　　该店主要出售银制佳美兰乐器。店主夫妇在"银器之村"——苏鲁村开有一家工厂,他们的工厂里有几位心灵手巧的银匠,每天专门制作各种银器。小小的银饰品非常招人喜欢。

- 地址：Jl.Danau Tamblingan No.1, Sanur
- 电话：（0361）7877219
- 营业时间：9:00~21:00
- 休息：无
- 交通：位于信度市场旁边
- 网址：www.hayumi.com
- 支持刷卡：不支持
- 提供英语服务

乌鲁瓦图
Uluwatu

`服饰` MAP p.211-B

这里的二楼还出售亚麻窗帘

蕾丝花边女裙适合各种演出

　　该品牌在库塔、努沙杜瓦、乌布等地区总共开设有8家店铺,是巴厘岛当地非常有名的裙装店。适合在度假村穿着的白色蕾丝花边女裙、休闲裤款式新颖,且非常时尚。这里只售卖女装。

- 地址：Jl. Danau Tamblingan, Sanur
- 电话：（0361）288037
- 营业时间：8:00~22:00
- 休息：无
- 交通：从巴厘岛凯越酒店步行约15分钟到达
- 网址：www.uluwatu.co.id
- 支持刷卡：Amex、VISA、Master、JCB
- 提供英语服务

马尼克
Manik Organik

`精品店` MAP p.211-B

店内还有一家咖啡馆,为顾客提供绿色有机膳食

自然派系的精品店

　　店主来自于澳大利亚,他拥有自然疗法医师资格证。店内的服装、化妆品、天然香皂都是热销产品。产自于爪哇岛的珍贵蜂蜜售价Rp.13万~。

- 地址：Jl.Danau Tamblingan No.85,Sanur
- 电话：（0361）8553380
- 营业时间：8:00~23:00
- 休息：无
- 交通：从旅游咨询处乘车约5分钟到达
- 网址：www.manikorganicbali.com
- 支持刷卡：VISA、Master
- 提供英语服务

巴厘岛其他地区
Beyond the Main Area

p.220　参观巴厘岛的各个地区
p.222　四种不同的旅游类型
p.224　旅游注意事项&建议
p.225　巴厘岛中部
p.237　巴厘岛东部
p.254　巴厘岛西北部

参观巴厘岛的各个地区

游览令人怀恋的风景，邂逅不一样的巴厘岛，体味美丽带来的感动

撼人心灵的海神庙落日美景

离开喧嚣的景区和闹市，来到巴厘岛郊区的城镇和村庄。
巴厘岛有着两副面孔，旅途中会发现不一样的巴厘岛。
走进巴厘岛的灵魂深处，遇见另一个世界

中部地区　　许多当地休闲场所集中于此

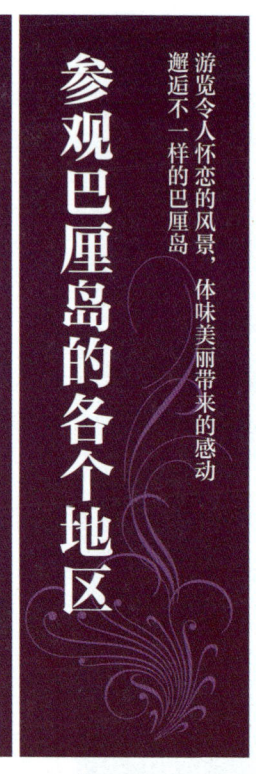

孟格威的猴子寺院。这里生活着许多野猴

　　巴厘岛的中部地区有着凉爽的气候和明媚的景色，是著名的旅游景区。之前介绍过的"艺术之村"乌布就位于巴厘岛的中部地区。
　　巴厘岛中部地区的主要旅游景点有：位于海拔2 000米山腰处的布拉坦湖以及位于山脚下、曾是孟格威王朝首都的城镇——孟格威、温泉胜地塔巴南等。如果想要了解寺院和王宫历史的话，可以前往历史景区和休闲娱乐区，在当地报团一日游。坐落在西海岸的海神庙是巴厘岛最著名的欣赏落日的地点。在中部地区参观完毕之后一定要到这里来欣赏日落美景。

生活气息浓厚的登巴萨地区

区划地图

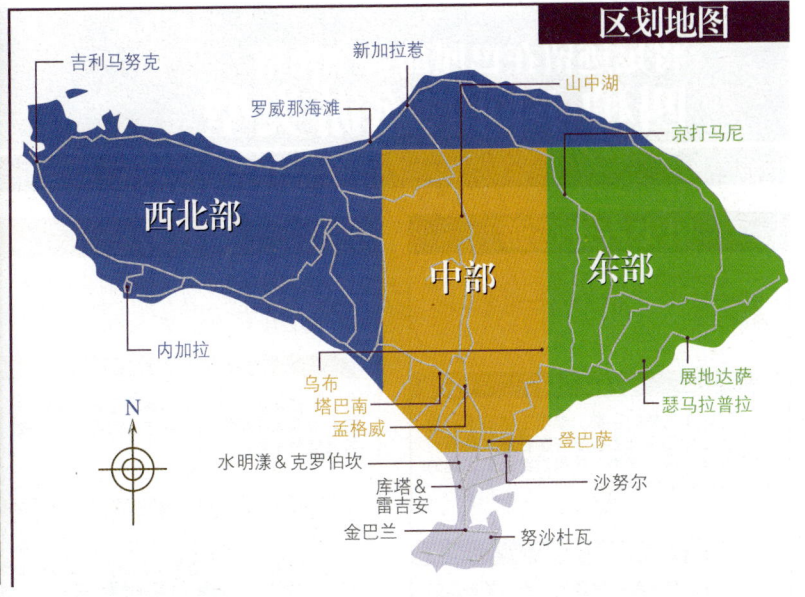

吉利马努克・新加拉惹・罗威那海滩・山中湖・京打马尼・西北部・中部・东部・内加拉・乌布・塔巴南・孟格威・水明漾&克罗伯坎・库塔&雷吉安・金巴兰・登巴萨・沙努尔・努沙杜瓦・展地达萨・瑟马拉普拉

东部地区

巴厘岛寺院和景区的集中地

这里拥有美丽的东海岸线和雄伟的阿贡圣山,有着说不出的魅力。展地达萨位于海岸边,附近坐落着几所隐秘度假村,已逐渐发展成为海滩度假胜地。百沙基母庙是巴厘岛东部地区必去的景点。这里是巴厘岛印度教的发源地。百沙基母庙和阿贡山影响着巴厘岛人的生活方式。

除此之外,克隆王朝的古都瑟马拉普拉还是巴厘岛文化的发祥地,这里依然生活着巴厘岛的原住民——巴厘阿加人。圣布格林辛的故乡登安南、以传说中的圣泉寺闻名的坦帕克西林等景点都非常值得一去。用一天的时间勉强能够全部逛完这些景点。

(左)海拔3 142米的阿贡圣山

(下)孟格威王朝的首都——孟格威

西北部地区

自然风景残存的度假村

在巴厘岛的诸多旅游地区中,最受关注的当数中西部地区。从机场或邻近地区乘车前往历时3~4个小时。路途虽然颠簸,但是一路上却也能感受独特的风景。在安静的度假村中尽情享受静谧、安详的生活。

罗威那海滩是全世界著名的潜水胜地,最近几年,这附近又新建起了不少小型度假村,人气也越来越旺。这里还坐落着巴厘岛上唯一的一座国家公园——西部国家公园。西部地区也是不少民族乐器的发祥地,对音乐感兴趣的游客可以前来了解一下。

西部公园内的风景好像人间秘境

西北部地区分布着几所历史寺院

将足迹留在巴厘岛各个角落
四种不同的旅游类型

历史古迹巡游

造访古代王朝的首都、荷兰殖民地时期的城镇，了解巴厘岛乃至印度尼西亚的历史。

瑟马拉普拉　　p.239

克隆孔王朝的古都。参观王宫旧址、为纪念在与荷兰殖民者抗争中牺牲的义勇军而建的普普坦纪念碑。如果对绘画感兴趣的话，可以到卡玛桑村学习一下。

▼

百沙基母庙　　p.244

巴厘岛印度教的发源地。百沙基母庙的后面是雄伟的阿贡山。这里对于巴厘岛人是异常神圣的地方。如果在祭祀日前去的话，可以看到华丽的祭祀仪式。建议穿着正式服装。

▼

新加拉惹　　p.255

这里曾经是巴厘岛的门户，有过一段时间的繁荣。如今这里依然残留着荷兰统治时代的古建筑和中国寺庙。米盖尔·卡瓦鲁比亚茨著有《巴厘岛》一书，书中所写到他们从纽约出发，来到巴厘岛登陆的地方就是这里。

▼

马尔贾　　p.236

印度尼西亚独立战争的主战场。英雄墓地中埋葬着义勇军的遗体。

▼

登巴萨　　p.227

巴厘岛的州都。这里有博物馆、三浦襄的墓和普普坦纪念碑。三浦襄曾为印度尼西亚的独立战争作出了卓越的贡献。普普坦纪念碑为纪念在与荷兰军队抗争中牺牲的义勇军而建。

建议住在这里！
新加拉惹

在殖民地时期，这里是西欧人经常往来、居住的地方。这里坐落着许多整洁、干净的商务酒店。第二天早晨可以早起前往早市购物。

随心游

该路线涵盖巴厘岛郊区的各大主要景点。如果还要前往吉利马努克参观的话，建议住上一晚，第二天继续参观。

瑟马拉普拉　　p.239

前往司法大厅旧址，参观王朝时期创作的卡玛桑天花板壁画。画作的内容多以地域和天堂为主题。

▼

展地达萨　　p.242

展地达萨近几年已发展成为新型度假中心，在这里休息、娱乐一下。在著名的度假村——阿曼奇拉度假村（参照p.123）的餐厅中静静地喝下午茶。

▼

百沙基母庙　　p.244

经过生活着巴厘岛原住民——巴厘阿加人的登安南（参照p.248），前往巴厘岛印度教的大本营。时间富裕的话，可以从参道慢慢走到寺院。如果赶时间的话，可以租一辆自行车前往寺院。花费约US$2。

▼

京打马尼　　p.246

巴厘岛最具自然气息的风景胜地。这里有几家酒店和餐厅，用餐时可以欣赏到不远处的绿草地和湖畔美景。

▼

罗威那海滩　　p.258

从京打马尼跋山涉水，前往北部地区的海滩度假胜地。时间允许的话，可以在海滩晒日光浴、做做海上运动。潜水设备可在附近商店租借。还可以泡温泉。

▼

海神庙　　p.233

前往海神庙。欣赏落日美景，迎接旅程的结束。

建议住在这里！
罗威那海滩

罗威那海滩附近既有价格合适的中档酒店，也有豪华顶级度假村。在这里住一晚，第二天一早报团前往海滩潜水，在水下与海豚近距离接触（参照p.259）。

222

巴厘岛郊区的景点较为分散。
如果不提前规划一下、漫无目的地瞎逛的话，会浪费不少时间。
那么，接下来按照不同的旅游目的，为大家推荐4种不同的旅游方案
顺利的话，一天的时间足以逛完。但若想加深对景点的了解，建议体验两天一夜游

摄影爱好者专属路线

巴厘岛被称为"诸神之岛"，这里也是绝佳的拍摄地点。在这里能够随心所欲地拍出理想的照片。

图兰奔　　　　　p.250

清晨出发赶往图兰奔。中午可在图兰奔周边拍摄阿贡山的壮丽景色。

▼

登安南　　　　　p.248

造访巴厘阿加部落。拍摄"圣布之村"——格林辛的织布风景。拍摄前一定要征得村民的同意。

▼

百沙基母庙　　　p.244

拍摄阿贡山背景下的百沙基母庙。为了保证拍出不逆光的效果，建议下午前去。尽可能地挑在祭祀日这天前去。

▼

京打马尼　　　　p.246

在这里吃午饭。吃完午饭后，前往巴厘阿加部落，找寻有着风葬习俗的川阳村（参照p.247）。感兴趣的话，可以用相机记录风葬过程中人骨的变化。

▼

坦帕克西林　　　p.252

前往有着大片梯田风景的坦帕克西林。来到清泉流淌的寺院里面采风。

▼

海神庙　　　　　p.233

在海神庙拍摄日落景色。18:00~18:40是最佳落日时间，提前做好准备，到时一定能拍出惊艳的照片。

建议住在这里！
京打马尼

这里有几所小型湖畔度假村。早晨起来租一艘船，在船上拍摄湖畔景色，相信会拍出不一样的视觉效果。度假村内有温泉。

自然之旅

巴厘岛是著名的度假胜地，来到这里一定要用心感受无与伦比的自然魅力。让我们将目标锁定在西北部地区和巴厘岛唯一的国家公园。

吉利马努克　　　p.260

早晨出发，中午之前到达山峦区和海洋保护区组成的大型西部国家公园。在公园管理中心聘请导游陪同，在公园内参观。这里的自然保护区内生活着许多濒临灭绝的鸟类。

▼

孟赞干岛　　　　p.261

在吉利马努克附近的海滩度假村吃午餐。吃完午餐后，租一艘船，前往鹿岛。大约30分钟后抵达。在岸时间不得超过3小时，所以要充分利用好时间。可以在岛上进行海上运动。如果运气好的话，可以看见野鹿出没。

▼

班玉威当温泉　　p.261

回到鹿岛，和当地居民一起泡温泉。

建议住在这里！
吉利马努克

曼加冈别墅度假村（参照p.62）位于国家公园内。入住该度假村可以更好地感受自然。度假村装饰豪华，各种设施齐全。

2~3人同行的话，建议请一名导游陪同游玩！

在当地报团前往巴厘岛的郊区游玩固然不错，但是也要面临行动不自由的问题。如果同游人数较少的话，建议一起雇一名导游。如果家庭出游的话，建议租车自驾游。雇一名导游和司机大约每天花费120美元。按照人头均摊费用的话还算比较便宜。可以请求酒店方面或当地旅行社联系导游和司机。

旅游注意事项&建议

巴厘岛的主要景区游客较多、各项设备、设施、服务完善，而巴厘岛的郊区则完全不一样。为了免去不必要的麻烦，下面为大家列举一些必备物品和对旅途有所帮助的东西。

注意 POINT1　准备卢比现金

巴厘岛郊区的银行和货币兑换所比较少，要进行汇兑不是很方便。而在当地兑换人民币和卢比更加麻烦。建议去往郊区之前，在市中心换好卢比。美元在郊区也是比较通用的货币，可以带一部分现金在身上。

注意 POINT2　给电子产品充好电

如果要拍大量照片的话，一定要留意电池的电量和储存卡的可用容量。建议带一块备用电池和存储卡，提前充好电。要知道，看到漂亮的景色却不能拍照留念是多么遗憾的一件事情啊。

注意 POINT3　返程日将时间安排得宽裕些

如果返程当天还要去往巴厘岛郊区游玩的话，建议做好规划，将时间安排得宽裕一些。从郊区赶往机场要花费一定的时间，并且库塔和登巴萨的交通情况也比较拥挤。一定不要耽误航班。

注意 POINT4　租车时，务必要知道加油站的具体位置

自驾车前往郊区时，务必要知道加油站的具体位置。郊区的大型加油站比较少，家庭加油站或小型加油站居多，且比较难找。

注意 POINT5　没有出租车！考虑其他交通工具

巴厘岛郊区平日里游客稀少，这里的环境比较贴近巴厘岛的原始生活。巴厘岛的郊区没有出租车，建议要求酒店方面准备交通工具，一般是摩托车、自行车等。

在寺院里面要穿围裙，这在巴厘岛是不成文的规定。千万不要忘记

建议 POINT1　参观寺院时要穿圆筒式围裙

参观寺院、参加祭祀仪式、葬礼时要穿圆筒式围裙。可在当地花钱租借，选择一条喜欢的样式。一般情况下，男性围裙是暗橙色，女性围裙的颜色比较鲜艳。

建议 POINT2　自行准备厕纸

巴厘岛人上厕所不用厕纸，而是用左手拿着水管冲洗，这跟大部分游客的如厕方式相悖。如果是一日游的话，建议提前准备厕纸。如果长期滞留的话，建议买一卷卫生纸带在身上。

建议 POINT3　建议带望远镜

小型的望远镜比较好携带，用起来也非常方便。观察野鸟、海豚和海龟时可以派上用场。还可以用它来看远处的鲜花等植物。

建议 POINT4　自备酱油

如果长期滞留的话，建议带酱油。郊区的大部分餐馆提供印度尼西亚家庭料理，吃不惯当地菜，可以自己做饭吃。在炒面、烤鱼中滴几滴酱油，食物立刻会鲜美无比。

巴厘岛中部

Central of Bali

身穿传统正装的少年们

从巴厘岛热门景区出发,前往中部地区半日游。
历史文化景点以及风光明媚的景点分布在中部地区。

登巴萨 Denpasar p.227

巴厘岛的州都,有着
巴厘岛最原始的生活状态

登巴萨是巴厘岛的州都,也是巴厘岛传统生活方式的发源地。巴厘岛州政府、邮局总部、国立医院、印度尼西亚国家艺术大学、乌达纳亚大学都坐落在登巴萨。这里还有集市,洋溢着当地的生活气息。

山中湖的市场非常热闹

山中湖 Bedugul p.231

巴厘岛最凉爽的地方
当地人的避暑胜地

巴厘岛中部地区最大的旅游景点是被自然景致所包围的布拉坦湖。周边坐落着公园、寺院、高原蔬菜市场等。

孟格威 Mengwi p.234

驾车欣赏大片梯田
年份久远的寺庙

这里的寺院内有着巴厘岛特有的寺塔。猴子庙中生活着许多野猴,是非常有名的观光景点。

当地居民在植物园内唱歌

塔巴南 Tabanan p.235

有着漂亮的蝴蝶公园和温泉
前往孟格威时一起参观这里

有名的自然景观胜地,并且拥有漂亮的天然温泉。这里还坐落着古代王国的王宫,有兴趣可以到这里来参观一下。

海神庙 Pura Tanah Lot p.233

傍晚时刻游客渐多
欣赏巴厘岛最漂亮的夕阳美景

巴厘岛中部地区最著名的景点。在这里能够欣赏到巴厘岛最出色的落日极致美景。海神庙附近还有几所大型度假村,并且有高尔夫球场,在高尔夫球爱好者圈子中非常有名。

熟睡中的狗狗。洋溢着悠闲的气息

Central of Bali

登巴萨

 Denpasar

MAP●剪切地图-40、p.226-F

如何前往

从机场乘车40~60分钟到达，从沙努尔乘车约20分钟到达，从库塔乘车约30分钟到达。一般从市中心乘出租车、摩托车等交通工具前往这里。登巴萨的道路比较窄，交通略显拥堵。租一辆自行车或搭乘轻便摩托车比较方便。市场附近有许多摩的，价钱好商量。

巴厘岛最传统的地域 有着最具活力的市场

Gajar Mada大街最热闹

针对不同游客的推荐指数

用小猫图案的多少来表示推荐程度

游客类型	推荐指数
情侣	🐱
家庭	🐱🐱
文化、艺术派	🐱🐱🐱🐱🐱
购物派	🐱🐱
海上运动爱好者	

地区概况

游客稀少 巴厘岛的另一副面孔

登巴萨是巴厘岛的州都，人口数量、机动车数量都是全岛之最，有着浓厚的地域气息。在这里很少能看到游客的身影。普普坦广场一侧的路口坐落着四面佛像——Catur Mukha像。道路以这尊佛像为中心，向四方延伸。道路几乎都是单行道，交通状况比较差。由于这里的交通工具大都是摩托车、机动车辆，所以空气污染比较严重，给人不太干净的印象。开车行至较远的田园地区，会看到大片的大米、玉米田地，非常具有乡土气息。

登巴萨的名字是"北（登）市场（巴萨）"的意思，整个地区犹如一座大型的市场。整座城市及其周边被汽车尾气、食物香气以及巴东河的腥臭味所包围，让人呼吸困难。但是这里也充满了地域气息，并非旅游城市，能够更好地感受当地人的生活，窥见与别处不一样的巴厘色彩。如果厌倦了整齐、时尚、喧嚣的城市生活，可以到这里来找寻巴厘岛的"城镇生活"。

路口处的四面佛像——Catur Mukha像

街角一览

在登巴萨非常常见的马车

当地人最常用的交通工具——马车

在库塔、雷吉安等岛内主要观光地区，马车早已被自行车所取代，几乎已经难觅踪影。而在登巴萨，马车依旧是当地居民的主要交通工具。乘坐马车可以事先商量好价钱。外国游客乘坐的话，要按照"游客价"付费。一般是Rp.15万左右。试着讲讲价吧。

旅游景点

拥有历史古迹、寺院等
巴厘岛人文景点

普普坦广场 —— Medan Puputan

MAP p.228-A
■ 交通：位于Gajar Mada大街、Catur Mukha像旁边

象征着巴厘岛独立的广场，市民们的休憩处

普普坦广场位于登巴萨的中心地区，东西长约150米，南北长约200米。广场以北、斯拉帕提大街的对面矗立着士兵们的雕像。这是为纪念在1906年抵抗入侵的荷兰军队而英雄牺牲的士兵们而修建的。士兵雕像可以看作是普普坦广场的象征。周末时，当地居民会到广场上游玩。

普普坦是「自尽」的意思

巴厘岛博物馆 —— Museum Bali

MAP p.228-A
◇ 交通：位于普普坦广场旁边
◇ 开馆时间：8:00~15:00
◇ 休馆日：无　◇ 门票：成人Rp.1万、儿童Rp.5000

更快、更全面地了解巴厘岛的历史

博物馆由3座不同特色的建筑物和传统王宫样式的主体大楼组成。馆内展示有巴厘岛人的生活用品、精致的传统乐器以及人偶等。馆内还对蜡染作品和印尼印染作品作了相关介绍。

博物馆是巴厘岛传统建筑样式，在这里可以更好地了解巴厘岛的历史

鸟市（Bird Market）
Pasar Burung

MAP p.228-A
- 交通：从普普坦广场沿贝特兰大街步行约7分钟到达
- 开放时间：7:00~19:00（因店各异）

各种鸟店争奇斗艳

这里密密麻麻地排列着数十家鸟店，有着羽毛、颜色各异的鹦鹉、九宫鸟等稀奇鸟类。人们驻足饶有兴趣地看着鸟儿，听着它们清脆的叫声。另外，这里还卖野猴、松鼠、热带鱼等小动物，并有美观的宠物笼出售。

五颜六色的鸟儿光是看看就觉得很美

三浦襄之墓 —— Tomb of Jo Miura

MAP p.228-A
- 交通：从普普坦广场乘车约10分钟到达，位于图加尔摩托车中心旁边

为巴厘岛人献出自己生命的日本人的墓地

三浦襄是一位日本人，他曾在登巴萨居住过一段时间。在太平洋战争时期，他在巴厘岛担任日军的翻译。1944年，他加入了巴厘岛独立运动，和巴厘岛人民一起战斗。太平洋战争结束后，他接受不了日军统占巴厘岛的事实，留下了支持印度尼西亚独立的遗书，在登巴萨自尽。

三浦襄之墓由在巴厘岛的日本人协会出资建造

艺术中心 —— Art Center

MAP p.228-B
- 交通：从普普坦广场乘车约10分钟到达
- 开馆时间：周一~周四8:00~14:30、周五~周日~12:00
- 门票：Rp.1万（儿童票同价）

这里展出的作品都是真迹

邂逅巴厘岛的传统艺术和现代艺术

艺术中心内设有博物馆、舞台、画廊等。在每年举行的艺术节期间，会为观众表演传统文艺节目，且每天的内容都不一样。画廊面向年轻的艺术家们开放，可以在这里举办艺术展。这里的艺术展并没有整年的时间表，如有展会举行，会提前几天在报纸上刊登。

国家寺院
Pura Agung Jagatnatha

MAP p.228-A
- 交通：普普坦广场、巴厘岛博物馆旁边

供奉着巴厘岛印度教至高无上的神灵

寺院内供奉着巴厘岛印度教至高无上的神灵Sanghyang Widi，是规模最大的寺院。进入寺院时，先在寺院门口的功德箱内投入钱币。为了表示对神灵的敬意，还要把裙摆挽起来。站在寺院旁边的巴厘岛博物馆瞭望台上可以俯瞰整座寺院。

这里是巴厘岛当地人虔诚信仰的所在

街角一览

在超市购买当地特产

登巴萨被誉为"市场之城"，这里有许多大型百货店和超市。建议到当地的玛塔哈丽超市和对面的罗宾逊外资超市逛一逛。提亚拉德瓦塔超市是当地的老牌超市。超市内的商品明确标有价格，不能讲价，店家也不会宰客，可以安心购物。

游客们非常喜欢光顾的玛塔哈丽超市

到登巴萨的超市逛一逛

凯莱嫩市场　Kereneng Market

MAP p.228-B
- 地址：Jl. Kamboja, Denpasar
- 交通：从普普坦广场步行约10分钟到达，位于凯莱嫩摩托车中心旁边
- 时间：不定　休息：无　支持刷卡：不支持刷卡

清晨和夜晚有着不同的感觉
一天内有两次购物的机会

市场内什么都有

夜市上有许多大排档、服装店，而早市主要出售水果、蔬菜以及日常用品等。市场内的商店开门时间都不一样，有的在早市开门，有的在夜市营业。这是一家以当地人为主的市场，这里的摊贩既不会说中文也不会说英语。

坤巴莎莉购物中心　Pasar Badung

MAP p.228-A
- 地址：Jl. Sulawesi, Denpasar
- 交通：从普普坦广场步行约10分钟到达，位于Gajar Mada大街巴东河的一侧
- 时间：不定　休息：无　支持刷卡：不支持刷卡

食品类商品齐全、有电影院等设施的大型购物中心

商店集中，购物方便

与巴东集市隔河相望。一楼出售蔬果，二楼出售服装，三楼出售民族工艺品、特产等。二、三楼一般8点左右关门。巴东河的大桥之上也有许多小店，并一直延伸到巴东集市。

巴东集市
Kumbasari Shopping Center

MAP p.228-A
- 地址：Jl. Gajah Mada, Denpasar
- 交通：从普普坦广场步行约10分钟到达，位于Gajar Mada大街巴东河的一侧
- 时间：不定　休息：无　支持刷卡：不支持刷卡

库塔和沙努尔的居民也会到这里来购物的大型集市

几年前曾发生火灾中聚于一旦，如今已得到重建

集市的地下一楼出售生鲜食品、祭祀用的点心等，二楼出售祭祀仪式上所穿的服装和饰品。在这里还可以买到各种款式的T恤。集市对面的苏拉威西大街上有许多布店。傍晚时分，大排档纷纷涌现，好不热闹。

街角一览

位于郊区的大型超市

大型超市乐天玛特位于登巴萨的郊区。无论是规模，还是商品种类和数量，都是巴厘岛No.1。这里的商品种类齐全，价格相对低廉，可以在这里购买巴厘岛咖啡等特产。超市推广会员制，可以办理一日会员和整年会员。在超市内即可办理。

适合大量购买商品，许多长期滞留的游客会到这里来采购

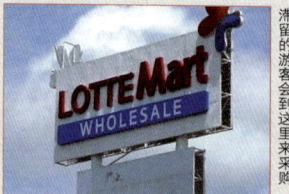

MAP●剪切地图-40
- 地址：Jl. By Pass Ngurah Rai #222 X
- 电话：0361-723222
- 营业时间：7:00~22:00
- 支持刷卡：VISA、Master、Amex、Diner's

山中湖

Bedugul

MAP● 剪切地图-34、p.226-A

如何前往

从机场乘车约2小时30分钟到达。可乘坐循环巴士前往岛内主要旅游景点。始发于南部城市新加拉惹的班车、迷你巴士比较多。

这里没有出租车。前往布拉坦湖、海神庙等主要景区，可以乘坐迷你巴士和摩托车。

海拔2 000米高地上的湖
巴厘岛的最佳避暑胜地

展地库宁市场的外面有许多特产商店

地区概况

度假氛围浓厚
在湖畔公园散步、打高尔夫球

一条笔直的主干道横断巴厘岛，从登巴萨一直延伸至北海岸的新加拉惹。山中湖就位于主干道的中间位置。百度库山北侧海拔2 000米的高原地带，日平均气温23℃~24℃，稍微有些冷意。从登巴萨来到这里，一下车会觉得非常凉爽。在绿色的森林中分布着3座湖泊，其中一座是大名鼎鼎的布拉坦湖。这里有着凉爽的气候和美丽的风景，是巴厘岛最佳避暑胜地。在山地的倾斜面分布着大片的梯田，放眼望去非常震撼。

美丽的水神庙

旅游景点

名胜古迹和美丽的寺院
有着休闲的感觉

布拉坦湖和展地库宁公园 —— Danau Bratan & Taman Candikuning

MAP● 剪切地图-34、p.226-A&B
■ 交通：山中湖中心地区
■ 门票：成人Rp.1万、儿童Rp.7500
■ 开放时间：7:00~18:00　休息：无

包括湖泊、公园、寺院
在内的人气旅游景点

布拉坦湖位于山中湖的中心。展地库宁公园位于湖畔，公园内乱花渐欲迷人眼，非常适合散步赏景。从公园出来，前往坐落在湖水旁边的布拉坦水神庙，里面供奉着巴厘岛的水神。寺庙倒映在宁静的湖面上，好像一幅山水画。在布拉坦湖可以骑摩托艇、划独木舟、踩脚踏船等，是非常棒的休闲度假胜地。

水神庙建在湖畔，1633年正式建成。只能在外面参观

在湖面上划船

展地库宁市场　Pasar Candikuning

- MAP●剪切地图-33、p.226-A
- 营业时间：清晨~傍晚
- 交通：从山中湖中心驱车约5分钟到达

和热情的摊贩讨价还价
乐在其中

购买水果时，可以先讨一下，尝尝味道怎么样

山中湖一带气候凉爽，非常适合种植高原蔬菜。因此，这里的市场里面多售卖青菜类、芋类以及玉米等新鲜的食物。这里的水果种类也很多，五颜六色、让人垂涎欲滴的水果装在篮子里面出售，煞是好看。可能是因为这里的游客比较少的缘故，蔬菜和水果的价格要比其他地方便宜不少。

巴厘岛植物园——Kebun Raya Bali

- MAP●剪切地图-34、p.226-A
- 交通：从山中湖中心驱车约10分钟到达
- 电话：0368-21273
- 门票：Rp.7000
- 开放时间：7:00~18:00　■休息：无

320余种名贵兰花
堪称热带植物的宝库

植物园占地面积很大，要想全部逛完，必须乘车

巴厘岛国家植物园位于山腰地段，可从这里俯瞰布拉坦湖。占地面积达150公顷，茂密的森林中分布着兰花园、植物园与小型公园。这里也是巴厘岛年轻人经常约会的场所。植物园内总共有4 500多种植物，其中有320余种野生名贵兰花。

高尔夫球场

巴厘岛广济堂高尔夫乡村俱乐部
Bali Handara Country Club

MAP●剪切地图-28、p.226-B

皮特·汤普森设计的球路

巴厘岛最具人气的高尔夫球场

巴厘岛广济堂乡村高尔夫球场是全世界最出名的高尔夫球场之一，有着最好的50洞球场设计。球场内设有大型浴池以及酒店。

- 地址：Pancasari,Bedugul
- 电话：0362-3422646
- 传真：0362-3423048
- 费用：US$150（包含草坪费、球童服务费在内）
- 交通：从山中湖中心驱车约15分钟到达
- 网址：www.balihandaracountryclub.com
- 住宿费：高级房US$95~、豪华别墅US$240
- 提供英语服务

餐厅

孟塔利
Mentari

印度尼西亚料理

MAP p.226-A

工作人员非常热情

自助餐大受欢迎

餐厅面积很大，曾是巴厘岛的集会场所。清晨的自助早餐非常棒。巴厘岛特色菜、印度尼西亚料理和甜点的种类也很丰富。

- 地址：Jl.Raya Bedugul, Candikuning
- 电话：0368-21330
- 营业时间：8:00~16:00
- 休息：无　■支持刷卡：不支持刷卡
- 交通：从山中湖中心步行约5分钟到达
- 提供英语服务

街角一览

到帕聪
欣赏壮观的梯田美景

帕聪（MAP P.226-A）位于山中湖高原地区的南侧。这一带分布着大片的梯田，可从高地俯瞰谷地间的田园风景。梯田分布在山坡的倾斜面上，对面就是百度库山。

帕聪度假村酒店是最好的赏景地点，在这里能够将梯田景色尽收眼底。在酒店内的餐厅用餐，也同样可以欣赏到醉人的景色。

一望无际的绿色梯田

海神庙

 Pura Tanah Lot

MAP●剪切地图-39、p.226-E

如何前往

从登巴萨乘车约33分钟到达，从库塔、雷吉安乘车约30分钟到达，从努沙杜瓦乘车约50分钟到达，从乌布乘车约1小时20分钟到达。没有直接通往旅游景点的巴士。建议报团旅游。

■ 门票：Rp.1万
■ 香火钱：Rp.5000~1万
■ 开放时间：日出~日落

恬静、安详的落日景观
沉醉于夕阳入海的优美轮廓中

在海岸边的餐厅也能欣赏到落日景色

傍晚时分，游客赶来看日落

熟睡中的海蛇。有剧毒

地区概况

栖息着"圣蛇" 推荐参观洞穴

在巴厘岛的诸多寺院当中，海神庙是游客们最喜欢拍照留念的一所。海神庙位于一座小岛上，仿佛与险峻的陡峭岩壁融为一体，显得非常庄严。海神庙的夕阳美景非常有名，每到傍晚时分，会有许多游客从四面八方赶来欣赏日落。海神庙修建于16世纪，据说，从爪哇岛来的一位僧侣被这一带的海岸线风景所打动，为纪念海神，修建了这座寺院。落潮时，海神庙所在的小岛与陆地连接的地面部分就会裸露出来，可步行前往海神庙。海岸洞穴内是海蛇的栖息地，它在这里守护着寺院。可以进去参拜一下，但要留下香火钱。

高尔夫球场

巴厘岛娜湾高尔夫球俱乐部
Nirwana Bali Golf Club

MAP●剪切地图-39、p.226-E

充满活力的休闲场所

对于大海对面，可以眺望到不远处的海神庙。该高尔夫球场是由著名的18洞高尔夫球明星格莱格·诺曼所设计的。

高尔夫球场于1997年正式开业

■ 地址：Jl.Raya,Tanah Lot Kediri, Tabanan
■ 电话：0361-815960
■ 传真：0361-815961~2
■ 网址：www.nirwanabaligolf.com
■ 草坪使用费（包含球童费用在内）：US$175
■ 器材租赁费：球鞋US$10~、俱乐部US$45~
■ 支持刷卡：VISA、Master、Amex、JCB、Diner's
■ 提供英语服务

孟格威

 Mengwi

感受田园
风景中的寺院之美

MAP●剪切地图-40、p.226-E

如何前往

从登巴萨乘车约30分钟到达，从库塔乘车约45分钟到达，从沙努尔乘车约40分钟到达，从努沙杜瓦乘车约1小时到达。

乘坐从登巴萨前往山中湖/新加拉惹的巴士，在中途下车。可以从其他地区报团前往。

母神庙内的10层高塔

地区概况

大型寺院、公园集中

这里分布着大片的梯田，一些小村庄点缀其中。各具特色的寺院和面向游客开放的公园分散在梯田的海洋中，彼此相隔较远。寺院和公园的面积都不小，在这里可以好好地逛一逛。

旅游景点

1891年灭亡的孟格威王国的所在地
在寺院感受优雅的王室气息

沙里寺 —— Pura Bukit Sari

MAP●剪切地图-34、p.226-D
- 交通：从孟格威中心乘车约10分钟到达
- 门票（猴子森林）：成人Rp.1.5万、儿童Rp.7500、导游小费Rp.1万~2万
- 开放时间：日出~日落

圣猴居住的地方
广袤的肉豆蔻森林

该寺院修建于13世纪，位于占地面积13公顷的肉豆蔻森林中。森林里面生活着500多只野猴，它们会主动靠近人类索取食物。

尽量不要招惹野猴

母神庙 —— Pura Taman Ayun

MAP●剪切地图-40、p.226-F
- 交通：从孟格威中心乘车约5分钟到达
- 门票：Rp.3000
- 开放时间：8:00~17:30

10层高塔代表着
巍峨的阿贡山

母神庙修建于17世纪，是孟格威王国的国家寺院，里面供奉着王室的先祖。寺院内有10层高塔，是仅次于百沙基寺院的巴厘岛第二大寺院。

塔身上雕刻有莲花

印度尼西亚爬虫类&鳄鱼公园 Indonesia Jaya Taman Buaya dan Reptil

MAP●剪切地图-40、p.226-C
- 交通：从孟格威中心乘车约5分钟到达
- 地址：Banjar Binong, Werdhi Bhuana, Mengwi
- 电话：0361-829353
- 门票：成人Rp.7.5万、儿童Rp.3.75万
- 开放时间：9:00~17:00
- 休息日：无

凶猛的科莫多巨蜥和500
条鳄鱼近在眼前

公园内生活着500条鳄鱼、15种蛇、8种科莫多巨蜥。饲养人员还会和这些凶猛的野兽一起表演节目。在巴厘岛和望而生畏的野兽们一起玩耍吧！

近距离接触鳄鱼等巨型野兽

塔巴南

 Tabanan

MAP● 剪切地图-40、p.226-E

如何前往

从登巴萨、沙努尔乘车约40分钟到达，从库塔乘车约50分钟到达，从努沙杜瓦乘车约1小时到达。乘坐从登巴萨前往吉利马努克的巴士，在中途下车。在其他地区可报团前往塔巴南。没有巴士直达巴图卡乌山寺等景点，可在当地报团、搭乘出租车或自驾前往各大主要景点。

大山深处的寺院和温泉度假村

巴图卡乌山寺内有着神秘的气息

地区概况

巴厘岛最大的稻田 舞蹈、佳美兰乐器之城

塔巴南县在古代曾是塔巴南王国的首都。这里依旧保留着当时的塔巴南王宫（不对外开放）。在很久以前，塔巴南就以巴厘岛传统舞蹈和佳美兰乐器而闻名。战前著名的舞蹈家库图·玛利亚（俗称马里奥）就出生在这里。他发明了打击舞，由一名男性一边打击乐器，一边跳舞，是舞蹈界的伟大人物。塔巴南建有许多以他名字命名的建筑物，其中以马里奥剧院知名度最高。塔巴南也是巴厘岛最大的稻田所在地。城市周边分布着大片的梯田。巴图卡乌山寺等旅游景点相隔较远，但是非常值得前去参观，相信一定会不虚此行。

旅游景点

蝴蝶公园和猴林适合家庭赏游

克兰比坦王室
Puri Agung Wisata Kerambitan

MAP● 剪切地图-40、p.226-E
■交通：从塔巴南乘车约15分钟到达
■电话：0361-812667　■门票：免费/香火钱
■开放时间：24小时

见证王室的兴衰荣辱

塔巴南王室居住地，现在仍有王室的后裔生活在这里。面向公众开放，游客们可免费参观王室的日常生活以及住宅内的奢华布置。在这里还可以享用宫廷料理，欣赏美轮美奂的巴龙舞（10人以上成团）。

有时也在这里举行婚礼仪式

巴图卡乌山寺
Pura Luhur Batukau

MAP● 剪切地图-34、p.226-C
■交通：从塔巴南乘车约1小时到达
■香火钱：Rp.1万~2万
■开放时间：8:00~17:00

飘荡着神圣的气息 巴厘岛最重要的寺院

位于巴图卡乌山脚下的美丽寺院。寺院的中心是一座7层高塔，供奉着山神。周边坐落着风格各异的高塔。寺内有着神圣不可亵渎的气氛。据说，这座寺院是在名叫巴图卡乌的圣石上建造的，平添了一丝神秘的色彩。

穿着围裙才能进入该寺院，参加祭祀活动

巴厘岛蝴蝶公园 —————————————— Bali Butterfly Park

MAP●剪切地图-34、p.226-C
- 交通：从塔巴南乘车约15分钟到达
- 地址：Jl.Batukaru, Br.Sandan, Wanasari
- 电话：0361-814282
- 门票：成人Rp.5万
- 开放时间：8:00~17:00（入园时间截至16:00）

破茧成蝶后的巴厘岛蝴蝶

拥有40多种蝴蝶可供欣赏

这里生活着来自全世界的40多种蝴蝶。每周大约有1 000只蝴蝶产下幼卵，透过透明的容器，可以看到蛹儿破茧成蝶的美妙时刻。巴厘岛的蝴蝶是黑色和黄色相间，非常漂亮。

猴林（Monkey Forest） —————————————— Alas Kedaton

MAP●剪切地图-40、p.226-E
- 交通：从塔班南驱车约10分钟到达
- 门票：Rp.1.5万
- 开放时间：8:30~17:30

放养着500只野猴

蝙蝠生活在树林里面

入口处的小猴子

肉豆蔻森林中生活着大约500只野猴。野猴们会抱着游客的腿索取食物，非常可爱。抬头往上看，身长达1米的蝙蝠倒挂在树枝上。猴林入口附近商店的老板们会主动为游客指路，作为回报，游客逛完猴林之后也要到店里面买点东西略表心意。

嘉帝路维 —————————————— Jati Luwih

MAP●剪切地图-34、p.226-C
- 交通：从塔班南驱车约30分钟到达

震惊于辽阔的绿色大地

高原上的蔬菜非常好吃，不妨去看一看

Jati Luwih在巴厘语中是"万分晴朗"的意思。这里位于塔巴南的北部，如同其名字所包含的意思一样，有着大片的谷底和梯田，风景独一无二。从高原地区至海岸线一带，农作物按照地势的高低整齐地排成一片，是巴厘岛为数不多的大型庄园。

马加国家公墓 —————————————— Taman Pujan Bangsa Margaran

MAP●剪切地图-34、p.226-C

1946年，在印尼民族英雄伍拉·赖组织下发动了对荷兰军在巴厘岛塔巴南地区总部的进攻，马加是当时的主战场。在这场惨烈的战争中，参战的士兵包括伍拉·赖在内全部阵亡。为纪念这次战役而修建了这座国家公墓，这些为国家独立而牺牲的战士们如今就安息在这里。

从塔巴南驱车约15分钟到达

巴厘岛东部

East of Bali

村子里的女性在准备供品

巴厘岛人的宗教、人生观的诞生地
城镇和村庄分布在神圣阿贡山的四周

瑟马拉普拉 Semarapura p.239
拥有面积最大的王宫遗迹
瑟马拉普拉在18~20世纪是克隆孔王朝的古都。瑟马拉普拉在当时叫作克隆孔，有着浓厚的古都气息。在古都法院内可欣赏天花板壁画。

瑟马拉普拉郊区 Around Semarapura p.241
在靠近大海和山川的村子内游玩
一望无际的加姆布尔梯田、以海盐而闻名的库参坝都是非常有特色的旅游景点，具有浓厚的地域气息。

展地达萨 Candi Dasa p.242
吸引女性的海滩度假村
有名的阿曼基拉度假村就坐落在这里，许多情侣和女性游客经常到这里来度假。展地达萨的大海非常宁静，非常适合浮潜和垂钓。

百沙基母庙 Pura Besakih p.244
每天举行祭祀仪式的名刹
巴厘岛印度教的大本营，对于巴厘岛人有着极其重要的意义。百沙基母庙庄严、肃穆且非常漂亮，带给人心灵上的感动。运气好的话，可以参加华丽的祭祀仪式。

阿贡山 Gunung Agun p.245
巴厘岛的中心
阿贡山位于百沙基母庙的后面，非常雄伟。阿贡山是巴厘岛最接近天堂的高峰，对于当地人而言是最神圣的地方。可以攀登到山顶欣赏日出。

巴图尔山和京打马尼 Gunung Batur & Kintamani p.246
大型火山和火山湖
为巴厘岛郊区最有名的景点。磅礴的大山和美丽的湖水有着迷人的魅力。在餐厅内可以欣赏到这一美丽的景色。如果不到这里来的话，将会是旅途中的遗憾。

登安南 Tenganan p.248
原住民巴厘阿加生活的地方
巴厘岛的原住民——巴厘阿加人不曾离开的地方。圣布格林辛有着细腻的编织做工和精美的图案，是当地最有名的特产。

图兰奔、巴belongs布兰、邦利 Tulamben, Blahbatuh, Bangli p.250、251
小型景点分布
图兰奔在近年逐渐发展成为新兴潜水地区。巴杜布兰有着感人的巨人传说。邦利坐拥许多历史悠久的寺院。

坦帕克西林 Tampaksiring p.252
为浴场遗迹和巴厘岛最古老的遗址
圣泉寺浴池遗迹和巴厘岛最古老的遗址——卡威寺是最大的景点。

百沙基母庙的僧人们面带笑容

East of Bali

瑟马拉普拉
Semarapura

过去叫作克隆孔
曾是克隆孔王朝的都城

MAP●剪切地图-41、p.238-C

如何前往

从库塔乘车约2小时到达,从登巴萨乘车约1小时到达。从库塔、沙努尔、乌布等巴厘岛主要地区前往瑟马拉普拉,可搭乘普拉玛公司运营的开往展地达萨的巴士。也可以从登巴萨搭乘迷你巴士前往瑟马拉普拉。

针对不同游客的推荐指数

用小猫图案的多少来表示推荐程度

游客类型	推荐指数
情侣	🐱
家庭	🐱🐱
文化、艺术派	🐱🐱🐱
购物派	🐱🐱
海上运动爱好者	

瑟马拉普拉有着古都风情

地区概况

地方性的城市
传统和时尚生活方式的结合

瑟马拉普拉是克隆孔县政府所在地,也是巴厘岛东部地区最大的城市。克隆孔王朝(18~20世纪)时期,瑟马拉普拉得到了飞跃式的发展,是一座拥有300多年历史的古都。1995年,城市名称由克隆孔改为瑟马拉普拉,但是仍有许多人将其称为克隆孔。宫殿旧址坐落在主干道上,有几条小路从这里通往四面八方。整座城市给人的感觉非常规整、有秩序。旅游景点多集中在中心地段,可以步行游逛。瑟马拉普拉的布料非常有名,祭祀仪式上穿的民族服装和印花布料非常便宜。沿着蒂普努格罗大街向东走去,会看到乌达河出现在眼前。河面上的大桥是巴厘岛第一长度的桥梁。

郊区是海盐工厂

旅游景点

去往东部地区途中经过的景点
参观义勇军纪念碑河王宫遗迹

普普坦纪念碑 — Monumen Puputan

MAP p.238-F

■交通:瑟马拉普拉王宫遗址所在的斯拉帕提大街对面

克隆孔王朝最后的战场

19世纪后期,荷兰军队入侵巴厘岛,将罪恶的铁蹄踏向了当时的克隆孔王朝,并将其一举占领。这座纪念碑是为了纪念当时牺牲的义勇军而建。普普坦是"自尽"的意思。克隆孔王朝周边的8个王国逐一被荷兰军队所统战,但是克隆孔义勇军们却毫不畏惧,依然顽抗坚持到底。纪念碑的外形象征着男性的阳刚之气,其内部展示有克隆孔王朝以及当时军队激战场景的画作。

纪念碑的附近形成了一座小型广场

瑟马拉普拉王宫遗迹 —— Puri Semarapura

MAP●剪切地图-41、p.238-F
- 交通：普普坦纪念碑对面
- 门票：成人Rp.1.2万、儿童Rp.6000
- 开放时间：8:00~18:00
- 休息：无

从这座大型复式建筑可以窥见王国时代的繁荣

王宫遗迹位于城市的中心位置。荷兰军队打败克隆孔王朝之后，将宫殿进行了重新整修。瑟马拉普拉王宫见证了王朝当时的繁荣。瑟马拉普拉王宫内坐落着老司法大厅、王室休息室、博物馆3座建筑。

老司法大厅 —— Kertha Gosa

在瑟马拉普拉王朝时代至1942年被荷兰军队占领之前，这里一直是克隆孔王朝的司法大厅。老司法大厅的天花板上挂有描绘对罪人使用酷刑的骇人场面的壁画。这些壁画栩栩如生，令人心生畏惧，大都是卡玛桑画派的作品（参照p.275）。这里是克隆孔王朝的最高司法大厅，由3名被称为"印度执政官"的高级僧侣来判断罪名是否成立。一旦被认为有罪，那么罪犯会被流放到"恶灵之地"——普尼达岛上，受尽各种折磨。

观看血腥的地狱酷刑图

王室休息室 —— Bale Kambang

一走进王宫遗迹，首先看到的就是王室休息室。Bale Kambang是"水上建筑物"的意思。王室休息室建在鱼池上面，好像浮在水面上一样，故此而得名。这里是王室成员休息的地方。室内天花板上刻有各种图案的壁画和印度叙事诗《罗摩衍那》里面的章节。木柱上面雕刻有精美的花纹，让人联想到王宫当时的繁荣。老司法大厅、王室休息室都没有墙壁，这是瑟马拉普拉王朝时期的建筑特色，四面通透，微风吹过，非常惬意。

凉爽通风的休息室

博物馆 —— Museum

馆内展示有瑟马拉普拉附近出土的石器以及王室内的宝盘和装饰品。除此之外，还展示有独立运动时期，义勇军与荷兰军队激战时所使用的武器、荷兰军队的大炮以及在残酷的战争中留下的遗物等。馆内还藏有一幅大型画作，描绘了义勇军们高喊"自尽"的场景，光是看看就让人感到悲痛不已。

绕过王室休息室，继续往里面走到达博物馆

乌达河 —— Kali Unda

MAP p.238-C
- 交通：从王宫遗迹步行约15分钟到达

清澈的河水冲去一天的污秽

乌达河流过瑟马拉普拉，每天傍晚时分，大人和小孩们在结束了一整天的工作和学习之后，来到河里面洗澡。不分男女老幼，各自挑选合适的地方沐浴，清澈的河水会带走一天的疲惫和污秽。这是当地人的生活习惯，是在别处都见不到的光景。

洗去一天的疲劳和污秽

> **CHECK!**
> ### 克隆孔（瑟马拉普拉）王朝
>
> 16世纪，爪哇岛的麻诺巴歇帝国从伊斯兰国家分离出来，来到直葛定居，从而诞生了直葛王朝。18世纪，直葛王朝迁都克隆孔（官方名称为Semarapura，译作瑟马拉普拉），并重新命名为克隆孔王朝。从此，巴厘岛被分裂成为8个小国，各自繁荣。

瑟马拉普拉郊区
Around Semarapura

造访绘画之村和产盐海岸
感受当地的质朴生活
了解巴厘岛人的日常生活

旅游景点

美丽的梯田和
最有名的观光景点——蝙蝠寺

加姆布尔梯田 —— Bukit Jambul

MAP● 剪切地图-35、p.238-C
■ 交通：从瑟马拉普拉乘车约10分钟到达

眺望巴厘岛的粮仓

从瑟马拉普拉北上，会看到一望无际的辽阔梯田。梯田一层一层均匀地铺展在山坡的倾斜面上，放眼望去，非常震撼，被当地人称为"神之阶梯"。而更远处是层峦的山脉和朦胧的地平线，是巴厘岛首屈一指的美景地。

非常棒的拍照留念地

库参坝 —— Kusamba

MAP● 剪切地图-41、p.238-D
■ 交通：从瑟马拉普拉驱车约10分钟到达

在海岸边参观海盐的生产过程

传统的制盐方法至今仍在使用。在海岸边划分好盐田，海水经过日晒之后成为一颗颗的盐粒，最后被装入椰木容器中。这里每天大约制盐10千克，干季时产量会更多。

近年来，海盐成为最受欢迎的特产礼品之一

蝙蝠寺 —— Pura Goa Lawah

MAP● 剪切地图-41、p.238-D
■ 交通：从瑟马拉普拉驱车约15分钟到达。从库参坝驱车约3分钟到达
■ 门票：成人Rp.4000、儿童Rp.2000　营业时间：8:00~18:00

蝙蝠成群的神秘洞穴

蝙蝠寺修建于11世纪，有着悠久的历史。Goa Lawah是蝙蝠洞的意思。洞穴的深处倒垂着上千只蝙蝠。洞窟被当地人看作是圣域，所有人不得踏入半步。据说，洞穴和阿贡山的火山口相连。傍晚时，成千上万只蝙蝠从洞口飞涌而出。

瑟马拉普拉郊区最著名的景点

卡玛桑村 —— Kamasan

MAP● 剪切地图-41、p.238-C
■ 交通：从瑟马拉普拉驱车约5分钟到达

卡玛桑派绘画大本营

为卡玛桑派绘画（参照p.275）的发祥地。卡玛桑派绘画以纤细的笔头描绘出极富表现力的作品，是这座村子特有的艺术作品。挂有招牌的屋子是画家的创作场所，在这里可以直接购买绘画作品。并非越大幅的画作价格越贵，而是要根据绘画的细腻程度来决定。

以《罗摩衍那》等古代叙事诗为题材的画作很多

提赫干村 —— Tihingan

MAP● 剪切地图-41、p.238-C
■ 交通：从瑟马拉普拉驱车约10分钟到达

传统乐器之村

对巴厘岛人来说，音乐是祭祀典礼或仪式上必不可少的内容。几乎所有的巴厘岛人都到这里来购买乐器。提赫干村自古以来就是传统乐器的重要生产场所，佳美兰、大鼓等乐器的价格相比其他地方要便宜不少。

在民居内可以参观乐器的整个制造过程

展地达萨
Candi Dasa

**具有浓厚地域特色
祥静的度假胜地**

MAP●剪切地图-42、p.238-D

如何前往

从机场乘车约2小时到达,从乌布乘车约1小时到达。从库塔、沙努尔、乌布等主要景区可乘坐普拉玛公司的迷你巴士前往展地达萨。也可以乘坐摩托车前往。前往展地达萨周边游逛,可在当地报团一日游或半日游。

针对不同游客的推荐指数

用小猫图案的多少来表示推荐程度

游客类型	推荐指数
情侣	🐱🐱🐱🐱🐱
家庭	🐱🐱🐱
文化、艺术派	🐱🐱🐱
购物派	🐱🐱
海上运动爱好者	🐱🐱🐱🐱

小型白沙海滩分布在海岸附近

地区概况

海岸附近坐落着密密麻麻的酒店和平房客栈

这一带原本分散着一些小渔村,20世纪80年代之后,逐渐发展成为著名的度假胜地。靠近大海一侧的道路长度超过3千米,两边坐落着密密麻麻的高档酒店。但是,与其他地区相比,这里的游客数量却非常少,也几乎见不到商贩。当地的孩子们在大海里畅快地游泳,这样的光景有着独特的吸引力。海岸线附近有防护设施,几乎看不到像样的白沙海滩,但是仍然阻挡不了人们前来潜水、钓鱼、享受大海的乐趣。这里的海水透明度很高,透过清澈的海水,能够看得到海底的海龟等海洋生物,是最佳浮潜地区。

孩子们兴高采烈地前往美丽的海滩

旅游景点

**时间仿佛停滞的静谧度假村
在这里悠闲地度过假期**

展地达萨海滩 ——————————————— Candi Dasa Beach

MAP●剪切地图-42、p.242-B
■ 交通：以旅游信息咨询中心为中心，向东西方向延伸2~3千米

当地的孩子们玩耍的地方

和当地人谈天说地
享受平实生活的气息

这里虽然称为海滩，但是却不像传统的海滩一样有着绵延的白沙海滩，人们也不会穿着漂亮的泳衣晒日光浴。这里的乐趣在于和当地人交流、谈天说地。在海岸边的大街上闲逛，和当地居民打招呼、交谈。虽然道路两边也有一些商店，但是这些商店却好像完全不在乎生意一样，店主也悠然自得地打发时光。

卖椰果的摊贩

展地达萨寺院 ——————————————— Pura Candi Dasa

MAP●剪切地图-36、p.242-B
■ 交通：位于旅游信息咨询中心（旅游咨询处）前面
■ 香火钱：Rp.5000~1万　■ 营业时间：8:00~17:00

修建于11世纪，有着悠久的历史

拥有将近1 000年的历史
供奉着孕子神

这座寺院与大海相望，内部供奉着怀抱婴儿的孕子神，这在巴厘岛印度教的寺院中非常罕见。从这座神像旁边的小路沿着70级阶梯拾级而上，到达雨神庙，这里供奉着印度教的雨神。在寺院入口可以留下香火钱。游客要在入口处用清水净手。

莲花池 ——————————————————————— Lagoon

MAP●剪切地图-36、p.242-B
■ 交通：位于旅游信息咨询中心（旅游咨询处）旁边

孩子们放心玩耍的莲花湖

从展地达萨寺院前往主干道的途中，路过一条羊肠小道，小道的对面就是这座大型莲花池。湖面上密密麻麻地铺满了莲花和莲叶，甚至望不到湖水下面的光景，淡粉色的莲花分外好看。这座莲花池不深，下水没有危险，是当地孩子们嬉戏玩耍的地方，经常可以看见他们在莲花湖内打闹、游泳的样子。莲花池的旁边是小型海滩，这里停靠着渔民们打鱼的船只。这些船只五颜六色，每一只都不一样。跟渔民们商量一下，可以借用他们的船只打鱼或泛舟湖面。另外，这座海滩虽然不大，但是在退潮后会露出美丽的白沙，可以在这儿晒日光浴。

海岸旁边的人工池

百沙基母庙

Pura Besakih

**坐落在灵峰阿贡山的后面
巴厘岛印度教的大本营**

MAP●剪切地图-35、p.238-B

如何前往

从登巴萨驱车约2小时到达，从乌布驱车约1小时30分钟到达，从参道入口步行约15分钟到达。
■ 门票：Rp.1.5万

（上）人们身穿正统服装，带着祭祀物品来到百沙基母庙参加祭祀大典　（右）百沙基母庙的中心、供奉着湿婆的寺院

地区概况

虔诚的巴厘岛居民的心灵皈依处

百沙基母庙也被称为母神庙，是巴厘岛印度教的大本营。百沙基母庙是建在阿贡山山腰（海拔约1 000米）处约30座寺院的总称，其中，以供奉着梵天的寺院和供奉着湿婆、毗湿奴的两座寺院为核心，在其周围分布着担负保卫王宫重任的8座寺院。百沙基母庙原本供奉着阿贡山的精灵（印度教地位最高的神）。11世纪，印度教和巴厘岛当地的土著信仰相结合，衍生出了巴厘岛印度教，并得以广泛传播。该教在一年中会举行数十次祭礼，在这一天，寺院中会竖起长长的竹竿，信徒们身穿正统的服装到寺院参拜。1979年，在百沙基母庙内举行了一百年一度的十一方位祭祀大典，共持续了42天。

街角一览

参观百沙基母庙千万要注意

要进到百沙基母庙参观，需要留下香火钱。但是，当地的一些不法分子会在寺院附近借机敲诈、勒索外国游客，造成了非常恶劣的影响。如果独自一人到百沙基母庙游玩的话，需要多加小心，不要被可疑的人盯上。

摩的载着游客从停车场前往百沙基母庙

阿贡山

Gunung Agung

**巴厘岛人的灵峰
巴厘岛人的精神世界**

MAP●剪切地图-35、p.238-B

如何前往

从登巴萨驱车约2小时到达。阿贡庙坐落在海拔约2 500米的地方。从停车场沿着石阶步行约20分钟到达。

■ 门票：Rp.1万

在阿贡山寺院许愿

在灵峰阿贡山顶可以看到安静的阿贡寺院。山顶的景色非常不错

景点概况

**被誉为"天堂之门"
巴厘岛人尊崇的最高山峰**

　　阿贡山是巴厘岛东部分最高峰（海拔3 142米）。如同喜马拉雅山被看作是"神圣之座"一样，阿贡山就是巴厘岛人心目中的"天堂之门"。巴厘岛人对于方向非常敏感，他们将地区分为靠山一侧和靠海一侧。他们将阿贡山的地理位置作为中心，靠山一侧是神圣的区域，而大海的一侧是恶魔栖息之地（参照p.282）。在巴厘岛的宗教观念中，人们通过阿贡山和神灵进行交流，并维持紧密的关系。1963年，阿贡山火山喷发，对巴厘岛造成了极大的破坏。宗教首领认为，这是因为人们将一百年一度的十一方位祭祀的年份搞错了，所以众神迁怒于人民，并使火山爆发以示惩罚。作为弥补，他们在1979年再度举行了祭祀仪式。

　　在海拔2 500米的山腰处，坐落着阿贡山寺院。从停车场沿着石阶步行约20分钟到达。途中可以依次眺望到罗威那海滩、努沙杜瓦、龙目岛。

登顶阿贡山

　　阿贡山海拔3 142米，是巴厘岛最高峰，也是人们心目中的圣山。凌晨开始登山，到达山顶（海拔2 840米附近）正好可以赏日出。可在当地报团登山，有专业导游一路陪同。

■ **登山安排**

出发前夜　出发前在集结酒店休息

02:00	乘坐专车前往百沙基母庙。一路上有导游陪同。
03:00	在百沙基母庙许愿，乞求一路平安。准备登山。
06:00	到达山顶。天气情况好的话，可以欣赏日出东方的美丽景色。在山顶喝杯热咖啡，简单吃点东西，休息过后准备下山。
09:00	返回集结酒店。洗个热水澡，休息过后，准备用餐。
11:00	各自返回住处。

■ 费用：Rp.2.4万。二人成团。
（最低发团人数为1人。一路上有会说英语的导游陪同）

巴厘岛东部

巴图尔山&京打马尼

Gunung Batur & Kintamani

近在眼前的活火山
壮观的巴图尔湖

MAP●剪切地图-28&29、p.238-A

如何前往

驱车从登巴萨前往京打马尼地区的入口贝纳罗肯历时大约2小时30分钟。从乌布地区驱车前往约1小时15分钟到达。从巴杜布兰可乘坐前往巴图尔地区的迷你巴士。在当地报团前往巴图尔地区非常方便。

针对不同游客的推荐指数

用小猫图案的多少来表示推荐程度

游客类型	推荐指数
情侣	🐱🐱🐱
家庭	🐱🐱🐱
文化、艺术派	🐱🐱🐱
购物派	🐱
海上运动爱好者	

大部分餐厅都可以欣赏到巴图尔湖湖畔景色

地区概况

巴厘岛的景色偏阴柔
而这里的景观充满了阳刚之气

巴图尔山是一座巨大的活火山，由于火山岩堆积而在山脚下形成了巴图尔湖。1917年、1926年，巴图尔火山曾爆发过两次。1917年的火山爆发造成了6万所房屋和2000余所寺院化为灰烬。贝纳罗肯是京打马尼地区的入口城镇，位于火山的外围。从这儿可以眺望到巴图尔山和巴图尔湖的美丽景色。午后天气状况多变，建议在上午前去参观。京打马尼地区曾发生过强买强卖的事件，在当地购物时要注意。

可乘船在湖面上游览

旅游景点

微风吹过心头
辽阔高原上的旅游名胜

水神庙 — Pura Ulun Danu Batur

MAP●剪切地图-28、p.238-A
- 交通：从贝纳罗肯驱车约20分钟到达
- 香火钱：Rp.2万

没落之后得以重建的美丽寺院

水神庙建在巴图尔山的外围，多层装饰的屋顶非常漂亮。这座寺院最早位于巴图尔湖旁边，1926年火山爆发时被岩浆所焚毁。当地的村民们在现在的位置将之重建。

寺院内的塔由多个侧门和多重塔层组成。村民们都非常爱护它

图格克里潘寺
Pura Tegeh Koripan

MAP●剪切地图-28、p.238-A
- 交通：从贝纳罗肯驱车约25分钟到达
- 香火钱：成人Rp.1万、儿童Rp.5000

为巴厘岛第二高度的寺院

亭考畔寺位于普努力桑村的高地处。沿着村子里的301级石阶向上走，最后的33级阶梯非常陡峭，十分难走。天气晴朗的话，可以站在寺院里眺望到阿贡山以及北部的新加拉惹。再往上走可以看到两座电视信号塔。

库迪桑 ——————— Kedisan

MAP●剪切地图-29、p.238-A
- 交通：从贝纳罗肯驱车沿着巴厘尔湖畔的坡道行驶约20分钟到达

巴图尔湖的观光基地

位于巴厘尔湖畔旁边的村落，从这里可以乘船前往风葬之村——川阳村。船费Rp.30.5万。

从这里乘船前往川阳村

托亚邦卡 ——————— Toya Bungkah

MAP●剪切地图-29、p.238-A
- 交通：从贝纳罗肯驱车约15分钟到达
- 门票：Rp.15万（带饮料）
- 营业时间：8:00~19:00 休息日：无

身穿泳衣入内的温泉胜地

位于巴图尔湖畔附近的温泉村。村内的温泉由3座大型游泳池组成。可以一边泡温泉一边欣赏巴厘尔湖风光。

游泳池风格的温泉。不要忘记准备泳衣

川阳村 ——————— Trunyan

MAP●剪切地图-29、p.238-A
- 交通：从贝纳罗肯驱车约15分钟到达沿着坡路右下方行驶，到达库迪桑的栈桥。从这里乘船前往河对面，历时约20分钟

沿袭风葬传统的村子

位于巴图尔湖的东岸，村子里面居住着巴厘岛土著——巴厘阿加人。和巴厘岛东部的登安南一样，这里没有被印度教所同化。村子里面有着不同于其他地区的氛围。这里的人们依旧沿袭着古巴厘岛的传统风俗，风葬就是其中之一。可以到村子里面参观。

餐厅

湖景餐厅
Lake View

印度尼西亚料理　MAP●剪切地图-35、p.238-A

自助餐Rp.10.21万~

隐蔽的山间小屋内别有洞天

巴图尔湖畔山间小屋内的餐厅。在这里用餐可以欣赏到全景湖景。这儿为食客们提供早餐，并有多种葡萄酒可供选择。

- 地址：Jl. Raya Penelokan, Kintamani (Lakeview Eco Lodge)
- 电话：(0366) 52525
- 营业时间：8:00~15:30
- 休息：无
- 网址：www.lakeviewbali.com
- 支持刷卡：VISA、Master

格朗德彭恰克
Grand Puncak Sari

印度尼西亚料理　MAP●剪切地图-29、p.238-A

自助餐每天11:30开始

醉心于壮丽的景色

平日里游客纷至沓来，只为欣赏巴图尔湖和巴图尔山的美丽景色。印度尼西亚料理自助餐价格Rp.9万，拼盘饭和春卷非常好吃。

- 地址：Jl. Raya Penelokan, Kintamani
- 电话：(0366) 51073
- 营业时间：8:00~17:00
- 休息：无
- 网址：无
- 支持刷卡：VISA、Master

登安南

 Tenganan

MAP●剪切地图-36、p.238-D

如何前往

从展地达萨乘车约10分钟到达，从库塔乘车约2小时到达。可以先从大城市乘坐普拉玛公司运营的巴士前往展地达萨，然后在当地租一辆自行车前往登安南。也可以在当地报团前往登安南。

这里生活着拥有虔诚信仰的人们

巴厘岛原住民生活的地方 圣布的故乡

在这座村子里能够看见原住民的日常生活

地区概况

了解巴厘阿加人的生活

登安南为巴厘岛的原住民——巴厘阿加人生活的村庄。村庄南北长500米，东西长200米，面积非常小，四周被墙壁所包围。在村口留下香火钱后（多少随意）方可入内（游客参观时间为7:00~17:30）。村庄位于小山的倾斜面，村内有两条石头铺成的道路。道路的两侧是几家特产商店，里面出售藤蔓编制的篮子、双重扎染布料、椰果制成的药物以及各种雕饰物品等。雕饰的内容多为与人出生月份相关的神像（巴厘岛诸神）和叙事史诗《罗摩衍那》的内容。雕刻完成之后，为了避免图案被划掉，会在表面涂上一层保护膜并上色。可以请求师傅将自己的名字用圣文字的形式刻上去。

入口附近的广场是Vale Agung村的集合场所，这里禁止游客进入，只能在外面远远地参观。特别是举行重要的祭祀仪式时，绝对禁止任何外人入内，请切记。继续向村内走，会看见许多住房，并有不少牛、鸭子、鸡等出现，乍一看去，就跟普通的村子并无两样。在过去，村民们的房屋无论是外观，还是规模、大小都差不多，但是现在有了很大的改观。

旅游景点

村子非常之小
在这巴掌大小的地方更能用心感受生活

虽然这里的原住民有着独特的生活习惯，但是大部分时候也和普通巴厘岛人的生活无异

巴厘阿加人与圣布
Bali Aga & Gringsing

坚持近亲结婚的
巴厘岛原住民——巴厘阿加人

13世纪中期之后，爪哇岛的居民迁移到这里定居，并将印度教传播到了这片土地上。部分原住民拒绝接受新的宗教，他们将村子封锁起来，不与外界接触，过着与世隔绝的生活。这部分原住民就是巴厘阿加人（Bali Aga）（巴厘岛原住民）。他们至今仍然信奉精灵，与巴厘岛印度教有着完全不一样的教义。

登安南村现在依然居住着大约200户原住民，他们坚持近亲通婚，不允许族人和外族人结婚，更不允许走出村子。外面的人想要住进村子里也很难被他们所接纳，因为巴厘阿加人不会赠予外人房屋、土地甚至食物。这样的做法看起来好像有些残酷，但这正是他们维持传统和血统的方法。

女性村民白天劳作的样子。她们主要以制作手工艺品为营生，技艺精湛

巴厘阿加人的圣布——双重扎染布料。祭祀时穿着的服装也和其他巴厘岛人不太一样

巴厘阿加人的高级作品
圣布——双重扎染布料

Kamben Gringsing（双重扎染布料）是巴厘阿加人独创的工艺品。该布料的制作首先从染色开始。取自天然植物、岩石的染料用来给线上色。为了让颜色不至于在短时间内脱落，他们通常将线浸泡在染料中长达一个月之久。在染色时，将部分线段挑染，即部分染色，部分不染色（防染），在针织的时候将染色的部分和未染色的部分巧妙地编织到一起。通常，未染色部分可以横织也可以竖织，且为单线编织。而圣布之所以被看作是世界上罕见的布料，原因就在于它是经纬线编织（横竖相间），横织和竖织混杂着防染线的融合，使得布料呈现出双重编织的质感和模样。大型布料甚至要花费长达10年的时间才能完成，堪称一件完美的纯手工艺术品。因此，圣布的价格相当贵，如果感兴趣的话，可以买一条作为留念。

Gringsing是"避疾消灾"的意思。据说，圣布可以赶走恶魔，在祭祀仪式中经常使用圣布，价格不低。

圣布极其耗费工时，最便宜的也要Rp.300万左右

图兰奔
Tulamben

**以雄伟、壮阔的阿贡山作为背景
巴厘岛最有名的潜水胜地**

MAP● 剪切地图-36、p.238-B

如何前往

从展地达萨驱车约1小时到达，从机场驱车约3小时30分钟到达。

针对不同游客的推荐指数

用小猫图案的多少来表示推荐程度

游客类型	推荐指数
情侣	
家庭	
文化、艺术派	
购物派	
海上运动爱好者	

在潜水地点可以看到热带鱼群

地区概况

潜水设施分布在各个区域

图兰奔是巴厘岛东部的小镇，以沉船潜水点而闻名。第二次世界大战时，美国战舰"里巴提"号遭到日军的攻击，在距离海岸30米、水深5米的地方沉没。如今可以从海滩直接潜到沉船处，也可以带上浮潜设备，乘船前去参观。有时还会在海底遇到海豚。在巴厘岛其他地区可报团参加图兰奔一日游。

简朴的设施，非常完善

潜水商店

巴厘岛潜水学院
Bali Dive Academy

MAP p.238-B

初学者也可以放心下海

保证零事故

在这里报名前往深海潜水收费45美元~，为顾客提供周到的服务和保护，至今为止从未发生过事故，为客人的安全下足了功夫，在当地很受欢迎。潜水深度按照个人情况而定，可以尽情享受图兰奔大海带来的欢乐。如果不想潜水的话，该学院也为大人和孩子们准备了各种娱乐项目打发时光。该学院在巴厘岛上共有5家店铺，总店位于沙努尔。

■ 地址：Br. Batu Dawa Kelod. Desa Tulamben
■ 电话：0877-60048541　网址：www.www.scubali.com/

布兰巴度
Blahbatuh

MAP●剪切地图-40、p.238-C

如何前往

从登巴萨驱车约40分钟到达。
从库塔、沙努尔驱车约1小时到达。

针对不同游客的推荐指数

用小猫图案的多少来表示推荐程度

游客类型	推荐指数
情侣	🐱🐱🐱
家庭	🐱🐱🐱🐱
文化、艺术派	🐱🐱🐱
购物派	🐱
海上运动爱好者	🐱

这里流传着库伯伊瓦的传说
美丽的瀑布让人心旷神怡

特格努干瀑布 Air Terjun Tegenungan

MAP●剪切地图-40、p.238-E
■ 交通：从图兰奔驱车约5分钟到达

水量丰沛的瀑布

走进小路，会看到热带森林之中坐落着的这座美丽的瀑布。瀑布的水源来自于普塔努河，高达25米。在森林中设有休息室，可以眺望到瀑布的全景。

飞流直下三千尺的凉爽快感

旅游景点

瀑布和加都寺是主要景点

从登巴萨前往乌布途中路过周边坐落着许多艺术村的街道，叫作艺术街，而布兰巴度就坐落在该艺术街旁边。布兰巴度不是艺术村，它以传说中的寺院和瀑布而闻名。

加都寺 —————— Pura Gaduh

MAP p.238-E
■ 交通：布兰巴度村内

供奉着库伯伊瓦

名不见经传的布兰巴度村最有名的景点当属加都寺。库伯伊瓦是巴厘岛神话中的巨人，寺院内供奉着他的雕像。但实际上，附近村子里的普拉普塞庙内才存放着真正的库伯伊瓦头像。游客留下香火钱之后方可入内参观。不要忘记穿围裙和腰带。

村民们在准备祭祀

CHECK! 正义的化身——克宝依哇

克宝依哇（Kebo Iwa）是巴厘岛人尽皆知的巨人英雄，岛上流传着关于他的悲伤传说。传说有多个版本，但比较脍炙人口的版本是这样的：马加帕希王朝从爪哇岛出发，向巴厘岛发起进攻。当时的克宝依哇是贝度鲁（Bedulu）国王身边的一名勇士，身高足有3米。他的心地非常善良，对于敌人不会赶尽杀绝，只是把他们驱逐出境而已。但是心狠手辣的马加希国王派出了另一位巨人马加玛前去刺杀库伯伊瓦。刺杀计划最后没能得逞，但是心地善良的克宝依哇对着刺客说道，"如果你那么希望我死，就把我的命拿去吧！"随后他自尽身亡。

邦利
Bangli

邦利王朝所在地 气候温暖的地方

MAP●剪切地图-35、p.238-C

如何前往
从瑟马拉普拉驱车约20分钟到达。
从机场驱车约2小时到达。

针对不同游客的推荐指数
用小猫图案的多少来表示推荐程度

游客类型	推荐指数
情侣	🐱🐱🐱🐱
家庭	🐱🐱🐱
文化、艺术派	🐱🐱🐱🐱
购物派	🐱
海上运动爱好者	🐱

寺院内有11座塔

肯罕寺 ——— Pura Kehen

MAP●剪切地图-35、p.238-C
- 交通:从邦利驱车约5分钟到达
- 门票:Rp.3000(围裙租金Rp.5000)
- 开放时间:9:00~17:00

巨大的树木和中国陶器壁

肯罕寺是邦利王朝的国家寺院,坐落在地势高处。寺院修建于13世纪,供奉着湿婆和印度神灵。寺院内又分为3个小寺院,第二座寺院的墙壁上镶嵌着中国的陶器。

墙壁上的大部分陶器已经被偷走或破坏

地区概况

参观完寺院之后 在森林漫步

邦利是古代邦利王朝的所在地,现在叫作邦利县。老王宫修建于19世纪,如今这里居住着王室的子嗣们。这是一座安静的小镇,没有任何旅游设施,只有王国国家寺院肯罕寺和瞭望台是最值得前去的地方。

邦利山
Bukit Bangli

MAP●剪切地图-35、p.238-C
- 交通:从邦利驱车约10分钟到达

俯瞰邦利全景

瞭望台位于山顶附近,是最佳瞭望地点。瞭望台在古代曾是邦利王室的休息处,在这里可以看到远处的群山,将邦利全貌尽收眼底。山下的地区因为长着大量的植物,所以遮挡了部分视线。

在郊区旅游

达姆利山
Bukit Demulih

MAP●剪切地图-35、p.238-C
- 交通:从邦利驱车约20分钟到达

可以看到远处的沙努尔地区

首先乘车走一段路,在石阶前停下来。沿着石阶走向深处,会看到路旁鲜花绽放,热带水果新鲜欲滴,是非常不错的漫步路线。在高地处可以看到远处的沙努尔和海岸线。

途中走过200级石阶

坦帕克西林

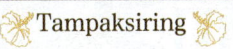
Tampaksiring

MAP●剪切地图-34、p.238-A

如何前往

从乌布驱车约30分钟到达,从登巴萨驱车约1小时10分钟到达。

圣泉流淌的圣泉寺

历史古迹、文化遗产残留
山垣间的小镇

卡威石窟寺

地区概况

瓦尔玛德瓦王朝的古都
井然有序的肃穆之城

位于乌布和巴图尔湖的中间位置,有着大片美丽的梯田。10~14世纪时,瓦尔玛德瓦王朝将这里定为都城,现在还保留着当时卡威寺庙遗迹。另外,还有泉水奔涌而出的圣泉寺。印度前总统曾在这里修建了"夏日离宫",许多政界人士经常造访坦帕克西林。

圣泉寺 ——— Tirta Empul

MAP●剪切地图-35、p.238-C
■ 交通:从坦帕克西林驱车约10分钟到达
■ 门票:Rp.1.5万 休息:无

圣水奔涌的寺院

Tirta是圣水的意思。寺院内有着天然泉水不断流淌,并利用这一优势造就了浴池。据说在该浴池沐浴过后可以包治百病。在巴厘岛,许多浴池都用圣泉池来命名,但这座浴池是最有名的。

卡威石窟寺 ——— Gunung Kawi

MAP●剪切地图-35、p.238-C
■ 交通:从坦帕克西林驱车约5分钟到达
■ 门票:Rp.1.5万 休息:无

巴厘岛最古老的石窟寺院

该石窟寺院修建于11世纪。在高7米的拱形石窟中总共坐落着5座寺院。这里是瓦尔玛德瓦王朝第六代君主的陵墓。石窟内共有350级陡峭的石阶。

塞巴图

Sebatu

MAP●剪切地图-34、p.238-C

如何前往

从乌布驱车约40分钟到达,从坦帕克西林驱车约10分钟到达。

圣泉浴池

位于坦帕克西林的对岸
有名的木雕村

卡威庙 ——— Kawi Empul

MAP●剪切地图-34、p.238-A
■ 交通:从坦帕克西林驱车约10分钟到达
■ 门票:Rp.1.5万 休息:无

村民们常来沐浴的寺院

塞巴图被广袤的梯田所围绕,唯一的一处旅游景点就是卡威庙。和坦帕克西林的圣泉寺一样,这里也常年有泉水流出。寺院内建有浴池,仿佛是小型的圣泉寺一样。每天的早晨和晚上,村民们会结伴前来沐浴。寺院上侧的道路两旁有许多特产商店。卡威庙非常简朴,具有乡野气息。

巴厘岛西北部

North & West of Bali

当地的孩子们非常热情

巴厘岛未开发的自然之地
道路比较崎岖,但是自然风景却值得一看

新加拉惹 Singaraja p.255

与西欧社会贸易的中心

在荷兰统治时期,新加拉惹发展成为欧洲诸国的贸易城市。城市中依旧保留有当时所建的科洛尼亚风格的住宅和寺院,有着独特的魅力。

新加拉惹郊区 Around Singaraja p.257

参观西方文化影响下的寺院

这里坐落着许多印度教寺院,有着巴厘岛北部地区特有的纤细雕刻花纹和图案。新加拉惹在荷兰统治时代曾作为首都,深受西方文化、生活习惯的影响,有着不一样的城市风格。

罗威那海滩 Lovina Beach p.258

**新型度假村鳞次栉比
著名的潜水胜地**

从机场、其他景区乘车历时4~5个小时到达这里。虽然路途花费不少时间,但这里是巴厘岛首屈一指的潜水胜地,绝对值得一来。近些年,一些深受女性青睐的度假村拔地而起,吸引着越来越多的游客前来度假。这里是巴厘岛新型度假区之一,有着其他地方无法比拟的人气。

在海滩聊天的女学生们

吉利马努克 Gilimanuk p.260

**极具私密氛围
避开喧嚣尘嚣的心灵归属地**

吉利马努克位于巴厘岛最西面。巴厘岛唯一的一座国家公园——西部国家公园就位于此。在这里可以体验丛林探险、海上运动。公园内及其附近坐落着许多隐蔽的度假村,私密性很好。

寺院深受爪哇岛文化的影响

内加拉和西部地区 Negara & West Area p.262

竹琴的发祥地

内加拉是巴厘岛传统乐器竹琴的诞生地,在当地有著名的竹琴乐团为观众演奏。这里还未经人工开发,是巴厘岛最后的人间天堂。在海岸边可欣赏夕阳。

国家公园内生活、栖息着许多野生动物

North&West of Bali

新加拉惹

 Singaraja

**荷兰统治时期的遗迹遍布
被誉为"狮王"之城**

MAP●剪切地图-28、p.257-C

如何前往

从机场驱车约3小时30分钟到达。从登巴萨、库塔、沙努尔等主要城市可以乘坐去往罗威那方向的迷你巴士来到新加拉惹。从罗威那可以搭乘出租车或摩的前往，10~15分钟即可到达。

针对不同游客的推荐指数

用小猫图案的多少来表示推荐程度

游客类型	推荐指数
情侣	🐱🐱
家庭	🐱🐱🐱
文化、艺术派	🐱🐱🐱🐱🐱
购物派	🐱🐱🐱
海上运动爱好者	🐱

长有翅膀的狮子王像是这座城市的象征

城市里面保留有不少荷兰殖民地时期的建筑物

地区概况

**科洛尼亚风格的建筑残存
映照出曾经繁荣时代的往昔掠影**

18~19世纪，新加拉惹处于荷兰统治之下，作为巴厘岛的首都一步步走向繁荣。1953年，巴厘岛的首都迁往登巴萨。在这之前，新加拉惹一直是巴厘岛的政治、经济、贸易中心。现在的人口数量约为12万人，是仅次于登巴萨的巴厘岛第二大城市。新加拉惹的中心地区位于城市西北部、港口附近一带。城市内保留有不少荷兰殖民地时期风格的建筑，让人回想起往昔岁月。新加拉惹是"狮子王"的意思。传说中的狮子王长有翅膀。生活在这座城市里的人们也有着狮子王一般的韧性和刚烈不屈的性格。

旅游景点

**在历史上和欧美国家互通交流
以港口为中心，拥有许多文化古迹**

新加拉惹市场 ——————————————— Pasar Singaraja

MAP p.257-C　■交通：新加拉惹中心地区，距离长途汽车站约3千米
■地址：Jl. Diponegoro, Singaraja　■营业时间：早晨~下午（大排档一直营业至深夜）

**迷宫一般的市场内有着食品类、生活百货等商品
大排档成排的大型市场**

　　新加拉惹市场为位于新加拉惹中心地区的室内集市。市场内密密麻麻地罗列着许多小商铺和摊位，犹如迷宫一样，一不留神就会走错路。食品类、服装、生活百货等商品琳琅满目，平日里游客较少，商品的价格也非常便宜。这里不会有强买强卖、宰客的事情发生。市场的东侧是成片的大排档专区，可以在这里吃夜宵。

海鲜、蔬菜等食物非常新鲜

布莱伦港口旧址 —— Buleleng Harbour

- MAP●剪切地图-27、p.257-C
- 交通：从新加拉惹步行约10分钟到达

独立英雄纪念碑

曾经繁荣的国贸公园

新加拉惹作为巴厘岛的首都时，经常有外国贸易船只往来于布莱伦港口，通过附近的仓库街旧址依稀可以联想到当时的繁荣面貌。现在，这里被改建成为公园，其内部矗立着一尊巨大的纪念碑，以纪念在独立战争中逝去的人们。

中国寺院 —— Chinese Temple

- MAP●剪切地图-27、p.257-C
- 交通：从新加拉惹市场步行约10分钟到达。位于布莱伦港口前面
- 香火钱：Rp.5000~1万
- 开放时间：清晨~22:00

印度教教徒也常来参拜的佛教寺院

从其他地区赶来的中国人到寺院里面参拜

在殖民地时期，新加拉惹的外来面孔不仅仅只有荷兰人，许多中国人也踏上了这片土地。城市里面建起了基督教教堂。这座有着独特外观的寺院是由一名中国僧人在1875年主持修建的。这位僧人和巴厘岛的一名女性结婚，完全融入巴厘岛的生活当中。当地的印度教教徒也经常到这座佛教寺院来参拜。这也算是新加拉惹的特殊之处吧。

格东·基尔特亚图书馆
Gedong Kirtya Library

- MAP p.257-C
- 交通：从新加拉惹市驱车约5分钟到达，位于旅游信息咨询中心旁边
- 地址：Jl. Veteran, Singaraja
- 电话：0362-22645
- 门票：免费（借阅费Rp.5000~1万）
- 开馆时间：周一~周四7:30~15:30、周五9:00~12:30
- 休馆日：周六、周日

参观椰树叶编成的古书

古书制作过程

新加拉惹当地的古书博物馆。这些古书是僧侣人手必备的教典。将椰树叶削薄，做成硬纸张，然后用小刀在椰树叶上刻字或作画，最后将焦黄的牛奶注入刻好的纹理之中上色。图书馆内总共珍藏有400年前的将近6 500本古书。

贝吉寺 —— Pura Beji

- MAP●剪切地图-28、p.257-D
- 交通：从新加拉惹驱车约15分钟到达
- 香火钱：Rp.5000~1万
- 开放时间：8:00~17:00

塔的四周有多重大门保护

门前供奉着农耕之神

该寺院位于新加拉惹的郊区，是典型的巴厘岛北部地区的寺院。寺内的塔没有分层，塔前面的石阶上雕刻有精细的花纹。这些石阶和寺院内的石雕历经岁月的侵蚀，已经慢慢风化，露出淡粉色，看上去很美。

新加拉惹郊区
Around Singaraja

以细致雕刻作为装饰
北部寺院是最大观赏景点

马杜威卡朗庙
Pura Meduwe Karang

- MAP●剪切地图-28、p.257-D
- 交通：从新加拉惹驱车约25分钟到达
- 香火钱：Rp.5000~1万
- 开放时间：8:00~17:00

石头堆砌的寺院内有着大量的雕刻作品

荷兰统治时代的影响残留

寺院内的墙壁上雕刻有包括印度教最高神灵在内的34位神像，栩栩如生。该寺院修建于1904年，荷兰统治时代的建筑依稀可见。旁边的侧柱上雕刻有荷兰人骑自行车的画面，让人会想到以往的岁月。

新加拉惹达拉姆寺
Pura Dalem Jagaraga

- MAP●剪切地图-28、p.257-D
- 交通：从新加拉惹驱车约30分钟到达
- 香火钱：Rp.5000~1万
- 开放时间：8:00~17:00

自由想象的雕刻作品趣味多多

美丽的雕刻作品非常值得参观

这座寺院里面供奉着风神，院内细致的雕刻作品是传统的巴厘岛北部风格。寺院内有侧门和中门，方位与其他寺院恰恰相反。该寺院修建于1900年，外壁上雕刻有马车和飞机的图案，足见当时荷兰对该地区的影响力之大。

耶沙尼 —— Yeh Sanih

- MAP●剪切地图-28、p.257-D
- 交通：从新加拉惹驱车约30分钟到达
- 费用：成人Rp.5000、儿童Rp.3000
- 开放时间：8:00~18:00

孩子们聚集在清澈的水源处玩耍

巴厘岛大海对面的水上乐园。乐园内有两座沐浴用的人工池和绿色花园。人工池中的水一直清澈透明，将当地的地下泉水引流至此。神秘的泉水吸引着当地的居民前来沐浴、嬉水，在当地很受欢迎。

泉水比较凉，带给人清爽的感觉

吉特基特瀑布 —— Air Terjun Gitgit

- MAP●剪切地图-28、p.257-C
- 交通：从新加拉惹驱车约10分钟到达
- 费用：成人Rp.5000、儿童Rp.3000
- 开放时间：8:30~17:00

山林密布中高达20米的瀑布

瀑布位于新加拉惹和乌布中间的溪谷地带。瀑布位于谷底，从道路一侧的入口进来，在密林中穿梭500米之后就会到达瀑布的脚下。在清澈的瀑布下洗去身上的汗水，带走一天的疲惫。

在瀑布下游泳

巴厘岛其他地区

257

巴厘岛西北部

罗威那海滩
 Lovina Beach

**巴厘岛北部的天然度假胜地
清澈的海水和朴素的情怀是其最大魅力**

MAP●剪切地图-27、p.257-C

如何前往

从机场乘车约30分钟到达。从库塔、乌布等巴厘岛主要景区有开往罗威那海滩中心地区的循环巴士。建议报团参加罗威那海滩半日游或一日游，全程坐车，导游会一路跟从，非常方便。

许多当地人也会到这里来度假

针对不同游客的推荐指数

用小猫图案的多少来表示推荐程度

游客类型	推荐指数
情侣	🐱🐱🐱
家庭	🐱🐱
文化、艺术派	🐱🐱
购物派	🐱
海上运动爱好者	🐱🐱

地区概况

**非常适合
经济型游客和欧美游客**

罗威那海滩是巴厘岛北部地区最大的度假胜地，有着长达7~8千米的迷人海滩，附近有平房酒店、山间小屋等住宿设施。罗威那海滩的物价非常低。这里虽然比不上南部地区豪华，但却也正因为朴素的情怀吸引着大批游客。许多背包游客、欧美游客纷至沓来，找寻质朴的景色。度假村主要集中在吉利马努克大街一侧，这里分布着几个热闹的村庄，其中以Kalibukbuk村最有名。这一带也是旅游信息咨询中心、餐厅、商店、潜水商店的集中区。海滩附近也有许多商铺和摊位，有着度假村一般的感觉。

Kalibukbuk村是最热闹的村庄

旅游景点

**尽情享受大海带来的快乐
可前往郊区的寺院和温泉**

班扎德加佛教寺院 ——— Banjar Tegehe Whihara

MAP●剪切地图-27、p.257-C　　交通：从罗威那海滩中心驱车约15分钟到达
■香火钱：Rp.5000~1万　　■开放时间：6:00~18:00

**大大的寺院内
坐落着小小的婆罗浮屠**

巴厘岛难得一见的佛教寺院。寺院的色彩比较突出，从正门进入之后就是长长的参道。这座佛教寺院同时兼具巴厘岛印度教和泰国佛教寺院的风格，可以说是独一无二的寺院。沿着台阶走到高台，这里坐落着一尊黄金佛像。在旁边小山丘上可以眺望到拥有美丽庭院的婆罗浮屠（Borobu）。

除了正殿中的佛像，内的涅槃佛像，还可以参拜殿堂

班扎温泉
Banjar Holy Hot Spring

MAP● 剪切地图-27、p.257-C
- 交通：从罗威那海滩中心驱车约20分钟到达
- 费用：成人Rp.5000　儿童Rp.3000
- 营业时间：8:00~18:00　休息：无

坐落在大山深处
有着美白效果的温泉

在温泉中享受

第二次世界大战中，日本兵发现了这处温泉。温泉坐落在森林深处，共有3处，空气中飘荡着硫黄的味道。温泉的水温维持在30℃左右，可以治疗皮肤病，还有美白的效果。

看海豚
Dolphin Watching

和海豚一起
看日出

在大海上等待海豚和日出

巴厘岛附近的海域中生活着许多野生海豚，罗威那海滩附近的海豚尤其多。近年来，许多旅游团都将看海豚这一项目加入到了旅游行程中。旅游团早晨出发，趁着天色未明，乘着小船来到海面上等待日出，海豚群不时跃出海面。整段行程历时约2小时。

潜水 — Diving

来源Baruna　体验潜水的乐趣（照片）

潜水爱好者的福地
自然保护区孟赞干岛

巴厘岛北部的海岸是非常棒的潜水胜地。海岸附近的水域风平浪静，适合潜水初学者前来体验。资深潜水者可以到西部国家公园内的孟赞干岛附近的海域潜水（报团US$60）。Kalibukbuk村内有许多潜水商店，并可以在这里报团。

餐厅

海风咖啡厅
Sea Breeze Cafe

多国料理　MAP p.257-C

酒吧

潜水者们无一不竖大拇指

位于海滩对面的人气咖啡馆。晚上会在海滩燃起篝火，歌手科曼阿丽亚抱着吉他边弹边唱，非常浪漫。狂欢Party一直持续到深夜。

- 地址：Kalibukbuk, Singaraja
- 电话：0362-41138
- 营业时间：8:00~22:00
- 休息：无
- 交通：位于罗威那海滩中心地区
- 支持刷卡：不支持刷卡
- 提供英语服务

Khi Khi
Khi Khi

中国菜　MAP p.257-C

价格实惠、乐趣多多

品尝美味的海鲜菜肴

当天捕捞的新鲜海鱼放到网架上烤好，味道鲜美无比。烤好后的鱼蘸着配好的酱料一起吃，真是难得的享受。

- 地址：Kalibukbuk, Singaraja
- 电话：0362-41548
- 营业时间：10:00~21:30
- 休息：无
- 交通：从罗威那海滩中心步行约5分钟到达
- 支持刷卡：不支持刷卡
- 提供英语服务

绿竹饭馆
Warung Bambu

巴厘岛料理　MAP p.257-C

海鱼菜肴盛宴

巴厘岛特色的传统菜肴

位于梯田之中的高档菜馆。该店所有的菜肴均使用绿色有机食材，并且在烹饪过程中不添加任何含有化学成分的调料。食材多取自于当地。可以选择菜肴的辣味程度。

- 地址：Pemaron, Singaraja
- 电话：0362-31455
- 营业时间：11:00~23:00
- 休息：无
- 交通：从罗威那海滩中心驱车约5分钟到达
- 支持刷卡：VISA、Master
- 提供英语服务

吉利马努克

 Gilimanuk

MAP●剪切地图-25、p.256-A

如何前往

从机场乘坐机场专车可直接前往吉利马努克，单程车费Rp.30万。从南部景区乘车历时约5小时到达，从登巴萨开车约4小时30分钟到达。从登巴萨也可以乘坐长途汽车前往吉利马努克，但是要花费较长时间。乘坐开往爪哇岛的轮渡，历时约30分钟到达。

爪哇岛的门户，活力十足

针对不同游客的推荐指数

用小猫图案的多少来表示推荐程度

游客类型	推荐指数
情侣	🐱🐱🐱🐱
家庭	🐱🐱
文化、艺术派	🐱🐱🐱
购物派	
海上运动爱好者	🐱🐱🐱🐱🐱

地区概况

连接爪哇岛和巴厘岛的港口城镇
近些年新兴的度假胜地

吉利马努克是一座港口城镇，从这里有开往爪哇岛巴纽旺宜的轮渡，平日里总是人声鼎沸。轮渡每天发船19趟，满载货物或乘客。城镇中坐落着许多度假村，在度假村内可以眺望到孟赞干岛的海岸景色。海底的珊瑚礁非常漂亮，可以在浮潜时欣赏。孟赞干岛是潜水爱好者必去的景点。可在入住酒店、码头、潜水中心等地方报团参加一日游，还可以租船游览。

旅游景点

自然风景满溢、超凡脱俗
有着极大的吸引力

西部国家公园 — Taman Nasional Bali Barat

MAP●剪切地图-25、p.256-A　■交通：从吉利马努克驱车约5分钟到达　■地址：Cekik Gilimanuk
■电话：0365-61060　■门票：Rp.3万　■开放时间：7:30～16:00　■休息日：无

神秘的丛林、美丽的大海
两者兼有的巴厘岛国家公园

1984年被列为巴厘岛国家公园，总面积达1.9万公顷。孟赞干岛一带的海域属于公园的一部分，山水交汇，分外美丽。公园内生活着野鸟、野猴、犀牛、野鹿等野生鸟类和动物。到公园参观，会有专门的导游一路陪同免费讲解，可在当地旅游信息咨询中心提前预约。可在当地报团前往公园半日游，有和野生动物近距离接触的丛林漫步游（Rp.24万～）、红树林参游（Rp.50万～）以及森林探险（Rp.50万～）等旅游行程可选。

翠鸟的眼睛是蓝色的，尾巴尖儿是黑色的。它们生活在巴厘岛西部国家公园内

约2个小时　旅游团行程历时

孟赞干岛　　Pulau Menjangan

MAP●剪切地图-25、p.256-A
- 交通：从里拉布安南乘船（小船）历时约30分钟到达
- 门票：Rp.39万　休息日：无

珊瑚礁的宝库
拥有巴厘岛最古老的寺院

雨季时有可能看到海豚

岛上生活着许多野鹿。野鹿在印度语中音译为孟赞干，因此这里也叫作鹿岛（孟赞干岛）。

岛上拥有巴厘岛最古老的寺院——基利肯恰纳寺，另外还有两座历史悠久的小寺院。在岛屿的周围总共分布着7处非常不错的浮潜场所，可以欣赏五彩缤纷的海底世界。孟赞干岛属于国家公园，潜水时间不得超过3小时。

扎亚普拉之墓　Makam Jayapurana

MAP●剪切地图-25、p.256-A
- 交通：从吉利马努克驱车约15分钟到达
- 香火钱：Rp.5000~1万

巴厘岛的
罗密欧与朱丽叶传奇

沿着两侧热带树木挺立的参道步行约400米，墓地就位于尽头处。扎亚普拉和他的爱人拉永莎莉两情相悦，但不幸的是，扎亚普拉被他的情敌、国王所杀害，拉永莎莉拒绝了国王的示爱，为情自杀。这个悲惨传说中的主人公就埋葬在这里。

黄色和白色的伞是风神的象征

班玉威当温泉　Banyuwedang Hot Spring

MAP●剪切地图-25、p.256-B
- 交通：从吉利马努克驱车约30分钟到达
- 地址：Banyuwedang Singaraja　电话：无
- 门票：Rp.2.5万　营业时间：7:00~18:00　休息：无

村民们的公共浴池。门票Rp.1000

温泉能有效治疗划伤、皮肤病、高血压
村民们的休憩场所

为班玉威当海湾涌出的温泉，水温在45℃~47℃。温泉中富含铁、盐、硫酸盐等矿物质，可以直接饮用。浴池分为男浴池和女浴池。如果想泡得舒服一点，可以花费Rp.2.5万租下一座游泳池型的浴池。

普拉吉寺　　Pura Pulaki

MAP●剪切地图-26、p.256-A
- 交通：从吉利马努克驱车约45分钟到达
- 香火钱：Rp.5000~1万

1980年改建

建在大海对面的悬崖之上
形状突兀的寺院

寺院内有成群的野猴

16世纪，印度教的得道高僧旦杨·尼拉尔塔修建了这座寺院。寺院用阿贡山的火山熔岩堆砌而成，外观非常大气、浑厚。寺院建在悬崖之上，非常险峻，令人惊叹。

温情提示

巴厘岛的野鸟护卫队

1984年，巴厘岛的野鸟还有145种，到了2008年，仅剩下30种。为了让野鸟得到有效的保护和繁衍，在直葛港口地区专门修建了野鸟保护繁殖中心。但是，野鸟的交易价格很高，仍有许多不法分子铤而走险。野鸟护卫队24小时密切监控，保护野鸟的安全。

村民们自发捐钱维持野鸟护卫队的开销

内加拉 & 巴厘岛西部

竹琴的诞生之地
水牛大赛举世闻名

Negara & West of Bali

MAP●剪切地图-32

如何前往
从库塔驱车约3小时到达,从机场驱车约2小时30分钟到达,从努沙杜瓦驱车约3小时30分钟到达,从沙努尔驱车约2小时30分钟到达。

内加拉的牛儿悠闲地在草原上觅食

地区概况

巴厘岛最后的净土
感受大自然的纯真

内加拉位于杰普拉纳县,是巴厘岛西部地区最大的城镇。主干道两旁坐落着许多商铺,车辆、行人川流不息,非常热闹。在农村,牛儿在草原中悠闲地觅食,郊区的景色分外迷人。每年的6~10月份,会举办两次水牛大赛,这也是内加拉每年最热闹的时候。两头水牛拉动着农用车比赛,先到达终点的获胜。每周日,当地农民会牵着水牛到蒙德村训练。内加拉也是巴厘岛民族乐器竹琴(参照p.273)的诞生地,每个村子里都有竹琴乐队。竹琴被看作是神圣的乐器,只有男性才能演奏。如果有兴趣的话,可以在当地欣赏苏阿鲁·阿贡竹琴乐队的演奏,每个月会举办4次演奏。

旅游景点

从内加拉前往美丽的海滩
可参观寺院,也可参观冲浪等海上运动

蓝布斯威寺 ——————————————— Pura Rambut Siwi

■MAP●剪切地图-32　■交通:从内加拉驱车约30分钟到达　■地址:Yehembang
■香火钱:Rp.5000~1万　■开放时间:日出~日落　■休息日:无

巴厘岛传统建筑风格,彰显细腻特色

建在荒无人烟的空地上
眺望印度洋的最佳场所

Rambut是毛发的意思,Siwi是祈祷的意思。16世纪时,来自爪哇岛的高僧旦杨·尼拉尔塔在这里虔诚地祷告,并留下了一缕头发,该寺院也就因此而得名。在寺院内的主寺——鲁乌尔寺内仍旧保留着这一缕头发,在祭祀仪式上可以有幸看到。除了鲁乌尔寺之外,还有普纳塔兰寺、姆兰汀寺、提尔塔寺。

重要 信息

聆听苏阿鲁·阿贡乐园的竹琴演奏

苏阿鲁·阿贡乐团是由竹琴演奏第一人斯威特拉一手创办的。乐团已经发行了多张CD,在全世界有着较高的知名度。该乐团着重培养新人,吸引许多怀着音乐梦想的年轻人参加。每周的周四晚上,乐团会在内加拉进行公演,可在当地旅行社报团观赏。旅行社提供免费接送巴士,总费用在US$50左右。

乐团的目标是"每天一练"

巴厘岛艺术
Bali Art

- p.266　舞蹈
- p.272　音乐
- p.274　绘画
- p.276　工艺品

探寻巴厘岛艺术之美

巴厘岛的文娱、美术、工艺品

在巴厘岛的宗教观和世界观的影响之下,西方的艺术也得到了升华

供奉着神灵的岛屿——巴厘岛!

风儿轻轻拂过椰树林,远处传来动听的佳美兰乐器演奏出的靡靡之音。向着声音传来的方向走去,看到身穿正统服装的男男女女排成长长的队伍,亦步亦趋地走向寺院。男子们边走边敲打着青铜鼓,有的人高举着白色、黄色的大伞。女子们头顶着莽吉柿、香蕉、苹果等祭祀用的供品,在阳光下映出鲜艳发亮的光泽。这须臾的光景让人觉得巴厘岛宛如"祭典和艺能之岛"。不久之后,一行人来到寺院,开始为神灵演奏音乐,表演舞蹈,据说女神会因此而下凡。虔诚的信徒们笃定地将自然之神和祖先奉为至尊。舞蹈和音乐是巴厘岛人和神仙沟通的方式,给他们的生活增资添色。

巴厘岛的绝顶技艺

塑造宗教观的审美

巴厘岛和南太平洋以及亚洲诸岛不同,这里的空气中飘荡着静谧而又神圣的气息。来到岛上的人们,会真切地感受到"诸神之岛"的意义。就算是第一次来到巴厘岛,也一定会碰到祭祀仪式。因为在巴厘岛总共有2万所大大小小的寺院,每年举行的祭祀仪式不计其数。巴厘岛人都是虔诚的印度教信徒,他们在清晨和晚上都会做祷告。白天,他们大多在田间干农活,而一到晚上,他们当中有人会变成为佳美兰乐器演奏家和克恰舞、巴龙舞舞者或歌手。巴厘岛人能歌善舞,最早是在祭祀仪式中表演并得以广泛传播。巴厘岛人的美感、审美意识和神话与宗教有着密不可分的关系。

但是,现在我们所见到的巴厘岛传统表演和艺术,是1930年之后

巴厘岛艺术革命先驱——沃尔特·施皮斯

47岁英年早逝

1930年,巴厘岛迎来了文艺复兴时期,在全世界掀起了一股巴厘岛文化热潮。来自德国的新现实主义画家沃尔特·施皮斯(Walterspies)深受罗素和夏加尔等绘画大师的影响,是热潮中的核心人物。沃尔特·施皮斯移居巴厘岛之后,在绘画等多个领域异常活跃,在他的带领下,克恰舞达到了艺术的巅峰。巴厘岛的文艺如百花齐放,沃尔特·施皮斯功不可没。

Bali Art

巴厘岛人信奉万物有灵论,他们认为森罗万象的自然界中有着千千万万的神灵。巴厘岛的绘画、音乐以及编织技艺不断提升,是巴厘岛的另一幅美丽的风景。

探寻巴厘岛艺术之美

巴厘岛文化和欧美文化碰撞后的产物。而促使西方文化和巴厘岛传统艺术相结合的,正是来自于德国的著名画家沃尔特·施皮斯。由于他的出现,巴厘岛的绘画发展到了更高的水平。不光如此,沃尔特还在音乐、舞蹈、摄影等领域有着很深的造诣,在他的不断努力下,巴厘岛向着国际化大步迈进。其结果就是,巴厘岛成了欧美人一直梦想的"热带诱惑"。巴厘岛一直走在进步的道路上,其脚步未曾停下片刻。在巴厘岛神圣的宗教文化背景之下,巴厘岛继续沿袭着自己的独特风格,向着更美好的方向发展,传承并升华了原来的传统精华。巴厘岛的美陪同着巴厘岛人的高超文艺天赋,一路向前。

巴厘岛艺术之美的三个要点

巴厘岛的名字Bali在古爪哇语中是"神之供品"的意思。体验巴厘岛的艺能和艺术,是理解巴厘岛文化最好的途径。

POINT 1 了解

提前做好功课

在参观之前,有必要提前做好功课。有了一定的了解之后,会更有乐趣。可以向旅行社工作人员和酒店工作人员请教。

POINT 2 观看

杂志提供有用信息

在酒店或旅行社内,可以免费领取实用杂志或当地节目时间表。好好地利用这些信息,让旅途更有乐趣。

POINT 3 体验

领悟艺能的真谛

乌布有许多舞蹈教室和佳美兰课程中心。具体信息可在相关报刊、旅游信息咨询中心或网站上查询。

舞蹈

巴厘岛的舞蹈最初是献给神灵的礼物。巴厘岛被称为「艺能之岛」游客们来这里一定要欣赏高水平的舞蹈表演。

黎弓舞

巴厘岛诸多舞蹈中,最有名的当数黎弓舞。现在人们经常跳的舞蹈形式是黎弓凯瑞顿舞,融合了传统宫廷舞蹈剧和宗教舞蹈的要素,于19世纪正式诞生。黎弓舞据说是天上的众神和女子所跳的舞蹈。舞者通常是女性,舞蹈动作非常优美。

迎宾舞(Pendet)

在巴厘岛的所有舞蹈当中,最初诞生的是迎宾舞。Pendet是"短"的意思,迎宾舞的表演时间也确实非常之短。少女们身穿华丽的服装翩翩起舞,舞蹈的最后会撒下花瓣。

腾南亚加亚(Teruna Jaya)

腾南亚是"年轻人"的意思、加亚是"胜利"的意思。腾南亚加亚是比较现代的舞蹈,舞者均为女性,且身穿男装舞蹈。为了表现年轻人的活力,她们的舞蹈动作通常非常轻盈。

武士舞(Baris)

在巴厘岛的男子舞蹈中,武士舞是最早出现的。Baris是"队列"的意思。舞蹈表现了武士们的勃勃生机。舞者们的呼吸吐纳合着鼓点的节奏。

其他舞蹈

▎面具舞

舞者们戴着面具。随着鼓点的变化,舞者踏准节奏起舞。

▎蜜蜂舞

1950年完成的舞蹈。男女们模仿蜜蜂求爱的过程跳舞。动作模仿蜜蜂的样子。

▎克比亚特龙彭

一边演奏金属佳美兰乐器一边跳舞。是一种优雅的男性舞蹈。

巴厘岛舞蹈欣赏要点

舞者的服装和舞者的手部动作、腿部动作、腰部动作、表情、目光流转,都可以体现出舞蹈的细节和情感。了解舞者的每个动作和表情所包含的意义,可以更好地了解巴厘岛舞蹈的真谛。

眼睛

巴厘岛舞蹈最大的特征是用眼睛来传递情感。舞者的眼睛睁得大大的,好像永远不会闭上一样。随着佳美兰音乐的律动,舞者的眼睛也会左右动,极富表现力。

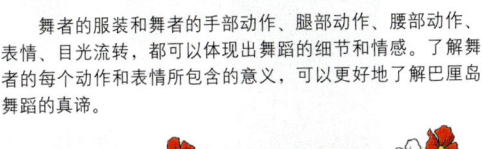

手指

除了眼睛之外,手指的动作也不可忽视。在舞蹈过程中,舞者经常将手指放到身前,然后再移动到背后,手指的动作非常优雅,配合丰富的面部表情表达出不一样的情感。大拇指和中指重叠在一起是花的样子。巴厘岛的舞蹈中带有许多印度舞蹈的元素。

足部、腰部

跳舞时,舞者用脚猛地踏向地面,配合手部动作一起舞蹈。通常只用脚尖踮地,脚后跟不着地。舞者的腿部和腰部肌肉绷紧,优美的身体曲线一览无余。

服装

巴厘岛的舞蹈源自于祭神,舞者通常身穿华美的锦衣。锦衣大多是红色、紫色和黄色的,并且配上金箔和圆环,非常漂亮。舞者的头上也戴有华丽的桂冠和头饰,女王、公主、丫鬟等不同的角色有着不一样的头饰,身上的饰品也很不一样。

光彩夺目的头饰

传统舞蹈服装

《罗摩衍那》
巴厘岛舞蹈的传统剧目，让人心醉

《罗摩衍那》是古印度的叙事诗，20世纪60年代，以《罗摩衍那》为题材的舞蹈正式编排完成。《罗摩衍那》主要讲述了阿逾陀国王子罗摩和他的妻子悉多与罗刹王罗波那抗争的曲折过程，演绎了悲欢离合的故事。舞蹈在传统的表达方式中融入了喜剧的要素，并展现了巴厘岛舞蹈的精髓。在舞蹈过程中，野猴、野鹿等动物悉数登场。建议在乌布王宫内欣赏该舞蹈表演。

亚洲第一大叙事诗——《罗摩衍那》

古印度的长篇梵文叙事诗，和印度教文化在同一时期传入巴厘岛。《罗摩衍那》讲述了阿逾陀国王子罗摩和妻子悉多的聚散离合的故事。他们与罗刹王罗波那、神猴哈奴曼之间的恩怨情仇也为人们所津津乐道。以《罗摩衍那》为题材衍生出了多种舞蹈形式，经过多年的演变最终成为了今天的表现方式。

克恰舞最有名的题材

克恰舞

充满雄性气息的舞蹈

上百名上身赤裸的男子绕着篝火围成圈，嘴里一边喊着"恰恰！"一边左右摇摆身体，互相碰撞。这种舞蹈形式原本是在祭祀仪式中的男声合唱，据说能够赶走恶魔。画家施皮斯（参照p.264）将之与《罗摩衍那》的主题结合到一起，形成了今天的舞蹈形式。

Trance状态中完成的舞蹈

Trance指的是在跳舞或祭祀中由于神灵的超自然力，使得人群陷入恍惚、忘我的状态。陷入深度恍惚中的人会忽然倒地不醒，有的人还会像武士一样激昂亢奋。特别是在死者庙里进行祭神仪式时，这种恍惚状态会持续得更长。

陷入恍惚状态中的人跳克恰舞

巴龙舞

善与恶的最终决战

　　神兽巴龙宛如狮子一般，是正义的化身。而与其对立的魔女兰达有着长长的獠牙，他们之间展开了最终的决战。善与恶有着鲜明的对比。巴龙是男性，象征着太阳、光和善良；而兰达是女性，象征着黑暗和死亡。巴龙舞最早来源于祭祀仪式，后来将印度叙事诗《马哈巴拉塔》中的故事题材也加入了进去。巴龙舞将巴厘岛人的世界观表现得淋漓尽致。他们认为，世界在善与恶的对立中获得平衡，相反的事物会一直抗衡下去。

巴龙形似日本的狮子

主要角色和故事梗概

巴龙
幻想中的神兽，是善的象征。它与魔女兰达相抗争，是正义的一方。舞蹈一开始就会出现。

萨德瓦王子
萨德瓦王子有着被死神诅咒的命运。他被魔女兰达带到森林深处囚禁。后来变身为巴龙。

兰达
她拥有强大的魔力，使人陷入痛苦之中，是恶的化身。她吐着长长的舌头，面目可憎。对于巴厘岛人来说，虽然对她唯恐避之不及，但是又心存敬畏之情。

①野猴与巴龙的滑稽短剧

故事的开始，是神兽巴龙和淘气的猴子一起登场，猴子戏弄巴龙。随后有3名村民登场抓猴子，猴子落荒而逃。

②魔女兰达登场

国王、公主相继露面之后，仅留下王子一人在场。魔女兰达突然现身，她想要杀死王子，无奈王子被施下不死魔咒，未能得逞。

③巴龙和兰达的殊死搏斗

王子变身为巴龙，和魔女兰达展开了激烈的缠斗。他们的实力不相上下。这时出现了手持短剑的青年人来帮助巴龙。

④年轻人中了魔法……

年轻人中了兰达的魔法，将短剑插入了自己的胸膛。最后，善与恶并没有分出孰胜孰负，将会一直斗争下去。

托彭舞 Topeng

达拉姆国王的面具

类似于日本的面具舞

Topeng是面具的意思。舞蹈中，2~3名舞者备有多副面具，分别扮演多种不同的角色。舞者利用身体、手部动作以及不同的声音来演绎不同的角色。面具舞多以滑稽短剧为主，因为比较轻松好笑，从而博得了绝大多数巴厘岛人的欢心。面具大致分为生气的面孔和善的面孔两种类型，有点类似于日本的能和狂言剧，演出时间比较长。

达拉姆国王的面具

影子舞

（上）火光下摇曳的人影
（右）影子舞师傅会配音

魔幻的影子世界

11世纪从爪哇岛传来的影子剧。自影子舞传入巴厘岛之后，当地艺术创作者将《罗摩衍那》和《马哈巴拉塔》这两部叙事诗的内容融入影子舞的表演中，并获得了成功。影子舞师傅会说数十种方言，会吟歌，会操控人偶（用水牛皮做成）。影子舞师傅躲在白布之后操作木偶，是一门极深的艺术。白布用椰子油燃火打亮。

在舞蹈课程中心体验巴厘岛传统舞蹈

穿上舞蹈服装拍照留念

在舞蹈教室上课

想象自己是巴厘岛的舞者 —— 乌布

在乌布的Oli Guest House内，有巴厘岛舞蹈课程中心。舞蹈中心的一把手瓦扬本身是一名佳美兰乐器的演奏师。舞蹈老师是当地的知名舞蹈家，在院子里面授课。每小时收费Rp.10万。身穿正统舞蹈服装跳舞需要额外收费。

- 奥利游客之家
- Oli Guest House
- MAP ● 剪切地图-44、p.137-I
- 地址： Jl.CokGdeRai,Gg Belong No.20 Br.Teruna,Peliatan Ubud
- 交通： 从乌布王宫步行约15分钟到达
- 电话： 085-9350-82380
- 网址： www.olibali.web.fc2.com

为真正的舞蹈爱好者开课 —— 乌布

巴厘岛当地的知名舞蹈家——于莉亚迪本身经营着一家酒店，并为舞蹈爱好者开课。每小时收费Rp.10万。有时也会开设佳美兰音乐学习课程。

- 于莉亚迪之家
- Yuliati House
- MAP p.137-F
- 地址： Jl.Sukma, Ubud
- 交通： 从乌布王宫步行约10分钟到达
- 电话： 0361-974044
- 请拨打电话直接垂询

欣赏演出

库塔、沙努尔地区会不定期举行公演。乌布被誉为"艺术之村"，这里的演出水平很高，内容非常好。各个村子内的演出都很棒，都能使游客欣赏到最杰出的作品。下面为大家介绍一下主要的演出。

Q. 怎么去演出大厅？

A. 可在各大主要景区乘坐演出公司提供的免费接送巴士前往，也可以自己搭乘交通工具前往。在乌布看演出的话，仅需步行就可以了。演出结束后，大厅外面会聚集许多等候拉客的出租车和自行车。商量好价格、确认安全无误之后方可乘坐。

Q. 怎么买票？

A. 可以在旅游信息咨询中心买票。开演前一小时，演出大厅四周会有票贩售票。票贩手中的票大都和正规渠道获得的票价一样，放心购买即可。但是，部分人气剧目的票价会炒到很高。普通演出的门票大约在Rp.8万。

Q. 有哪些注意事项？

A. 在演出大厅的入口领取讲述故事梗概的小册子。演出大厅内的座位随便坐，但为了能够坐到视野比较好的舞台正前方位置，建议提前一小时到达演出大厅。坐在舞台正面可以享受最佳的视觉和听觉效果。带好驱虫剂。在会场内可以购买饮用水，但是价格相对较贵。

巴厘岛舞蹈定期公演时间表 — SCHEDULE

☐ 2014年4月份的信息。如有变更，请以实际情况为准，建议提前致电垂询。
☐ 开是开放时间，料是费用，场公开演出的场所

周日 SUNDAY	Legong of Mahabrata	《马哈巴拉塔》黎弓舞	开 19:30	料 Rp.80 000	场 乌布王宫	MAP p.136-A
	Janger	舞蹈表演	开 19:30	料 Rp.80 000	场 水上皇宫	MAP p.136-A
	Kecak Fire & Trance Dance	克恰舞、篝火舞蹈	开 19:00	料 Rp.75 000	场 巴丹图加尔	MAP p.137-E
周一 MONDAY	Legong Dance	黎弓舞	开 19:30	料 Rp.80 000	场 乌布王宫	MAP p.136-A
	Barong & Keris Dance	巴龙舞、武士舞	开 19:00	料 Rp.75 000	场 巴丹图加尔	MAP p.137-E
	Jangel	巴厘岛古典踢踏舞	开 19：30	料 Rp.100 000	场 普利阿坦王宫	MAP p.135-K
周二 TUESDAY	Ramayana Ballet	《罗摩衍那》芭蕾舞	开 19:30	料 Rp.80 000	场 乌布王宫	MAP p.136-A
	Spirit of Bali	巴厘岛之魂	开 19:30	料 Rp.100 000	场 库图寺	MAP P137-C
	Women Gamelan with Child Dance	女子演奏佳美兰乐器，孩子们跳舞	开 19:30	料 Rp.80 000	场 水上皇宫	MAP p.136-A
周三 WEDNESDAY	Legon & Baron Dance	黎弓舞、巴龙舞	开 19:30	料 Rp.80 000	场 乌布王宫	MAP p.136-A
	Jegog	竹琴演奏	开 19:00	料 Rp.75 000	场 乌布达莱姆寺	MAP p.134-F
	Topeng Jimat	面具舞	开 19:30	料 Rp.75 000	场 阿尔玛美术馆	MAP p.134-J
周四 THURSDAY	Legong & Paradise Dance	黎弓舞、欢乐舞蹈	开 19:30	料 Rp.80 000	场 乌布王宫	MAP p.136-A
	Kecak	克恰舞	开 19:30	料 Rp.75 000	场 普利阿坦王宫	MAP p.135-K
	Wayan Kulit	蜜蜂舞	开 20:00	料 Rp.75 000	场 绿竹演艺大厅	MAP p.136-G
周五 FRIDAY	Barong Dance	巴龙舞	开 19:30	料 Rp.80 000	场 乌布王宫	MAP p.136-A
	Legong Dance	黎弓舞	开 19:30	料 Rp.100 000	场 普利阿坦王宫	MAP p.135-K
	Kecak Fire & Trance Dance	克恰舞、篝火舞蹈	开 19:30	料 Rp.80 000	场 乌布达姆莱寺	MAP p.134-F
周六 SATURDAY	Legong Dance	黎弓舞	开 19:30	料 Rp.80 000	场 乌布王宫	MAP p.136-A
	Legong Dance	黎弓舞	开 19:30	料 Rp.100 000	场 普利阿坦王宫	MAP p.135-K
	Legong Satya Brasta	踢踏舞	开 19:30	料 Rp.75 000	场 阿尔玛美术馆	MAP p.134-J

音乐

巴厘岛的佳美兰音乐不仅仅只是舞蹈的伴奏,对于巴厘岛居民也是必不可少的精神食粮。聆听复杂、动听的音乐,陶醉于其中。

巴厘岛的佳美兰乐队。共有20名成员组成

没有指挥者。乐手合着节拍打鼓

乐手们吹着suling竹笛

佳美兰乐器的种类　　佳美兰主要乐器

Gong Kebyar

佳美兰是"敲打"的意思,大鼓、键盘乐器都是常见的佳美兰乐器。佳美兰通常指的是铜锣和打击乐器的合奏和编曲。现在,佳美兰的主流是Gong Kebyar。Gong Kebyar于1915年诞生于巴厘岛北部,由大大小小约十台打击乐器演奏主旋律,此外还有大鼓、竖笛等14种以上的乐器组成强大的编曲阵容。Kebyar是"闪电、闪光"的意思,编曲如同其名字一样,旋律速度很快,节奏感很强,特点是有着华丽的音色和强有力的律动。

巴拉干杰尔

在祭礼和葬礼上,人们排成长长的队伍,同时演奏音乐。巴拉干杰尔是供奉地灵时的音乐。用大鼓、钹、铜锣等乐器演奏出激烈的音色,声音很大。

Gender Wayang

在祭礼和葬礼时表演影子戏Warang Kulit时所配的音乐,由4台小型佳美兰乐器编成。音色细腻,被誉为"来自上天的音色"。演奏难度非常高。

Reyong
打击乐器的一种,八个和琴排成一排。4人一组,可以演奏出不同的韵律。

Jegogan
键盘打击乐器。可以演奏出主旋律中的节拍声。一般是2台同时演奏。

Gangsa Pemade
形状跟Jegogan非常像。演奏主旋律。

Gong

Kemong
佳美兰音乐中最重要的乐器。用于演奏曲调的重音。Kemong是铜锣,它比Gong发出的节拍更短,看上去比Gong要好看一些。

充满力量的声音声声入耳——Jegogan！

雄浑的声音令人陶醉

内加拉位于巴厘岛的西部地区，从爪哇岛可以隔海眺望到这片土地。佳美兰重低音竹琴Jegogan就诞生于这里。Jegogan使用7种竹材制成，这7种竹材仅在内加拉可以寻觅到，非常珍贵。在姆巴伦这样独特的演奏形式中使用Jegogan，通常分为两组争鸣斗奇。Jegogan由8根竹子构成，演奏方式类似于木琴。每15人为一组，共有14部Jegogan。

低音最低的Jegogan也是最大的，长3.3米，直径18厘米。演奏刚开始时是轻缓的"多克多克"的声音，后来以两组为单位，逐渐加入演奏，浑厚的声音犹如洪水来袭一般，非常震撼。

（右）晚上会有Jegogan演奏（右上）白天参观内加拉，在村子里会看到许多年轻人在认真地练习演奏乐器

最主要的乐器是Gong Kebyar。与其他乐器一起演奏出动人的乐曲。

Suling
六孔竹制竖笛。音色细腻，合着主旋律演奏。

Kajar
短时间内演奏旋律。拍子很重要。

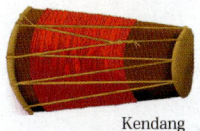

Kendang
将牛皮绷在木筒上做成的大鼓。两个大鼓组成一组，为乐曲打节拍。

Ceng-Ceng
小小的钹片连成一串。在曲调的某个节点加进去。

Rebab
佳美兰诸多乐器中唯一的弦乐器，有两根金属弦。可以发出类似于人类的声音。

学会演奏佳美兰！
音乐课

在乌布的Oli Guest House入口右侧的房间内摆放有各种各样的佳美兰民族乐器。酒店的主人是一名佳美兰音乐演奏师，征得他的同意后，可以选择喜欢的乐器，请他授教。每小时收费Rp.10万。

在音乐课堂演奏乐器

■ Oli Guest House
MAP● 剪切地图-44、p.137-l
■ 地址：参照p.270
■ 交通：从乌布王宫步行约10分钟到达
■ 电话：085-9350-82380
■ 内容、费用等详情请直接致电垂询酒店方

绘画

生动的画作像要挣脱画框的束缚一样
古典绘画和现代绘画作品交互融合
巴厘岛的绘画正在不断进步

在画布上画出热带巴厘岛的花鸟鱼虫

巴厘岛就是一幅大型美丽的图画

巴厘岛的绘画原本只是为了配合宗教目的,仅在寺院、宫殿的墙壁上面出现。这一时期的绘画受影子剧(参照p.270)的影响较大,多以描绘神话故事、传说、印度教的宗教世界为主题,并且主要以不分远近的平面人物画为主,画作中出现的颜色也比较保守。在德国画家沃尔特·施皮斯(参照p.264)的带领下,巴厘岛的绘画进入了一个全新的领域。1925年,沃尔特·施皮斯来到巴厘岛,他对巴厘岛的绘画、文化、自然等多领域作出了杰出的贡献。他将绘画工具分发给巴厘岛的画师们,在画纸上画出了表现日常生活的生动画作。这些画作具有层次感和立体感,运用多种鲜艳的颜色来表现生活之美。

1936年,为了使巴厘岛的艺术和文化得到更进一步的发展,施皮斯同荷兰画家鲁道夫·波内一起成立了皮塔玛哈画家协会。该协会致力于使巴厘岛的美术作品更加生活化,在此培养出了许多不同风格的杰出画家。

乌布是巴厘岛的艺术中心,这里生活着许多年轻的画家

■卡玛桑风格

在西方绘画风格被巴厘岛所接纳之前，卡玛桑绘画是巴厘岛唯一的绘画风格。卡玛桑绘画多以古印度叙事诗为题材，具有强烈的宗教色彩，其表现手法受影子剧影响较深。画作上的人物跟影子剧一样，都是平面的，无论是人物面孔，还是颜色的搭配，都有着严格的框框。

■乌布风格

1930年，巴厘岛的画家们在施皮斯和鲁道尔夫·波内的影响之下，在绘画作品上采用了远近分离的表现手法，将自然景色和人物形象纳入到作品中来，是巴厘岛最具有表现主义的绘画风格。乌布风格也被称为"画家协会风格"，别名叫作"皮塔玛哈风格绘画"。

■版画风格

该绘画风格沿袭了影子剧特色，但是采取了远近分离的表现手法，在画布上将巴厘岛的日常生活、神话、人物、动物、恶魔、神仙等题材的画像生动地展现出来，画作细腻，入木三分，表现手法夸张，凸显出自然界中不曾所见的力量。是巴厘岛最细腻的表现方式。

■青年艺术家画派

20世纪60年代初期，荷兰画家阿利·施密特来到巴厘岛。他的作品轮廓鲜明，主题表达简单明确，色彩运用偏现代化。这样的绘画作品给巴厘岛年轻艺术家们带来了极大的冲击。许多艺术家们纷纷投入他的门下，也就此而形成了青年艺术家画派，这也是巴厘岛最大的艺术流派。

■彭赛坎画派

彭赛坎是位于乌布郊区的一个小村庄，20世纪70年代逐渐形成了以村庄名字命名的绘画流派。以鸟、动物、昆虫、植物为主题，相比其他流派，更具有写实的倾向。

体验巴厘岛的艺术
在美术馆的绘画教室学习

在美术馆接受专业指导

阿贡拉伊美术馆（简称阿尔玛美术馆。参照p.142）内的美术教室举行别开生面的美术讲座，还可以在这里学习如何作画。报名学员可在美术老师的指导下完成画作。

对画画有兴趣的游客一定要到这里来

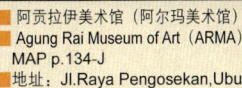

■阿贡拉伊美术馆（阿尔玛美术馆）
　Agung Rai Museum of Art（ARMA）
　MAP p.134-J
■地址：Jl.Raya Pengosekan,Ubud
■电话：0361-976659
■营业时间：9:00~18:00
■休息：无
■详情请直接致电垂询

购买艺术作品时的注意事项

首先需要考虑好是买一幅昂贵的画作用以收藏，还是买几幅具有巴厘岛特色的画作作为礼物带回国。前者可在美术馆的商店或知名画廊内购买，并且一般情况下不会打折。如果是后者的话，可在特产商店购买。通常一幅20美元左右。当然，就算是不买的话，也可以到美术馆或画廊饱一饱眼福。

工艺品

朴素的、值得玩味的巴厘岛工艺品在全世界有着许多追随者。在当地购买非常实惠。

织 印尼印染布料

许多人独爱这一款布料，有着简单的编织手法，作为旅游纪念品再合适不过

染 蜡染制品

来自于爪哇岛的蜡染成品

巴厘岛的蜡染制品来源于爪哇岛，在那里叫作更纱。巴厘岛沙努尔地区北部的巴迪克村（参照p.160）是赫赫有名的蜡染村。在棉线或丝绸上设计好图案，然后印染。巴厘岛的蜡染制品图案多以动物、鸟、云朵以及几何图案为主。在从前，人们使用一种特殊的工具，将图案一丝丝地绘到布料上，每件蜡染作品从开工到完成需要2~3个月的时间。这样的纯手工蜡染制品售价都非常昂贵。在巴迪克村的蜡染商店内有仿品，价格比较便宜。

人们使用工具绘图、进行蜡染

村子里的女人们手工作业

巴厘岛日常服装的布料

织 格林辛

印度尼西亚最典型的手织布

印度尼西亚印染布料是碎花底（素色布）。其特点是在编织之前就已经设计好了线的走向和纹理，只需要最后染色就可以，并且以花纹图案、动物形象居多，颜色以比较朴素的茶色为主。成品布料可以用来做衣服，也可以挂在墙上作为装饰，用来当桌布、床罩也非常合适。可以买一些作为礼物回国送朋友。巴厘岛的格林辛布料主要来自于印度尼西亚的松巴岛和弗洛勒斯岛。巴厘岛当地产的格林辛布料以吉安雅村（参照p.161）最为有名。从巴萨驱车约40分钟可到达吉安雅。

有的格林辛布料售价几万~几十万人民币，非常昂贵

巴厘岛本地布料，需有高超的技艺才能完成

英语名叫作"Doubl Ikat"。主要产自于巴厘岛土著——巴厘阿加人所居住的村庄——登安南（参照p.248）。将已经染色的线采用纵织和横织相结合的手法，沿着提前设计好的纹路编织而成，非常复杂。从染色开始直到完成需要历时5年左右，这需要有熟练的手法和足够的耐心才能胜任。成品价格自然非常之高，完全是一件高贵艺术品的价格。格林辛是"祛病免灾"的意思，在巴厘岛当地的祭祀仪式中经常使用该布料。

花纹、图案、材质不同，价格也不一样

用一块布变身为巴厘岛人！拿起围裙试一下吧

MEN

1. 将布料下摆齐至脚踝，上面围在腰间
2. 将两头多余的布系在腰的正中央
3. 取另一块布，继续缠在腰间
4. 同样在正前方打结
5. 穿上上衣，戴上帽子

WOMEN

1. 和男性正好相反。将左侧部分的布料留长一下，系在腰间
2. 好好系起来，不留褶皱
3. 可以用腰带固定在腰间，也可以用别针别住
4. 穿上丝绸上衣
5. 在腰间系上束带就完成了

阿塔手工艺品·藤制品

藤编笼子和具有生活气息的百货

巴厘岛人日常生活中所使用的百货设计独到，非常不错。虽然用比较传统的方法制作，但是成品却非常漂亮、时尚。其中最具代表性的当数阿塔手工艺品。将竹藤卷绕制成的笼子大受欢迎，在酒店、餐厅经常可以见到此类装饰品。巴厘岛的竹藤很有名气，弹性非常好，可以用来制作椅子等家具。近年来，许多藤制品已经卖到了许多国家。

（上）大型藤制品
（左）藤编挎包是女性的最爱。买得多还有意想不到的优惠！

木雕/石雕

现代风格的木雕非常讨人喜欢

巴厘岛人有着灵巧的双手，他们在木头或石头上雕刻出佛像、雄鹰、面具、动物、热带水果等图案，非常逼真。木雕和石雕最初用在寺院和宫殿建筑中，据说可以辟邪驱魔。马斯村和德格拉朗村（参照p.161）的木雕最有名。巴杜布兰村（参照p.160）是远近闻名的石雕之村。

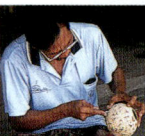

（上）纯手工作业
（右）以动物为主题的作品较多，大小不同，价格也不一样

银饰

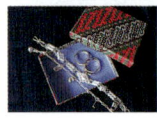

（上）在工厂内参观银匠的加工过程
（左）一件银饰品大约几美元

小件银饰作为礼物非常合适

苏鲁村（参照p.160）的小件银饰是作为礼品的最佳选择。苏鲁村的绝大多数村民都是银匠，在银饰店或银饰工厂内上班。自古以来，巴厘岛就以银饰加工而闻名，这里的银饰花纹精细，用银线勾勒出花朵和蝴蝶的图案，深受消费者欢迎。银饰工厂和商店都是一体的，可在工厂内参观银饰的加工过程。

竹艺品

巴厘岛人生活中不可或缺的物品

在巴厘岛的诸多手工艺品中，竹艺品最具有巴厘岛的日常生活特色。竹子做成的椅子、家具充满了南国特色，看上去就很凉快。布兰巴度（参照p.251）和博纳（参照p.161）是巴厘岛最有名的竹艺品产地，村子里的道路两旁坐落着许多竹艺品店，大到家具，小到牙签、鸟笼、玩偶、竹笛等艺术品密密麻麻地摆放在商店内，供客人挑选。门口挂着的竹铃吸引着顾客驻足。部分商店可以直接发送货物到其他国家。

（上）简单、朴素是最大的魅力
（右）大型竹制家具的价格也很便宜

巴厘岛历史&文化
Culture & History of Bali

- **p.280** 历史
- **p.282** 宗教
- **p.283** 寺院
- **p.286** 宗教仪式
- **p.287** 人生仪式
- **p.288** 日常生活
- **p.290** 历法

历史

巴厘岛在伊斯兰国家中独放异彩，有着属于自己的独特文化。其异样的文化来自于海那边的东爪哇岛和荷兰。学习巴厘岛的历史，加深对巴厘岛的认知。

HISTORY

巴厘岛的历史，也是一部充满着侵略和欺凌的历史

了解巴厘岛的历史

爪哇原人

即直立猿人。1891年，荷兰人杜斯在爪哇岛的梭罗河流域一带发现了大约60万年前的人骨化石。考古学家在第四纪洪积世的后期地表结构中发现了人的头盖骨、下颚骨、大腿骨的化石。

古代文化

在越南北部约4千米的地方发现了青铜时代的遗迹。青铜时代处于石器时代和铁器时代的过渡期，据说古代人类在青铜时代就已经学会种植水稻。巴厘岛的文化也受中国古代汉文化的影响。

麻喏巴歇帝国

1293年至1520年，东爪哇的王国——麻喏巴歇帝国走向繁荣。当时的王国子民信仰印度教和大乘佛教，在哈亚姆•乌尔克王的统治下走向了全盛时期。16世纪，麻喏巴歇帝国被东爪哇封建领主所占领。

吉尔吉儿王国

麻喏巴歇帝国被击溃之后，部分皇室成员从东爪哇来到巴厘岛，建立起了吉尔吉儿王朝。吉尔吉儿王朝在16~17世纪时发展至巅峰。位于现在的克隆孔往南2千米左右。

万物有灵论

万物有灵论认为，自然界中的树木、石头以及所有的自然现象都有精灵掌控。巴厘岛人对此深信不疑。印度教传入巴厘岛之后，与万物有灵论相结合，发展成为了巴厘岛人独特的世界观。

公元前~古代王朝时代

印度尼西亚的历史可以追溯到大约60万年前，当时，居住在爪哇岛上的爪哇原人就是他们的祖先。公元前2500年前，部分中国人南下来到巴厘岛并在这里定居。公元前3世纪，形成了大大小小的村落。考古学家在他们的墓地中发现了豪华的青铜饰品，由此推断出他们曾在巴厘岛创造了高度的文化。1世纪时期，巴厘岛出现了水稻栽培，并形成了今天巴厘岛上水稻灌溉系统的雏形。

11世纪，巴厘岛的瓦尔玛德瓦王朝和东爪哇岛建立了密切的联系，将爪哇岛的文化和宗教引入巴厘岛。印度教就是在那时传来的。印度教有着阶级社会和神灵、王室的特征，巴厘岛诸多国家的国王深受其影响，他们建起了宫殿，并自封为王。

中世纪时期的巴厘岛

之后，东爪哇王朝的势力逐渐发展壮大，在13世纪末期至16世纪前半期发展成为印度尼西亚最大的王朝——麻喏巴歇帝国。16世纪，境内伊斯兰势力逐渐壮大，并将麻喏巴歇帝国取而代之。在战争动荡的年代，大批贵族、僧侣、艺术家、音乐家、工匠们逃往巴厘岛。现在的巴厘岛人分为原住民巴厘阿加人和当时迁移而来的巴厘麻喏巴歇人。逃亡至巴厘岛的人们在克隆孔附近建立了吉尔吉儿王朝，并发展成为巴厘岛的艺术、文化中心。我们所了解到的巴厘岛的传统艺术、表演都是在那时逐渐完善的。不久之后，巴厘岛分裂成为8个王国。

人类、文化、文明、宗教。在诸个岛屿上体验风土人情。大海带给巴厘岛的，不仅仅只有肥美的海鱼

荷兰开启了殖民统治时期

1597年，西欧人最早"发现"了巴厘岛。来自荷兰的船员在巴厘岛王朝文化顶峰时期踏上了这片土地。在此之后，葡萄牙、西班牙、英国、法国等国家的人陆陆续续地来到这里，并成立了东印度公司。荷兰拿到了香料的贸易权，开始尝到甜头。1700年，印度尼西亚的大部分领土都已被荷兰占领。1846年，荷兰军队继续向北侵占。1911年，巴厘岛完全处于荷兰的统治之下。1906年发生的普普坦事件至今仍广为流传（参照右图）。

在1920~1930年荷兰统治时期，巴厘岛的艺术界爆发了文艺复兴革命。这次革命成功吸引了西欧诸国的目光，他们将巴厘岛作为"最后的净土"，逐渐部署旅游开发计划。

农民们拼了命也要守护自己的家园

第二次世界大战和日本统治下的巴厘岛

第一次世界大战之后的印度尼西亚，民族热情高涨，1928年，印度尼西亚语作为官方用语开始使用。1929年，在国际大环境的影响下，荷兰的统治力逐渐被削弱，巴厘岛慢慢被印度尼西亚所孤立。不久之后，第二次世界大战爆发，荷兰不得不收回在巴厘岛的全部势力，巴厘岛从荷兰的统治下解脱出来。

1941年，珍珠港事件爆发，参加第二次世界大战的日军提出了建立大东亚共荣圈的计划，并于同年占领了新加坡，随后占领了巴厘岛。日军将荷兰的残余势力全面压制，开始了对于印度尼西亚长达3年的统治。在日本统治时代，印度尼西亚的年轻人被迫参军入伍，成为日军在新几内亚和缅甸战场的主力军。

印度尼西亚从独立走向现代

1945年，日本战败之后，荷兰试图再次将印度尼西亚发展成为殖民地。但同年8月17日，印度尼西亚首位总统苏加诺宣布印度尼西亚独立。10月份，留驻在巴厘岛的日军开始撤退。随后，印度尼西亚青年军和荷兰的残余势力展开了拉锯战，直至1949年12月，印度尼西亚联邦共和国成立，并被全世界所认可。

苏加诺总统虽带领人民走向独立，但是这一时期的政治却非常不稳定。1965年，印度尼西亚退出了联合国组织。同年，共产党政变失败（"9·30"事件），苏加诺失势，苏哈托趁机夺取了政权。1998年，苏哈托下台，印度尼西亚走向民主化的道路。1956年，巴厘岛成为印度尼西亚的附属州。巴厘岛政府致力于发展农业、旅游业，将这座小岛屿打造成为全世界有目共睹的艺术之岛。

荷兰东印度公司

1597年，荷兰人第一次踏上印度尼西亚这片土地。他们通过西爪哇岛港口运输香料。通过香料贸易大获其利的荷兰人在1602年成立了东印度公司，总部设在雅加达。

普普坦

1906年，荷兰军队的铁蹄踏上沙努尔，并继续向登巴萨进一步入侵。当时，巴厘岛的绝大多数僧侣、士兵乃至市民身穿举行祭祀仪式时的正统服装进行对抗。在国王的授意下，他们将短剑插入胸膛，集体自尽。临死前，他们口中高喊着"普普坦（自尽）"，这种做法是对荷兰军队的侵略行径和对神灵亵渎的强烈抗议。如今在登巴萨的中心地区建有普普坦广场（参照p.228）。

大东亚共荣圈

大东亚共荣圈是日本在太平洋战争中，谋求对中国、东南亚的侵略达到合法化的一种手段。日本迫切想成为亚洲的领袖，将欧美势力摒除在外，建立一个以日本、中国·满洲为中心轴的东南亚帝国，使东南亚的政治、经济得到共荣发展。

Nasakom

苏加诺总统所倡导的政治理念，将民族主义、宗教、共产主义紧密地联系到一起。Nasakom取自于这三个词的头文字，有互助统一的意思。

孩子们的笑容是未来的财富

宗教

印度教是巴厘岛人日常生活的根基。祭祀、仪式、舞蹈、绘画等都是献给神的祭品。

了解巴厘岛的宗教有助于加深对巴厘岛的认识。

RELIGION

巴厘印度教

印度尼西亚是全世界最大的伊斯兰国家。但巴厘岛的全部居民都信奉印度教。印度教传自于印度，和巴厘岛的大乘佛教相结合，发展成为巴厘印度教，成为这里人民的信仰。巴厘岛的诸神有着男女之分，男神叫作dewa，女神叫作dewi。三大男神是梵天、毗湿奴和湿婆。他们的配偶就是三大女神，分别是萨拉斯瓦蒂、拉克西米、帕尔瓦蒂。这六位神仙汇集成为至高无上的本我神（巴厘岛的万物神）。本我神可以在上述六种神之间相互转化。巴厘印度教虽然宣称世界上只有独一无二的神，但实际上却是多神教，这与其宽泛的宗教概念有着微妙的联系。

巴厘岛的男女老少都是印度教的虔诚信徒。经常可以见到他们跪拜的样子

了解巴厘岛的宗教

供品

巴厘印度教的供品分为两种：一种是用以供奉天上的神仙和祖先的供品；一种是用以祭祀下界的诸神。

法师

民间医生、法师。他们运用古代的传统医术给病人看病，赶走人身体内的恶灵。

万物神

人世间包含所有的神。是地位最高、至尊无上的神。

梵天

巴厘岛三大男神之一，是创世神。他的妻子萨拉斯瓦蒂司掌智慧和美貌。

毗湿奴

巴厘岛三大男神之一。毗湿奴是守护神，掌管世界的繁荣并维护世界，与人类的交集最多。

湿婆

巴厘岛三大男神之一。同时司掌破坏与再生，具有两面性，即双面神。

巴厘岛也有身份等级制度吗？

巴厘岛的等级制度没有印度那么明显，大多数人是首陀罗，即农民阶级（平民）。从上到下按等级依次为：僧侣、王族、贵族、平民。僧侣处于等级的最高端。

巴厘岛的世界观

巴厘岛人认为，世界是二元的、相对立的。比如说方向。巴厘岛的方向并非用东南西北来表述，而是以阿贡山为中心，向四周展开。岛内靠近阿贡山的地带叫作山侧，而靠近大海的地方称为海侧。山侧象征着神圣、善良、和平，而海侧被看作是不祥的位置。而且，从岛南侧看北方是神圣的方向，从岛北侧看南方也是神圣的区域。

另外，巴厘岛人还认为世界是二元对立的，比如神兽巴龙和魔女兰达、男和女、白天和黑夜、生者和亡人等。在他们看来，世界上没有绝对的恶，善与恶一直处于抗争的状态，并由此维持着世界的平衡。在宗教祭礼仪式上，充分体现了他们"世界在善恶互相制衡的基础上沿续"的观点。

圣阿贡山是巴厘岛世界观的象征

寺院

寺院是巴厘岛宗教精神的集中体现。

小小的祀堂、村里的寺院、阿贡山百沙基母庙等巴厘岛的寺院无处不在，总共拥有2万多所。

TEMPLE

许多游客到百沙基母庙参观

巴厘岛村庄内的寺院

巴厘岛的寺院叫作Pura。寺院内有摆放着神位、放置供品的祀堂，还有专门做祭祀仪式的空地。寺院构造遵循巴厘岛人独特的方向感，多朝向阿贡山的方向。每个村子里都有一个起源庙（Pura Puseh）、村庙（Pura Desa）和死者庙（Pura Dulem）。有的村子里，起源庙和村庙是一个。死者庙供奉着司掌再生的神仙——湿婆。当一个村子组建时，最先要修建的就是死者庙。

巴厘岛寺院简介

（上）枝叶茂密的大树
（下）花红树。巴厘岛寺院内常见的树

寺院的入口必定有一个大大的阴阳门（Candi Bentar）。这扇阴阳门是神界和凡界的分界口。阴阳门和寺院内的墙壁上雕刻着地神，代表驱魔的意思。穿过阴阳门，是一间小屋。这间小屋既是演奏佳美兰音乐的舞台，又是信徒们休息的场所，同时也是准备祭祀品的地方。继续向前走，会看到象征着神座和天界的塔。寺院被巴厘岛人视作神圣的地方，人人都可以进来，但是穿着短袖、短裤的话，是禁止入内的。

了解巴厘岛的寺院

Pura

寺院、圣域、祀堂。巴厘岛人非常珍视的场所。

村庙

集会寺庙。一般位于村子的正中央。每个村子都有村庙。

起源庙

Puseh是肚脐的意思。起源庙象征着每个村子的起源，供奉着创造村庄的神灵。

死者庙

里面安葬着未火葬的亡者之灵。一般修建在海侧，对于村民们有着非常重要的意义。

婆罗门

婆罗门教把人分为四个种姓，婆罗门是最高种姓，在社会中地位最高。

花红树

大型寺院内必种的花红树。是巴厘岛人心目中的神树。有着大大的枝叶。

巴厘岛六大庙

巴厘岛六大庙中，百沙基母庙是龙头寺庙。还包含乌鲁瓦图寺等其他寺院，有这不一样的说法。

供品

巴厘岛寺院内都摆放着供品。用椰树叶子编成各种形状的容器，里面放上食物和鲜花。

寺院内的设施

阴阳门（Candi Bentar）
寺院入口大门。通常有两个，左右对称。

塔
多层（一般为奇数）塔形建筑。象征着须弥山。

大门前的竹形装饰物。形状各异。
门饰

天神下凡时，会到神座显灵。
神座

巴厘岛总共有2万多所寺院。
让我们循着历史的脚步到寺院和遗址中参观。感慨油然而生。

1. 百沙基母庙 p.244
巴厘岛印度教的起源地。巴厘岛人的生活以百沙基母庙为中心。每隔100年举行一次大祭祀

7. 苏姆安迪迦寺院 p.141
装饰华丽的寺院

8. 普塞利雅佳特寺院 p.140
佩京王朝的中心庙宇

2. 展地达萨寺院 p.243
11世纪修建的印度教寺院

9. 象窟 p.140
拥有造型怪异浮雕的洞窟遗址

3. 蝙蝠寺 p.241
数千只蝙蝠栖息在寺内

10. 沙里寺 p.234
野猴栖息的猴子庙

荷兰统治时期，这里是与西欧文化交流颇多的地域。国际主义色彩浓厚

布莱伦县

4. 瑟马拉普拉王宫遗迹 p.240
诉说着克隆孔王朝的繁荣与衰落

11. 母神庙 p.234
曾是孟格威王朝的国家寺院，是仅次于百沙基母庙的第二大寺院。寺内有多层塔

与爪哇州相连，主流宗教是伊斯兰教。这里有着不同于巴厘岛的宗教观和生活观

珍巴拉纳县

塔班南王国所在地。荷兰军队入侵，塔班南国王被迫自杀

塔班南县

5. 肯孚寺 p.251
曾是邦利王国的国家寺院

12. 克兰比坦王室 p.235
塔班南王室后裔生活的地方

14. 国家寺院 p.229
供奉着印度教的最高神

6. 佩纳塔兰萨西寺院 p.141
寺内安放着传说中的铜鼓

13. 海神庙 p.233
可欣赏美丽夕阳海景的寺院

15. 乌鲁瓦图寺院 p.197
断崖上的古刹。可欣赏到美丽的夕阳

16. 布拉坦水神庙 p.231
建在布拉坦湖旁边的美丽寺院。修建于1633年

吉安雅县
以乌布而闻名。曾是克隆孔王国的属地

邦利县
巴厘岛的原住民——巴厘阿加人生活的地方。他们依旧保持着传统的风俗和生活习惯

卡朗阿森县
圣峰阿贡山和卡朗阿森王国的所在地

20. 蓝布斯威寺 p.262
由3座小庙宇组成

21. 班扎德加佛教寺院 p.258
佛教寺院。坐落着黄金佛像

22. 中国寺院 p.256
巴厘岛罕见的中国寺院

23. 贝吉寺 p.256
供奉着米神

24. 新加拉惹达拉姆寺 p.257
独特的雕刻作品值得一看

25. 马杜威卡朗庙 p.257
受荷兰影响较深的寺院

克隆孔王国所在地。克隆孔国王治国有方,并大力发展艺术。克隆孔王国的法院有着特殊的裁决制度

克隆孔县

曾是孟格威王朝的领土。孟格威王朝在20世纪初期被荷兰军队所灭

巴东县

巴厘岛历史&文化

285

寺院

17. 巴图卡乌山寺 p.235
建在巴图卡乌山腰的寺院,曾是塔班南王国的国家寺院

18. 扎亚普拉之墓 p.261
安葬着一对悲情男女,拥有美丽凄凉的传说

19. 普拉吉寺 p.261
修建于16世纪,1980年重新改建。寺内生活着野猴

26. 阿贡山庙 p.245
位于海拔2 500米高地的庙宇。非常安静

宗教仪式

庆祝和祭礼充斥了巴厘岛人的整个生活。巴厘岛的宗教仪式非常之多。村子里面举行祭祀仪式虔诚的信者纷纷参加。穿上正统服装，奏响佳美兰列队行进的场景非常震撼。

RELIGIOUS FUNCTIONS

宁静日　Nyepi

在巴厘岛特有的历法中，沙卡历以月缺月圆为基准。在沙卡历中，宁静日就是巴厘岛的新年。在这一天，不许使用灯、火等发光的东西，人们将大门紧锁，一言不发，默默地反省刚刚过去的一年，并展望新的一年。在宁静日的前一天，岛上的居民会奏起竹琴、长笛，目的是赶走身边的恶灵，使环境得到净化。

宁静日的前一天，人们架着山车巡游。浩浩荡荡的队伍声势浩大

主要的宗教仪式

巴厘岛有两种传统历法：沙卡历和乌库历。宗教仪式按照这两个立法来进行。巴厘岛的宗教仪式非常多，大约一周就要举行一次。一般情况下，到巴厘岛旅游的话都能碰上当地举行祭祀仪式。

加隆安和库宁杠　Galungan/Kuningan

加隆安是庆祝神灵和祖先从天而降，是巴厘岛的盛大节日。10天之后，神灵和祖先要回到天上去，这一天就是库宁杠。

萨拉斯瓦蒂　Saraswati

萨拉斯瓦蒂是司掌艺术、智慧的女神。在乌库历法中，最后一周的周六是萨拉斯蒂日，在这一天，要把书籍当作供品，任何人不得读书、写字。

巴格威西节　Pagerwesi

巴格威西是"铁栅栏"的意思，在这一天，人们祈愿世界和平、守护身心的康健。特别是要感谢家人。

道具节　Tumpek Wayang

纪念戏剧、音乐中使用的乐器、服装、道具的节日。在这一天，巴厘岛禁止任何形式的表演。

钢铁节　Tumpek Landep

金属和武器之神桑赫·帕斯帕提的节日。人们为了感谢他，将家里面、村子里面的金属工具、汽车、自行车当作供品奉上。

特别祭礼·欧达朗　Odalan

欧达朗是"神仙显灵"的意思。寺庙修建之日，神灵就会入住，欧达朗就是纪念寺庙建立的祭礼。巴厘岛所有的寺院中都会举行欧达朗，各个寺庙会按照乌库历举行，每年210天。在这一天，女人们将水果花篮（水果堆成塔状）顶在头上，送到寺院里面。而且，人们还会自发将寺院屋顶的茅草换上新的，重新修缮。

人们身着华丽的服饰，头顶水果花篮

参观欧达朗时的注意事项

1. 一定要配备好Sarong（用围裙/蜡染布料将下半身遮住）、Sash（系在腰间的细带）或Selendang（腰带），参观时身着正统服装。禁止穿着吊带背心、无袖上衣等裸露的服装出现在欧达朗仪式或寺庙中。
2. 去寺院之前净身，即Mandi（沐浴、洗净身体）。
3. 处于生理期的女人、受伤出血的人、有亲属在12天之内去世的人不得进入寺院。
4. 饮酒之后不得进入寺院。
5. 不得坐在比司祭、僧侣和供品高的位置，也不能坐在其前面。
6. 不能随意按相机快门，不得大声喧哗。
7. 不得走过正在祈祷的人面前。
※ 寺院是教徒们心目中非常神圣的场所。入殿之前先脱鞋、摘帽。
※ 伊斯兰教、印度教认为人的左手是不干净的。和别人握手、献上供品、拿香火钱时，不得使用左手。

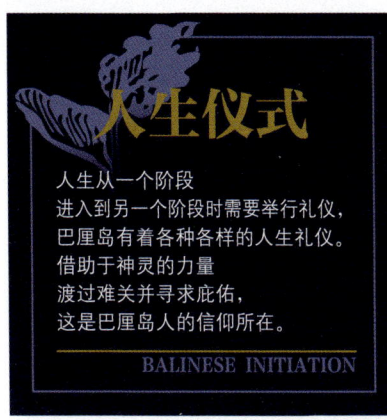

人生仪式

人生从一个阶段
进入到另一个阶段时需要举行礼仪,
巴厘岛有着各种各样的人生礼仪。
借助于神灵的力量
渡过难关并寻求庇佑,
这是巴厘岛人的信仰所在。

BALINESE INITIATION

主要的人生仪式

怀孕、出生、乳牙掉光、入学、月经初潮、变声期、成人、结婚、宗教修业等时候需要举行重大的仪式。在巴厘岛人的一生中有10多个重要的仪式。

出生

最早的仪式在怀孕6个月时就要举行。出生之后、剪掉脐带时、出生12天、42天、3个月、6个月、乳牙掉光时分别要举行仪式。巴厘岛人的祖先非常重视后代的顺利繁衍,因此在人出生时的礼仪是最多的。

成人礼

过完15岁的生日后,大人们会用锉刀将小孩的牙齿磨平。需要磨平的是犬齿和门牙。男孩在变声期后、女孩在月经初潮后就开始磨牙。据说,这样能够抑制住人们心中的情欲和嫉妒等"六大邪念"。

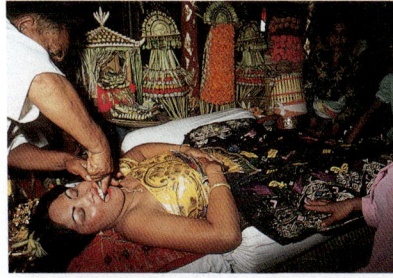

近年来,巴厘岛的葬礼常常和其他的仪式一起进行

结婚

在巴厘岛,结婚不只是个人问题,与家庭、家族、整个社会都有着密不可分的关系。在巴厘岛人看来,结婚意味着一个人被另一个团体所接纳。许多年轻人因为承受不了结婚所带来的经济负担而选择私奔。

村民们手工做成的灵柩塔,在葬礼中被点燃烧成灰烬

火葬仪式 Ngaben

巴厘岛的葬礼并非那么沉重和悲伤。巴厘岛人认为,人的死去意味着再生。遗体放在黑色的牛形棺材里面,装入颜色鲜艳的灵柩塔内,运往火葬场。一路上,人们高举着象征宇宙的大伞、奏起佳美兰音乐,好不热闹,仿佛这不是参加葬礼,而是一场演出。部分旅游团会组织游客参观葬礼仪式。

一开始,要在死者的家中举行仪式,然后将遗体运往火葬场,最后将遗体装入棺材内火化。僧侣将死者的亡魂超度、净化之后,骨灰撒向大海。巴厘岛人认为灵魂升天之后会转世投胎回来。

参观火葬

集合地点
时间在宣传栏内都有具体通知

能将火葬作为一种表演来欣赏的地方,恐怕只有巴厘岛了。在火葬仪式上,人们的身份立判高下。巴厘岛的旅行社内贴有贵族葬礼的日期,可以报团参加。葬礼是非常严肃的场所,不得有破坏仪式进行的行为出现。

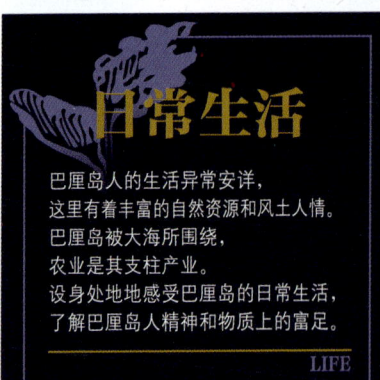

日常生活

巴厘岛人的生活异常安详，
这里有着丰富的自然资源和风土人情。
巴厘岛被大海所围绕，
农业是其支柱产业。
设身处地地感受巴厘岛的日常生活，
了解巴厘岛人精神和物质上的富足。

LIFE

来到巴厘岛，会感觉到这里的人们彼此之间非常亲近。巴厘岛分散着许多个小村落，这是当地的共同组织。无论是干农活还是传统表演，甚至许多仪式都是按照地域划分的。学校和医院是行政上的划分，而除此之外的日常生活是由两个传统的组织来决定的。

一个是农田灌溉组织Subak。农户们必须要加入该组织，以保证农耕用水能够平均分配。另一个组织是班扎尔，公共服务事业、婚葬嫁娶等诸多事务由组织内的成员一起商量。平时也会聚在一起演奏佳美兰、跳舞。

了解巴厘岛的日常生活

班扎尔

村庄。在巴厘岛，除了行政上划分的村庄之外，还有殖民地时期划分的传统村子。每当举行寺院仪式、火葬仪式时，村子里面的人就会共同出力。

Bebek

鸭子。鸭子在巴厘岛被人们当作是圣鸟，有着温顺的性格（特别是白鸭），通常将它们当作供品献给神灵。在巴厘岛，养鸭人是世袭制的。

鸭子可以吃掉水田里的害虫

二期稻、三期稻

在同一块耕地上每年收获两次、三次水稻。巴厘岛土壤肥沃，气候适宜，经常种植二期稻、三期稻。水稻是巴厘岛的经济支柱。

粕酒

椰子树的树液酿成的蒸馏酒。树液经过长时间的自然发酵，表面覆盖了一层白沫。将之继续煮，做成可口的粕酒。

圣水

无论何种仪式，圣水都是必不可少的，地下涌出的泉水经过僧侣的做法之后变成为圣水。在仪式上，僧侣将圣水洒到供品和人们的头上，以达到净化的作用。

种植水稻

农业是巴厘岛人生活的支柱

一望无际的稻田呈阶梯状分布，被椰林所包围。巴厘岛有着美丽的稻田风景，这得益于热带性气候、充沛的水量和肥沃的土壤。巴厘岛的水稻一年中可以种植一期、两期甚至三期，常常这边插秧，另一边就马上收割。巴厘岛人的主食是米饭，水稻种植自古以来就是这里的主要产业。巴厘岛的水稻有印度稻米和日本稻米两种。巴厘岛大约80%以上的人口从事农业生产，农民的平均所得位居全国之首。因此，农田灌溉组织Subak也多如牛毛。Subak通常以50~100户为一组，也分为佳美兰乐器组。

二期稻、三期稻比比皆是。在农闲时，农民们还会自己酿造粕酒

传统的制盐技术一直流传至今

产盐

库参坝是位于巴厘岛东海岸的一个小村庄,以产盐而变得非常有名。库参坝位于蝙蝠寺的前面。这里利用盐田生产出高质量的盐。村民们在海岸边上垒起比水面高的盐田(长、宽各10米),涨潮时海水会进入盐田,强烈的光照会将其晒成盐巴。这样的过程反复多次,盐田中就累积了饱含高盐度海沙的盐水,然后将盐水晒干。晒出的盐巴颗粒很大,虽然残留盐卤的浓度很低,但是吃起来味道反而比较温和,并且富含钾、铁、碘等元素。

海盐是非常不错的纪念品

渔业

巴厘岛人认为大海是不祥的地方,但是却一直接受着大海的馈赠,那就是海洋渔业。渔民们也同样成立了互助组织,共同打鱼。

巴厘岛的渔船是带有防侧翻舷外浮材的传统木船。船身颜色多为鲜艳的绿、蓝、红、黄色。偏远地区的渔船上没有安装发动机,甚至在出海捕捞时不能够使用尼龙渔网。打鱼归来后,将捕捞上来的海鱼卸入在海岸上早已准备好的容器内,然后举行仪式。一些少年会帮助渔民们一起打鱼,作为报酬,渔民们会送给他们一些捕捞上来的新鲜海鱼。

在当地的市场上经常可以看到海鱼。巴厘岛的海产品非常美味,直接放到火上烤好即可食用

米神人偶

仿照巴厘岛米神的样子做成的人偶。用椰树叶制成,并配以美丽的几何花纹和图案,非常可爱。在巴厘岛很受欢迎。

稻母

用稻穗扎成男女小人的样子。一般在快到收割季节时会供奉稻母。收割完之后,稻田主人会将刚刚割下的稻束用白布包起来。

米仓

巴厘岛最大的米仓有着独特的形状。米仓的顶用茅草搭盖,倾斜度较小,非常平稳,且地板高于平地。为了防止老鼠偷米,米仓的柱子上放有捕鼠器。

渔船

巴厘岛的渔民们使用撒网的方法打鱼。巴厘岛几乎没有可以停靠大型船只的港口,所以出海捕鱼的船只一般比较小。

象鱼

渔船的船头上画有大大的鱼头像,当地称之为象鱼。象鱼可以在晚上看清周围,并且也是海洋守护神的象征。在出海之前,渔民们都会祭拜一下。

生活中的沐浴

巴厘岛人一天内要洗两次澡,目的是为了清洁身体,洗去污秽。他们经常在河里洗澡,近年来才开始在家里面的浴室内洗澡。家里面的浴室一般在朝向大海(不祥之地)的位置。

洗澡时一并洗衣服

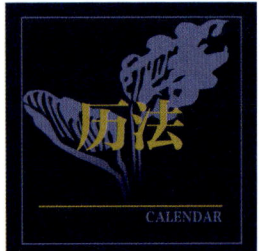

巴厘岛的历法不同于其他地方，它规范着巴厘岛人的全部生活。理发日、所有的祭礼都要严格遵循乌库历或沙卡历。仅需遵循其中一个历法即可。

沙卡历

以月缺月圆为基准的太阴历。一年为12个月，每个月都有不同的名字。春分是时年更替的节气，也是沙卡历中最大的祭日——宁静日（新年）（参照p.286）。

乌库历

在乌库历中没有月份之分。将一年分为30个周，总共210天。10种"周期"同时进行，并且每个周都有周末，根据每周的组合来判断凶吉。

① 历法的创造者

② 除了公历的年月、沙卡历的年号之外，最上面是伊斯兰历、中国历、日本皇纪、佛教历的纪元年。下面是乌库历的30个周

③ 印尼语、巴厘岛语、英语、日语、汉语等不同语言记载的星期

④ 表示日期的数字周围是相应的乌库历日期。最下面是沙卡历的月份。月初的日期用黑色实心圆圈表示，满月的日期用红色实心圆圈表示

⑤ 红色圆圈标记的日期是印度教的重要日子。该表的下面标有其对应的阳历日期

⑥ 岛内各地举行欧达朗的日期。日期后面详细记载了相关的寺院名和地名。但以上信息并非包含岛内所有举行欧达朗仪式的寺院

⑦ 每日凶吉、耕田、农忙、各种仪式、葬礼等重要日子和事宜的总结

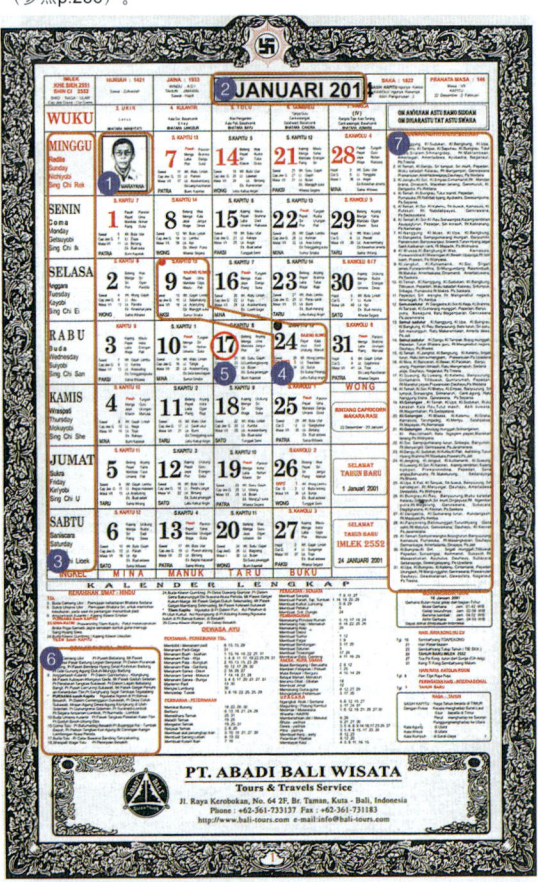

如何获取巴厘岛历书

实际上，巴厘岛的历书对于我们游客来说几乎没有用处，但是可以买来当作旅游纪念品。在巴厘岛的超市、书店可以买到。但如果是年末的话，历书常常会提前卖光，而明年的历书还没有上市。有不同种类、风格的历书可供选择。

传统方法制成的古历书

巴厘岛的传统古历书是这样制成的：在椰树叶上刻好字，然后在上面涂上黑色的植物颜料。这也是古代文书的制作方法。有巴厘岛语、英语、日语等不同语言版本的历书出现在商店中，可以买来当作旅游纪念品。

纤细的画线非常漂亮

历书制作中

旅行信息
中国篇

BALI

目录

- 确定出发日程 　　　　　　　　　　p.292
- 制订巴厘岛旅游方案 　　　　　　　p.294
- 选择巴厘岛旅行方式 　　　　　　　p.296
- 考察巴厘岛跟团游 　　　　　　　　p.298
- 了解巴厘岛当地半跟团游 　　　　　p.300
- 购买机票 　　　　　　　　　　　　p.301
- 预订酒店 　　　　　　　　　　　　p.302
- 办理护照和签证 　　　　　　　　　p.304
- 准备旅行费用 　　　　　　　　　　p.306
- 根据气候准备随身物品 　　　　　　p.308
- 携带手机 　　　　　　　　　　　　p.310
- 收集旅行信息 　　　　　　　　　　p.311
- 机场指南 　　　　　　　　　　　　p.312

出发前3天需要准备的事情和物品清单

- ☐ 比照携带物品清单（p.309）确认是否准备完全
- ☐ 将行李提前运到机场
- ☐ 复印护照（有本人照片一页）
- ☐ 准备两张本人照片（4.5cmX3.5cm），在护照丢失时可以及时派上用场
- ☐ 记下发卡银行、保险公司的联系方式
- ☐ 告知邮局停发报纸、邮件
- ☐ 提前设置好需要录影的电视节目
- ☐ 托人照看家中养的宠物和植物
- ☐ 患者要遵医嘱带好药物
- ☐ 将入住酒店、旅行社的联系方式告知家人和朋友
- ☐ 电话设置留言
- ☐ 检查手机、数码相机的电池
- ☐ 确认赶往机场的火车、公交车时刻表

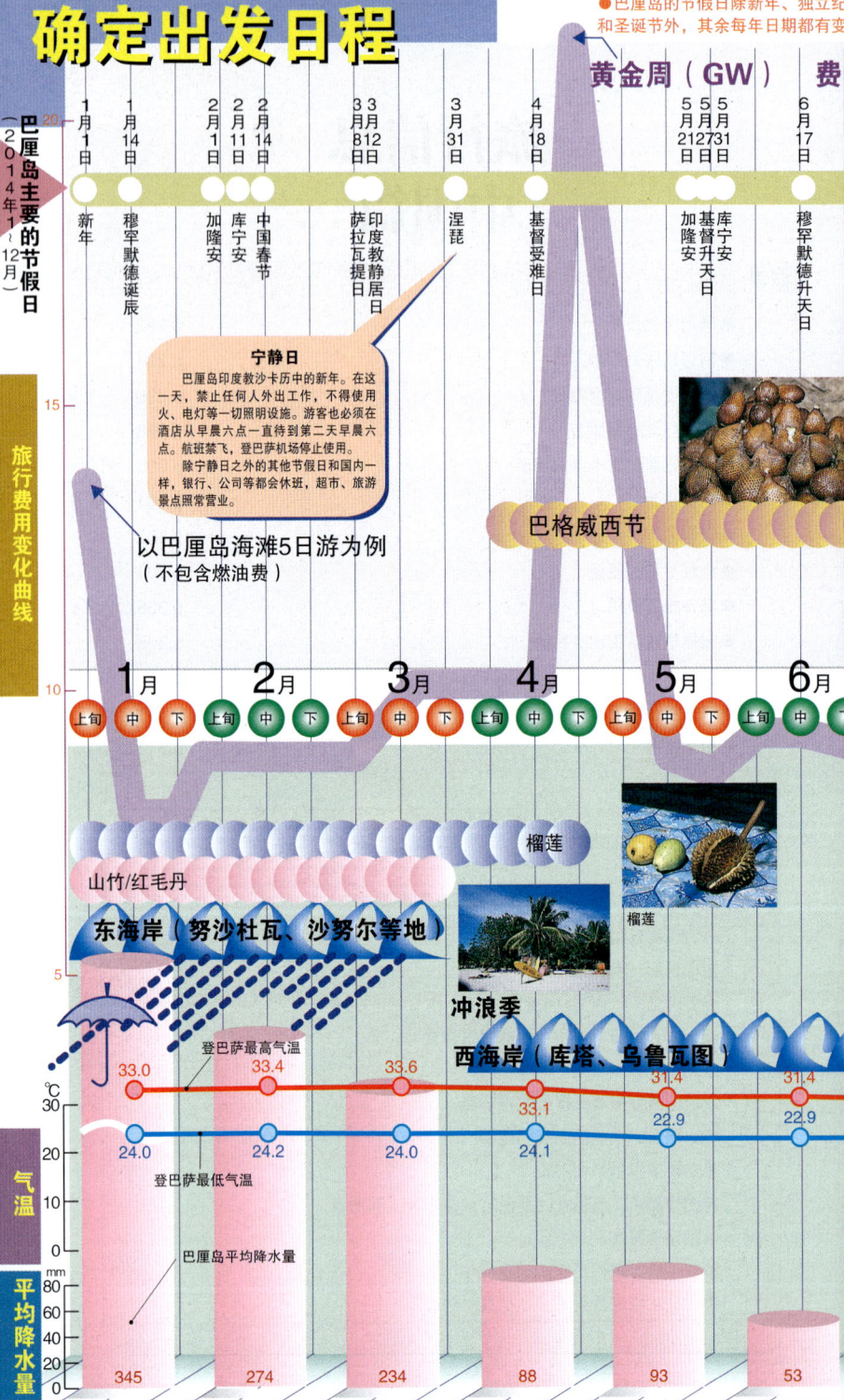

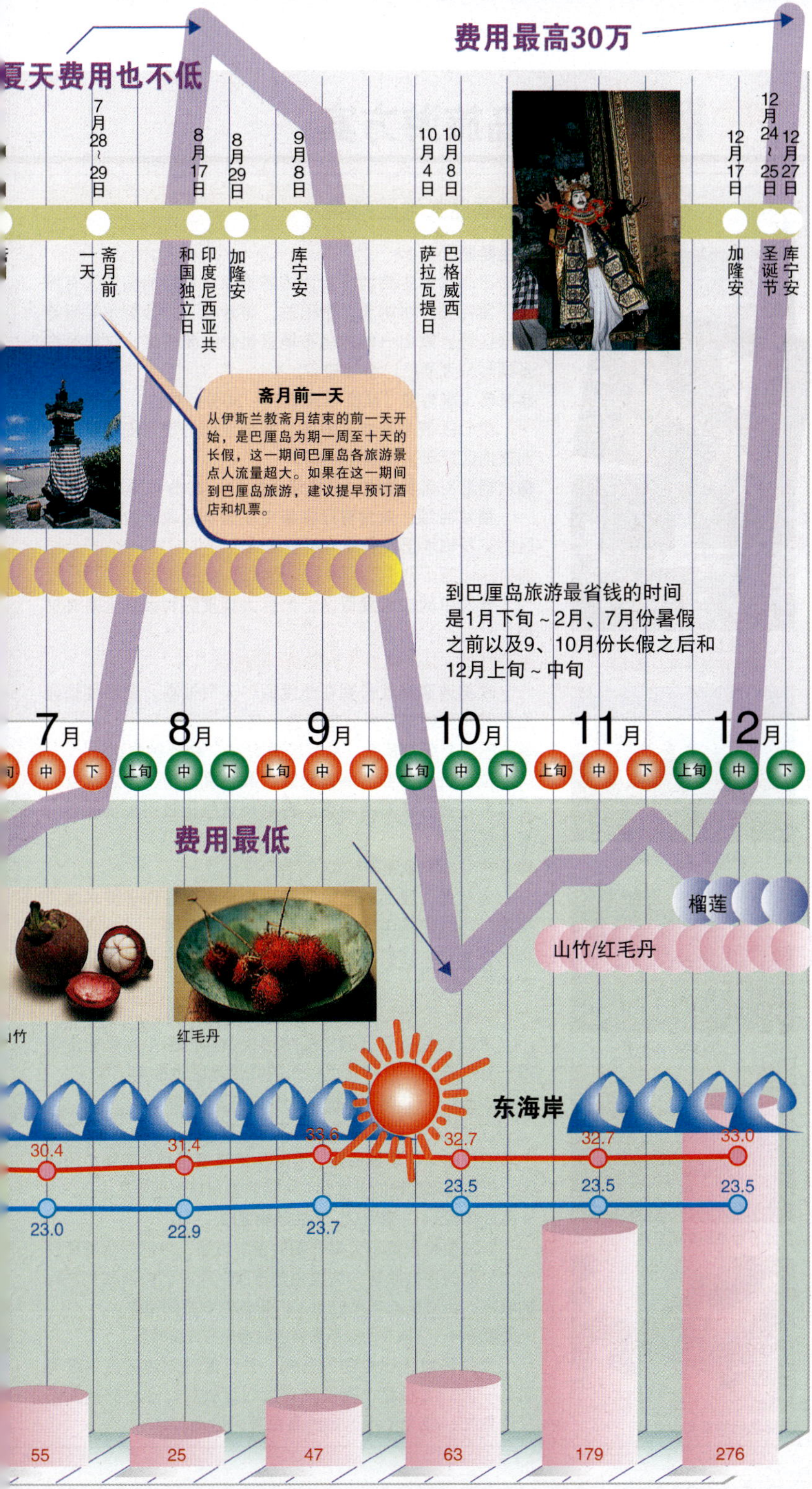

夏天费用也不低

费用最高30万

- 7月28～29日 斋月前一天
- 8月17日 印度尼西亚共和国独立日
- 8月29日 加隆安
- 9月8日 库宁安
- 10月4日 巴格威西萨拉瓦提日
- 10月8日
- 12月17日 加隆安
- 12月24～25日 圣诞节
- 12月27日 库宁安

斋月前一天
从伊斯兰教斋月结束的前一天开始，是巴厘岛为期一周至十天的长假，这一期间巴厘岛各旅游景点人流量超大。如果在这一期间到巴厘岛旅游，建议提早预订酒店和机票。

到巴厘岛旅游最省钱的时间是1月下旬～2月、7月份暑假之前以及9、10月份长假之后和12月上旬～中旬

7月	8月	9月	10月	11月	12月
中 下	上旬 中 下	上旬 中 下	上旬 中 下	上旬 中 下	上旬 中 下

旅行信息「中国篇」

293

确定出发日程

费用最低

榴莲

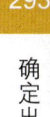
山竹/红毛丹

山竹　红毛丹

东海岸

| 30.4 | 31.4 | 33.6 | 32.7 | 32.7 | 33.0 |
| 23.0 | 22.9 | 23.7 | 23.5 | 23.5 | 23.5 |

| 55 | 25 | 47 | 63 | 179 | 276 |

制订巴厘岛旅游方案

巴厘岛各地区特点

★主要地区

巴厘岛的主要地区皆为旅游景点。大型的旅游区有库塔、雷吉安、水明漾、金巴兰、努沙杜瓦、沙努尔等海滩度假区等。靠山一侧的乌布地区也是主要景区，这里有许多国际型大酒店，游客较多。

● 库塔&雷吉安（从机场乘车20～30分钟到达）

中心区域是海滩度假区。库塔北部的雷吉安和南部的图班地区近年来发展得不错。

● 水明漾&克罗伯坎（从机场乘车30～40分钟到达）

精致商铺、美食餐厅多集中在这一区域。位于北部地区的克罗伯坎正发展成为新型度假区。

● 努沙杜瓦&伯诺阿（从机场乘车约30分钟到达）

开发中的旅游度假区。国际大型度假村大都坐落在这里。

● 沙努尔（从机场乘车约30分钟到达）

欧美游客喜欢长期在此度假，人气很高。隐私性较强的度假村和咖啡厅多分布在这一带。

● 金巴兰&乌鲁瓦图（从机场乘车20～40分钟到达）

位于机场南部的海滩地区，高级度假村、酒店林立。近年来，金巴兰海滩地区的海鲜烧烤屋正吸引大批游客前来大快朵颐。

● 乌布（从机场乘车约1小时到达）

乌布是巴厘岛的艺术文化中心，坐落着许多美术馆、画廊，可以在这里欣赏巴厘岛传统民俗表演、了解当地的文化。另外，这里还建起了许多度假村，许多游客倾向于在这里长住。

★中部地区——壮观辽阔、一望无际的高原美景

京打马尼高原上的巴图尔活火山和巴图尔湖是非常值得一看的景点。京打马尼以西的高原地区也很美。

★东部地区——古都、宗教寺院分布的文化圣地

17世纪，吉尔吉儿王朝定都瑟马拉普拉，开始了长达300多年的统治。巴里纳海堤、展地达萨是度假村比较集中的地区。巴厘岛印度教的大本营——百沙基母庙也坐落在这里。

★西北部地区——潜水区、野生动物宝库

新加拉惹是位于大海一侧的港口城镇，依然保留着荷兰统治时期的地方政府。这里也是巴厘岛最早走向西欧化进程的城市。西面是近年来成为人们新宠的罗威那海滩。

★周边岛屿——质朴而又不失特色的度假村日益增多

龙目岛位于巴厘岛的东侧，是巴厘岛周边诸岛中最有名的一座。龙目岛上有着世界顶级度假村，也因此被人们广泛熟知，成为炙手可热的海岛度假胜地。

在主要景区，可以在海滩做运动、欣赏传统表演、购物等

京打马尼高原上的寺院

京打马尼地区的田园美景

罗威那海滩的美丽景色

氛围悠闲的海岛

巴厘岛并不是一个小岛，不同的区域有着不同的乐趣。我们首先来了解一下巴厘岛的整体特色，然后再根据不同区域的特点，选出最合适的旅游方案。

巴厘岛不同的旅游方案

★海滩度假型

可以入住比较便宜的公寓，也可以选择住在高档度假村内。海滩附近有许多价格比较便宜的简易旅居，从这里到海滩大约步行10分钟即可，乘车前往海滩更快。

大型度假区内各种现代化设施完善

★运动型

可从事不同的海上运动，潜水、浮潜、冲浪、帆船、水上摩托车等都是非常大众化的海上运动项目。另外，水上漂流、丛林探险、打高尔夫球也是不错的运动项目。

在大海、山川的背景之下尽情释放自己

★享受型

在巴厘岛的顶级别墅中享受度假生活。巴厘岛的顶级度假别墅是会员制的，仅入住一晚就要花费上千美元。部分装修豪华的民宅也对外出租，可以考虑住在这里。

在高档别墅体验极致服务

★文化体验型

巴厘岛的文化非常值得去做深入的了解。佳美兰音乐演、黎弓舞蹈秀都是非常受人们欢迎的表演项目。近来，巴厘岛还开设了一些私人学习课程。除此之外，寺院、遗址、历史古迹等文化据点也非常多。

文化参观之旅。可以亲自动手试试

★购物型

在物价不高的巴厘岛花最少的钱得到最大的实惠。住在简易客栈（民宅），在大众食堂或大排档果腹。有时一天的花费只需100元人民币就足够了。

巴厘岛的物价相对较低

旅行关键词

观景

寺院
巴厘岛上坐落着许多座印度教寺院。有机会可以参观祭祀仪式。

美术馆·画廊
乌布是巴厘岛的艺术之都。在这里可以欣赏老派和现代绘画作品。

艺术表演
可以在剧场、活动中心欣赏佳美兰音乐表演、舞蹈秀。

工艺品制作
乌布周边有许多木雕、蜡染、陶瓷器皿的制作工厂，在这里可以参观工艺品是如何制作出来的。

体验

SPA
体验巴厘岛传统按摩和理疗服务项目。

海上运动
冲浪、潜水、浮潜等海上运动项目

激流勇进
体验激流勇进的刺激，相信一定是一次非常难得的体验。

文化课堂
在文化课堂学习烹饪、舞蹈、佳美兰乐器演奏等。

美食

巴厘岛（印度尼西亚）料理
在大排档、食堂、酒店餐厅内寻找美食。

海鲜大餐
龙虾、螃蟹、扇贝等新鲜海鲜的烧烤。

热带水果
在巴厘岛常年能吃到各种热带水果。鲜榨果汁和冰激凌也非常好吃。

各种料理
在巴厘岛可以吃到西欧诸国和亚洲料理

购物

蜡染制品、印尼传统印染制品
巴厘岛特色商品。均为纯手工制作完成，价格按照费时、材料的不同有所差别。

百货、小物件
手工编织的小物件和蜡染披肩等。

银制品
巴厘岛的银制品非常精致。每件售价5～7美元。

选择巴厘岛旅行方式

跟团游的优点

1.费用便宜

票价、住宿费通常比个人购买要便宜不少。旅游旺季时，团费或许会比自由行要高。

2.国内导游、地陪全程陪同

在机场办理手续、在国外参观时，导游会起到非常大的帮助作用，所有的事项都可以交给导游办理。

3.无须自己解决出行问题

下机后，导游会安排好专车前往酒店。接送车辆一般是巴士或出租车。如果是高级旅游团，还会有专车前来迎接。

4.游玩内容可自行选择

游客可以选择全程跟团游或半跟团游。前者提供一切食宿、游玩，后者仅提供机票、酒店的预订服务。

跟团游的缺点

1.行程一般都很固定

一般是4天3晚或5天4晚游，行程不能更改。有时可以延期，但是会收取高额的延期费。

2.必须集体行动

跟团游的话，所有的活动都是团体一起进行，不能有例外的情况出现，可能会有不便之处。

3.行程比较紧凑

在每个景点的滞留时间较短。如果赶上转机或转车，那么在景点的参观时间就会大大缩短。

4.不能自由选择酒店和航空公司

必须乘坐行程表上规定的航空公司的飞机或在特定的酒店住宿。有时也会不得已住在不喜欢的酒店内。

首次到巴厘岛游玩建议选择跟团游
非首次到巴厘岛游玩可以选择自由行

通常情况下，第一次到巴厘岛游玩，会选择跟团游。导游会一路陪同，排忧解难，完全不用担心国内外习惯、语言上的障碍。如果之前有过到巴厘岛游玩的经验，可以选择自由行，但是需要自己购买机票、预订酒店，所以多少掌握英语或当地语言是十分有必要的。

跟团游

旅行社会给团员提前订好机票、酒店、车票等，一路上有导游全程陪同。报团费提前在国内缴纳。抵达巴厘岛之后，在当地报团需额外支付费用。此外，日程中未包含的餐费、小费、饮料费等需要自行支付。不同的旅行团收取的费用不同，旅游淡、旺季的费用也大不一样。

★**全程跟团游** 交通工具、住宿设施、观光、用餐等项目都包含在内。订机票、预订酒店、景点讲解、用餐等事项均由国内陪同导游或当地导游全权包办。各种复杂的手续也由旅行社代为办理，适合初次到国外的旅行者。

★**半跟团游** 旅行社负责订机票、订酒店、机场接送等，游客到达巴厘岛后自由安排旅游时间。这种旅游方式比较灵活，可以根据个人的喜好进行各种调整。

半跟团游比较灵活多变，一般晚上可参与的娱乐节目不少

到国外旅游，可以选择跟团游，当然也可以选择自由行。到底自己适合哪种出行方式呢？那么我们就来综合比较一下这两种旅游方式的利弊，然后根据自身情况作出选择。

自由行

制定行程、预订机票、预订酒店、安排交通工具等事项都需要自己亲力亲为。这样做的好处是可以按照自己的意愿来进行选择，但坏处是比较麻烦。一些旅行社会为游客预订酒店和机票。

★**机票** 一旦定下要出国旅游，应该尽快预订机票。预订机票时，需要考虑的因素有：旅游淡、旺季，机票类型，座舱类别，日期等。另外，不同种类的机票以及购买方式的不同，机票的价格也会大有差异。

★**酒店** 和机票一样，酒店也需要尽快提前预订。旅游旺季时酒店比较难订。如果想要住在一些客房数量较少的度假村或有中意的酒店，那么更应该尽早预订。如果未能成功预订酒店，可以在抵达巴厘岛后再寻找住处。但是为了以防万一，还是在国内提前预订好比较稳妥。

★**出行** 对于选择自由行的游客来说，如何出行是最让他们头疼的问题。巴厘岛的交通工具非常之多，可以选择循环巴士、出租车、摩的出行，车票也都不贵。

★**花费** 自己包办一切花费。在当地支付住宿费时，需要额外支付21%的税费和服务费。使用信用卡刷卡时，需要支付5%~6%的手续费。

自由行的优点

1.可自由安排时间
住一晚也好，住一个月也好，都由自己说了算。但是必须保证印度尼西亚签证延长期有效。

2.自行选择航空公司、酒店
可以预订比较便宜的打折机票。酒店的房型可以自由选择，比如禁烟客房等。

3.自己安排行程
自己一个人的话，可以在寺院、美术馆、博物馆等地好好地参观。就算在巴厘岛滞留时间不算长，也可以按照自己的喜好来支配时间。

4.不受任何束缚
自己想去哪儿就去哪儿。但如果取消预订酒店或机票的话，需要额外支付一部分费用。

自由行的缺点

1.费用相比跟团游要贵不少
就算是入住团购酒店、预订打折机票，全程的花费也比跟团游要贵。

2.机票、酒店有时比较难订
旅游旺季时，机票常常一票难求，酒店也会提前被订满。自己预订的话，比较麻烦。

3.必须自己办理各种手续
因为没有导游、地陪，所有全部手续需要自行办理。必须要有一定的英语基础。

4.需要自己解决出行问题
乘坐出租车、循环巴士时，需要自己买票。万一发生意外，后果只能自己承担。

跟团游和自由行哪个更划算？

项目	内容	以巴厘岛6天4晚游为例（入住三星酒店，从北京首都国际机场出发）	自由行
团费		5 200元	
往返机票		含	5 000元（打折机票）
住宿费（带早餐）		含	2 500元（4晚）
机场~酒店车费		含	200元（机场出租车）
餐费		1 500元（四次午餐、四次晚餐）	2 000元（同左）
其他费用		300元	300元
总计		7 000元	10 000元

※以上费用以人民币为单位，其中住宿费为双人标准间的单人费用。报团费、打折机票、住宿费浮动较大，可在报名时咨询旅行社。

考察巴厘岛跟团游

跟团游的关键词

航空公司
通常旅行社会告知所搭乘的航班。但有时实际情况也会不一样，比如原本应该是直达航班，实际情况却需要转机。

最低发团人数
旅游手册上会说明最低发团人数。一般情况下，到巴厘岛的旅游团最低发团人数为2人。如果未达到发团人数，旅游团会自动取消。

C等舱
商务舱。机票上的C等舱指的就是商务舱。

飞机上过夜
有时旅游团所标注的X日X晚游，也包含了在飞机上过夜的一晚。比如，在酒店住三晚，在飞机上过夜一晚，就是5日4晚游。

全程陪同导游
一般来说，到巴厘岛游玩的话，只要不是巴厘岛+婆罗浮屠以及周边游的话，是不会有全程陪同导游的。

早入住/晚退房
一般情况下，巴厘岛的酒店每天14点就可以办理入住手续，12点之前退房。大部分酒店会在办理入住、退房手续的时间上有所放宽。

海景房
可以欣赏海景的房间。如果想要欣赏大海的话，建议入住这里。

套间
拥有多个房间的客房。适合家庭或团体入住。

双人床
夫妻一起旅游的话，一般会睡在有双人床的房间。有时情侣也会要求住有双人床的房间。

巴厘岛跟团游的特点

跟团游巴厘岛，最大的特点是拥有众多可选的度假村。大部分旅游团入住的度假村是指定的，但如果有特殊要求，可以入住团员意愿中的度假村。团费中一般包含了早餐费用，并且，考虑到返程航班大都是夜间的，酒店方面会特意允许团员在下午退房。

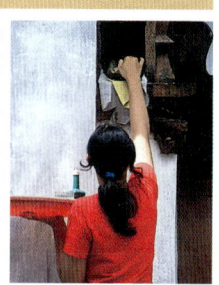

★费用差别
黄金周、节假日、春节期间等旅游旺季到巴厘岛游玩的费用比平时要贵不少。每年的10～12月份出游花费较少。周末要比平时出游花费贵一些。不同星级的度假村、不同的景点，所需费用也有着很大差别。

★航空公司
中国飞往巴厘岛的航班有直达航班和换乘航班，搭乘不同的航班所需的机票也不一样。换乘航班通常要便宜一些，但是路上花费的时间也要多一些。而直达航班要贵一些，但所需时间较短。另外，还有比较经济的商务舱。

★酒店
跟团游的话，通常要听从旅行社的安排，一般事先不会告知具体住在哪个酒店。如果想要入住理想的酒店，需要多花一部分费用。巴厘岛当地的旅行团一般会说明是否为指定别墅或指定套房酒店。

★全程导游、地陪导游
全程导游从国内出发一直陪伴在团员身边。地陪仅在巴厘岛当地协助为游客办理各种手续或提供帮助。巴厘岛的地陪大都会说汉语。

★跟团游的注意事项
跟团旅游的话，一般是两人或三人同住一间房。如果想住单间的话，需要额外支付一部分费用。并且，如果未达到发团人数，那么旅游团会被取消，有时在行程中也会被迫中止。遇到这种情况，游客有权要求旅行社全部返还参团费。

山清水秀的龙目岛

巴厘岛是世界性的度假胜地，国内的巴厘岛旅游团种类十分丰富，一般为5日4晚游或6日5晚游，甚至一些旅行社推出了时间更长的旅游团，很适合想在巴厘岛长期度假的游客。

旅游团的种类　　　　按行程划分

5日4晚游　　活动范围：海滩

- 第一天　中国→巴厘岛（登巴萨）
  即刻参观或前往海滩别墅
  入住酒店
- 第二天　全天自由活动　在海滩游玩
  下午做SPA　入住酒店
- 第三天　全天自由活动　在当地报团，去往乌布等地游玩。晚上欣赏巴厘岛传统舞蹈秀。入住酒店
- 第四天　返程前自由活动　购物或在当地报团参观　晚上/凌晨乘机从巴厘岛（登巴萨）→中国　飞机上过夜
- 第五天　抵达中国

一定不要错过的巴厘岛传统舞蹈秀

6日5晚游　　活动范围：海滩+乌布

- 第一天　中国→巴厘岛（登巴萨）　抵达巴厘岛之后，前往海滩别墅　入住酒店
- 第二天　全天自由活动　在海滩游玩
  体验海上运动　入住酒店
- 第三天　早晨退房
  上午参观。下午前往乌布地区的酒店　入住酒店
- 第四天　报名参加当地旅游团
  晚上欣赏巴厘岛传统舞蹈秀
  入住酒店
- 第五天　返程前自由活动　在乌布购物、做SPA
  晚上/凌晨　乘机从巴厘岛（登巴萨）→中国　飞机上过夜
- 第六天　抵达中国

8日7晚游　　活动范围：巴厘岛+龙目岛

- 第一天　中国→巴厘岛（登巴萨）　抵达巴厘岛之后，前往酒店
  入住酒店
- 第二天　全天自由活动
  在当地报团参观全岛　入住酒店
- 第三天　全天自由活动　报团半日游或在当地购物、做SPA
- 第四天　巴厘岛→龙目岛　前往龙目岛的酒店　入住酒店
- 第五天　全天自由活动　在当地报团，进行潜水或体验海上运动
  入住酒店
- 第六天　报团参观全岛　入住酒店
- 第七天　龙目岛→巴厘岛（登巴萨）→中国　飞机上过夜
- 第八天　抵达中国

商务舱

新婚夫妇到巴厘岛度蜜月的话，选择商务舱是非常合适的。商务舱的伙食可与一流餐厅相媲美，有着优质的服务和舒适的坐席。

如果在印度尼西亚鹰航公司旗下的雄鹰东方假日旅行社报团，仅需支付3 000～3 500元人民币，就可以将商务舱升级，体验更优质的服务。

详情敬请咨询：雄鹰东方假日旅行社

印度尼西亚鹰航公司的新型商务舱

在梯田密布的乌布游玩

＊燃油费通常包含在团费中。如果需要额外支付（对方出示单据），请务必仔细确认。

了解巴厘岛当地半跟团游

什么是半跟团游？

巴厘岛当地的小规模旅游团。通常是一日游，提供酒店接送、巴士、用餐等服务，并有导游一路陪同。这些旅游团一般是当地旅行社组织的，预约、缴费都需要在当地旅行社完成。

巴厘岛的婚礼

近年来，越来越多的人选择到巴厘岛举行婚礼。在巴厘岛举行盛大而浪漫的婚礼、穿上当地的民族喜庆服装拍照留念、在度假村举办婚宴都是非常不错的体验。

最难得的半跟团游

最难得的半跟团游是参观火葬仪式，这需要一定的运气。在当地旅行社可报名。

单人报团需要支付额外费用

旅游团最少两人发团。独自一人发团时，需要支付额外费用，一般要多缴纳20%～30%的费用。

租车自由行

2～3人结伴旅游的话，搭乘出租车比较不错。但最方便、经济的方法是租一台车、雇一名司机一起游玩。租一台车，包含导游、司机在内，每天仅需150美元就足够了，相当于每人仅需200～300元人民币。

巴厘岛当地半跟团游的特点

巴厘岛的半跟团旅游团的种类非常之多。导游通常会说汉语或英语，如果不通英语的话，可以选择汉语导游陪同。

★**如何预订？在国内还是在当地预订？**

通常在抵达巴厘岛之后预订。但如果需要乘机、乘船或有特殊要求时，最好在国内提前咨询并预订。另外，一些人气较高的旅游团通常非常抢手，需要在国内提前预订。

★**小孩子可以参团吗？**

因团而异。9岁以下儿童不可以参加"激流勇进"。不同的旅游内容对于年龄有着不一样的限制，建议提前咨询一下。而部分项目的收费，无论是成人还是儿童都是一样的。普通旅游团或表演秀对于年龄没有限制，可以听听有经验的游客的意见。

★**临时在当地报团**

如果是跟团游的游客，可以咨询当地导游或当地旅行社。除此之外，在酒店前台报团、在当地旅行社代理办事处报团都是可以的。在以上地点报团要收取少量手续费。

适合情侣的半跟团游

★**在四季酒店享用晚茶+乌鲁瓦图寺院、克恰舞蹈秀+豪华海鲜盛宴烧烤大会**

欣赏乌鲁瓦图的绝色美景，在度假村享受服务
■预计所需时间：18小时

★**欢乐之旅！巴厘岛夕阳晚宴**

在海滩享用晚餐、欣赏表演
■预计所需时间：15：30~22：00

★**精选SPA19家**

在巴厘岛做SPA
■预计所需时间：不同的SPA服务所需时间不同

龙目岛一日游

在龙目岛参观纺织村

吃完饭后欣赏表演

巴厘岛印度教的大本营——百沙基母庙

购买机票

购买机票的途径不少，有售票代理点、旅行社、网络在线订票。如果要购买特价机票的话，需要多比较、多咨询，而且一般特价票会有很多限制，例如不能退票、无法指定座席等，另外起降时间也多是差强人意。不过有时价格低得实在很诱人，所以特价机票对不在乎其他条件的旅客来说还是很有吸引力的。这里提醒读者购买机票时，一定要考虑以下要点：航空公司、起降时间、服务质量，最好把这3项综合起来考虑再决定是否购买。

另外，在买机票时，若能注意以下事项，买到合适机票的概率会更大些。

★收集超便宜的票价信息

可以直接登录设有国际机票预订的网站如"携程网"等搜索机票信息。另外有些旅行社或者旅游网站也会推价机票，如果有需要不妨多加关注。

★充分利用机票比价业务信息

有些网站还提供机票比价业务，这样更方便购票。通常直飞航线票价会比中转航线的票价高，所以即使航线中途经地点相同，如果有换乘，虽耗时长，但票价就比较实惠。

★比较官方折扣机票

最好关注一下各个航空公司推出的官方折扣机票，其价格可能与其他公司推出的特价机票相差无几。不仅如此，还可以根据个人喜好指定座次，也能获得会员飞行累积里程数等多项优惠政策。

★关注飞行里程累积奖励制度

持有会员卡的游客若想累积到更多的飞行里程数，最好仔细选择适合的航班出行。

★根据需要调整出发日

出发日期和回国日期如果选在周末，一般机票票价都不低，因为这算是"旺季"，所以预订机票时，可尽量避开周末出行。

● **方便、快捷的电子票**

大多数航空公司都已开始使用E票（Electronic Ticketing，电子客票），其实就是纸质机票的电子格式。只要购买了机票，一般都会有记录，这样即使把纸质机票丢失了，也可以根据订票的相关信息进行登机。现在，国内基本上所有的机场都简化了登机手续，只要网络上购买了机票，还可以在线值机选座位，等到了机场用相关身份证件打印机票后即可办理登机手续。

网上轻松订机票

● **春秋航空**
www.china-sss.com
提供机票比价服务，经常推出特价机票。

● **携程旅行网**
http://www.ctrip.com
提供关于旅行的全方位服务，其中就有国际机票的查询与预订。

● **去哪儿**
http://www.qunar.com
不仅有机票预订服务，还有海外酒店预订业务。

● **酷讯旅游**
http://www.kuxun.cn
也提供国际机票信息，不妨上网去看看。

预订酒店

不同的酒店,设备、环境也大不相同

顶级隐私度假村内有起居室

设备相对简单的中档度假村

带厨房的别墅

简易旅馆

可整体租下的民居

顶级隐私度假村　　　　每晚约3 500元人民币

特点　深受女性游客青睐的亚洲顶级隐私度假村。这样的度假村远离喧闹的都市,每一位顾客身边都有数名工作人员专门服侍,让人真真切切地体会到什么是至尊无上的享受。部分豪华旅游团会选择入住在这里。

注意事项　这些度假村通常实行会员制,客户遍布全世界。游客们入住在这样的顶级场所时需要规范自己的行为、讲究礼节。这些度假村欢迎情侣入住,但是不允许儿童入住,并有着严格的年龄限制。客房内的卧床一般为双人床。

大型高级度假村　　　　每晚约1 500元人民币

特点　高级旅游团通常会住在这样的地方。大型高级度假村一般位于巴厘岛的主要景区,内部建有别墅和客房大楼,有着上百间客房。这些大型高级度假村大部分是世界知名连锁酒店,各种设施完善,服务水平一流。

注意事项　因为是连锁性质,客房的布置、环境以及风格大都比较相似,缺少了巴厘岛的特色。

山庄一样的大型度假村

中档度假村　　　　每晚约800元人民币

特点　中等旅游团通常会选择住在这里。中档度假村一般位于巴厘岛主要景区,规模中等,约有100间客房。这些度假村大部分是印度尼西亚、新加坡或马来西亚出资建造的,通常建有游泳池、酒吧、活动中心等设施,比较温馨。

注意事项　服务无法面面俱到。虽然接纳许多中国游客,但是度假村方面并未配备会说汉语的工作人员,工作中难免会出现纰漏和失误。客房内的设施也相对简陋,没有保险箱,只有需要客人自己多加留意。

巴厘岛既有顶级奢华度假村，也有简易便宜的旅馆。入住的地方不同，留下的记忆也会不一样。先让我们来了解一下入住场所的种类和内容。

别墅

每晚500~3 500元人民币

特点 巴厘岛既有相对便宜的别墅，也有顶级豪华别墅。上述度假村内一般会为客人准备别墅型客房。有的别墅内没有餐厅、宴会厅等设施，但是带有独立厨房和私人游泳池，这样的别墅在近年来悄然走红。

注意事项 没有会说汉语的工作人员，即使有，也只能说几句简单的汉语。别墅内没有餐厅，需要自己做饭，或者请工作人员做饭吃、叫外卖。

旅馆

每晚40~100元人民币

特点 旅馆即巴厘岛的民宿。比起酒店和度假村来，这里的设施少得可怜，且大都为家庭经营。客房内没有空调、没有热水，每晚住宿费40~50元人民币，带有空调和热水的房间每晚收费约100元人民币。另外，山间小屋和平房别墅可以称得上是别墅的穷人版，收费也比旅馆高。

注意事项 旅馆的设施、位置参差不齐。有时，不同的客房收费却是一样的。建议先看下房间再做定夺。

日租房

每晚500~8 000元人民币

特点 租下整套房间，即整座民居。既有普通的民宅，也有巨大的、拥有5~6间卧室的山庄可以租。收费标准也有着非常大的差别。通常有客房管家、厨师、门卫以及园丁，为入住房客提供一切服务。

注意事项 以主人的身份向工作人员提出服务要求。但是这里的工作人员大都不会说汉语，所以必须要掌握一定程度的英语。另外，除了住宿费之外，还要支付房间清洁费等诸多费用，请务必要提前确认好各项条款及收费项目。

省钱小窍门

在当地旅行社预订酒店超便宜。这是到巴厘岛旅游的常识。有太多种方法可以预订酒店和度假村，但是，在巴厘岛当地的旅行社预订是最经济、划算的。预订时需要核对和确认多项内容和条款，如果语言不过关的话，建议找一个会说汉语的导游全权办理。如果会说英语的话也能够轻松预订。

旅游小知识!

● **什么时候收费最高?**

旅游淡季，也就是雨季时（11月~次年2月份前后）收费最低。欧美游客和中国游客比较青睐的度假村、酒店在圣诞节和春节期间反而收费较高。中国农历新年、伊斯兰斋月期间费用变动较大，也比较难订。

● **如何支付?**

顶级隐私度假村、大型高档度假村、别墅、日租房可以用现金支付，也可以刷卡。旅馆大都仅能用卢比或美元支付。刷卡支付的话，要收取5%~6%的手续费。

有儿童设施的房间适合家庭入住

办理护照和签证

申办护照所需材料

1. 居民身份证原件、复印件
2. 本人户口簿、户口簿首页、本人资料页、变更页
3. 填写完整的申请表原件
4. 申换护照需附上原护照
5. 近期2寸淡蓝色背景彩色证件照1张
6. 申请事由相关材料

申办费用：200元工本费
办理地点：本人户口所在地公安局的出入境管理处

申办落地签所需材料

1. 护照正本
2. 出入境卡
3. 海关申报表
4. 签证费用：停留7日，签证费10美元；停留30日，签证费25美元

印尼驻华大使馆

地址：北京市朝阳区东直门外大街4号（100600）
电话：010-65325486（签证处）
传真：010-65325368
E-mail:set.beijing.kbri@kemlu.go.id
网址：www.kemlu.go.id/beijing
微博：Indonesia_Embassy_Beijing

护照

无论是个人旅行还是团体旅行，只要是去往外国就需要护照。所谓护照就是国家对持有人的一种证明，也就是"官方的身份证明"。我国护照分为普通护照、外交护照和公务护照3种，公民出境旅行，办理普通护照即可，其有效期为：护照持有人未满16周岁的5年，16周岁以上的10年。对已经拥有护照的人来说，则要注意确认自己护照的有效期限，如果期限不足则要申请更换新的护照。

★护照申请

第一次申办护照时，要先准备齐左栏表列出的相关材料，之后须亲自至本人户口所在地公安局的出入境管理处办理。如果有因合理紧急事由请求加急办理，公安机关出入境管理机构也会受理的。注意，在申请完毕时，会收到一张标有日期的取证回执单，一定要好好保管，领取护照时会要求出示，也可以采取付费邮寄的方式获取护照。

★护照的换发或补发

护照有效期即将届满的（一般要求不少于6个月）、护照签证页即将使用完毕的、护照损毁不能使用的、护照遗失或者被盗的、有正当理由需要换发或者补发护照的其他情形，可以按照规定申请换发或者补发护照，其程序和第一次申办护照一样。

★护照的变更申请

如果护照上面的登记事项（包括护照持有人的姓名、性别、出生日期、出生地，护照的签发日期、有效期和签发机关）发生变更时，也要持相关证明材料，向该护照的签发机关申请护照变更加注。

签证

签证是对象国发行的入境许可证。通常在护照的签证栏上会盖有印章。印度尼西亚政府早已开放了对中国（大陆）公民赴印尼的落地签证申请，所以赴巴厘岛旅游可说是相当便利的。只要持个人有效因私护照和往返机票在雅加达、泗水、棉兰、巴厘岛等国际机场的专设柜台办理即可。具体程序一般是这样的：抵达巴厘岛机场后，凭有效护照和往返机票在"visa on arrival（落地签）"窗口办理。按照停留时日，缴纳一定的签证费后，窗口工作人员会发一张收据，凭此收据及护照正本、出入境卡、填写好的海关申报表，然后排队等候工作人员查验相关资料办理

落地签。落地签种类有停留7天的和停留30天的。

关于巴厘岛的落地签,还有一些相关规定,比如持落地签证者在印度尼西亚期间只可进行旅游观光、探亲访友,不得进行经商活动,期满永不可延长。中国公民赴印度尼西亚均须事先在印尼驻华使馆或驻广州总领事馆获得相应签证。

为了避免出入境时遇到不必要的麻烦,需要提醒大家一定要准确算好停留时间。巴厘岛落地签证上的停留时间是入境和出境当日各算一天,如果逾期回国,不但要补交签证费,还要罚款。另外,一定要保存好下机后办理好的出入境卡,因为出境时该卡是需要回收的。

海外旅行损害保险

在国外万一碰到生病看医生的话,那么花费可能就会超出自己的预算,所以还是加入海外旅行损害保险比较安全。海外旅行损害保险有很多种,分别对应伤害、疾病、财产赔偿、随身财物等,所以要清楚了解保险的种类、内容和支付条件后再选择合适的加入。可以在保险公司、旅行社等地方进行申请购买。购买前,可以先做一些了解。一般来讲,各个保险公司的保险内容差别不是很大,就看服务质量和信誉。推荐大家在负责组团旅行社和购买机票的旅行社中申请,这样一来一旦出现意外,赔偿手续办理起来会比较方便、顺利。每个保险公司都与相应的援助服务公司联手合作,在出现意外时可以用本国语言进行求助。而且还有24小时的紧急援助体系等服务,能提供不少安全感。另外,有的信用卡上附带保险功能,办理信用卡时确认一下有没有这项服务。

国际青年旅舍会员卡

国际青年旅舍是自助旅行的非营利性组织(http://www.yhachina.com),在全球八十几个国家给出门在外的旅客提供4 000多家经济实惠的住宿旅馆。虽然青年旅馆没有星级饭店的豪华,但是欧洲的青年旅馆都维持一定的水平,而且还提供厨房及客厅,可以让客人认识来自世界各地的游客,这也是一种令人难忘的体验。来这里住宿的人并没有年龄上的限制,只要申办了国际青年旅舍会员卡(Youth Hostel,简称YH卡),全球通用,可以享受国内外国际青年旅舍住宿价格的优惠,同时还可以预订国外青年旅舍。

国际青年旅舍会员卡

申请所需文件:会员申请表(可在线填写,也可下载填写邮寄到青年旅舍中国总部)

办理方式:可通过网上办理,或各家青年旅舍的前台办理,或到各代理商处办理

费用:50元人民币

准备旅行费用

印度尼西亚的货币

Rp.100　Rp.200

Rp.500

巴厘岛流通货币

印度尼西亚的流通货币是卢比（Rp.）。纸币有Rp.1 000、Rp.2 000、Rp.5 000、Rp.1万、Rp.2万、Rp.5万、Rp.10万7种面值。硬币有Rp.5、Rp.25、Rp.50、Rp.100、Rp.200、Rp.500、Rp.1 000七种面值。其中，Rp.5、Rp.25、Rp.50面值的硬币在市面上几乎不常见。100卢比≈约29.57元人民币（以2017年2月汇率为准）。

货币兑换

在巴厘岛的货币兑换中心、酒店等场所可以实现人民币和卢比的兑换。

此外，在国内的银行、机场内的印尼银行以及汇兑中心都可以换卢比。

现金

出于安全考虑，建议携带的现金越少越好，一来是为了自身安全，二来是带少的话即便丢失或被盗也不会觉得心疼。为了支付从机场到酒店的机场大巴车费或乘出租车时等急需的少额现金，可在机场内就近将人民币兑换成巴厘岛当地的币种——卢比。

信用卡

信用卡不仅仅只能用来结账，在办理入住手续、租车时还可以用来证明身份。巴厘岛的偏远地区、小城镇大都不支持刷卡，但在较大城市内购物、用餐、住酒店等都可以刷卡。遇到紧急情况时，还可以用信用卡在ATM机上取现（没有手续费，但需要支付利息）。一般情况下可支持的信用卡有：JCB、VISA（在带PLUS标识的ATM机上可取现）、Master（在带Cirrus标识的ATMA机上可取现）以及American Express等国际信用卡。

另外，还有适合国外旅游携带的快发信用卡。各发卡银行设有24小时服务中心，一旦信用卡丢失或被盗，可拨打热线求助。除此之外，服务中心还为国内客户提供汉语服务，帮助提供旅游信息、购物信息以及预订酒店、联系医院、购买旅游保险或购物返现等。各信用卡支持的服务内容不同，请事先咨询好。

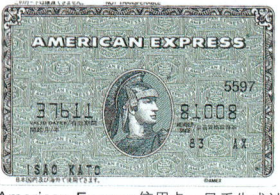

American Express信用卡一旦丢失或被盗，最快第二天就能补办成功

许多游客会纠结于出国旅游携带人民币好，还是卢比好？是带现金好呢，还是带旅行支票比较方便？建议大家结合自己的旅游计划，选择一种便捷且方便的可行方法。

国际借记卡

如果拥有一张国际借记卡，而且在银行账户中存入足够金钱的话，也可以在旅行当地的ATM中取现使用，这样一来就不用携带大量现金，而且也省去了兑换的麻烦，不过此时取现要收取一定的手续费，费用是从账户中直接划走的，汇率也是依照当地、当日的外汇率（具体各个银行都不一样，可以事先咨询一下）。另外，如果卡中金额不足的话还可以让国内的家人往账户内存款，而且国际借记卡消费时能方便刷卡。现在有些银行还推出了多币种的国际银行借记卡，所以即使身在不同国家，也可以用这种卡从当地银行柜员机或者ATM取款机上提取当地币种的货币。

另外，随着中国银联卡在海外市场的不断扩大，现在很多国家都可以直接使用中国银联卡。如果在当地的ATM取款机上发现有"银联"字样的标志，那一般国内的银行卡都可以使用，非常方便。不过，在海外使用银联卡时会有不少限制，比如每日累积取款不得超过1万元人民币的等值外币。

行前还需注意一点的是，如果经常把银行卡和金属钥匙扣等有磁性的物件放在一起，银行卡的磁性会减弱。因此，建议最好确认一下要携带的银行卡磁性是否完好！

旅行支票（T/C）

旅行支票需要本人签字，可以用来兑换卢比。一旦丢失、被盗之后，需要有条件补办。旅行支票比携带现金在身上要安全一些。持旅行支票可在大多数银行以及汇兑中心兑换卢比，并享受最低汇率。但最近在巴厘岛使用旅行支票的人越来越少，因此支持使用旅行支票的地方也在逐渐减少。

旅行支票在具体使用时需要遵守以下几条规定：1.在购入旅行支票时要在所有支票的"持有人签名"一栏签上自己的名字。2.使用旅行支票时要当着对方的面在"countersign"一栏中用和"1"中同样的笔迹签名。只有两处签名一致且在本人亲自签名的情况下旅行支票才能生效。签名可以是英文也可以用中文。但是在使用时作为自己的身份证明，通常会被要求出示护照，进行对照。所以，旅行支票上的签名最好还是和护照上的签名一致。如果还有不明白的地方，最好在购买时先咨询清楚。另外为了防止被盗、丢失，最好事先记下支票的号码、金额和使用场所等信息。

现金、国际借记卡、信用卡、旅行支票优缺点比较

	优点	缺点
现金	支付方便	一旦丢失、被盗很难再找回来
国际借记卡	只要有ATM机很方便取现	每次取现都需要支付手续费
	丢失、被盗后可以补办	
信用卡	在一些场合能当身份证明文件用	使用场所有限制
	如果是发行银行的特约商家，会有优惠	
旅行支票	丢失、被盗后可重新补办。可以当现金直接使用	使用场所有限制

可根据自己的实际情况在旅行途中选择合适的旅行费用支付方式。第一，如果是居住在高级酒店中的短期旅行，那么最好使用现金、信用卡和国际借记卡。第二，如果是在没有ATM的地方逗留，或居住在便宜旅馆中较长时间则最好多利用旅行支票。

信用卡咨询处

VISA卡
HP www.visa-asia.com

万事达卡
HP www.mastercard.com/cn

美国运通卡
HP www.americanexpress.com

中国银联卡
HP cn.unionpay.com

PLUS

Cirrus

根据气候准备随身物品

海滩必备物品

防晒霜
可在巴厘岛当地或国内购买。建议购买防紫外线的防晒霜。

太阳镜
在当地购买。防止巴厘岛强烈的阳光灼伤眼睛。

泳衣
可以自己携带过去,也可以在当地购买。

帽子
巴厘岛非常炎热,如果不戴帽子的话,很容易中暑。在海滩游玩、做海上运动时一定要戴帽子。

晕船药
乘船一日游或海上观光必备药品。可在当地购买。

山区必备物品

帽子
山区以及郊区气候炎热,日照强烈,一定要戴帽子。有时还可以遮雨。

太阳镜
太阳镜可以防止紫外线的照射,骑自行车或摩托车时还可以防止蚊虫进入眼睛内。

运动鞋
丛林漫步或散步时最宜穿着。

手绢
用途多多,可以用来遮阳、擦汗、垫座位等。

手电筒
山区的夜晚非常黑,有时没有月亮,漆黑一片。部分简易旅馆的灯光也非常昏暗。

围裙
到寺院参观时必须要准备的衣物。随时带在身上。

气候和旅游旺季

★雨季和干季分明

巴厘岛属于热带季风气候,干季和雨季有着鲜明的区别。每年的4~10月份是干季,11月~翌年3月是雨季。年间气温相差不大,平均气温在26℃~27℃。巴厘岛大部分时间比较炎热,但是干季时气候凉爽,是一年中最适合去巴厘岛游玩的时间。

另外,雨季时湿度很高,气温和干季时相差不大。这一时期经常下雨,但并不会持续下一整天,是断断续续地。这给外出旅游、逛街的人多少带来不便。但在这一时期,也会欣赏到雨水中热带雨林的美、感受到不一样的巴厘岛。

★不同地区有着气候的差别

巴厘岛的干季和雨季有着不一样的气候,而各个地区的气候也有着各自的特点。

乌布山区的平均气温相对较低。特别是干季时,乌布地区的晚上会有一些凉意,这时到乌布来游玩的话最好带一件薄外套。巴厘岛中部地区的高原海拔约2 000米,年平均气温20℃左右,同样,到这里出游也建议带一件外套。

雷吉安、库塔、努沙杜瓦等地的海滩非常炎热。海滩一带几乎没有树荫,要注意防晒,并适时补充水分。

行李和箱包

到国外旅游,不要带太多的行李,因为有的东西可能一次也不会拿出来用到。可以参照左页的清单来决定带哪些物品。

在巴厘岛住3~4晚的话建议带一个小行李箱,住5~7晚的话带中等行李箱,住8晚以上的话,建议带一个大行李箱。可以在旅行社租一个大小合适的行李箱。

乘机时对于行李箱的尺寸有着明确的规定和限制,印度尼西亚鹰航公司规定经济舱的托运行李不得超过30Kg、商务舱不得超过40Kg。带入机舱的行李箱三边之和不得超过115cm、总重不超过7Kg。并且,每人最多可携带一套运动用品。

带入机舱内的行李箱尺寸

三边总和不超过115cm,每边不超过54cmX36cmX23cm

巴厘岛是热带气候，干季和雨季有着鲜明的区别。不同的时期去巴厘岛旅游也会留下不一样的记忆，所携带的旅游必需品也大不一样。建议将物品分为在国内准备和在巴厘岛购买两种，以减轻旅途中的负担。

旅游携带物品清单

◎必备物品　○可能会有用的物品　△不带为妙的物品

随身携带物品清单

物品名称	必要性	在当地购买	检查	备注
护照	◎	不可以		为以防万一，建议准备一份护照复印件（照片一页）
电子机票存根	◎	不可以		换取机票的证明
现金	◎	可以		建议带美元
手机	◎	可以		巴厘岛Wi-Fi覆盖率较大，能派上用场
信用卡	◎	不可以		在偏远地区不能使用，但在大城市非常方便
海外旅游保险	◎	不可以		千万要购买保险
国外驾照	△	不可以		租车时用得到
国际学生证	△	不可以		在印度尼西亚不太能派上用场，但去往邻国时有用处
头像照片	◎	不可以		补办护照、办理签证时用到。建议准备5张
笔记本、笔	◎	可以		记下护照号码、旅行支票号等
表	◎	可以		提醒时间、设置闹钟等。建议带一块防水手表
相机、DV	◎	可以		拍照片、录视频
存储卡	◎	可以		当地难以买到，建议多准备几个
旅游指南	○	不可以		对旅途有很大帮助
电池	◎	可以		数码相机、手机电池

装入行李箱的物品

洗漱用品	◎	可以		洗面奶、剃须刀等生活必需品
面巾纸	○	可以		巴厘岛的厕所没有手纸，需要自备
半袖T恤	◎	可以		巴厘岛天气炎热，出汗很多，建议多带几件
长袖T恤、冲锋衣	△	不可以		到山区旅行时的必备品。太阳很毒时，可以防晒
裤子	◎	可以		必需品
鞋子	△	可以		到山区地带旅游时最好穿着旅游鞋
帽子、防晒霜	◎	可以		巴厘岛日照很强，一定要注意防止晒伤
泳衣、凉鞋、运动鞋	◎	可以		在海滩度假时的必需品
雨具	○	可以		雨季旅游的必备物品。建议带一个可折叠雨伞或雨衣
驱虫剂	○	可以		防止蚊虫叮咬
药	◎	可以		胃药、感冒药等常规药品
手电筒	△	可以		停电时会派上用场。与当地人交流时有用处
辞典、电子词典、旅游会话手册	○	可以		与当地人交流时有用处
变压器	○	可以		有的电子产品需要转换插头才能使用

携带电池等物品注意事项

不要忘记带数码相机充电器和转换插头。如果带手机的话，同样不要落下手机充电器。

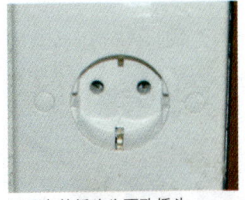

巴厘岛的插头为两孔插头

旅游小知识

2007年，为防止恐怖分子有机可乘，巴厘岛规定不得携带液体乘坐飞往巴厘岛的航班。各国对于乘机违禁品有着不同的规定和限制，但大部分情况如下：
● 所有液体物品均不得超过100ml
● 液体物品须装入可再封、容量不超过100ml的塑料袋内
● 液体物品每人限带一件
● 不得携带药品、婴儿奶粉、婴儿食品以及其他规定物品
● 在机场免税店购买酒水，通过安检之后可带上飞机

携带手机

当地的WI-FI

巴厘岛很多高档的酒店和餐厅内都可提供无线网,所以在当地旅行,不用担心上网的问题。

在巴厘岛可以使用自己从国内自带的手机,根据自己接受短信的方式以及使用的套餐,费用会有所不同。所以一定要事先查看好短信设置的菜单以及各个通信公司的网站。

国际漫游服务

如果手机是海外通机型,只需在手机上简单设置一下,就可以在国外使用国际漫游服务。如果手机不支持在国外使用,那么需要在巴厘岛租一部手机,然后插入自己的SIM卡,即可使用。因为是自己原来的号码,不需要换号,国际漫游服务费和手机通话费与在国内一样按时缴纳即可。但是,如果手机被偷或丢失,可能会被不法分子长时间使用漫游服务,乃至产生高额的数据漫游费。国际漫游服务和普通漫游服务不太一样,使用时牢记注意事项。

购买或租借当地号码的手机

如果觉得交流没有问题,并且长期滞留的话,可以购买或租借一部当地号码的手机。因为是当地号码,所以话费非常低,信号也非常稳定。在国内也有出售、租赁马来西亚当地手机的服务处。如果是结伴前往巴厘岛或只在巴厘岛特定区域滞留的话,建议使用当地手机号码。

利用网络查询旅游信息

可通过专业的旅游网站或者旅游论坛里其他人的旅行攻略帖,全面实时地获取当地最新旅游信息。

收集旅行信息

印度尼西亚旅游部官网

该网站是印度尼西亚国家旅游部的官方网站,设有多个语种,包括简体中文。网站主要内容有印度尼西亚各个旅游目的地的简介和旅游指南,当然巴厘岛也在其中。其中,在旅行体验部分,重点分自然、感官、文化、现代、冒险四大奇观几个板块,详细介绍了印度尼西亚的旅游情况。

网址:www.indonesia.travel

巴厘岛旅游局

网站主要提供了巴厘岛旅游的相关情况,如当地气候、地理、历史、交通、经济、景点、特色活动、文化艺术等信息。不妨行前好好浏览一番,为旅行计划做足充分准备。

网站:www.balitourismboard.org

从旅行社获取旅游信息

在规模较大的旅行社可获取巴厘岛旅游的相关信息。有些旅行社还提供酒店住宿、巴厘岛美容SPA的预订和相关优惠等服务内容。图书馆也是免费查阅旅游信息的好地方。

阅读相关的图书

此外,还可以在出发前读一些和巴厘岛相关的书籍,欣赏一些当地的音乐、电影等,这些都可以加深对旅游目的地的认识,增强旅行的乐趣。可以说,图书馆就不失为一个了解旅行地全面信息的好地方。

电视、广播

电视,尤其是一些旅行专题片或者纪录片,都会有关于巴厘岛旅游的相关介绍,不妨在旅行前多方注意收看,借助有声视频,可以先身临其境地跟着影像资料旅游一番,这更能加深实地旅游的美好感受。

推荐相关网站

途牛旅游网
www.tuniu.com

遨游网
www.aoyou.com

搜狐旅游频道
www.travel.sohu.com

希尔顿酒店
www.hilton.com

四季酒店
www.fourseason.com

喜达屋酒店集团
www.starwoodhotels.com

万豪酒店
www.hyatt.com

北京首都国际机场

机场指南

机场概况

　　北京首都国际机场,简称首都机场,1958年开始启用,是目前中国最重要、规模最大、设备最齐全、运输生产最繁忙的大型国际航空港,是中国民航最重要的航空枢纽。首都机场位于北京东北郊顺义区天竺镇,距市中心25.35千米,通航200余个国内外城市,每周有5000多个定期航班,是北京乃至全国的重要空中门户和对外交往的窗口。

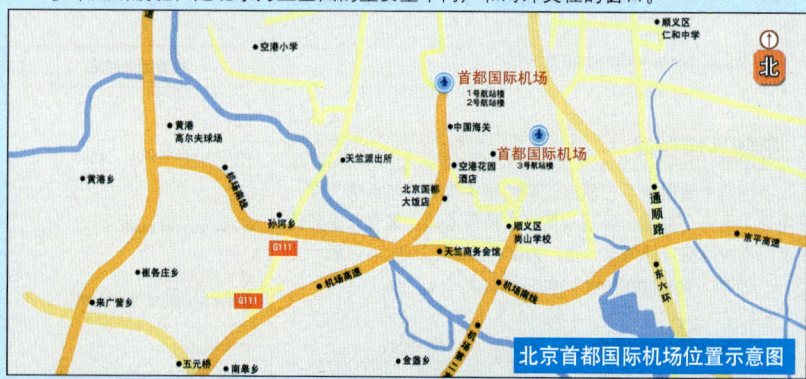

北京首都国际机场位置示意图

航站楼

　　北京首都国际机场共有3个航站楼。1号航站楼规模较小,约有10个登机口。2号航站楼的规模比1号航站楼大得多,可同时停靠20架飞机,并同时承担国内和国际航班的服务。1、2号航站楼之间有乘客连接通道,同时也可乘坐摆渡车互通。3号航站楼于2007年建设完工,规模比2号航站楼更为庞大,目前是国内面积最大的单体建筑。与2号航站楼一样,它也同时承担着国内和国际航班的服务。

停车场信息

　　首都机场1号停车场,位于首都机场1号航站楼正南侧,共有车位约600个,其中含小车位、中巴车位、大车位、无障碍车位,主要停放机场巴士、社会临时车辆及过夜车辆。

　　3号停车楼位于首都机场3号航站楼南侧,一层为商业区、派出所、办公区等;二层设有机场快轨车站,并设有前往3号航站楼的通道。3号停车楼目前开放地下一层作为旅客车辆停放区域,共有车位约3 300个,其中含小车位、中巴车位和无障碍车位。

主要航空公司

中国国际航空公司(CA) T3
www.airchina.com　95583
中国东方航空公司(MU) T2
www.ceair.com　95530
中国南方航空公司(CZ) T2
www.csair.com　95539

印尼鹰航航空公司(JQ) T2
www.garuda-indonesia.com
08041-807-807
新加坡航空公司(SQ) T3
www.singaporeair.com
010-65052233

Airport Guide

机场交通

机场快轨（东直门—机场）

全长28.1千米，沿途设4个站，到达首都国际机场T3航站楼大约只需20分钟，十分便捷。另外，机场快轨与地铁2号线的东直门站和10号线的三元桥站均有换乘站。

出租车

北京出租车的费用按跳表计算，起步价13元；超过3千米后，每公里加2.3元。夜间行驶(23:00至次日5:00)计价器会自动加价20%。正规出租车上均有发票打印机，下车前记得索取发票，上面有出租车公司的电话，若不慎在车上遗失物品还可打电话询问。

机场大巴

北京市内巴士有10多条线路，票价从15~30元不等，可就近选择停靠站搭乘。北京周边城市的，可选择往返于机场与天津、廊坊、秦皇岛、塘沽等城市之间的省际巴士，票价依距离远近而定。北京市区至机场巴士具体线路可参照下表。

市区至机场大巴线路

线路名称	主要途经点	运营时间(市内→机场)
方庄线	方庄（方庄体育公园东门南侧）→大北窑（南航明珠商务酒店）→T2→T1→T3	5:00~21:00
西单线	西单（民航营业大厦）→车公庄站（车公庄地铁站B出口）→雍和宫站（雍和宫地铁站B出口）→T2→T1→T3	5:00~21:00
北京站线	北京站（北京站东街）→国际饭店→东直门（桥东50米路南报亭）→亮马大厦（西门）→T2→T1→T3	5:00~21:00
公主坟线	公主坟→友谊宾馆→北太平庄→安贞桥→西坝河→T2→T1→T3	4:30~22:00（21:00后不经停安贞桥、西坝河）
中关村线	中关村（四号桥）→北航（北门）→惠新西街（惠新西街桥下，安徽大厦南侧）→T2→T1→T3	5:00~22:00
上地、奥运村线	上地智选假日酒店→亚奥国际酒店→中科院地理所→大屯→北苑路大屯东→T2→T1→T3	5:20~20:00
西客站线	西客站南广场→广安门（白广路北口东侧路南50米）→磁器口（路口西侧路南100米）→朝阳公园桥→T2→T1→T3	6:00~次日1:00（旺季）
回龙观线	回龙（龙泽）→回龙观西大街／龙华园→回龙观东大街／矩阵小区→天通西苑一区（北门）→白坊→未来科技城→T1→T2→T3	5:30~20:30
通州线	通州区太阳花酒店→翠屏北里（西门）→北苑站（地铁站东侧）→北关站（北关桥南300米路东，皇木厂公交车站）→T3→T2→T1	5:30~21:00
北京南站线	北京南站北出口公交枢纽站台（A道）→T2→T1→T3	7:00~19:30
亦庄线	兴基伯尔曼饭店→北环西路→T2→T1→T3	8:00（全天仅一班）
四惠线	四惠交通枢纽→青年路（大悦城）→管庄（常营）→T2→T1→T3	从7:30到18:30，每半小时运营一趟
王府井大街线	金宝街（丽晶酒店）→金鱼胡同（和平宾馆）→王府井大街（天伦王朝酒店）→王府井北口（华侨大厦）→美术馆(民航信息大厦西门)→T2→T1→T3	7:00和9:00，全天仅两班
望京线	中国民航管理干部学院→望京西园四区A门→望京花园西区→华彩商业中心→T2→T1→T3	从6:00到19:30，每半小时运营一趟
世纪坛线	世纪坛→西客站北广场→甘家口→二里沟→动物园（交通枢纽）→西直门外（金茂大厦）→T2→T1→T3	7:00~18:00
石景山线	石景山（万商花园酒店）→万达嘉华酒店→鲁谷（远洋山水）→T2→T1→T3	5:30~20:00

机场常用电话

机场服务热线：010-96158
机场大巴：010-64594375

医疗急救站

T1航站楼：010-64540999

T2航站楼：010-64591919
T3航站楼：010-64530120

失物招领

T1航站楼、T2航站楼、T3航站楼：010-96158

机场指南

上海浦东机场

机场概况

上海浦东机场与北京首都国际机场、香港国际机场并称为中国三大国际航空港。机场位于浦东新区的江镇、施湾、祝桥滨海地带，距市中心约30公里。目前，浦东机场中外通航公司已达到48家，通航60多个国内城市、90多个国际城市，是中国重要的对外交往的窗口之一。

浦东机场位置示意图

航站楼

上海浦东机场共有两座航站楼，两座航站楼之间有通道可互通，也有免费机场摆渡大巴，非常方便。

主要航空公司

中国国际航空公司（CA）
HP www.airchina.com
☎ 95583

中国南方航空公司（CZ）
HP www.csair.com
☎ 95539

台湾中华航空公司（CI）
HP www.china-airlines.com
☎ 400-888-6998

中国东方航空公司（MU）
HP www.ceair.com
☎ 95530

印尼鹰航空公司（JQ）
HP www.garuda-indonesia.com
☎ 08041-807-807

达美航空公司（DL）
HP www.delta.com
☎ 400-120-2364

机场交通

地铁

可以选择乘坐地铁2号线（绿色）到达或者离开浦东国际机场，不过，需要在广兰路站进行换乘。注意，2号线地铁在机场与广兰路站之间的运营时间为6:00~22:00，每8.5分钟发一趟，乘坐很方便。

磁悬浮（龙阳路地铁站—机场）

车票单程每人50元和往返每人80元（普通票）。运行时间为6:45~21:40。每日9:02~18:47，发车时间为15分钟一趟；7:02~8:42和19:02~21:42，发车时间为20分钟一趟。

地面公交

可以利用地面公交到达或者离开浦东国际机场。目前,浦东国际机场共有大巴专线6条,外加浦东机场环1线和浦东守航夜宵线,乘坐也是很方便的。具体线路可参见下表。

地面公交线路

线路	始发站及首末班时间	主要停靠站	终点站及首末班时间	票价
1线	T1 (7:00~23:00) T2 (7:05~23:05)	虹桥机场T2、虹桥火车站	虹桥枢纽东交通中心 (6:00~23:00)	30元
2线	T1 (6:30~23:00) T2 (6:35~23:05)		城市航站楼(静安寺) (5:30~21:30)	22元
4线	T1 (7:00~23:00) T2 (7:05~23:05)	德平路浦东大道、五角场(下行:邯郸路、国宾路;上行:东方商厦)、运光新村	虹口足球场(花园路) (5:30~21:30)	16~22元
5线	T1 (6:30~23:00) T2 (6:35~23:05)	龙阳路地铁站、世纪大道浦东南路(下行封闭)、延安东路浙江路(下行:人民广场;上行:洪长兴门口)	上海火车站 (5:10~21:30)	2~22元
7线	T1 (7:30~23:00) T2 (7:35~23:05)	川沙路华夏东路、上南路华夏西路	上海南站 (6:30~21:30)	8~20元
8线	T1 (7:00~19:30) T2 (7:05~19:35)	当局楼、海天三路启航路、交通队、海关仓库、航油站、东方航空、河滨西路卡口、机场保税区、金闻路闻居路、祝潘公路川南奉公路、千汇路南祝公路、南祝公路周祝公路、南祝公路祝成路、南祝公路卫亭路、盐仓、人民公路城东路、南汇汽车站	南汇汽车站 (6:20~18:40)	2~10元
环1线	T1 (8:00~19:15) T2 (8:05~19:20)	当局楼、公安分局、指挥部(非高峰站)、海关仓库、航空公司、施湾	航城园 (7:10~18:45)	2~3元
守航夜宵线	T1,到达层6号门处 (23:00后至当日航班结束后45分钟) T2,五洲北路机场巴士电梯下口处 (23:05后至当日航班结束后45分钟)	浦东机场T1与T2、龙阳路芳甸路站、世纪大道地铁站、延安东路浙江中路站、延安中路华山路站、延安西路虹许路站、虹桥机场T1	虹桥机场T2	16~30元

出租车

公里数	日间(5:00~23:00)	夜间(23:00至次日5:00)
0~3千米	14元(含1元燃油费)	18元
3~10千米	2.4元/千米	3.1元/千米
10千米以上	3.6元/千米	4.7元/千米

机场常用电话

航班问询服务热线:021-96990 机场投诉:021-68347575
行李寄存:T1:021-68346324   失物招领:T1:021-68346324
         T2:021-68340076   T2:021-68340417

广州白云国际机场

机场指南

机场概况

广州白云国际机场始建于20世纪30年代,现位于白云区人和镇与花都区新华街道交界处,距广州市中心约28千米,是我国著名的航空枢纽机场之一。白云机场目前与30多家航空公司建立了业务往来,已开通国内、国际航线110多条,通航国内外100多个城市,在我国民用机场布局中占有举足轻重的地位。

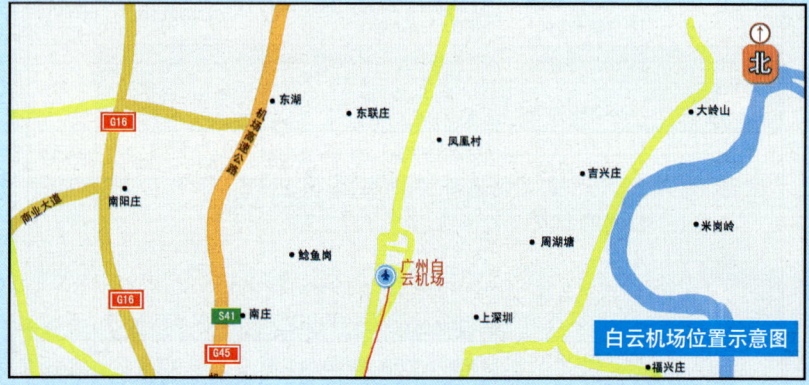

白云机场位置示意图

航站楼

广州白云国际机场航站楼包括地上3层及地下1层。其中,1层为到达层、接机大厅和商业层,2层为到达夹层,3层为出发及候机大厅,地下1层则通往地铁、停车场和机场酒店。

机场交通

机场大巴

机场大巴有两种:空港快线与机场快线。1~4号线及金沙洲线为空港快线,5~10号大巴为机场快线。同时机场还有前往周边城市的城际大巴,乘坐很方便。

地铁

乘坐地铁3号线的北延伸段(体育西路至机场南站),可往来于机场与市区之间。机场地铁位于航站楼地下1层。

出租车

机场在到达厅外的A、B区到达通道内,设有出租车乘车点。具体说来,A到达区乘车点设在机场A5号门外,B到达区乘车点设在机场B6号门外。如选择乘坐出租车,可到相应的到达区出租车乘车点排队候车。从市区前往机场,距离相对较远,所以出租车费用也不低。

机场常用电话

客服呼叫中心:020-36066999
航站楼警务室:020-86137273
航站楼医务室:020-36066926
机场火警电话:020-36063119

行李寄存电话:020-36066859
机场行李查询:
020-36066763(国内)
020-86130102(国际)

旅行信息
巴厘岛篇

BALI

目录

- 入境指南　　　　　　　　　p.318
- 回国指南　　　　　　　　　p.322
- 伍拉·赖国际机场指南　　　p.324
- 货币兑换　　　　　　　　　p.326
- 巴厘岛交通　　　　　　　　p.327
- 电话/邮政/网络　　　　　　p.332
- 风俗习惯　　　　　　　　　p.334
- 旅行安全管理　　　　　　　p.336
- 旅行健康管理　　　　　　　p.338
- 旅行会话　　　　　　　　　p.340

入境指南①

入境流程

抵达机场
抵达机场之后，进入航站楼，在入境检查处前的签证办理中心领取短期旅游签证。

入境检查
准备好护照、签证、填写完整的入境信息卡、印度尼西亚航空机票。向工作人员出示护照，领取出入境许可证。

领取行李
接受完检查之后，在前面的行李转盘领取托运行李。

海关安检
出示填写好的海关申报表。如果没有需要申报的物品，只需接受简单的行李检查即可。如果有申报的物品，按照工作人员的提示接受检查。

前往机场大厅

出入境信息卡填写示例

抵达巴厘岛之前，在飞机上填写好出入境信息卡。出入境信息卡是3次对折的卡片，左侧2/3部分是入境信息填写处，右侧1/3部分是出境信息填写处。有英语说明，用圆珠笔正确填写相关信息。

入境用

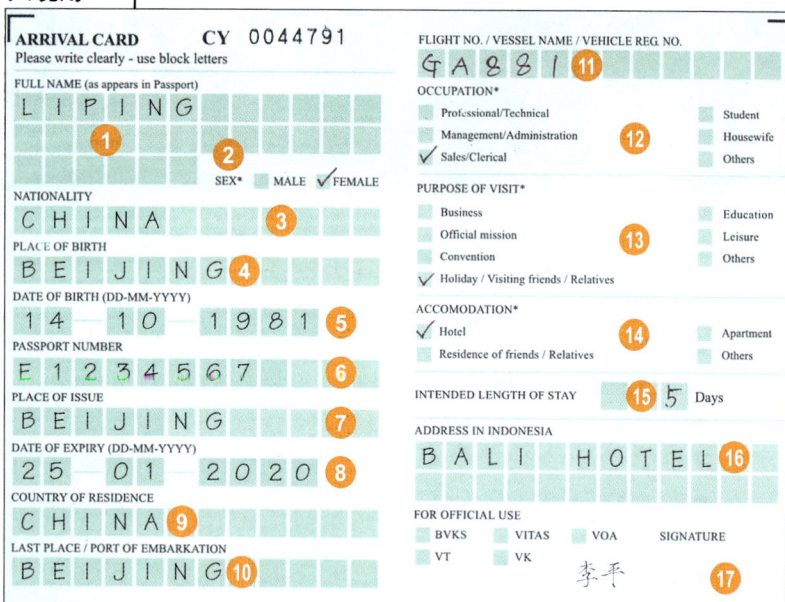

巴厘岛落地签证在机场办理

中国大陆公民到巴厘岛旅游，可办理落地签。只需要在飞机抵达后，携带相关证件、交纳一定费用即可办理，具体办理程序可参照p.304关于"签证"部分的内容。关于巴厘岛落地签的详细内容可咨询印度尼西亚驻中国大使馆签证处，其具体联系方式可参照p.304列出的相关内容。

抵达巴厘岛、到达伍拉·赖国际机场后,为了顺利接受入境检查、海关安检,建议在乘机时审查个人信息、填写入境信息卡、确认好随身物品。

入境时必须准备的材料

入境时必需的材料有:①出入境信息卡一张;②海关申报表两份。以上表格在乘机时发放,不要忘记领取和填写。

① 出入境信息卡 (E/D Card)

白色的3次对折的纸张,每人需领取一张。纸张的左侧是入境时需填写的部分、右侧是出境时需填写的部分。信息内容用英语(活体大写)填写,如有不懂的地方可以询问他人,尽量不要写错。如果还没定下入住哪个酒店,可以在信息卡中填上想要住宿的酒店。

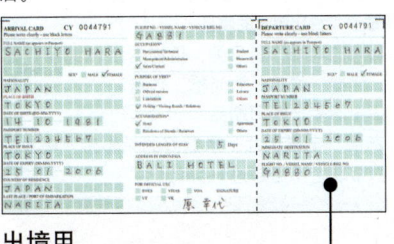

出境用

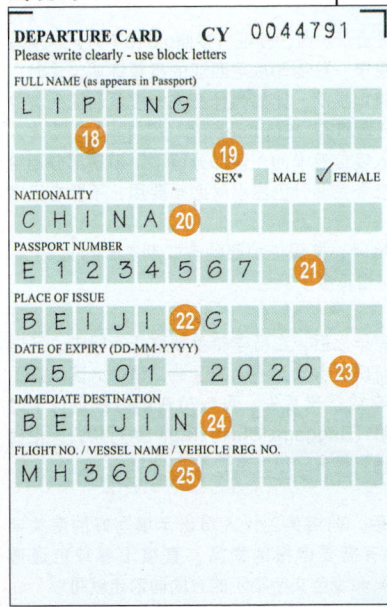

❶ **姓名**(和护照上一样)
❷ **性别** MALE:男性 FEMALE:女性
❸ **国籍**
❹ **出生地**
❺ **生日**(日/月/年)
❻ **护照号码**
❼ **颁发地**
❽ **有效期**(日/月/年)
❾ **居住地、国家**(例:北京-BEIJING、中国-CHINA)
❿ **乘机地**
⓫ **入境时乘坐的航班**
⓬ **职业**
Professional/Technical 专职/技术
Management/Administration 经营/管理
Sales/Clerical 服务/事物
Student 学生
Housewife 家庭主妇
Others 其他
⓭ **访问目的**
Business:商务 Offcial mission:公务
Convention:会议
Holiday/Visiting friends/Relatives:休假、访亲
Education:上学 Leisure:休闲旅游
Others:其他
⓮ **滞留地**
Hotel:酒店
Residence of friends/Relatives:亲朋好友家
Apartment:公寓
Others:其他
⓯ **预计滞留天数**
⓰ **在印度尼西亚的联系方式**
(明确填写入住酒店的名字)
⓱ **本人签名**(和护照上一样)
⓲ **姓名**(姓在前,用活字体填写)
⓳ **性别**
⓴ **国籍**
㉑ **护照号码**
㉒ **颁发地**
㉓ **有效期**(日/月/年)
㉔ **目的地**
㉕ **出境时的航班班次**

入境指南②

海关申报时可能遇到的麻烦

有时候，携带物品明明没有超出免税范围，却被工作人员要求支付50元、100元的税金。遇到这种情况时，要果断地说"No"。

海关申报表示例

1. 抵达印度尼西亚的日期
2. 飞机航班
3. 姓名
4. 国籍
5. 护照号码
6. 职业
7. 印度尼西亚居住地
   （明确填写入住酒店的名字）
8. 同行人数
9. 携带行李件数
10. 是否单人持有超过250美元以上或家庭持有超过1 000美元以上的国外产品？
11. 是否携带200支以上的香烟、50根以上的雪茄、200g以上的烟丝以及1L以上的酒水？

（海关申报表正面）

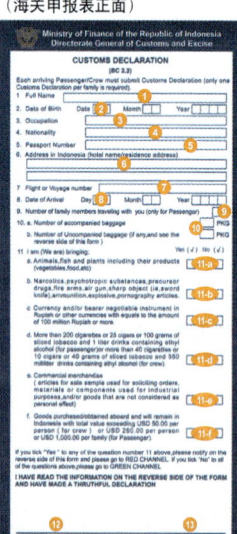

② 海关申报表（Custom Declaration Card）

海关申报表是一张可对折卡片，四个边是橙色的。和出入境信息卡一样，在入境时必须填写。通常在乘机时和出入境信息卡一并发放并填写。每人领取一张，如果是家庭一起出游的话，可以领取一张共同使用。

★带入印度尼西亚物品的免税范围（每位成年人）
- 价值250＄以内的外国产品（以家庭为单位的话，须控制在价格1 000＄以内）
- 香烟200支、雪茄50根、烟丝200g、酒水类1L

★禁止携带入境或必须提出申报的物品
- 包含加工品在内的动物、鱼贝类、植物类
- 毒品、枪支、武器、弹药、激光枪、炸药
- 色情杂志　● 中国生产的印刷品
- 中国生产的药品、电影胶片、录制好的录影带、唱片、光盘　● 单人携带现金不可超过1亿卢比

入境流程

★入境检查

向工作人员出示护照、签证（参照p.319下方）、填写好的出入境信息卡、往返印度尼西亚的机票证明。这时，工作人员会简单地提问，比如为什么来印度尼西亚之类的问题。可以简洁地回答"Sightseeing（旅游）"。工作人员将护照和出入境信息卡的入境部分留下，出境部分还给游客。出境信息卡在离开巴厘岛时必须要用，不要忘记拿回。

另外，入境时，要保证护照的有效期在6个月以上、保证护照剩余空白页多于3张。

★领取行李

入境检查完毕之后，在行李转盘领取托运行李。行李转盘按照抵达航班班次分为不同的区域，请务必确认好。如果找不到行李或行李丢失，可以持在国内托运行李时领取的托运证明（Baggage Claim Tag）到行李丢失柜台（Lost Baggage）寻求工作人员的帮助。

★接受海关检查

领取行李后，向海关工作人员出示填写好的海关申报表。如果没有需要申报的物品，直接沿着绿色通道（Green Exit）和绿色文字指示的方向向前走就可以了。如果有需要申报的物品或者不明白携带物品是否需要申报时，沿着红色通道（Red Exit）和红色文字指示的方向前行。没有申报物品时，通常只需要简单地检查一下行李即可，有时检查官也会打开行李箱认真检查。需要申报的游客在工作人员的提示下填写表格并接受检查。

 入境指南 ③ 将橙色的签证费收据递给检查官

雅加达入境手续 / 巴厘岛转机手续

抵达 `2E 航站楼`
从二楼去往一楼中央大厅

印度尼西亚雄鹰航空当天转机国际航班时

出发 `2E 航站楼`
在国际航班转机服务处接受检查之后，前往即将搭乘航班的登机口

入境检查
在登机前接受入境检查，沿着检查专用道前进，将淡蓝色信息卡交给工作人员

领取行李

海关检查　■（绿）不需要申报物品　■（红）需要申报，不知道是否需要申报

→ 入境 / 明日转机
货币兑换所 / 出租车服务处抵达大厅

印度尼西亚雄鹰航空当天转机国内航班时

托运行李 BAGGAGE DROPPING AREA
在出发机场领取转机登机牌。确认登机牌上所写明的登机时间，前往 `2E 航站楼` 出发大厅

有时 登机牌上所写明的出口和实际情况不太一样。请在出口旁边的指示图再三确认。

出发 `2E 航站楼`
托运完行李之后，直接前往 2 楼出发大厅经过安检，前往登机口

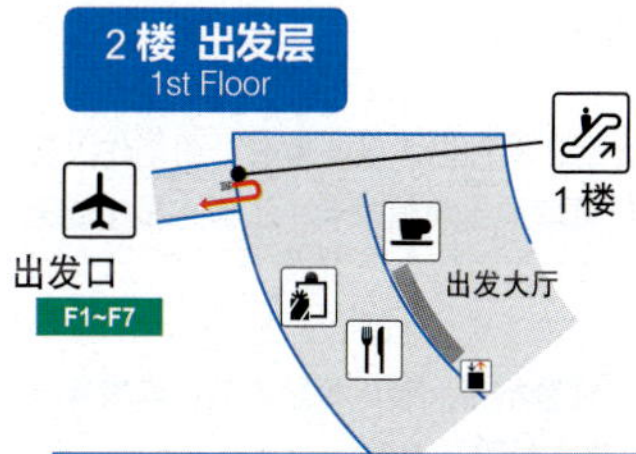

2 楼 出发层 1st Floor
1 楼
出发口 F1~F7
出发大厅

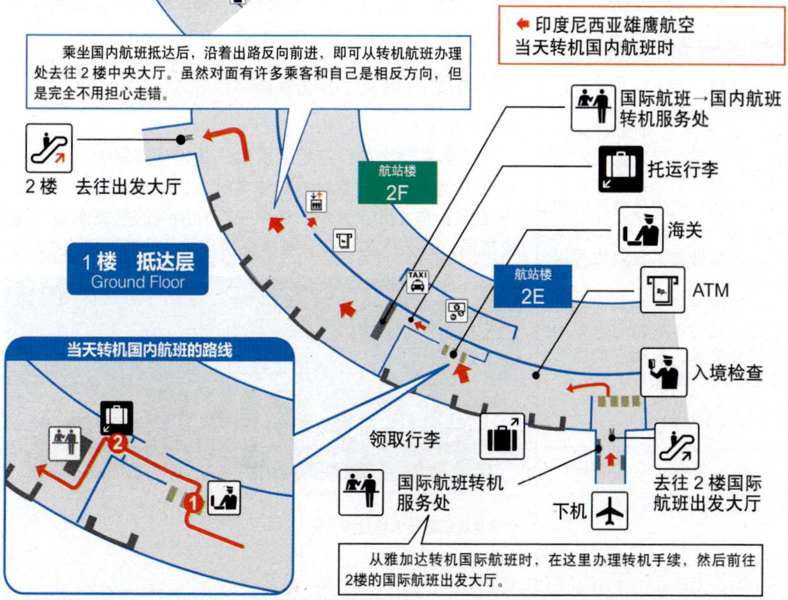

乘坐国内航班抵达后，沿着出路反向前进，即可从转机航班办理处去往 2 楼中央大厅。虽然对面有许多乘客和自己是相反方向，但是完全不用担心走错。

2 楼　去往出发大厅

1 楼 抵达层 Ground Floor

当天转机国内航班的路线
① ②

← 印度尼西亚雄鹰航空当天转机国内航班时

国际航班→国内航班转机服务处
托运行李
海关
ATM
入境检查
去往 2 楼国际航班出发大厅

航站楼 2F
航站楼 2E

领取行李
国际航班转机服务处
下机

从雅加达转机国际航班时，在这里办理转机手续，然后前往 2 楼的国际航班出发大厅。

回国指南

确保万无一失

乘机前整理行李

出入境必须用到的护照、钱包等贵重物品要随身携带。电子机票证明不要放入托运行李中。带入机舱内的贵重物品也可以放入保险箱内。

在乘机过程中，虽然极少发生被盗、被抢的事件，但是为了安全起见，一定要保管好贵重物品等重要物品。易碎品、瓶装香水、化妆品等物品，建议用毛巾包起来，放到行李箱的中间位置。

最近机场方面加强了安保措施，火柴、打火机等可燃物品、管制刀具都不能带入飞机内，请务必注意。

乘机时购买礼品

香烟、酒水、化妆品、饰品等商品在机舱内也有出售。虽然商品种类不是很多，但是其中不乏仅在本次航班上能买到的好东西，并且价格要比巴厘岛免税店和机场商店便宜。可以用美元、卢比现金支付，也可以刷信用卡。

如果是该航空公司会员的话，还可以在指定时期购买打折商品。机舱内的商店也是非常不错的。

办理印度尼西亚出境手续

★机票再确认

如果提前预订机票，那么需要在航班起飞前72小时之内进行再确认（Reconfirmation）。近来，许多航空公司免去了再确认的流程。可以在预订机票的旅行社询问一下自己所要乘坐的航班是否需要进行再确认。如果报团的话，那么旅行社会代为确认，无须自己确认。

可以直接致电航空公司或到航空公司办公室进行确认。如果乘坐印度尼西亚雄鹰航空公司的航班，那么只需将入住酒店的联系方式告知即可。乘坐中国航空公司的航班无须再次确认。

★办理登机手续

乘坐国际航班时，在起飞前两小时办理手续。巴厘岛飞往中国的航班多为夜间航班。如果从库塔、雷吉安等地的酒店出发，那么一定要考虑到当地拥挤的交通情况，建议早点出发。

到达机场，行李经过安检之后，前往所搭乘航班的手续服务窗口。出示护照、办理行李托运、领取登机牌（Boarding Psaa），然后前往二楼接受出境检查。

★出境检查

缴纳机场税Rp.15万之后，前往出境服务中心。向工作人员出示护照、登机牌、入境时领取的出境信息卡。工作人员检查无误后在护照上盖章。

★乘机

在广播员的提示下，去往登机口。带入机舱内的行李需接受X射线检查。出示登机牌，进入机舱。

在机舱内做好回国准备

★填写表格

抵达中国之前，空姐会发放一张检疫问题表。表中会详细提问在国外旅游时的身体情况，请认真填写，下机后需交给工作人员。另外，如果在国外购买的礼品未超出免税范围，那么乘客也有义务提交携带物品的邮寄申报表。

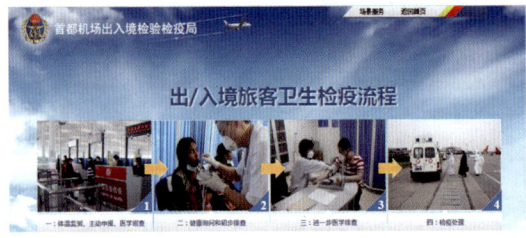

北京首都机场出入境检疫流程

结束了在巴厘岛的愉快旅程,离开印度尼西亚,回到祖国的怀抱。建议提前做好准备,将行李打包好,并填写好各种表格。

回国流程

★办理登机手续
前往航空公司服务台处办理登机手续。提前将护照、出境卡、机票准备好,将以上资料出示给工作人员,领取登机牌。如果办理行李托运,则需要领取行李托运卡。拿到登机牌后,首先要确认登机口和登机时间,以免错过航班。服务台有时会排起长长的队伍。为防万一,建议提前1.5~2小时到达机场办理相关手续,以免错过航班。

★出境检查
随身携带的货币总金额不得超过RM1 000。如果超过RM1 000,则需要在机场货币兑换处将超出的金额换成人民币,并在财产申报表上填写相应内容。携带外汇,如不超出规定金额则无须兑换。将护照和财产申报表递交给工作人员,很快就会办理好。

★等候登机
建议在登机时间前30分钟到达登机口等候,以免错过航班。进入登机口时,行李箱和随身包要接受X射线检查,同时工作人员会检查机票和护照。

★填表
乘机过程中,乘务员会发放防疫问卷表,填好后交给工作人员即可。如果感到身体不适,要在表中如实填写,下机后会被送往当地防疫站接受进一步检查。另外,还需要填写一份《携带物品申报单》(全体乘客)。

★乘机抵达
沿着"中国公民"的箭头标志前往入境检查处接受检查。检查时须出具护照、机票。有行李托运的,前往行李转盘领取处等候领取。如果所带商品未超出免税范围的,请前往绿色通道。持有超出免税范围商品的乘客前往红色通道接受检查,并提交申报表、支付税金。

整理行李

禁止入境的物品
① 各种武器、仿真武器、弹药及爆炸物品;
② 伪造的货币及伪造的有价证券;
③ 对中国政治、经济、文化、道德有害的印刷品、胶卷、照片、唱片、影片、录音带、录像带、激光视盘、计算机存储介质及其他物品;
④ 各种烈性毒药;
⑤ 鸦片、吗啡、海洛因、大麻以及其他能使人成瘾的麻醉品、精神药物;
⑥ 带有危险性的病菌、害虫及其他有害生物的动植物及其产品;
⑦ 有害人畜健康、来自疫区的以及其他传播疾病的食品、药品和其他物品。

限制入境的物品
① 无线电收发报机、通信保密机;
② 烟、酒;
③ 濒危的和珍贵的动物、植物(均含标本)及其种子和繁殖材料;
④ 国家货币;
⑤ 海关限制入境的其他物品。

品 名		数量/价格
酒精饮料		2瓶(12度以上,1.5升以下)
烟草制品	香烟	400支
	雪茄	100根
	烟丝	500克

*还有一类物品:衣料、衣着、鞋、帽、工艺美术品和价值人民币1 000元以下的其他生活用品,属于自用合理数量范围内的可免税,其中价值人民币800元以上、1 000元以下的物品每种限1件。
*其他物品
入境居民旅客携带在境外获取的个人自用入境物品,总值在5 000元人民币以内(含5 000元)的;非居民旅客携带拟留在中国境内的个人自用入境物品,总值在2 000元人民币以内(含2 000元)的,海关予以免税放行。单一品种限自用、合理数量,但烟草制品、酒精制品以及国家规定应当征税的20种商品等另按有关规定办理。

伍拉·赖国际机场指南

Pelabuhan Udara
Int'l Ngurah Rai

提防冒牌行李搬运工！

走出机场后，会有人笑脸相迎前来帮忙拿行李。不少乘客会误以为这是当地旅行社的工作人员。但是在帮忙推了几下行李之后，他们就会原形毕露，狮子大开口地要钱。真正的工作人员一定是身穿制服，并且，每搬运一件行李仅收费Rp.5 000。

入境之后

走出机场，迎接崭新的环境。
来自亚洲的热情早已等候多时！

抵达巴厘岛的国际机场——伍拉·赖国际机场，下机，接受入境检查、海关安检之后，才算是真正踏上了印度尼西亚的土地。带着大包小包的行李走出机场，热带空气扑面而来，混杂着说不出的各种气味。机场出口旁边聚集着接客导游、当地人。入境之后，可以报团旅游，也可以单独旅游。请参照右页的流程。

（左）现代化的国际机场
（下）入境检查处。在前面的窗口缴纳签证费、递交手续

终于来到巴厘岛！将需要在机场内完成的事情有条不紊地做好，迎接美好旅途的开始。毕竟人生地不熟，难免会遇到各种问题，但不要慌张，沉着应对就好。

换钱
首先要将现金换成当地流通货币。海关安检出口的正前方有3个货币兑换所，汇率大致相同，但是要比市区货币兑换所高一些，建议换取少额货币。走出机场后，在ATM（自动存取款机）机上可以用信用卡或国际现金卡取现。

与导游碰头（报团旅游时）
报团旅游的话，导游会提前在机场出口等候。通常他们会举着写有团员名字的牌子。发现自己的名牌，找到自己的导游，不要忘记确认一下彼此的身份。

预订酒店（独自旅行时）
到达巴厘岛之后，可以在机场外面的酒店预订服务中心预订酒店。将预算、要求告知工作人员，他们会帮你找到合适的住处并预订。如果不赶时间的话，可以在服务中心领取酒店指南手册，按图索骥寻找中意的酒店并前往，看完房间之后再做定夺。乘坐夜间航班时，建议提前订好酒店。

找好交通工具
报团旅游时，旅行社会安排好交通工具负责接送。独自旅游时，可以乘坐机场出租车、酒店提供的接送巴士前往住处。详情请参照p.329~330。

机场焕然一新
2013年10月，伍拉·赖国际机场扩建工程正式竣工，机场面貌焕然一新。新机场的大门和外观仿照大海波浪的样子建造，看上去非常时尚、大气，让人眼前一亮。2014年4月，一部分外国餐厅陆续入驻机场。同时，各航空公司也先后在机场内设立了临时服务站。

新机场正式启用后，将男女分开进行安检

苏加诺·哈达国际机场（雅加达）
巴厘岛的另一个空中玄关

Pelabuhan Udara Internasional Soekarno Hatta

先从国内乘机飞往雅加达，然后转机前往巴厘岛。如果先不去往巴厘岛，而是到印度尼西亚其他地方游玩，也可以在这里乘机。转机时间较短，建议不要离开机场。换乘第二天的航班，需要在雅加达住一晚上。

一楼抵达大厅

货币兑换

抵达巴厘岛后,第一件要做的事情就是兑换当地货币。什么时候兑换?在哪里兑换?怎么兑换比较划算?让我们一起来了解一下。

主要地区ATM机的安置场所

● **伍拉•赖国际机场航站楼**
Terminal Internatioanal Bali Airport

● **伍拉•赖国际机场国内航班航站楼**
Terminal Domestic Bali Airport

● **库塔广场**
BB Kuta Square
处所:Komp.Pertokoan Kuta Square、Blok C-16, Kuta

● **雷吉安花园酒店**
Legian Paradiso Hotel
处所:Jl.Legian

● **库塔广场玛塔哈丽超市**
Matahari Dept.Store
处所:Kuta Square Lt.1, Kuta

● **罗摩衍那超市**
登巴萨
Ramayana Dept.Store
处所:Jl.Diponegoro 103, Denpasar

● **Circle K**
Circle K
处所:Br.Legian Kelod, Kuta

● **巴厘岛银行**
库塔购物中心分行
BB Kuta Centre Kut
处所:Jl.Kartika Plaza Komp. Kuta Centre Blok A7, Kuta

● **宾坦迷你市场**
水明漾
Bintang Mini Market
处所:Jl.Raya Seminyak 17, Kuta

24小时可用,非常方便

什么时候、在哪里兑换?

在机场兑换货币是最快捷、方便的。之后根据滞留天数、地区等因素,在合适的时机兑换。

库塔、雷吉安、沙努尔、乌布等地区的货币兑换中心较多,并且一直营业到很晚。金巴兰的银行、货币兑换所非常少,建议在酒店或便利店内的ATM机上兑换。如果到水明漾旅游,可以在酒店兑换货币,也可以到不远的库塔、雷吉安地区兑换货币。沙努尔的大部分酒店提供兑换服务,同样也可以在购物中心内的ATM机上兑换。

★**银行 & ATM** 最安全、放心。ATM机24小时可用

在巴厘岛的主要地区、郊区、大村子里面都会有银行。银行里面通常都会有ATM机(自动存取款机)。如果到银行汇兑的话,只可以在营业时间内办理。在银行兑换货币最安全、放心。ATM机24小时可用。可以使用国际现金卡、信用卡兑换。

在ATM机取现需要输入密码

★**酒店** 应急汇兑非常方便,但是汇率最高

在机场忘记兑换货币,可以在酒店兑换。如果报团旅游的话,行动非常不自由,也没有时间去换钱,这时也可以在酒店进行汇兑。但是,在酒店换钱的话需要加收部分手续费,这样算下来汇率非常高。大部分平房酒店、别墅不提供汇兑服务。

★**货币兑换所** 遍布大街小巷,非常方便。但经常会遇到问题

库塔、雷吉安、乌布地区的货币兑换所非常之多。这里的汇率和银行基本一样,甚至会更便宜。但是在这里换钱经常会遇到问题,比如少给钱了,或计算机故障导致错误频出的情况也时有发生。

在这里换钱时,首先要确认汇率。还要确认是否收取手续费、收取多少手续费等。最好自己计算一下手中的钱应该换多少卢比,最后不要忘记核实一下。

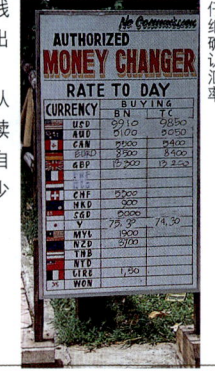

仔细确认汇率

巴厘岛交通 ①从机场前往酒店・机场出租车

从机场前往酒店

独自旅行的话，需要一个人带着沉重的行李坐车，从机场前往酒店比较麻烦。建议乘坐机场出租车。机场出租车是提前付费，并且按距离收费，不需要担心被骗。当然也可以乘坐更加便宜的循环巴士、长途汽车或摩托车前往酒店。

机场出租车

提前付费。可安心乘坐

机场出租车是提前付费的，不会产生任何纠纷和问题，可放心乘坐。走出机场，找到出租车乘车处的牌子，可在此乘车。牌子上面写明了车费收取标准，一目了然。交完钱之后，领取写有目的地的车票，交给司机即可。车内有空调。司机会帮忙将行李搬进后备厢。机场出租车仅可在机场乘坐。从市区或其他地方前往机场只能搭乘其他出租车。

注意事项

●警惕黑车

走出机场后，会有人上前热情问是否需要乘车。这些出租车不太正规，司机漫天要价，专门宰外国游客。甚至有的黑车司机会将乘客拉到偏僻处勒索钱财。下机后，一定要选择乘坐机场出租车或循环巴士。特别是第一次独自到国外游玩的人或女性游客一定要注意。

接送客人的交通工具也分等级

高档酒店、中档酒店、度假村一般会提供免费巴士前往机场接送客人，一般是大型巴士，并非专车。但如果额外付费的话，酒店方面也会安排豪华轿车或"奔驰"轿车接送。如果是专程来度蜜月的话，建议乘坐专车。

机场出租车价格一览表

目的地		费用
图班	Tuban	Rp.4.5万
库塔	Kuta	Rp.5.5万
雷吉安	Legian	Rp.7万
水明漾	Seminyak	Rp.8万
克罗伯坎	Kerobokan	Rp.9万
登巴萨	Denpasar	Rp.9万～10万
沙努尔	Sanur	Rp.14.5万
努沙杜瓦	Nusa Dua	Rp.14万
金巴兰	Jimbaran	Rp.8万～10万
阿玛奴萨・丹戎伯・诺阿	Amanusa, Tanjung Benoa	Rp.13.5万
巴厘岛日航大酒店	Nikko Bali	Rp.14万
乌布	Ubud	Rp.25万
阿雅娜度假村	Ayana Resort	Rp.10万
乌鲁瓦图	Uluwatu	Rp.16.5万
巴杜布兰	Batubulan	Rp.14万

目的地		费用
长谷	Canggu	Rp.16.5万～
帕当湾	Padang Bay	Rp.35万
库塔购物中心	Kuta Center	Rp.6.5万
戴安娜寺/阿比曼尤	Diana Pura/Abimanyu	Rp.8万
展地达萨	Candi Dasa	Rp.37.5万
吉安雅	Gianyar	Rp.20.5万
金巴兰山	Jimbaran Hill	Rp.11.5万
乌玛拉斯	Umalas	Rp.10万
佩卡图	Pecatu	Rp.16.5万
巴迪村	Tohpati	Rp.12.5万
Ubung车站	Ubung Station	Rp.12万
海神庙	Tanah Lot	Rp.25万
肯当干南	Kedonganan	Rp.6.5万
金巴兰洲际大酒店	Jimbaran InterConti	Rp.8万
金巴兰四季大酒店	Jimbaran Fourseasons	Rp.10万

※车费随时变更，乘车前建议再次确认。

巴厘岛交通 ②岛内·出租车　循环巴士

出租车公司

巴厘岛共有4家出租车公司，其中，最安全、服务最规范的出租车公司当属Bali Taxi。Bali Taxi公司的出租车车身为蓝色。

- **Bali Taxi**　电 0361-701111
- **Bali Praja**　电 0361-773030
- **Bali Ngurah**　电 0361-724724

服务最规范的巴厘岛出租车

租车

可以租一部出租车

在巴厘岛租车也很划算。如果不会开车的话，可以租一部出租车。但是，巴厘岛的出租车生意一般都不错，如果不能给出合适的价钱，他们一般是不会轻易租给游客的。旅行社通常会提供租车服务，价格大致相当。

岛内交通

路途近可选出租车，路途远可选便宜、方便的循环巴士

巴厘岛的总面积为5 621平方千米。巴厘岛大致可以划分为中部地区、东部地区和西北部地区，景点基本上都分布在上述地区内。要想在巴厘岛玩得好，选择恰当的交通工具也是很关键的。

如果住在巴厘岛中心地区的酒店，可以乘坐出租车前往周边景区。在以前，出租车大部分是口头议价，现在基本上都换成了打表计价。如果到偏远地区的话，建议乘坐观光循环巴士。除此之外，还可以选择多人大巴、摩的或租车。出租车和循环巴士是最适合外国游客出行的交通工具。

出租车

打表计价出租车日渐增多，成为游客的最佳选择

打表出租车的车身上写有"METER"的字样，起步价为Rp.5 000。有的司机会把计价器放倒，骗乘客说坏了，然后伺机宰客。如果遇到这样的情况，不用过多纠缠，选择直接下车就行。

库塔、雷吉安、水明漾地区的出租车最多。在努沙杜瓦住酒店的话，如果不向酒店方说明自己要乘坐打表出租车的话，他们会安排专车，并且收取高额的服务费。乌布地区几乎没有出租车，基本上是无牌照的黑车，上车之前一定要先商量好价格。

在路边的出租车招停处等候

● 出租车价格一览表

单位Rp.　※以下均为大致费用。实际费用根据交通状况、时间有所出入。

出发地 \ 目的地	库塔	努沙杜瓦	沙努尔	乌布	京打马尼	罗威那	展地达萨
库塔		10万~	8万~	20万~	30万~	50万~	35万~
努沙杜瓦	10万~		15万~	30万~	35万~	60万~	40万~
沙努尔	8万~	15万~		15万~	30万~	50万~	25万~

在巴厘岛旅游时，可以选择不同的交通工具出行。巴厘岛没有电车和地铁，但这并不意味着没有适合游客的交通工具。巴厘岛的交通工具价格便宜，熟悉后乘坐非常方便。

公共巴士

实惠多多的公共巴士

2011年，巴厘岛新开通了公共巴士——Trance Sarbagita，始发于努沙杜瓦，经过沙努尔地区，在登巴萨东北部的巴杜布兰村暂停，然后循环运行。车票：成人Rp.3500、儿童Rp.2500。车内有空调。每隔15分钟发车，有时会遇到堵车的情况。上车买票。

巴厘岛新登场的旅游交通工具

普拉玛公司驻各地办事处
库塔（7:30~22:00）
☎ 0361-750808
乌布
☎ 0361-751875
HP www.peramatour.com

环线巴士

普拉玛公司运营的、适合往返远距离的、价格便宜的交通工具

普拉玛公司运营的环线巴士适合长期滞留者以及喜欢到处游逛的背包客。无论是往返短途，还是到偏远地区的景点，都可以乘坐该巴士（中途上车也可以）。车费比出租车要便宜不少，且比小型巴士省时。

★**预约方法**

环线巴士采取全部提前预约的方法。但如果正好遇到有空座，也可以直接上车。可以在普拉玛公司办事处、当地旅行社以及酒店预约。填写预约申请表，然后领取车票即可。

★**注意事项**

部分交通工具允许携带大件行李或冲浪器材上车，但建议上车之前最好先确认一下。

普拉玛公司的环线巴士

●普拉玛公司的环线巴士费用一览表（大致）

目的地 出发地	机场	库塔	沙努尔	乌布	巴当湾	罗威那	展地达萨
库塔	无		3.5万	5万	6万	12.5万	6万
沙努尔	无	3.5万		4万	6万	12.5万	6万
乌布	无	5万	4万		5万	12.5万	5万
罗威那	无	10万	10万	10万	15万		15万
展地达萨	6万	6万~	6万	5万	2.5万	15万	

单位:Rp.

巴厘岛交通③岛内

- 租车
- 租自行车
- 租摩托车
- 小型巴士
- 摩的
- 马车

租车

缴纳租金后，店主会将车送到住处

扩大活动范围。但需注意合约内容以及安全驾驶

租车自驾游最方便、自由。但是，巴厘岛偏远地区的道路一般比较窄，道路设施也不完善，如果驾驶技术不过硬的话，不建议租车自驾游。

★**当地预约方法**

可以直接到当地的租车公司办事处或联系酒店工作人员或让当地旅行社帮忙预约租车。吉普车是主流，租金每天Rp.8.5万~（不包含保险）。预约时需提供驾照、护照、信用卡。

★**注意事项**

在巴厘岛驾车不能使用国际驾照，需要拿到有效期1个月的游客驾照方可租车。只需在特定场所花费10分钟就可以拿到。

当地租车公司联系方式

Avis
登巴萨
电0361-9104207

CEBLONG Rent a Car
库塔 电081-834-4779

TOYOTA Rent a Car
伍拉·赖国际机场航站楼
电0361-9353744

Patras Tourist Service
乌布 电0361-971006

CV.Rena
库塔 电0361-755733

租自行车

可在酒店或别墅租借。最方便、轻快的交通工具

骑自行车可以更好地感受巴厘岛的氛围。度假村、酒店会向顾客提供免费自行车。在当地旅行社也可以租自行车，租金每天Rp.1.5万~3万。检查车闸是否好使，确认没有问题后就可以上路了。

租摩托车

很容易就能获取摩托车驾照。但容易发生事故

和汽车一样，租摩托车国际驾照同样不能使用。前往登巴萨的警察局或在代办公司取得摩托车驾驶执照。租金每天Rp.3.5万~7万。巴厘岛的摩托车大部分是本田115cc型号。巴厘岛的道路状况不是很好，骑摩托车容易发生事故，一定要小心驾驶。

熟悉了巴厘岛之后，进一步体验当地的生活。首先要学会运用巴厘岛人最常使用的交通工具。按照目的、价格、是否具有当地特色等因素，选择最合适的交通工具，开始一段美妙的旅程。

小型巴士

价格便宜的交通工具。可以更深地接触到当地生活

小型巴士是接地气的交通工具。一路上经过诸多景点，但是路途花费时间较长。便宜是其最大的优点。

★**乘坐方法**

巴厘岛的大部分城镇和村庄内有小型巴士乘车点。满座后发车。第一次乘坐，可以将目的地告诉司机，请他到时提醒一下。

★**费用**

外国游客的车票一般比普通乘客的车票贵一些。可以讲价，一般来说，近、短途收费Rp.4 000~5 000。去往偏远地区的话，收费为Rp.3万左右。下车时交钱。

● **主要的小型巴士乘车站**

Tegal Bemo Terminal
位于登巴萨西南位置。主要前往库塔、雷吉安、努沙杜瓦等南部地区城镇。

Ubung Bemo Terminal
位于登巴萨北部位置。主要前往新加拉惹、内加拉、吉利马努克等西北部地区城镇。除此之外，还前往爪哇岛、龙目岛等地区。

Kreneng Bemo Terminal
位于登巴萨的克莱嫩市场南面。主要前往沙努尔、伯诺阿港、巴杜布兰等南部和北部地区城镇。

Batubulan Bemo Terminal
位于中部城镇巴杜布兰。主要前往京打马尼、乌布、吉安雅、新加拉惹等东北部地区城镇。

摩的

载客摩托车，费用可以自行讲价

摩托车的主人大都是当地人。可以讲价。库塔、雷吉安、乌布有很多摩的。去往近处比较方便，但是也容易发生事故。

马车

地方老百姓的交通工具。在景区观光时也可乘坐

如今，马车在巴厘岛已不多见。但是在汽车和摩托车兴起之前，马车是当地老百姓的主要交通工具。现在，马车已成为观光旅游时乘坐的交通工具，可以讲价。

乘坐小型巴士时提防扒手

乘坐小型巴士遭窃的案件时有发生。车厢内非常拥挤，一不留神就会被小偷盗走钱包。如果车厢内只有游客，按照规定可以直接去往游客要求的目的地，中途不停车。如果司机要求额外收费，那么一定是不被允许的。

小型巴士。熟悉巴厘岛之后方可乘坐

摩的司机大声问道："去哪儿？"

悠闲的马车。曾经是巴厘岛居民最常见的交通工具

电话 / 邮政 / 网络

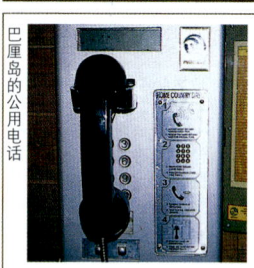

巴厘岛的公用电话

电话

电话拨打场所、拨打方法以及收费基本与国内相差不大

旅行中,保持联系畅通很重要。如何经济实惠地在巴厘岛使用通信联系,是需要一些方法和技巧的。

巴厘岛公用电话

巴厘岛街头插卡式的公用电话日渐增多,一般多是通话3分钟收费Rp.100左右。建议最好购买当地通信公司发行的电话卡,这种卡类似国内的IP卡,在电信局、酒店、报刊亭、便利店都可以买得到,这样能节省不少费用。巴厘岛标有"Wartel"招牌的地方就可以使用电话卡拨打公用电话。

从巴厘岛拨打电话至国内

★用酒店电话拨打

可以使用酒店客房的电话直接拨打至国内,有时需要通过酒店的接线员人工转线。如果是直拨的话,注意首先要拨打酒店的外线号码(通常为9)。不过鉴于在酒店打电话需要支付手续费,通常费用比较高,建议事先咨询清楚价格。有些酒店可以用信用卡拨打电话或者将电话费用计算在住宿费中,等退房时一并结算。

用座机拨打电话的顺序如下:

| 9 (外线号码) | 00 (国际冠码) | 86 (中国国家代码) | 中国区域号码 | 对方电话号码 |

★用IP卡拨打

建议购买巴厘岛当地通信公司发行的IP电话卡,不过要注意电话卡的有效使用期。用IP电话卡拨打电话的顺序如下:

| 电话卡背面提示首先输入的号码 | 语言选择 | 卡片密码 | 00—86 (中国国家代码) | 中国各地区号 | 电话号码 |

从国内拨打电话至巴厘岛

从中国拨电话到巴厘岛的顺序如下:

| 00—62 (印度尼西亚国家代码) | 361 (巴厘岛当地代码) | 当地电话 |

手机

巴厘岛的通信商支持外国手机在当地使用。短期旅游的话,可以租一部手机使用。可以在国内租,也可以到巴厘岛后租。详情参照下页内容。

电话和网络是当今社会必不可少的通信工具，可以用来和家人、朋友联络、沟通，获取实时信息。邮寄大件行李、小型包裹，可以使用国际快递。

使用手机

在巴厘岛使用手机非常方便、快捷，租一部手机也并非难事（参照右列）。国内部分机型可直接在巴厘岛使用。

★ 购买当地的SIM卡

如果通话比较多、且你在国内的GSM手机能用当地电信公司发行的SIM卡的话，最经济实惠的就是购买当地的SIM卡。因为巴厘岛是比较热门的旅游胜地，针对游客的相关服务也比较完善，甚至机场就能买到这种卡。接听电话免费，一般拨打本地电话，费用800~1 500Rp./分钟，在便利店就可以充值。用在当地买的手机SIM卡往国内拨打电话时，要先拨00186，一般收费约2 000Rp./分钟。

★ 租借当地的手机

如果方便的话也可以在巴厘岛当地租借一部手机，这样通话费用更便宜实惠。

邮寄

在巴厘岛往国内邮寄物品。5~7天到达

从登巴萨或周边地区寄往中国的话，很快就能收到。从郊区寄往中国大约一周后到达。

邮费 往中国寄明信片收费Rp.7 000。在邮局或酒店购买邮票。

大件物品、小型包裹

往国外寄东西有3种方式可选。按照重量、时间的不同，收费也不一样

纪念品、礼品等大件物品和比较重的商品可以提前邮寄回国。越快到达，花费当然也越高。我们可以根据物品的种类选择不同的邮寄方式。

小型包裹 不超过20公斤的小型物品邮寄专用。有航空件和船运件两种可选。船运件几个月之后收到。航空件花费Rp.2.1万~。

EMS（Express Mailing Service） 邮政国际快递。13.8美元~。
国际快递 Fedex、DHL等快递。收费比EMS要贵一些，但是能保证安全性。

网络

在咖啡馆可以上网。度假村内也会提供高速网络

库塔、雷吉安、乌布等旅游景区有许多可以免费上网的咖啡馆。在酒店的商务中心内也可以免费上网。度假村内通常会为顾客提供拨号上网和免费Wlan。

当地可以租借手机的地方

● Bali Tours.com
📞 0361-737355
费用：1日30元人民币左右
🌐 www.bali-tours.com

● Bali Intermedia .Com
📞 0361-763808
费用：1日8 $
🌐 www.baliintermedia.com

主要的邮局

● 登巴萨邮政总局
地址：Jl.Raya Puputan Renon
● 库塔邮局
地址：Jl.Raya Tuban
● 乌布邮局
地址：Jl.Jembawan No.1

主要的国际快递公司

● Federal Express
金巴兰 📞 0361-701727
乌布 📞 0361-977575
● DHL
机场 📞 0361-9368282

可免费上网的咖啡馆

● CV.Kusuma Dewi
乌布 📞 081-1386118

风俗习惯

巴厘岛小知识

● 千千万万个Wayang
不可思议的名字

巴厘岛同名同姓的人很多。这并非是他们本人的真实姓名，而是种姓制度下的特定称呼。

"首陀罗"是最大的种姓，不管男女，他们的第一个孩子都叫作Wayang、次子叫作Made、三子叫作Nyoman、四子叫作Ketut。第五个孩子出生后，也叫Wayang，后面出生孩子的名字再次轮回。

图片中有太多人有着相同的名字

● Junjung

巴厘岛女性的身段非常曼妙。这得益于她们平时生活中的好习惯——Junjung。将围裙系在腰间，头顶物品或供品的装束就叫作Junjung。正是这一习惯将她们的身体曲线塑造得如此之美。

特别是祭礼时，她们头顶大大的水果花篮走路，非常平稳，让人咋舌。平时生活中，她们也习惯于将水果、杂物放到头上的篮子里面。

她们很容易保持平衡。头顶巨大水果花篮时会用一只手扶一下

巴厘岛人的习惯

寒暄、感谢的话语是旅行当中最基本的礼貌用语

日常寒暄

其实，不光是到巴厘岛旅游，到其他国家旅游也最好跟当地人寒暄一下。巴厘岛人非常热情，面对他们的真挚情谊，我们也要说一些感谢的话，给他们留下好印象。

巴厘岛人非常喜欢与外国游客交流。不管是男人还是女人，都习惯于将双手合十放在胸前。巴厘岛印度教认为所有的人和物体内都有神灵附着，这种姿势表达了他们的敬意。

Tedak Apa Apa

人们一说起巴厘岛人，经常用Tedak Apa Apa来形容他们。Tedak Apa Apa是"不着急"的意思。巴厘岛总是不慌不忙，很悠闲的样子。但是，有时也会因为他们的慢性子而误车、耽误行程安排等。

"不"是非礼貌用语

巴厘岛人非常尊敬地位比自己高的人。就算不同意对方的观点和看法，他们也不会说"No"，因为这在他们看来，是非常不礼貌的。他们也不会拒绝别人。如果向他们问路，他们即使不知道，也会回答说"知道"，然后告诉对方错误的地址和方向。但是他们并非出于恶意，只是不知道怎么拒绝对方罢了。

巴厘岛的物价

不同地区的物价有着天壤之别。我们先来了解一下当地的物价，避免被宰。下面是巴厘岛当地超市的物价和中国超市物价的比较。

矿泉水	Rp.3 000	25
杯面	Rp.3 000	25
电池	Rp.14 000	120
国产香烟	Rp.13 000	90
小瓶啤酒	Rp.14 500	107
大瓶啤酒	Rp.25 000	210

※ 以上所列均为大致价格

出国旅游，一定要尊重其他国家的风俗和习惯。不经意的举动和态度，往往在他人看来有着不一样的含义。巴厘岛宗教氛围浓厚，有着严格的戒律和规范，让我们一起来了解一下！

需要遵守的风俗习惯

一定要遵守当地的风俗习惯，这样才能拥有一段美好的旅程

巴厘岛人都是虔诚的教徒，在他们的日常生活中有着许多宗教方面的禁忌。或许某些举动在我们看来再平常不过，但是在他们的眼中就是严重亵渎神灵的行为。特别是下面所列的事情，一定不要做。我们要入乡随俗，理解并尊重巴厘岛人的宗教观。

有的人或许会觉得不过是旅游罢了，也不在乎出丑。这样的想法和行为是绝不可取的。

★ 不要用左手

印度教和伊斯兰教教徒认为，人的左手是最不干净的。他们在吃饭时绝对不会使用左手。另外，和人接触、拿东西时，也尽量不要使用左手。当然，如果是沉重的物品，那么必须要双手同时共用，这是允许的。他们在上厕所时用左手清洗臀部。

★ 不要摸头

看到可爱的小孩子，人们通常会不自觉地去摸摸他们的头。但是，这在巴厘岛是严格禁止的行为！巴厘岛印度教认为，人的头上有神灵，是绝对不能触碰的部位。特别是小孩子，不光是他们的头，连头发也不能轻易触碰。

★ 不能生气

在巴厘岛人的观念中，不能控制自己的情绪，在人前发怒是非常可耻的事情。因此，他们极少在人前生气。游客也同样需要注意。在皮影戏中，双手掐腰是表示生气的意思，我们也不要做出这样的动作。

★ 在圣域要特别注意

在巴厘岛人看来，寺院不分大小，都是神圣的地方。因此，游客在参观寺院时，也务必要遵守礼节。到寺院参观时，不要忘记戴上围裙。男性在腰间缠一块布也是可以的。禁止穿着裸露肌肤的服装进入寺院。女性在生理期时也禁止入内。

爪哇岛的老人

巴厘岛的小知识

吃饭

● 巴厘岛没有团圆饭！

巴厘岛人没有家人一起用餐的习惯。早上，母亲为一家人准备早餐，但他们不会同时上桌吃饭，而是谁饿了会自己去拿食物吃。一般都是自己在厨房内快速吃完。

牛肉

● 印度教徒也吃牛肉

牛是印度教徒心目中神圣的动物，他们一般是不吃牛肉的。但是在巴厘岛，人们是允许吃牛肉的。但比起牛肉来，他们更喜欢吃猪肉。

巴厘岛人的审美

● 巴厘岛男性的长指甲

巴厘岛的男性也留着长长的指甲。在早些时候，僧人和王室成员等上等阶级流行蓄长指甲，这也是养尊处优的人的象征。现在，出租车司机通常留着长长的指甲，这是巴厘岛人的独特审美观。

男女关系

● 男女关系比较开放

巴厘岛人认为自己是神仙们结合之后诞生的。他们的男女关系比较开放，对待性的态度也并非保守。他们非常享受恋爱和婚姻的感觉。

一家人在虔诚地敬神。然后僧人会将圣水洒到他们身上，并为他们祈祷

旅行安全管理

当地的紧急联系方式

- ●警察局……………… 电222200
- ●观光警察…………… 电224111
- ●救护车……………… 电223333
- ●消防车……………… 电113

中国驻印度尼西亚大使馆

地址：Jl. Mega Kuningan No.2, Jakarta Selatan 12950, Indonesia
网址：http://id.china-embassy.org
国家地区号：0062-21(雅加达)
使馆专用传真：5761034
领事保护热线：8179838410
领事保护邮箱：consulate_idn@mfa.gov.cn
领事部：5761036（证件业务咨询，仅限工作日下午2:00－4:00）
5761024（传真）
使馆对外办公时间：（周一至周五）
上午08:30－12:00，下午02:00－05:00
领事证件办公时间：（周一至周五）
上午09:00－11:30（受理申请和发证）
下午03:00－04:00（仅发证）
签证中心办公时间：（周一至周五）
上午09:00－下午03:00（递交签证申请）
上午09:00－下午04:00（取证及缴费）
签证中心地址：Unit 6, 2nd Floor East Building, Jl. Lingkar Kuningan Block E.3.2 Kav 1, Jakarta 12950.
电话：57938655
传真：57938659
电子邮箱：jakartacentre@visaforchina.org
网址：http://www.visaforchina.org/JKT_ZH

治安

巴厘岛的治安情况并不是很好。旅游中要保持警惕

　　巴厘岛是国际性的旅游度假胜地，这里发生的犯罪案件不在少数。调包盗窃、偷窃、诈骗等案件时有发生，游客们必须要防患于未然。库塔、雷吉安等人流量较多的地区是犯罪多发地，各种各样的诈骗手段让人防不胜防。女性前往不要独自一人逛街，更不要独自前往偏僻地区。

巴厘岛犯罪案件

★扑克牌赌钱

　　是巴厘岛最常见的犯罪案件。不法分子会用英语或汉语上前搭讪，用"我妹妹最近在中国留学，想了解一下中国的情况"等借口为由，将游客骗到家中。然后他们会提议打扑克（扑克牌）小赌一把。刚开始会故意输给游客，但是后来一定是游客输得精光。他们会将游客身上的钱诈得一文不剩，甚至会用游客的信用卡购物来抵账。

★抢劫

　　在伍拉·赖国际机场乘坐酒店提供的专车（司机、酒店工作人员同行）前往银行办理业务，到停车场停车时，歹徒会猛不丁地冒出来拿着刀发动袭击，伤人后抢夺钱财。

★强买强卖

　　在库塔海滩和家人散步时，会有商贩上前强行兜售商品。实在拗不过，掏钱为女儿买了一个价值Rp.4万的头绳，但是对方仍然不依不饶，继续强行要求购物。他们不管顾客是否愿意，会强迫对方接受修指甲、按摩等服务，然后索要高达Rp.20万的服务费。

★小型巴士内的偷窃事件

　　小型巴士是巴厘岛最常见的交通工具，车厢内十分拥挤，也是偷窃事件的多发场所。小偷会趁人不注意时偷取现金或护照。

★假导游诈骗事件

　　独自一人到寺院参观，会有身穿正装的男性上前操着汉语说道"我是本寺的导游，请允许我为您服务"。如果轻信他后，冒牌导游会将游客带到空无一人的角落进行勒索和敲诈。

安全和治安方面的注意事项

要具备应对各种突发事件的能力。绝对禁止沾毒！

　　自己没有主张、不具备应对突发事件的能力、只知道花钱的游客是最容易遇到各种麻烦的。被陌生人带到家

旅程理应充满了欢乐和享受,但是如果不幸染病或遭遇事故,那就另当别论了。中国有句古话叫作"防患于未然",提前做好旅游安全措施、获取当地的治安情况,那么就可以放心游玩了。

中、被灌酒,这样的事情时有发生。一定要提防莫名靠近身边且不怀好意的人。另外,还有不法分子用毒品作为诱惑,一定要离他们远远的。

★被窃、遭抢劫

第一时间报警。如果提前购买了海外旅游伤害保险,那么可以联系当地的相关保险公司。保险公司处理赔付时,会要求被保险人出具失窃证明,可到就近警察局开具。

★护照遗失、遭窃

万一护照遗失、遭窃,要尽快联系警察并挂失。然后准备相关身份证明和照片,到中国大使馆申请补办。护照是在国外唯一能够证明身份的证件,如果没有护照的话,就没有办法回国。一定要保管好护照,避免遗失、遭窃的情况发生。

补办护照的手续
1. 准备相关材料
- 长4.5cm×宽3.5cm照片1张(如果大使馆没有IC生成器,那么需要准备两张)
- 护照遗失、失窃证明和中国国籍证明以及驾驶证等
- 户口簿(抄)
2. 向中国大使馆提出补办申请。在补办服务处领取相关表格并填写后,与1中所涉及的材料一并递交给工作人员。手续费和国内办一样。
3. 等待护照补办。通常3、4天就可以补办成功。
4. 如果来不及等待,那么可以请求大使馆出具相关回国证明。申请材料和1中一样,但不需要户口簿。三天之内即可颁发。

★信用卡遗失、遭窃

第一时间联系信用卡发卡银行,并申请挂失。然后前往警察局报案。申请补办后,快的话第二天就会拿到新卡,慢的话要等3天甚至一周。如果信用卡被不法分子盗刷,可以向信用卡发卡银行提出异议,一般刷卡金会退回原账户。

交通事故、受伤

遭遇事故后,不管事故大小与否,一定要尽快报警。如果提前购买了海外旅游伤害保险,要记得联系保险公司。保险公司在进行赔付时,会要求出具事故证明、诊断书等材料。

航空公司
● 印度尼西亚雄鹰航空公司
  ☎ 0361-232400
  (登巴萨)
  ☎ 0361-283354
  (沙努尔)
● 新加坡航空

注意提防以下危险
● 买春
  男性独自夜间外出时常被妓女搭讪。最近,印度尼西亚艾滋病患者正逐渐增多。
● 强奸
  女性独自一人走夜路时,有可能遭遇不测。随随便便上陌生男子的车也可能会导致强奸案件的发生。
● 毒品、致幻剂
  只要跟致幻剂、毒品沾上一点关系,就会被法律判处重罚。
● 软饭男
  巴厘岛男子和外国女性以谈恋爱为名,借机骗取女方财物。
● 赌博
  最近多发的犯罪案件。在p.338中有详细介绍。

旅行健康管理

24小时地方医疗机构

● **JKMC**
雅加达共爱医疗中心
✉ Jl.By Pass Ngurah Rai No.9C,Kuta
☎ 0361-766591
🌐 www.kyoaims.com/jp/index.php

● **BIMC**
巴厘岛国际医疗中心
✉ Jl.By Pass Ngurah Rai No.100X,Kuta
☎ 0361-761263
☎ 0361-3000911
🌐 www.bimcbali.com

● **Ubud Clinic**
乌布医疗中心
✉ Jl.Raya Campuhan No.36,Ubud
☎ 0361-974911
🌐 www.ubudclinic.baliklik.com

其他医院、诊所

● **Sanglah General Hospital**
桑拉公立医院
✉ Jl.Diponegoro, Sanglah, Denpasar
☎ 0361-227911~5

● **Kasih Ibu Hospital**
卡西伊布综合医院
✉ Jl.Teuku Umar NO.120, Denpasar
☎ 0361-3003030

● **Takenoko Medical Care**
巴厘岛Takenoko医院
库塔
✉ Sunset Road No.77A Ruko No.1, Kuta
☎ 0361-7808094
☎ 0361-284222
🌐 www.takenokoshinryojo.com

关于巴厘岛的医疗与健康

谨防食物中毒、痢疾。巴厘岛的医疗机构完善

巴厘岛属于热带气候，温度较高，湿气较重，人在这种环境下很容易生病。这里的卫生情况也不是很好，需要注意。喝生水、吃过辣的食物都可能会让外国游客感到身体不适。一旦发现食物中毒、痢疾、A型肝炎等病症，要立即到医院就医并隔离。

巴厘岛有不少大型医院，医院内的设施非常完善。虽然如此，医院这种地方还是不去为好。旅途中不要逞强，一旦感到身体不适，要及时看医生。

印度尼西亚的常见病患及其症状

细菌性痢疾、阿米巴痢疾
原虫诱发的痢疾，通过食物进入口腔传染。潜伏期为3~4天。引发剧烈腹痛、腹泻、便血、发热等症状

霍乱
霍乱主要通过口腔传染。症状：剧烈腹痛、呕吐。发病后会被隔离。

寄生虫病
食用鱼贝类等生食引发的病症。症状：发烧、腹痛。不同病原体的潜伏期不一样。

疟疾
热带蚊虫叮咬感染病。症状：发烧、肌肉酸痛、体寒。潜伏期约为1周。做好防蚊虫措施是最好的预防方法。

脑炎
蚊虫叮咬诱发的病疾，伴有发烧、头疼、呕气、困乏等症状。潜伏期为7~10天。做好防蚊虫措施是最好的预防方法。

艾滋病
艾滋病主要通过性交、滥用注射针头、血液传播。潜伏期很长。艾滋病菌会破坏体内的免疫系统。

病毒性肝炎
病毒诱发的肝炎。A型肝炎和E型肝炎通过口腔传染；B型肝炎和C型肝炎通过性交、输血感染。症状：困乏无力、发烧、尿液颜色发褐。

食物中毒
饮用不卫生的水、食物引发的中毒。症状：剧烈腹痛并伴有腹泻。如果不及时治疗会引发痢疾。

肠伤寒、副伤寒
伤寒患者多为口腔感染诱发。潜伏期10天左右。持续发热，一经发现立即隔离。

登革热
以蚊虫为媒体的热带传染病。症状：发烧、头疼、关节疼、全身起疹。

狂犬病
狗咬引发的疾病。有全身麻痹、乱吼乱叫等症状。潜伏期为1~3个月。

破伤风
伤口破伤风杆菌通过伤口进入体内引发的病患。症状：高烧不下、身体痉挛、僵硬。情况严重的话甚至会导致死亡。

在巴厘岛旅游时，一定要爱护好自己的身体。要避免中暑、不要暴饮暴食，适当休息，这样才能给旅途留下美好的记忆。

巴厘岛当地的医疗状况

可以用汉语　费用几百元左右

在巴厘岛不幸患病，如果报团旅游的话，可以告知导游或旅行社寻求帮助。如果独自旅游的话，可以向入住酒店工作人员请求帮助。病情若不太严重，买药吃就可以了。如果病情严重，一定要及时看医生。和欧美国家相比，巴厘岛的医疗费相当便宜，但如果动手术、住院的话，收费也比较高。

★酒店内的医生

中档以上的酒店和度假村内都有专门的医生或护士，可以找他们看病。感冒等小病、伤口紧急处理都完全OK，但如果动手术的话，还是到大医院去比较好。病情严重的话，可以要求酒店叫救护车，前往大医院就诊。

★医院

大型综合医院内的医疗设施完善。综合性医院叫作Rumah Sakit，简称R.S。大型综合医院主要集中在登巴萨，桑拉国立医院是巴厘岛最大的医院。巴厘岛郊区几乎没有大型医院，医疗状况堪忧。普通感冒就诊加开药的话，通常要花费Rp.10万左右（不算保险）。

★诊所

巴厘岛主要地区内的诊所非常常见。Clinic一般指的是私营诊所，这些私立诊所通常不具备公立医院的规模和设备，但是24小时营业，能带给病人舒心的服务和最大程度的安全感。私人诊所根据就诊、住院、就诊时间收费，收费标准比国立医院略高。

★药店

街道中常见药店。巴厘岛的药店叫作Apotik，和国内的药店差不多。在药店可以买到止疼药、头疼药、止泻药等非处方药。但需注意一点，巴厘岛的部分药品药性很强，要根据个人情况遵医嘱服用。买药后，要按照说明书上的服用方法或医嘱服药。

以防万一，最好购买海外旅游伤害保险

购买海外旅游伤害保险，可以在意外发生时将损失减少到最小。患病、受伤接受医治、住院会花费相当大一部分费用，如果满足被保险条件，基本上可以报销全额费用。建议购买这样一份保险，同时也为家人、朋友免去了不必要的麻烦。

注意！经济舱症候群

经济舱症候群指的是长时间坐立引起的血液循环不畅，从而引发血栓，严重的话甚至会诱发死亡。严谨的叫法应该是深部静脉血栓和急性肺动脉血栓塞栓。有时也叫作"游客血栓"。

预防措施如下：不要长时间保持同一姿势，多活动肢体，按时补充水分等。长时间保持同一姿势是引发该病的主要原因，因此，不光是乘飞机，在乘坐巴士、汽车、船等其他交通工具时也务必要特别注意。

巴厘岛的主要城市内都有医院和诊所

旅行会话

在巴厘岛主要地区、餐厅、酒店内通常都使用英语交流。记住一些简单的单词和对话，将有助于我们的旅程。

基础用语　●旅行实用单词＆会话

早上好	Good morning	对不起	Excuse me	我的名字叫~	My name is ~.
你好	Hello	抱歉	I'm sorry	请问你叫什么名字？	What's your name?
晚上好	Good evening	我（我们）	I (we)		
再见	Good bye	你（你们）	you(you)	男性（们）	man(men)
是的	Yes	他（他们）	he(they)	女性（们）	woman(women)
不是	No	她（她们）	she(they)	我不懂。	I don't understand.
谢谢	Thank you	多少钱？	How much is it?	帮帮我！	Help!
不客气	You're welcome	我是中国人。	I am a Chinese.	我不会说英语。	I can't speak English.

旅行基本单词

关门（歇业）	closed	洗手间	bath room (toilet)	不要任何食物	No food or drink
开门（开业）	open	正在使用	occupied	需要身份证	ID required
~点~点营业	open from a.m. to p.m.	无人使用	vacant	住宿	stay
售罄	sold out	手续费	handling charge	晴天	clear weather
出口	exit	预约	reservation	多云	cloudy weather
入口	entrance	找零	refund	雨天	rain
推	push	打折	discount	暴风雨	storm
拉	pull	禁止摄影	no photographs	天气预报	weather forecast
禁止入内	no admittance/no entry	禁止开闪光灯（闪光） no flash photography		禁烟席	no smoking seat
禁止触摸	Don't Touch	旅游咨询处	Tourist Information	吸烟区	smoking seat
售票处	ticket office	美术馆	art museum	停下（停止）	stop
空座（室内）	Vacancies	遗址	remains/ruins	恐怖	scary
满座	No Vacancies	寺庙	temple	半日游	half day sightseeing tour
座位	Reserved (seat)	禁止未成年人入内	No Minors	一日游	one day sightseeing tour
故障中	out of order	谢绝入内	Private		

基本会话

<机舱内>
●我的灯（耳机）坏了
My light (earphones) isn't working.
●可以把座位放倒吗？
May I put my seat back?
●您要来点喝的吗？→有什么饮料？→请给我一杯咖啡。
Would you like anything to drink?
What drinks do you have?
Coffee, please.
●您要鱼还是牛肉（鸡肉）？
Which would you like, fish or beef (chicken)?
●我觉得不舒服。　I feel sick(bad).

<在机场>
●为什么来旅游？→观光。
What is the purpose of your trip?
Sightseeing.
●有需要申报的东西吗？
Do you have anything to declare?
●我的行李箱找不到了。
I can't find my luggage.

●我想换点钱。
I would like to change some money.
●出租车乘车点（旅游信息咨询中心）在哪里？
Could you tell me where the taxi stand (tourist information) is?

●出发时刻	departure time
●准时	on time
●延误	delayed
●登机牌	boarding pass
●登机手续	check in
●转机	transfer

<办理回国手续>
●我买一张靠过道（窗户）座位的票。
An aisle seat(window seat), please.
●我想坐在朋友旁边。
I would like to sit on the next to my friend.

美式英语和英式英语

　　美式英语和英式英语最大的差异是在发音上，这点在口语对话中表现得尤为明显。同时两者在单词拼写，日期、数字表达，习惯用语等方面也存在着一定的差异。以下列举了一些常用语的区别所在，仅供参考使用。（USA代表美式英语，UK代表英式英语）

- ●目录 catalog（USA）
　　　catalogue（UK）
- ●刊登广告 advertize（USA）
　　　　　advertise（UK）
- ●干洗 Laundry（USA）
　　　Launderette（UK）
- ●连裤袜 pantyhose（USA）
　　　　tights（UK）
- ●纤维 fiber（USA）
　　　fibre（UK）
- ●褪色 discolor（USA）
　　　discolour（UK）
- ●面色 complection（USA）
　　　complexion（UK）
- ●贫血 anemia（USA）
　　　anaemia（UK）
- ●汽油 gas（USA）
　　　petrol（UK）
- ●爆胎 flat tire（USA）
　　　flat tyre（UK）
- ●现金出纳处 cash register（USA）
　　　　　　till（UK）
- ●拨电话号码 dialing（USA）
　　　　　　dialling（UK）

＜乘坐出租车＞
●请到ABS酒店。
ABC hotel please.

＜在酒店＞
●我是之前预订房间的李平。请帮我办理入住手续。
I have a reservation for LiPing. Can I check in?
●请给我123房间的钥匙。
Can I have the key to room 123?
●请帮我叫出租车。
Will you call a taxi for me?
Please call a taxi for me.
●我把钥匙落在房间里了。
I have left my key in my room .
●请帮我搬一下行李（请帮我叫一下行李搬运工）。
Please take down my luggage.(Please ask the bell man to take down my luggage)
●我8点出发。在那之前请帮我保管一下行李。
Please hold my luggage until my departure at 8p.m.
●有给我的留言吗？
Do you have any messages for me?
●我可以再住一天吗？
Can I stay one more night?
●客房里电视坏了。
The TV doesn't work.
●可以使用旅行支票吗？
Do you accept(take) traveler's checks?
●我要退房。
I would like to check out, please.
●请问这个多少钱？
What is this charge for?
●我没有用过迷你酒吧。
I didn't use the mini-bar.
●可以刷这张卡吗？
Do you accept(take) this credit card?

＜在街上＞
●美术馆离这儿远吗？
Is it far from here to the Art Museum?

●有中文导游陪同吗？
Do you have a tour with a Chinese explanation?
●可以拍照吗？
Can I take a picture?
●请帮我拍一张照好吗？
Can you take a picture?
●我想买24张胶卷。
Do you have a 24 exposure film?
●什么时候关门？
What time do you close?

＜在商店＞
●我只是看看。
No, thanks. Just looking.
●能再便宜点儿吗？
Can you give me a discount?
●可以试试吗？
Can I try this one on?
●我要这个。
This one please./I'll take this
●可以刷信用卡吗？
Can I use this credit card?
●可以送到我住的酒店吗？
Can you deliver it to my hotel?

＜在餐厅＞
●我想预订餐位，3月14日8点，2位。
I would like to make a reservation for dinner for two people at 8p.m.on March14th.
●我是之前预订餐位的李平。
I have a reservation for LiPing.
●有推荐菜吗？
What dish do you recommend?
●还没有上菜，我都等了30多分钟。
Our order hasn't come yet.
I ordered over 30minutes ago.
●不好意思，上错菜了。
This is not what I ordered.
●不好意思，找错钱了。
I think my change is wrong.
●麻烦结账。
Check, please.

<文娱表演>

●我可以再买一张票吗？
Can I still get a ticket?
●门票多少钱？
How much is the ticket? / How much is it to get in?

<遇到麻烦时>

●浴室的水溢出来了。
My bathroom has flooded.
●太冷了，请关一下空调。
My room is too cold.
Could you adjust the air-conditioner?
●我把钱包落在出租车上了。
I have left my purse(wallet) in the taxi.
●请帮我挂失银行卡。
Please cancel my credit card.
●我买了旅游保险。
I have travel insurance.
●请叫救护车。
Please call an ambulance.

●我要看医生。
I would like to see a doctor.
●请带我去医院。
Please take me to a hospital.
●我发烧了。
I have a fever.
●我肚子疼。
I have a pain in my stomach.
●我头疼。
I have a headache.
●我的包被偷了。
My bag has been stolen.
●有人会说中文吗？
Is there anybody here who can speak Chinese?

紧急情况下的用语

旅游时要做好应对各种突发状况的准备。听到危险的话语时，要记得自救。记住下面的话语，这或许能派上用场。

●举起手来！　　Spread'em!
●转过身来！　　Get back!
●闭嘴！　　　　Shut up! / Be quiet!
●放下它！　　　Drop it!
●趴下！　　　　Hit the floor! / Get on the floor!
●别动！　　　　Hold it! / Don't move! Freeze! / Stay where you are!
●靠墙！　　　　Get against wall. / Face to wall!
●停下！　　　　Stop!
●照我说的做！　Do what I say!
　　　　　　　　Do what I tell you!

●敢动一下我就杀了你！
Move and you're dead!
●我说真的！　　I mean it.
●救命！　　　　Help!
●我会照你说的做！
I will do what you want. /
I'll do anything (you say).
●住手！　　　　Please stop.
●别开枪！　　　Don't shoot.
●滚出去！　　　Get out.
●别碰！　　　　Don't touch. / Hands off!
●我没有兴趣。　I am not interested.
●抱歉，我赶时间。　Sorry. I'm in a hurry.

旅行中常用的印度尼西亚语

日常会话

- 早上好。（中午之前）
  Selamat pagi.

- 你好。（中午到下午4:00之前）
  Selamat siang.

- 你好。（16:00~18:00）
  Selamat sore.

- 晚上好。（18:00~）
  Selamat malam.

- 你还好吗？
  Apa kabar?

- 我很好。
  Baik-baik saja.

- 再见。（离开的人）
  Selamat tinggal.

- 再见。（留下的人）
  Selamat jalan.

- 再见。
  Sampai jumpa lagi.

- （非常）谢谢。
  Terima kasih (banyak).

- 不客气。
  Kembali.

- 我也是。（互相寒暄）
  Sama-sama.

- 请。
  Silahkan.

- 对不起。（Excuse me.）
  Permisi.

- 对不起。（I'm sorry.）
  Maaf.

- 非常好。
  Benar-benar enak.

- 你叫什么名字？
  Siapa nama anda?

- 我叫~。
  Nama saya ~.

- 我是中国人。
  Saya orang Chinese.

- （你）说中文/英语吗？
  (Anda) bisa (bicara) bahasa Chinese/bahasa Inggris?

- （我）不知道。
  (Saya) tidak mengerti.

- 我来自中国。
  Dari China.

- 洗手间在哪儿？
  Di manakah kamar kecil?

实用会话

在商店

- 不买/不要。
  Tidak beli./Tidak perlu.

- 这/那是什么？
  Apa ini/itu?

- 这/那是~。
  Ini/Itu~.

- 我只是看看。
  Lihat-lihat saja.

- 多少钱？
  Berapa (harganya)?

- 这个不打折。
  Ini harga pas.

- 太贵了/很便宜。
  Mahal./Murah.

- 请便宜一点。
  Bisa potong harga?

- 我要这个。
  Saya mau (beli) ini.

出租车

- 请把我带到A酒店。
  Tolong (pergi) ke Hotel A.

- 请帮我叫打表出租车。
  Tolong panggil taksi metaran.

- 请打表计价！
  Pakai argo ya.

- 我在这儿下车。
  Minta berhenti disini.

在酒店

- 还有房间吗？
  Ada kamar kosong?

- 有/没有
  Ada./Tidak ada.

- 住一晚多少钱？
  Berapa untuk semalam?

- 我可以看看房间吗？
  Bisa lihat kamar?

- 住3晚。
  Saya mau tinggal tiga malam.

- 现金支付。
  Saya mau bayar dengan uang kontan.

基本单词

帮帮我/住手
Tolong./Jangan.

印度尼西亚语
bahasa Indonesia

中文
bahasa Chinese

英语
bahasa Inggris

是/不是
Ya./Tidak.

右/左
kanan/kiri

上/下
atas/bawah

这/那
ini/itu

我
saya

我们（包括对方/不包括对方）
kita/kami

你/你们
anda/anda sekalian

他或她
dia

他们或她们
mereka

男性长辈
bapak

女性长辈
ibu

朋友
teman

名字
nama

地址
alamat

电话号码
nomor telepon

护照
paspor

贵重物品
barang-barang berharga

钱
uang

信用卡
kartu kredit

汇兑
tukar uang

纸币
uang kertas

硬币
uang logam

找零
uang kembali

汇率
nilai tukar

商店
toko

市场
pasar

开门/关门
tutup/buka

入口
pintu masuk

出口
pintu keluar

房间
kamar

洗手间
kamar kecil

预约
pesan

观光
pariwisata

日/时间　季节

今天 hari ini	周一 hari Senin
明天 besok	周二 hari Selasa
昨天 kemarin	周三 hari Rabu
早晨 pagi	周四 hari Kamis
白天 siang	周五 hari Jumat
傍晚 sore	周六 hari Sabtu
晚上 malam	节假日 hari raya
上午 pagi hari	春 musim semi
下午 siang hari	夏 musim panas
每天 setiap hari	秋 musim gugur
周日 hari Minggu	冬 musim salju

常见的动词

去 pergi	找 cari
来 datang	付钱 bayar
游戏 main	吃 makan
听 dengar	喝 minum
说 bicara	买 beli
遇见 bertemu	卖 jual
走 jalan kaki	进入 masuk
看见 lihat	使用 pakai
哭 menangis	上升 naik
笑 tertawa	下降 turun
选择 pilih	站 berdiri

天气/气候

雨/风
hujan/angin

太阳
matahari

晴天
cerah

阴天
mendung

热/冷
panas/dingin

使用方便的形容词

好的/坏的
baik/buruk
bagus/jelek

喜欢/讨厌
suka/tidak suka

（价格）贵的/便宜的
mahal/murah

大的/小的
besar/kecil

长的/短的
panjang/pendek

多/少
banyak/sedikit

多/少
luas/sempit

明亮的/黑暗的
terang/gelap

远的/近的
jauh/dekat

早的/晚的
cepat/lambat

新的/旧的
baru/lama

安静的/热闹的
tenang/berisik

干净的/肮脏的
bersih/kotor

INDEX 索引

度假村 & 酒店

A

阿迪达尔玛酒店	111
阿迪小屋酒店	81
阿拉姆普瑞度假村	131
阿拉姆茵达	83
阿уб岛别墅酒店（水明漾 & 克罗伯坎）	100
阿曼达利	71
阿曼努沙杜瓦	94
阿曼奇拉度假村（展地萨萨）	123
艾丽希（水明漾 & 克罗伯坎）	105

B

奥利游客之家	84
巴尔吉赛别墅度假村 (金巴兰)	90
巴哈氏纳人别墅（水明漾 & 克罗伯坎）	106
巴厘岛阿丽拉苏丽别墅	131
巴厘岛阿什姆萨海滩酒店 (金巴兰)	89
巴厘岛阿雅娜水疗度假酒店 (金巴兰)	87
巴厘岛奥兰杰斯酒店（登巴萨）	122
巴厘岛巴龙别墅度假村	77
巴厘岛伯诺阿华美达度假村（努沙杜瓦 & 伯诺阿）	96
巴厘岛伯诺阿绿洲度假村（努沙杜瓦 & 伯诺阿）	96
巴厘岛德萨姆德假村（水明漾 & 克罗伯坎）	107
巴厘岛泛太平洋度假村	130
巴厘岛格莱雅桑川度假村（沙努尔）	118
巴厘岛花园酒店（库塔 & 雷吉安）	116
巴厘岛华美达宾塔酒店（库塔 & 雷吉安）	115
巴厘岛假日度假酒店（库塔 & 雷吉安）	113
巴厘岛简易莲花别墅酒店（展地达萨）	125
巴厘岛杰雅卡特海滩酒店（库塔 & 雷吉安）	115
巴厘岛金巴兰艾美酒店	26
巴厘岛金巴兰蝴蝶度假酒店	65
巴厘岛金巴兰森林度假村	25
巴厘岛君悦度假酒店（努沙杜瓦 & 伯诺阿）	95
巴厘岛康维德美容度假村（努沙杜瓦 & 伯诺阿）	94
巴厘岛克罗伯坎 3V 度家庭别墅（水明漾 & 克罗伯坎）	107
巴厘岛空中别墅精品度假村 & 水疗中心	33
巴厘岛空中别墅精品度假村（水明漾 & 克罗伯坎）	101
巴厘岛库塔哈维斯特莱德美居酒店	116
巴厘岛库塔天堂酒店	116
巴厘岛库塔茵达酒店	117
巴厘岛库塔尼度假酒店（库塔 & 雷吉安）	115
巴厘岛莱茵海滩酒店（沙努尔）	119
巴厘岛丽晶酒店	18
巴厘岛凉亭酒店（沙努尔）	120
巴厘岛马哈普拉别墅酒店（沙努尔）	119
巴厘岛马特哈里海滩度假村（吉利马努克）	128
巴厘岛迈批梦岩甘酒店（吉利马努克）	128
巴厘岛曼德拉海滩度假酒店（库塔 & 雷吉安）	116
巴厘岛曼吉斯阿丽拉酒店（展地达萨）	124
巴厘岛梅里亚南湾度假酒店（努沙杜瓦 & 伯诺阿）	96
巴厘岛纳亚加瓦纳度假村（吉利马努克）	126
巴厘岛尼克莎莎玛酒店（库塔 & 雷吉安）	114
巴厘岛努沙杜瓦拉古纳度假村	95
巴厘岛努沙杜瓦肉桂度假村	95
巴厘岛努沙杜瓦威斯汀度假村	95
巴厘岛帕德玛雷吉安酒店（库塔 & 雷吉安）	114
巴厘岛帕提拉度假村（库塔 & 雷吉安）	112
巴厘岛帕提威度假村	79
巴厘岛派瑞佳达度假村（沙努尔）	121
巴厘岛爱宾海塘度假村（努沙杜瓦 & 伯诺阿）	94
巴厘岛日航酒店（努沙杜瓦 & 伯诺阿）	96
巴厘岛瑞吉度假村	32
巴厘岛瑞吉度假村酒店	67
巴厘岛沙努尔天堂大酒店	120
巴厘岛山妍四季度假村酒店	70
巴厘岛舒丽雅海滩度假酒店（吉利马努克）	127
巴厘岛水明漾 W 度假村 &SPA	66
巴厘岛斯加纳酒店（库塔 & 雷吉安）	117
巴厘岛四季酒店（库塔 & 雷吉安）	116
巴厘岛塔曼贝贝克酒店	84
巴厘岛塔曼莎莉山间别墅（吉利马努克）	128
巴厘岛塔曼苏吉酒店（登巴萨）	122
巴厘岛王朝假日酒店（库塔 & 雷吉安）	114
巴厘岛乌布切蒂蒂度假村	78
巴厘岛乌干沙悦格庄度假村	67
巴厘岛椰林度假村（水明漾 & 克罗伯坎）	106
巴厘岛叶子别墅酒店	63
巴厘岛茵娜酒店（登巴萨）	122
巴厘岛硬石酒店（库塔 & 雷吉安）	114
巴厘岛之魂度假村	84
巴厘岛总督别墅度假村	75
巴龙美容度假村	79
白玫瑰酒店（库塔 & 雷吉安）	115
贝贝克皮萨瓦哈酒店	81
贝拉之家	82
宾塘酒店	83

C

纯蓝别墅度假村	22

D

丹戎乌萨利酒店 (沙努尔)	118
德王家平房酒店	109
德亚纳别墅（水明漾 & 克罗伯坎）	107

F

发现卡地亚酒店（库塔 & 雷吉安）	115

G

盖雅特莉	82

H

皇家彼特曼哈度假村	73
皇家珊特瑞安度假村（努沙杜瓦 & 伯诺阿）	92

J

杰拉米别墅（水明漾 & 克罗伯坎）	107
金巴兰哈里斯山酒店	91
金巴兰海湾四季酒店	91
金巴兰卡玛度假村	90
金巴兰克拉特温泉酒店	91
金巴兰普瑞度假村	88
精品酒店	69

K

卡简尼莫酒店	27
卡江平房酒店	81
卡米尼平价旅店 III	111
珂玛拉英达 I	111
珂玛尼卡比斯玛	80
科莫香巴拉酒店	80
克尔尼酒店（水明漾 & 克罗伯坎）	106
肯蒂玛斯酒店	110
库布别墅（水明漾 & 克罗伯坎）	104

L

拉古纳假日温泉酒店	16
雷吉安阿卡玛尼酒店	116
雷吉安雅度假村（水明漾 & 克罗伯坎）	107
雷吉安俱乐部（水明漾 & 克罗伯坎）	102
凉亭海滩酒店（沙努尔）	121
鲁沙酒店（库塔 & 雷吉安）	117
罗威那达别墅度假村	129
罗威那普瑞巴格斯度假村	129

M

玛卡美容别墅度假村	24
曼加冈酒店	62
民家酒店	81
穆斯雅度假村（努沙杜瓦 & 伯诺阿）	93
穆斯雅酒店	21

N

纽曼卡尔萨	111

P

帕吉尔	111
帕提威度假村比斯玛大街 2 号	82
普拉塔兰美容度假村（水明漾 & 克罗伯坎）	103

普瑞维萨塔	111

Q
奇利酒店	84

S
萨夫德吉因	111
塞加拉阿贡酒店（沙努尔）	121
塞玛布度假酒店	20
赛玛拉别墅	83
桑纳睿度假村（罗威那）	129
沙努尔卡米拉别墅套房	120
珊特瑞安酒店（沙努尔）	121
水明漾埃兹度假村	97
水明漾圣淘沙别墅酒店	64

T
The Villas（水明漾 & 克罗伯坎）	105
塔曼莎莉山间小屋（库塔 & 雷吉安）	117

U
Un's Hotel（库塔 & 雷吉安）	117

T
庭院酒店（库塔 & 雷吉安）	113
图加尔萨利酒店	111

W
瓦卡迪尤美	77
瓦卡冈伽	130
乌布阿拉雅酒店	23
乌布阿丽拉度假村	76
乌布村庄度假村	83
乌布村庄度假村	84
乌布富丽华丝露丝别墅度假村	82
乌布康瑞度假村	82
乌布肉桂私人别墅酒店	72
乌布莎莉健康度假村	84
乌加山城堡豪华别墅	131
乌玛乌布酒店	78

Y
雅提家庭酒店（沙努尔）	121
印度尼西亚巴厘岛梅里亚酒店（努沙杜瓦 & 伯诺阿）	96
印度尼西亚巴厘岛梅里亚酒店（努沙杜瓦 & 伯诺阿）	96
罂粟酒店（库塔 & 雷吉安）	117
樱花酒店（登巴萨）	122
游客之家	109
于莉亚迪之家	110

Z
展地达萨海滩酒店	125
展地达萨拉玛度假村	125
展地达萨普瑞巴格斯	125
展玉酒店（登巴萨）	122
珍丁凯迪斯（金巴兰）	85
自然度假村	83

旅游景点

A
阿贡拉伊艺术博物馆（乌布）	142
阿贡山	245

B
巴厘岛博物馆（登巴萨）	228
巴厘岛布兰科文艺复兴博物馆（乌布）	144
巴厘岛蝴蝶公园（塔班南）	236
巴厘岛娜湾高尔夫球俱乐部（海神庙）	233
巴厘岛植物园（山中湖）	232
巴图尔湖	35
巴图尔水神庙	35
巴图卡乌保护区斯巴克水稻互助组织	34
巴图卢乌山寺（塔班南）	235
百沙基母庙	244
班玉威当温泉（吉利马努克）	261
班扎德如佛教寺庙（罗威那海滩）	258
班扎温泉（罗威那海滩）	259
邦利山	252

贝吉寺（新加拉惹）	256
蝙蝠寺（瑟马拉普拉）	241
伯诺阿（努沙杜瓦 & 伯诺阿）	203
布拉坦湖和展地库宁公园（山中湖）	231
布莱伦港口旧址（新加拉惹）	256
布兰巴度	251

C
川阳村（巴图尔山 & 京打马尼）	247

D
达姆利山（邦利）	252
德王家艺术画廊（乌布）	144
登安南	248

G
高尔夫球场（山中湖）	232
格东·基尔特亚图书馆（新加拉惹）	256
国家寺院（登巴萨）	229

H
海鲜烧烤店（金巴兰）	197
猴林（塔班南）	236
猴子森林（乌布）	139

J
吉利马努克	260
吉特基特瀑布（新加拉惹）	257
加姆布尔梯田（瑟马拉普拉）	241
嘉帝路维（塔班南）	236

K
卡玛桑村（瑟马拉普拉）	241
卡威石窟寺（坦帕克西林）	253
坎姆普伦坦大大街	187
坎普罕大桥（乌布）	139
看海豚（罗威那海滩）	259
克兰比坦王室（塔班南）	235
肯罕寺（邦利）	252
库参坝（瑟马拉普拉）	241
库迪桑（巴图尔山 & 京打马尼）	247
库塔广场	168
库塔海滩	167

L
拉雅·图班大街	168
拉雅克罗伯坎大街	187
拉雅水明漾大街	186
蓝布斯威市（内加拉 & 巴厘岛西部）	262
勒迈耶博物馆（沙努尔）	212
雷吉安大街	167
雷吉安海滩	167
莲花池（展地达萨）	243
卢丹纳博物馆（乌布）	142
鲁纳宝石美术馆（乌布）	143
罗威那海滩	258

M
马杜威卡纳神庙（新加拉惹）	257
孟赞干岛（吉利马努克）	261
母神庙（孟格威）	234

N
内加拉 & 巴厘岛西部	262
内卡美术馆（乌布）	143
乌市（登巴萨）	229
纽曼美嘉画廊（乌布）	145
纽曼苏梅尔塔艺术画廊（乌布）	145

P
帕克里桑河流域	35
佩纳塔兰萨西寺院（乌布）	141
普拉吉寺（吉利马努克）	261
普普坦广场（登巴萨）	228
普普坦纪念碑（瑟马拉普拉）	239
普瑞卢吉蕊美术馆（乌布）	143
普塞利雅佳特寺院（乌布）	140

Q	
潜水（罗威那海滩）	259
S	
塞巴图	253
三浦濑之墓（登巴萨）	229
瑟马拉普拉王宫遗迹	240
沙里寺（孟格威）	234
沙努尔海滩市场	212
圣泉寺（坦帕克西林）	253
水神庙（巴图尔山＆京打马尼）	246
苏姆安迪迦寺院（乌布）	141
T	
塔曼阿尤寺	34
坦帕克西林	253
提赫干村（瑟马拉普拉）	241
图格克里潘寺（巴图尔山＆京打马尼）	247
图兰奔	250
托尼拉卡艺术画廊（乌布）	144
托亚邦卡（巴图尔山＆京打马尼）	247
W	
乌布市场（乌布）	139
乌达河（瑟马拉普拉）	240
乌鲁瓦图寺院（金巴兰）	197
X	
西部国家公园（吉利马努克）	260
象窟（乌布）	140
小青蛙画廊（乌布）	145
新加拉惹	255
新加拉惹达达姆寺	257
信度市场（沙努尔）	212
Y	
耶沙尼（新加拉惹）	257
伊布拉伊画廊（乌布）	145
艺术中心（登巴萨）	229
印度尼西亚爬虫类＆鳄鱼公园（孟格威）	234
Z	
扎亚普拉之墓（吉利马努克）	261
展地达萨海滩	243
展地达萨寺院	243
展地库宁市场（山中湖）	232
长威庙（塞巴图）	253
中国寺院（新加拉惹）	256

餐厅&咖啡厅

A	
阿利奥里奥	174
阿利猪排饭	148
艾纳克猪排饭	151
B	
巴厘岛阿甘虾餐厅	173
巴厘岛德里咖啡厅	188
巴厘岛绿竹餐馆	207
巴厘岛面包屋	171
巴厘岛青酱咖啡厅	152
巴厘岛椰林天堂之家 I	199
巴厘岛椰林天堂之家 I	28
巴厘岛脏鸭餐厅	148
巴坦瓦鲁咖啡厅	150
巴图吉巴咖啡厅	213
班布餐厅	207
本膳	198
比安克餐吧	175
C	
村庄餐厅	214
D	
达波尔咖啡厅	215
达哈纳	190
大石邸	30
德瓦塔米南餐厅	215

东京和食	170
F	
Fat Gajah	190
福太郎	205
富丽华	175
G	
格朗德彭恰克	247
格提诺	152
H	
海风咖啡厅	259
海盐餐厅	173
和之家	206
湖景餐厅	247
J	
吉尔吉儿	205
吉利马努克辣鸡饭餐厅	29
加多加多	189
江户银	206
姜月	189
捷鹏餐厅	214
金巴兰花园	199
爵士咖啡厅	151
爵士烧烤吧	213
K	
Khi Khi	259
卡库炸猪排饭	147
卡萨诺萨	207
凯图姆巴	175
凯图帕特	173
科洛尼亚之家	190
克莱嘉	190
克莱嘉	29
克里	173
克隆孔王宫餐厅	204
库德塔	189
库图阿尔登鸡肉快餐吧	174
库塔特拉特里亚	169
坤蒂 II	174
L	
拉·鲁奇奥拉	190
拉·鲁奇奥拉餐厅	30
拉卡莱克	147
拉玛克	150
懒人运动酒吧	215
雷吉安餐厅	30
莲花餐厅	149
莲花咖啡厅	150
露天餐厅	207
洛克咖啡厅	204
绿色之家	146
绿竹饭馆	259
M	
Mie88	172
妈妈的德国餐厅	174
玛·杰里	175
玛德餐馆 II	189
玛德饭店	170
曼德罗咖啡厅	205
美迪斯 188	
美食家咖啡厅	172
孟塔利	232
莫扎克餐厅	151
穆尔尼猪排饭	148
N	
尼罗餐厅	172
牛排岩谷	215
诺里猪排饭	149
诺玛德	150
P	
帕帕斯咖啡厅	169
霹雳餐厅	28

普莱吉纳	214

Q
奇利咖啡厅	152
巧克力咖啡厅	31
清新咖啡馆	151

R
热带风景咖啡厅	147
热带咖啡厅	148
热杧果餐厅	169
瑞吉度假村餐厅	31

S
Seniman Coffee Studio	151
萨玛萨玛	205
萨姆德拉咖啡厅	170
莎莉有机膳食	148
扇子咖啡厅	214
神奇烤猪 2	29
丝妮曼咖啡工作室	
斯卡拉	205
苏亚坎德拉	174
索莱尔	30

T
The Cafe	31
TJ's	175
塔拉租	150
塔帕	204
塔皮斯餐厅	199
炭火烤肉屋	172
特拉斯帕蒂咖啡厅	152
通心面	171
图特马克	147

V
Vi Ai Pi	173

W
瓦卡迪尤美	29
瓦扬咖啡厅甜点	149
乌布艺术家咖啡厅	152
乌恩馆	172
乌拉姆	206
梧桐餐厅	170

X
小香港	171
星巴克咖啡	207

Y
伊布奥卡	146
艺术咖啡厅	149
茵坦莎丽咖啡厅	198
印第安之家	152
印度奇那	149
罂粟餐厅	171

Z
脏鸭餐厅	206

购物

A
A-Krea 礼品店	217
阿尔塔金银饰品专卖店	160
阿贡达卡奥莱卡斯	200
阿贡莎莉家私	161
阿伦姆卡拉	157
阿利书屋	157
阿伦阿伦	208
阿伦阿伦	40
阿纳普	180
阿斯特利斯克	155
阿特里尔玛尼斯	157
阿乌	158
阿乌拉	158

B
巴东集市	230
巴厘岛版画巴图安村	161
巴厘岛贡艺术中心	161
巴厘岛潜水学院	250
巴厘岛仙女蜡染商店	160
巴龙舞 & 石雕村巴杜布兰	160
保罗洛普	194
比萨	193
宾塘超市	183
宾之家	180
布鲁	194

C
Chiku-Chiku	40
Chiku-Chiku	154
COCO 超市	208
冲浪女孩	181

D
DFS 免税店	180
德瓦库图艺术绘画中心	161
迪杜	179
地窖门	177
法・西亚嘉	161

G
工艺品店 +	216
狗尾巴	192
古拉	179

H
HOBO	40
HOBO	193
Hypermart	183
哈迪沙努尔	216
哈维township	191
哈约米银饰	218
哈约米银饰	41
海滩大道购物商厦	184

J
家乐福	180
家乐福	184
杰德魔盒	218
金巴兰一角	184
金加拉凯拉米克	200
金加拉凯拉米克	40
金竹	178

K
Koko	40
Koko	156
Kou Cuisine 手工果酱	153
Kou	157
卡多	155
卡里科之家	154
卡帕尔・劳特	181
卡帕尔・劳乌	193
卡帕尔・劳乌	40
凯莱嫩市场	230
科伊科伊银饰	178
库尔茨亚	192
坤巴莎莉购物中心	230

L
拉斐尔首饰店	217
拉斯卡尔斯	177
蜡染村巴迪	160
莱奥勒	159
蓝色石头	156
蓝色石头	41
乐天玛特	230
里拉之家	192
露丝蜡染	193
露丝蜡染	41

M
Mo-Mo 皮饰	180
马里奥银饰	178

马尼克	218	**B**	
玛兹	160	Bvilla+SPA	57
梅丽梅丽	208	巴格斯·加提度假村	42
梦水疗	191	巴厘岛迪斯尼豪华别墅酒店	60
梦水疗	41	巴厘岛海水浴温泉中心	49
米歇尔甜品店	159	巴厘岛普拉纳美容院	50
米伊克	159	巴厘岛肉桂 SPA	57
莫杜拉	181	巴厘岛山妍四季酒店美容院	56
木雕村德格拉朗	161	巴厘岛塔曼莎莉	
木雕村马斯	161	彼特曼哈 SPA	54
N		**D**	
纳嘉	155	达拉 SPA	45
女主角	217	丹戎莎莉嘉姆传统美容院	53
		德萨森尼度假村	43
P			
帕帕雅新鲜美术馆	181	**G**	
佩拉克工作室	156	伽玛哈私人别墅美容院	56
佩拉克工作室	41		
皮特坎·特洛普斯	153	**H**	
皮特坎·特洛普斯	41	皇家喜来登 SPA	57
蒲公英	193		
普斯皮塔	194	**J**	
普斯皮塔	41	吉瓦 SPA	55
		杰拉米 SPA	55
R			
肉体 & 灵魂	178	**K**	
		Kenko	58
S		科莫香巴拉美容院	52
Sisi+Nanan	154		
SKS 设计师店	192	**L**	
沙图	177	伦巴美容院	51
莎莉阿匹	157	罗塔斯俱乐部	59
姗姗精品店	200	旅游健康理疗	53
姗姗精品店	41		
水明漾购物广场	184	**M**	
斯帕克里	156	美学 m&k	59
索阿	158		
		N	
T		努尔美丽沙龙	58
T&L 珠宝店	208		
太阳百货	184	**Q**	
探索购物中心	184	奇利	59
特克·林瑟	156		
特克·马杜	158	**S**	
		身体服务中心	58
W		圣淘沙美容院	46
维诺迪	178		
		T	
W		The Spa	55
我的地盘	194	The SPA	59
乌布市场	183		
乌鲁瓦图	158	**W**	
乌鲁瓦图	181	瓦卡迪尤美 SPA	54
乌鲁瓦图	218	乌布莎莉健康度假村	58
乌玛 & 莱奥波德	194	舞动的手指	59
Y		**Z**	
亚洲印度	154	Zen	58
因为我爱你 2	179	竹林欧舒丹美容院	47
银饰村苏鲁村	160	自然 SPA	57
印度尼西亚瓦兰·瓦央	159		
印染村吉安雅村	161		
永恒	180		
约瑟夫银饰	181		

夜店

C	
蚕茧	176
D	
独一无二	176
M	
莫扎克海滩俱乐部	176
T	
天鹅绒朦胧俱乐部	176

Z	
珍宝	155
竹制家具村博纳村	161

SPA&美容

A	
Away Spa	48
阿丽拉美容院	51
阿曼达利	56
阿勇 SPA	52
阿优达 SPA	59
艾丽希 SPA	56

乐游全球丛书 翻译委员会

丛书翻译统筹
潘寿君

翻译审订（以音序排名）
陈燕生　程长善　侯　越　潘寿君　王　怡　谢立群
颜　悦　陶芳英　张建邦　张文颖　张志军　周　洁

翻译成员（以音序排名）
陈　晨　迟晓春　董娜娜　宫　静　郭攀霞　郭文雅　韩佳梅
黄叶清　黄奕纬　凌　艳　刘东婧　刘　芳　柳慕云　罗芳芳
满新茹　潘　丽　裴　玺　任二青　宋坤辉　王丽珠　王　平
吴媛媛　徐　超　徐　琳　徐珊珊　阎婷婷　杨　欢　张静超
张乐乐　张　楠　张　萧　张亚林　张　永　张　玉　赵季玉
赵　丽　郑　凤　钟萍萍　周　微　宗文玉

Staff

Producer	テラダ・プランニング Terrada Planning
	寺田直子　Naoko TERADA
Writers	山内貴央　Takahiro YAMAUCHI
	吉沢博子　Hiroko YOSHIZAWA
	森本剛史　Takeshi MORIMOTO
	三枝紀恵　Norie SAEGUSA
	竹内加恵　Kae TAKEUCHI
	佐々木 亨　Toru SASAKI
	陣内 忍　Shinobu JINNOUCHI
	岩佐史絵　Shie IWASA
	江藤詩文　Shifumi ETO
Photographers	スタジオ・デボ　Studio DEBO
	秋田大輔　Daisuke AKITA
	山口規子　Noriko YAMAGUCHI
	阿部雄介　Yusuke ABE
	種房千保子　Chihoko TANEFUSA
	三枝紀恵　Norie SAEGUSA
	木内 博　Hiroshi KIUCHI
	河野 卓　Taku KAWANO
	今井聡志　Satoshi IMAI
	清澤謙一　Kenichi KIYOSAWA
	森本剛史　Takeshi MORIMOTO
Editorial Staff	しまざきみさこ　Misako SHIMAZAKI
	廣田直子　Naoko HIROTA
	古屋美千代　Michiyo KOYA
	内藤みち　Michi NAITO
Illustrator	根津修一　Shuuichi NEZU
Designers	根岸幸代　Sachiyo NEGISHI
	ベターデイズ　Better Days
	大久保裕文　Hirofumi OKUBO
	小渕映理子　Eriko Obuch
	中尾 剛　Go NAKAO
	新本美佳　Mika ARAMOTO

	（株）ムーンシップ　Moonship
	オムデザイン　OMU
	道信勝彦　Katsuhiko MICHINOBU
Cover Designer	岡本倫幸　Tomoyuki OKAMOTO
	鳥居満智栄　Machie TORII
Map Design, Graphic Map	（株）チューブグラフィックス　TUBE
	木村博之　Hiroyuki KIMURA
Map Production	（株）千秋社　Sensyu-sya
Editorial Cooperation	森髙由美　Yumi MORITAKA
	林 弥太郎　Yataro HAYASHI
	Michael NENDICK
	川崎英子　Hideko KAWASAKI
Special Thanks to	バリ・ツアーズ.com　Bali Tours.com
	村上尚至　Naoyoshi MURAKAMI
	アピ・マガジン
	佐藤顕子　Akiko SATO
	樋口華代　Hanayo HIGUCHI
	青松知加　Chika AOMATSU
	濱田裕美子　Yumiko HAMADA

北京市版权局著作权合同登记图字：01-2015-0681
审图号：GS（2016）2013号

总策划：刘　权
执行策划：陈凤玲
责任编辑：陈　志

WAGAMAMA ARUKI series:（バリ島）

Copyright © 2014 by Jitsugyo no Nihon Sha, Ltd. All rights reserved. Original Japanese editions published by Jitsugyo no Nihon Sha, Ltd. This Simplified Chinese edition is published by arrangement with Jitsugyo no Nihon Sha, Ltd, Tokyo,Japan through Tuttle-Mori Agency, Inc., Tokyo, Japan in association with Eric Yang Agency Beijing Representative Office, Beijing.

图书在版编目（CIP）数据

巴厘岛 / 实业之日本社海外版编辑部编著；张亚林译. -- 北京：旅游教育出版社，2017.3
ISBN 978-7-5637-3532-7

Ⅰ.①巴… Ⅱ.①实…①张… Ⅲ.①旅游指南－印度尼西亚 Ⅳ.①K934.29

中国版本图书馆CIP数据核字(2017)第038522号

乐游全球自由行

巴厘岛

实业之日本社海外版编辑部　编著

张亚林　译

出版单位：	旅游教育出版社
地　　址：	北京市朝阳区定福庄南里1号
邮　　编：	100024
发行电话：	（010）65778403 65728372
	65767462（传真）
本社网址：	www.tepcb.com
E-mail：	tepfx@163.com
排版单位：	北京旅教文化传播有限公司
印刷单位：	北京利丰雅高长城印刷有限公司
经销单位：	新华书店
开　　本：	880毫米×1230毫米　1/32
印　　张：	11
字　　数：	405千字
版　　次：	2017年3月第1版
印　　次：	2017年3月第1次印刷
定　　价：	66.00元

（图书如有装订差错请与发行部联系）